南京特殊教育师范学院建校 **40** 周年

THE 40TH ANNIVERSARY OF NANJING NORMAL UNIVERSITY OF SPECIAL EDUCATION

谨以此书

敬贺"中国特殊教育师资培养摇篮"
南京特殊教育师范学院四十华诞!

本书为 2021 年度国家社会科学基金重大项目
"中国特殊教育通史"(批准号:21&ZD221)阶段成果

Knowledge
and
Action
of
Special
Education
in
China

中国特殊教育知行录

马建强 著

山东教育出版社

·济南·

图书在版编目(CIP)数据

中国特殊教育知行录 / 马建强著. —— 济南 : 山东
教育出版社, 2023.3(2023.11重印)
　　ISBN 978-7-5701-2391-9

　　Ⅰ. ①中… Ⅱ. ①马… Ⅲ. ①特殊教育—教育史—中
国—文集 Ⅳ. ①G769.2-53

中国版本图书馆CIP数据核字(2022)第224697号

ZHONGGUO TESHU JIAOYU ZHIXINGLU

中国特殊教育知行录

马建强　著

主管单位： 山东出版传媒股份有限公司
出版发行： 山东教育出版社
　　　　　　地址：济南市市中区二环南路2066号4区1号　　邮编：250003
　　　　　　电话：（0531）82092660　　网址：www.sjs.com.cn
印　　刷： 山东临沂新华印刷物流集团有限责任公司
版　　次： 2023年3月第1版
印　　次： 2023年11月第2次印刷
开　　本： 787毫米×1092毫米　1/16
印　　张： 31
字　　数： 720千
定　　价： 118.00元

（如印装质量有问题，请与印刷厂联系调换）印厂电话：0539-2925659

中國特殊教育知行録

书名题写：诸荣会

盲文书名：李泽慧

图片供稿：邱淑永

目录

编三　特教写思篇

编四　特教鸿泥篇

编外　特教铎语篇

序一

践行"特教必须特办"的工作信念和"大爱无疆"的价值追求

程 凯

时任中国残联副主席、执行理事会副理事长，现任中国残联主席，文学博士。

人，不幸残疾了并不可怕，可怕的是身心有了残障而又得不到及时、适宜与有效的康复和教育，因而失去了战胜残障的信心和能力。没有教育的人生是最不确定的，残疾人尤其如是。新时代以来，特殊教育已经成为"三段一类"基础教育的重要组成部分，不再处于教育的边缘上了。如今，哪怕在中西部地区的市县，很多特殊教育学校也已不再是深居陋巷的几间旧房屋，而是该地区繁华地段抢眼的新时代社会文明进步的窗口甚至是地标。特教老师们的职业荣誉感与归属感也不断提高，焦虑少了，信心多了，上进心与专业性强了。学校里这些有特殊需要的孩子们的目光不再四处躲闪与怯弱灰暗，而是更加主动、更加生动了。不少特教学校校长甚至自豪地说："我们已经不差钱了。"

这些可喜的变化，源于党和政府的高度重视和大力支持，源于经济快速发展和社会文明进步，源于"办人民满意的教育"的教改方向和"教育均衡化"的目标导向，也源于一大批坚守特殊教育岗位的特殊教育工作者们的特殊奉献。

马建强先生的辛勤跋涉和他的这本《中国特殊教育知行录》，展现给读者的特教人物、特教文物、特教故事和特教思考，让我们能够再次真切地体会到特殊教育的特殊历程、特殊困难、特殊情感、特殊收获和特殊贡献，感受到"仁者爱人"的人性光芒，感受到"公平正义、得道多助"的社会趋势，感受到"有教无类"的历史足迹，感受到"一个都不能少"的时代强音。

中国近代特殊教育起步并不算晚，晚清时期在我国创办的一些盲校聋校，都是开亚洲特殊教育历史先河的。民国时期特殊教育发展，在国家内忧外患的大背景下，几代特教人虽筚路蓝缕但不绝如缕，虽几起几落但始终向前。新中国成立后，在中国共产党的全面领导下，特殊教育进入新的历史阶段，彰显了社会主义制度优势。改革开放以来特别是近十年来，特殊教育更是进入历史上发展最好的时期，特殊儿童入学率、特殊教育制度供给、特殊教育师资培养、特殊教育办学质量等方面取得的成就举世公认。

但在巨大成就面前，我们冷静思考，发现我们的相关工作与"办好特殊教育"和"保障好残疾儿童少年最基本权利"的要求相比仍有不少的差距。在个别地区，特殊教育仍然只被看作是一般的福利性工作，只要残疾孩子们坐在安全的校舍里冻不着、饿不着、有人看护着，也就挺满足了；特殊教育"必须医教结合、康教融合、家校互动"的特性要求总体上还没有真正成为现实；过度强调特殊而忽视凡是教育必有质量要求这一普遍教育规律，总体上仍然坐视特殊教育可以没有质量可衡量；世上最难做好的特教教师在一些基层特校还是成了安置普校冗员的选项；为完成攻坚任务和均衡化达标，"送教上门"这一无奈之举却成为不少特殊需要儿童实现义务教育权益的被动选择。至于积极推进融合教育、分类施教、科学施教、实施特殊教育教师资格或考核合格证书制度、延长特殊需要儿童和青少年受教育年限等法规要求，以及满足家长、社会迫切期望的有质量的特教，更是还有较长的路要探索、要跋涉。

这么多大事、难事和急事要被推动破解进而落实办好，仅以一般的力量和办法一定是不够的，不行的。我们必须要以更大力度去落实法规和行动计划，必须以人道主义精神和大爱无痕的真诚与尊重、以保障残疾儿童少年平等受教育权利的责任感去呼吁、去反映、去实践、去研究、去推动；久久为功，功在不舍，功在当代，利及后世。当然，还必须有许许多多的像建强先生这样，时时记挂于心并倾己所能去推动的一个个特殊教育工作者的不懈努力与深情坚守。

与建强先生相识交往已有十余年了，当然这主要是因为特殊教育的缘分。我因履行"残联分内责任"而推动全国特教工作，建强先生则因特别的爱而关注、寻访、研习、梳理、展示、呼吁特教：他加入全国唯一的南京特师，创办全国唯一的特教博物馆，编写出版填补学术研究空白的特教史专著《共和国教育学 70 年：特殊教育学卷》……本以为他在编著完这本《中国特殊教育知行录》就可以放慢脚步稍作休息了，可是两周前的 6 月 24 日，他又主持召开了国家社科基金重大项目"中国特殊教育通史"的开题会。这是他所在的南京特师中国特教博物馆与知名历史学家郭卫东教授所在的北京大学历史学系强强联手，跨学科、跨领域、跨地域合作的一个国家级最高层次的大项目，甚至可以说是中国特殊教育与残疾人事业的重大基础性重要历史性的研究工程。由此看来，短期内他对特殊教育事业的追求是停不下来了。而这本记录着他接触特教、探寻特教、展示特教、研究特教历史的新著中，最让我们感动的是"特教鸿泥篇"里陈列出的 2010 年至 2021 年这十二年间，建强先生为特殊教育不停地奔走、不断地探索、不休地游说，实现了不凡的成就。他以勤勉扎实的脚步践行了"特教必须特办"的工作信念和"大爱无疆"的价值追求，为我们树立了特殊教育工作者坚守和执着的榜样。

所以，我愿以上述心得与建强先生共勉，并祝贺他的新著《中国特殊教育知行录》与我们见面。

2022 年 7 月 7 日

序二

做一个有心的特教历史
记录者

张斌贤

北京师范大学教授，中国教
育学会教育史分会理事长，
国家级教学名师，教育部"长
江学者"特聘教授。

今年 4 月 18 日，南京特殊教育师范学院中国特殊教育博物馆马建强馆长来信，嘱我为其新作《中国特殊教育知行录》作序。一是因为很少从事类似的工作，不谙其中之道，二是因为对特殊教育知之甚少，不敢妄言，故此一直拖延，既不清楚如何完成马馆长交办的任务，也不知道该怎样向马馆长交代。近两个月来一直忐忑不安。待拜读全书的内容后，似乎找到了一丝"灵感"。

我曾有幸参观马馆长殚精竭虑创办的中国特殊教育博物馆，其中收藏了丰富的实物，从晚清外国来华教育传教士的生活用品，到民国本土特教专家创制的教学用具，从新中国建立之初特殊教育学校的老教材到改革开放后特殊教育事业加快发展的视频、音频、口述材料，林林总总，蔚为壮观，大多与特殊教育的历史变迁息息相关。藏品或大或小，或珍贵或寻常，但都从一个特殊的角度、以某种特殊的形式"讲述"着特殊教育过往的故事。这些形态各异的藏品不仅更新了历史呈现的方式，使历史叙述一改呆板枯燥的面孔，变得更为生动具体、可亲可近，而且提供了大量与文字记录和其他形式史料相互印证的史料来源，从而为更加完整地呈现历史提供了必要的也是基本的条件。如果没有来自方方面面的形式多样的史料，不知历史叙述和历史研究将会是何等的"惨状"？

在大多数情况下，我们这些"芸芸众生"都是历史的自觉不自觉的亲历者、有意识无意识的观察者。我们可能没有能力或是没有际遇影响历史的进程，但我们至少能够成为一名有心的历史记录者，从我们自身的角度记录我们在特定历史事件或历史过程中的所见所闻、所思所想。这些记录未必都是客观、准确或完整的，但至少为后人了解特定的历史现象和历史事件提供了可资参考或辅以佐证的某种依据，这在某种程度上也是一种历史的"创造"。试想，如果没有各种"野史""外史""外传"、日记、信札、私人收藏物品等等来自民间和个人的珍贵史料，历史记述不仅会极其贫乏枯竭，而且很难相互印证、求得真知。所以，任何历史的记述、记录都是有意义的。其意义未必全反映在当代，更在于为未来的历史编撰提供坚实的依据。

马馆长曾对我说，这本书只是他"十余年来为筹建中国特殊教育博物馆，围绕特教人物、特教实物、特教事物等所见所闻、所思所想、所知所行的杂碎记录而已"。他可能没有想到，他的这番谦辞实际上正使我看到了其中的价值。现在看来是零星、碎片和杂乱的记录，未来完全有可能成为不可或缺的珍贵史料。在这个意义上，马馆长的记录做了一件大好事，与他创办的中国特殊教育博物馆都对历史记录和文化传承具有重要意义。

若干年前，北京师范大学特殊教育系朴永馨教授、顾定倩教授都曾花费巨大的精力从事中国特殊教育史料的整理汇编工作。这令我非常感慨。众所周知，特殊教育事业的发展当前面临着诸多困难。在这种情况下，朴教授、顾教授和马馆长不仅深入研究、躬身实践，而且特别珍视本学科的历史记录和学术传承，这是特殊教育事业的幸运。有这样的学者，特殊教育事业一定会有光辉的前景。

2022 年 6 月 11 日

序三

走进伟大的特教世界

黄军伟

南京特殊教育师范学院党委书记，研究员，哲学博士。

我校马建强教授平时给人的印象是很有思想，笃行慎思，慢条斯理，也很有个性，须发皆白长衫飘飘。近日他又完成了一部新作，书名为《中国特殊教育知行录》。这应该是他"特教三部曲"中的第三部了，前面的《中国特殊教育史话》与《共和国教育学70年：特殊教育学卷》两部著作，出版后反响都非常好，可谓佳评如潮，为南京特师赢得了良好声誉。这本新作，我近水楼台先得月，先睹为快。忙中偷空细细品读，顿感妙趣横生，甚至有些手不释卷，直接被带入到了一片独特而伟大的特教世界。所以，我更愿意以"走进伟大的特教世界"为题，谈谈我的阅读感受，并与广大读者朋友一起分享。

一、情真

《中国特殊教育知行录》一书，既不算是严谨的学术论著，也不算个人的情思漫谈，但字里行间总有一种力量在牵动着读者的情感，那就是作者的真情。无论是写"此生端为特教来，唤得春风百花开"的银春铭先生，还是写"锲而不舍乐作盲童贵人 大爱无疆造福两岸特教"的张训诂先生，我们都能够从马建强的笔端，快速走入这些特教前辈的内心世界，走进特教人的特教人生，走进特殊教育的多彩世界。人常常被形容为一颗流星，转瞬即逝，甚至来不及挥一挥手，更不能带走半片云彩。特教人的世界，多年来由于小众和特殊，更受限于社会宣传、重视不够，而不为或少为世人所熟知。不过，若是阅读到《中国特殊教育知行录》，正如作者对周有光先生的记述，真能感受到特教人都是自带光芒，他们默默无闻大爱无疆，但却"有光一生，一生有光"。我在想，马建强为什么能够将特教人写得如此丰富，将特教故事写得如此精彩？概言之就在于"情真"二字。这倒也符合他的性格——喜欢较真！无论盲聋，无论健残，无论城乡，无论中外，都肯于较真，打破砂锅问到底，读万卷书走万里路访特教人写特教事，这才能为我们挖掘出大量不为人知的特教历史，让他们走进书本，让我们走进别样的世界。古人说，问世间，情是何物，直教生死相许。此中，特教人的情，生死相许的是"有教无类""仁者爱人"的情怀与格局；而马建强的情，真切流露的是"微斯人，吾谁与归"的惺惺相惜与志同道合。

二、意切

到过我们南京特殊教育师范学院的朋友，我相信他们大多都会参观我们的中国特殊教育博物馆，其中很多都是冲着博物馆而来的。进入这所博物馆，犹如缓缓走进特教世界，穿越百年特教时光隧道，左顾右盼处处都能给你留下难忘的感人篇章，深感这里不仅是展现文物展现藏品的物质意义上的博物馆，更是一座展现文明展现进步展现博爱的文化意义上的博物馆。"问渠那得清如许？为有源头活水来。"我校中国特殊教育博物馆的"源头活水"，无疑就是马建强馆长。《中国特殊教育知行录》一书，记述了他十多年来特教文物的收集往事与收藏传奇。例如，博物馆所收藏的一只铁皮箱，看似寻常普通，但打开皮箱后你会惊奇地发现，里面一张当年铺箱底的普通报纸，竟然也已经历经百年沧桑。令人惊奇的是，它是中国聋教育创始人米尔斯夫人的遗物，十九世纪末从美国来到中国，而它又是如何从山东烟台到福建古田，继而又被我们博物馆所收藏呢？还有，曾担任亚洲防盲基金会行政总裁的香港"太平绅士"陈梁悦明女士，1995年曾向陕西省捐赠了首辆白内障手术车，当年市值600多万人民币。十五年间，这辆车在陕西农村为36376名白内障患者带来了光明，迎来了新生。二十多年过去了，车辆自然是退役报废了。但是在马建强眼中，社会上没有废人更没有废物。这就是他的风格，情真意切。他发现后如获至宝，去香港、去长春，找陈梁悦明、找中国残联，如今此车已作为博物馆的重要馆藏，被安置在校园醒目处进行展陈，赫然已是校园"网红"打卡地。这样的动人故事，该书有着大量的讲述，真实丰富，娓娓动听，令人感慨。有一次，中国残联领导来我校考察，其在参观博物馆的过程中突然问了我一个问题："你们博物馆的镇馆之宝是什么？"我着意观察他的眼神，看他目光所及，却瞄向了一个人，也向我亮明了他的答案，真正的"镇馆之宝"，就是马建强馆长本人。应该说，此言非常精准。

三、有恒

中国残联副主席程凯博士，是一位大爱之人，他时刻关爱着我国的残疾人事业，同样也时刻关爱着从事这项事业的人。我很高兴看到他亲自为马建强此书作序，序言中还特别提到了令他感动的篇章——"特教鸿泥篇"。鸿爪雪泥，实为马建强多年来从事特教事业的日记摘录。篇幅不长，篇章素洁，就是青菜豆腐流水账，某年某月某日，何处见了何人，做了何事。但就是在这些质朴的文字实录之下，展现的恰恰是一位特教人的恒心、热心与激情。多人告诉我，中国特殊教育博物馆的筹建，真可谓白手起家，当年是零馆藏、零经费、零人手，一张白纸也没有，各方面共识也不多，甚至博物馆这个名分，还是近两年来才单设的。我专门问过他的日常生活，他说他不会打牌，从来不请吃更不吃请，没有家务劳动，没有应酬活动。他更是扬扬自得地说他是读过一万本书的人，走过几万里路的人。我相信他的话，也就是这十多年里，在别人喝酒打牌品茶闲聊时，马建强念兹在兹的全是博物馆建设。无疑，全国乃至海外特教文物也许有千千万万，但没有一件是自带翅膀、能够"自投罗网"来到中国特殊教育博物馆"落叶归根"的，这些怎么也不是一个"不容易"了得。大量不为人知的文物收集过程，在"鸿泥"中，可窥见"雪爪"。

张斌贤教授是中国教育学会教育史分会理事长、国家级教学名师，也是教育部"长江学者"特聘教授、教育部教育学科教学指导委员会常务副主任、全国教育专业学位研究生教育指导委员会秘书长，可谓我国教育学界的大家。他专程来我们学校参观考察过中国特殊教育博物馆，这次他专门给马建强的这本新书写了序言。

他说："众所周知，特殊教育事业的发展当前面临着诸多困难。在这种情况下，朴教授、顾教授和马馆长不仅深入研究、躬身实践，而且特别珍视本学科的历史记录和学术传承，这是特殊教育事业的幸运。有这样的学者，特殊教育事业一定会有光辉的前景。"这是对马建强的鼓励与褒奖，我从中也能读出他对我们所有南京特师人的期望与鞭策。今年是南京特殊教育师范学院建校 40 周年，马建强用这本书写出了特教人的内心世界，写出了特教人的精神丰碑，这也算是南京特殊教育师范学院四十周年校庆的一份贺礼。

2020 年 12 月 31 日，习近平总书记在全国政协新年茶话会上指出，"我们要深刻铭记中国人民和中华民族为实现民族独立、人民解放和国家富强、人民幸福而奋斗的百年艰辛历程，发扬为民服务孺子牛、创新发展拓荒牛、艰苦奋斗老黄牛的精神"。"三牛"精神很好地揭示了中华民族自强不息的伟大品格，也是南京特师众多像马建强这样的特教人的自我追求。马建强白手起家，甘作中国特殊教育博物馆的拓荒牛；他淡泊名利，甘作残疾人朋友的孺子牛；他兢兢业业，甘作南京特师的老黄牛。无论是"当牛"还是"做马"，实际上关键是要有"人"的精神气质，做有价值的事、做有价值的人！

以上只是我对该书的阅读感受，我乐于与各位读者朋友分享，我乐于向全国的特教人推荐此书，我更期待我们南京特师所有的特教人一起，站在学校发展"不惑之年"的历史节点上，踔厉奋发、笃行不怠，去开创南京特师的光辉前景，去开创中国特殊教育事业的光辉前景！

2022 年 7 月 11 日

编一

特教人物篇

导语

人是万物的尺度、世界的灵长、宇宙的精华。地球有了人，就有了残疾的人。当然关于残疾与残疾人，从现象到事实，从自知到他识，从认识到概念，从生存到生活，从历史到现实，这是一个历史累计生成、演化嬗变的动态进程。有了残疾人，就有残疾人的生活，就有了残疾人的教育，从群婚公养共育，到对偶式婚姻家庭后的家庭教育、社会教育、学校教育。

从概念史出发，教育学意义上的特殊教育，十八世纪萌芽、十九世纪进步、二十世纪发展、二十一世纪变化。我国残疾人教育历史悠久，远在商代，"瞽宗"即已成为"有册有典、史而有信"的面向盲人的专业音乐教育机构。但中国近代教育学意义上的特殊教育，则是晚清时期在西学东渐的时代大背景下，才由西方传教士传入。初始阶段弱小一灯如豆，风雨飘摇时生时灭，但一灯已除千年暗，值得永久铭记。晚清灭亡民国肇起，特殊教育进入本土化发展新阶段，一度可圈可点可喜可贺。然后由于军阀混战政局动荡，特别是外敌入侵民不聊生，特殊教育是筚路蓝缕勉强不绝如缕，但沧海横流方显英雄本色，特教前辈的奋斗探索可歌可泣。1949 年新中国成立，特别是 1978 年改革开放以来，我国特殊教育事业从办学规模到经费保障、从师资质量到教育成果均取得了翻天覆地的伟大成就。

特殊教育，是面对特殊人群或特殊需要人群的教育。但支撑特殊教育事业发展的，则是一代又一代平凡普通的人。他们的英名，也许不被世人所周知与铭记，但他们的业绩与贡献散发出的人性温煦光芒与彰显出的文明进步力量已经永留史册。本编所选特教人物中，除林骅先生我未及亲见外，其他各位我均亲承謦欬，如沐春风。新中国特殊教育事业的重要人物朴永馨，因为已有他人作传且分别发表，本编没有专文收入。另外此编所选，尚有一批特教专家由于篇幅有限未能收入，非常遗憾。古语云："蓬生麻中，不扶自直。"多年来我得以常常亲近特教前辈，如久入芝兰之室，三生有幸。

一、银春铭：
此生端为特教来
唤得春风百花开

人物小传

银春铭

1935 年 11 月出生于河南省临颍县城关镇一个农民家庭。父母含辛茹苦节衣缩食，供养他先后在临颍县县立中学、许昌第一高中读完初中、高中。因为成绩优异，1955 年高中毕业后考入北京俄语学院留苏预备班，1956 年 9 月至 1961 年 6 月就读于苏联国立莫斯科列宁师范学院（现国立莫斯科师范大学）特殊教育系，留学期间攻读了智力落后教育、聋教育、盲教育和言语障碍矫正等四个专业。他和朴永馨一起，成为新中国第一批出国留学特殊教育的两人之一，也是新中国五十年代至七十年代唯一一批出国留学特殊教育的两人之一，特教界称之为"北朴南银"。

银春铭从 1961 年起，先后在上海第二聋哑学校、上海市教育局、上海特殊教育师资培训中心任职，在特殊教育领域的基层实践探索、教育理论研究、教育行政管理、特教师资培养等方面做出了开拓性的贡献，其中 1979 年秋在上海第二聋校率先创办智力落后儿童辅读班，填补了特教门类历史空白，继而在全国星火燎原，直接推动了我国大陆地区培智教育事业的发展。1994 年银春铭被评为上海市特级教师。主要译有《聋人的教学与教育》，编有《儿童语言障碍及矫正》《智力落后儿童交往能力及培养》，著有《弱智儿童的心理与教育》《听力残疾儿童的语言教学》，主编译有《特殊儿童的心理与教育》等，另发表论文 60 多篇。1997 年退休后仍坚持特殊教育研究，致力于讲学授课、著书立说、办学指导、人才培养。

图　与特教前辈银春铭（右）合影

一、
服从国家需要
留苏学习特殊教育

银春铭的童年时代是在贫困艰难中度过的。他出生在一个多子女农民家庭，他是家里的长子，另有三个弟弟和两个妹妹。原本爷爷打算让他读个私塾，粗通笔墨，会写个名字会记个账即可，不想银春铭天资聪慧，读书成绩很好。爷爷与父母觉得他是个读书的苗子，决定供他继续读书。1949年9月，银春铭告别乡村私塾，就读临颍县初级中学。初中三年他一直品学兼优。此时的银春铭深感自己弟弟妹妹那么多，父母为一家人生计奔波非常艰苦，成天就想早些初中毕业不读高中了，要么去考个技校，要么就早些找个工作，以减轻家庭负担。不想此时的新中国，百废待兴急需人才。1952年9月，初中毕业成绩优秀却又不想上高中的他，被分配到远在许昌的许昌第一高中读高中。原本从来没有做过大学梦的银春铭，在进入高中求学之后，此梦渐次清晰而强烈起来。令他更加喜出望外的是，高中毕业的时候经过层层考试与选拔，他被选拔为留苏生，于1955年9月至1956年6月就读于北京俄语学院留苏预备班。

当时出国留学所学的专业，是国家出于经济、社会、国防军事、文化教育等对人才需要的整体考量分配的。令银春铭意想不到的是他被分配留苏学习特殊教育。此时的他，对特殊教育一无所知，但听从国家的召唤，服从国家的利益，满足国家的需要，就是个人的唯一选择。带着国家的重托，带着人民的厚望，银春铭与另一位留苏学习特殊教育的朴永馨一起，来到国立莫斯科列宁师范学院，由此开启了他的特教人生。

银春铭先生今年已经82岁了，虽已经是耄耋之年，但他仍然身体健康、思维敏捷。当笔者问他怎么看待自己的特教人生时，他一字一句、言简意赅地说："我从一个幼时玩泥巴块的农村乡下娃娃，成长到年轻时能出国留学、发展到今天对特殊教育还算有些贡献，完全说明了国家利益与个人利益的有机统一。"国家的发展有时候要求牺牲个人的利益，服从国家大局的需要；而一旦服从了国家的需要，往往又会给个人的发展创设更大的空间。银先生说："我从小家境困难，并不愿意上高中，但一旦上了高中，自己就有了上大学深造的打算。如果只读初中，那么后来出国留苏就是想都不敢想的事。而出国留学分配我学习特殊教育，当时也是我没有想到的。当时我们留苏学习，考试的分数比清华北大录取的分数高多了，当年大名鼎鼎的哈尔滨工业大学，也是从留苏学习落榜生中招生的。那时候理工科吃香，国防军工寄托梦想，而对于特殊教育可谓一无所知，只知道这应该就是国家的召唤、社会的需要。当个人利益与国家需要不一致的时候，我们都毫不犹豫地选择了服从国家需要。更想不到的是，虽然学成回国后历经坎坷荒废了一些美好时光，但所学的特殊教育终究还是为我个人发挥才华、服务国家开辟了广阔的天地。"

提起留苏的经历，银春铭先生回忆说："那个时候刚到苏联，对特殊教育一无所知，没有一点知识积累与学术储备，但总是想拼命多学些，总是想早日学成回国报效国家。"于是，他同时选修了盲教育、聋教育、智力落后教育与言语障碍矫正四个专业方向。想不到的是，所学的这些专业，后来在具体的教育教学实践与学术理论研究中，全派上了大用场，真是一分耕耘一分收获。

二、
不计得失荣辱
矢志献身特殊教育

1961 年 6 月，银春铭先生结束为期五年的留苏学习，以全优成绩学成归国。当年正值国内三年困难时期，国家对这批留苏学生一时无法妥善安排。在等待分配的时候，银春铭与朴永馨商量，不如直接到基层学校去，刚好可以补上中国基层特殊教育学校缺乏专业教师的不足。于是同年 10 月，银春铭来到上海第二聋哑学校做起了小学老师。一位留苏的高才生，原本应该留在首都做大学老师或者做科研工作者，竟然到上海做起了小学老师，而且还是聋哑学生的老师，外界一时把他当成另类和傻瓜。对此银春铭本人倒是很坦然，他认为，既然国家送他出去学习特殊教育，他就应该用所学知识服务特殊儿童。令银春铭本人内心忐忑的，倒是能否做好一名基层聋校的老师。

上海第二聋哑学校，当时可以算是上海最好的聋校了，该校前身是英国传教士傅兰雅和其子傅步兰于 1926 年创办的上海福哑学校。新中国成立后，学校收归国有并改名为上海市第二聋哑学校。原本这所学校的师资也不是很专业，加之原先的师资大量流失，所以银春铭到达该校任教时，发现老师竟然多为街道里弄里的阿姨。她们不仅自身严重缺乏专业知识，而且对待聋哑教育的观念态度也存在问题，好像聋哑学校就是照顾孩子管理孩子而已。面对这样的局面，银春铭不躁不懈，从小学一年级开始做起班主任，整个身心全部扑在聋哑孩子身上，所有的心愿就是早日用所学知识报效国家，服务特教。可惜由于种种原因，银春铭一心为特殊儿童的愿望成为泡影，真是"欲罢不忍、欲干不能"。从1961年起到1971年，银春铭扎根在教育的基层——班级，虽然工作困难重重，但他坦然面对，不计得失荣辱，不忘初心注重积累，坚持不懈持之以恒，与聋哑儿童打成一片，与聋哑儿童家长密切沟通，注重理论与实践结合，打下了扎实的工作基础，也在艰难的工作环境下取得了许多成果，赢得了聋哑儿童及其家长的尊敬。

可是"树欲静而风不止"，一位全心全意只想教书育人的特教老师，一位热爱特殊教育并且作为国内极其稀有的特殊教育留苏专家，在1971年却被调离教学岗位，与聋校老三届毕业生一起来到上海崇明岛长征农场担任农场职工，每天就是自己做农活，然后照顾聋哑毕业生让他们将来也做农活。而此时的银春铭已经成家，两个女儿年纪很小，爱人是个三班倒的工厂工人。环境的变化、工作的艰苦、家庭的困难，使得银春铭无法释怀。此时唯一能够安慰他的就是这些当年教过的聋哑毕业生。因为接受过银老师的专业聋哑教育，他们虽然在农场劳动，但毕竟可以自食其力独立生活。在农场，与这些聋哑毕业生相依为命的银春铭，没有灰心没有失望，反而更加坚定了做好聋哑教育、造福聋哑人的生活信念。

1973年，上级教育部门发现银春铭作为上海第二聋哑学校唯一的一名特教专家，竟然在农场干活，实在荒诞不经，马上要求学校将银春铭调回学校开展教学工作。这样，在农场整整做了两年多农民的银春铭终于又被调回上海。重新返回教师岗位的银春铭，此时分外珍惜格外努力，只要有一点机会，只要有一丝可能，他就把所有的能力与才华、所有的爱与知识，都拿出来奉献给聋哑儿童。1976年，银春铭憋了十多年的力气终于得到了一个正式发挥的机会，他的聪明才智与博爱情怀终于找到了出处，进入了厚积而薄发的事业黄金期。由于他出色的工作成绩，他于 1977 年被组织上任命为学校副教导主任，1978 年任教导主任，1980 年任副校长，被选为上海长宁区人大代表，1981 年筹建上海市教育学会特殊教育研究会并出任理事长，1982 年出任全国特殊教育研究会（后改名为中国教育学会特殊教育分会）副理事长，1983 年被任命为上海市教育局普通教育处专职特教视导员，1990 年被任命为上海特教师资培训中心常务副主任，被华东师范大学心理学系礼聘为副教授，1994 年被评为上海市特级教师。

三、
理论结合实践
毕生贡献特殊教育

改革开放开始，我国特殊教育事业也迎来了新的春天。乘着时代的春风，银春铭也进入了他事业发展的快车道。扎实的国际前沿特教理论功底，完整的本土基层特校实践经历，朴实严谨热爱特教的教风学风，让银春铭在重获春天的特教领域有了用武之地，并且是如鱼得水。"北朴南银"，他和朴永馨一南一北，与全国其他特教工作者一起，共同开创了中国特殊教育本土化的历史进程，基本建成了具有中国特色的、理论与实践高度结合的、特殊教育门类齐全的特殊教育体系。

银春铭先生在这一历史时期的主要教育活动与学术贡献有：

1. 大胆创办培智教育辅读班，填补了中国特教在教育门类上的历史空白，直接推动了中国培智教育从无到有、从少到多、从小到大的发展进程。

相比国外，我国培智教育起步较晚。据教育史料记载，二十世纪上半叶，在我国江苏、上海、浙江这些社会经济相对比较发达、文化教育水平相对较高的地区，曾经有一批教育先贤开展过培智教育的尝试与创新。例如：1921 年江苏省立第三师范附属小学（无锡）设立"特殊学级"，专门招收智能不足的所谓"劣等生"；1936 年浙江奉化溪口武岭学校创办"特殊儿童教育班"，招收智能不足、学习困难的学生；1947 年陈鹤琴在上海创办上海特殊儿童辅导院，计划招收智力超常儿童、智力障碍儿童、问题儿童、伤残儿童、聋哑儿童，后因战乱等因素，只招收了部分聋哑学生与伤残学生。由于战乱频发、社会混乱、人才缺乏等因素，这类培智教育并未实质性开展起来。

银春铭在留苏期间，曾主攻培智教育，师从苏联著名培智教育专家，并到多所培智教育学校考察实习做助教，积累了比较丰富的教学经历与理论知识。回国后，银春铭长期在聋哑学校任教，但他没有放弃对培智教育的关注与研究。1979 年在社会各界的强烈要求下，在上海市教育局的大力支持下，银春铭自告奋勇在上海市第二聋哑学校里创办了智力障碍儿童辅读班，率先开始了大陆地区培智教育科学化体系化的积极探索。没有教材，精通俄语、英语的银春铭自己翻译国外的培智教育著作，结合工作实际自编讲义。一石激起千层浪，从智力障碍儿童辅读班开始，迅速在全国形成培智教育星火燎原之势，辅读班进而发展为辅读学校，一时传遍全国。时至今日，全国许多地区，仍然把智力障碍儿童教育学校命名为辅读学校。特教界把银春铭作为我国培智教育的第一个吃螃蟹的人，称之为我国培智教育的开创者。对此，银春铭先生显得非常淡定与谦逊，他说："国家和社会需要培智教育，智力障碍儿童及其家庭需要培智教育，我是新中国培养专门出国学习特殊教育的，天时地利人和，我在一个合适的时机做了我应该做的事，相比神圣而崇高的特殊教育事业，什么第一，什么开创，什么个人名利荣誉，根本就不值一提。我常常反思的倒是，为何我国培智教育迟至七十年代末才真正开始？我们耽搁了多少宝贵的时光啊！"

2. 大量译、编、著特教教材与专著，致力于中国特殊教育理论体系的构建。

相比西方发达国家，我国教育学意义上的近代特殊教育是从十九世纪后期才由一批外国传教士传入中国的，起步晚、起点低、规模小，人才少并且水平不高。截至新中国成立，我国特殊教育学校也就区区几十所，而其中能够正常规范办学的则更少，所有接受特殊教育的学生不足千人，校舍、师资、教材均严重匮乏。相比硬件发展条件，软件发展条件就显得更加贫乏。发展特殊教育，首先需要科学化、现代化的教育理念、教育思想、教育体系。没有先进理论指导的实践，只能是自发的无序的低层次的摸索。时不我待，只争朝夕。银春铭当年带回的重达 500 多斤的珍贵文献资料和教育专著，此时发挥了重要作用。从翻译开始，进而到编著，再到理论结合实践原创性著述，银春铭先生从二十世纪八九十年代起先后出版了 10 余部特教专著，发表了 70 余篇特教论文，学术方向涉及特殊教育基础理论、特殊教育课程与教法、盲教育、聋教育、培智教育等，为构建中国特色特殊教育理论体系，做出了"筚路蓝缕，以启山林"的奠基性工作。

3. 积极开展特殊教育师资培养与培训工作，为各地特殊教育学校的创办和发展提供了智力支持与人才保障。

发展特殊教育，师资人才是关键。从 1949 年到 1980 年，我国大陆尚未建立培养特殊教育师资的学校或机构，学校师资大多为普通教育转岗而来，其中部分师资没有任何相关学历，无法承担特殊教育的使命。甚至连上海这样经济文化发达的地区，特殊教育学校的师资也存在学历不够与数量缺乏的情况。而同期国外特教师资则优于普通教育师资，甚至学历上往往都高于普通教育，基本以硕士为主。师资严重缺乏，成为妨碍和制约我国特殊教育发展的最大因素。我国特殊教育师资从哪来？无非是加快职前培养与加大职后培训。

从 1977 年开始，银春铭先生开始在聋哑学校担任领导职务，从副教导主任到教导主任再到副校长。严于律己、乐于助人的他，总是无私地把自己的所学所思、所感所得与同事和同行分享。无论是公开举办教研活动，还是私下传授经验，个别答疑解惑，他学而不厌，诲人不倦，因材施教，教学相长。1980 年银春铭积极发起倡导筹备成立了上海市特殊教育研究会（后改名为上海市教育学会特殊教育分会），并从 1980 年至 2002 年担任理事长一职，对促进上海地区的特殊教育理论研究与实践探索、发挥上海在全国特教界的引领示范带动作用，做出了巨大贡献。此外他还积极倡导筹建了全国特殊教育研究机构。全国特殊教育研究会（后改名为中国教育学会特殊教育分会）1982 年成立后，他被推举担任副理事长，直至 1997 年退休才卸任研究会领导职务。

从 1980 年起，每年的暑假都是银春铭最忙碌的时候。面对全国方兴未艾蓬勃发展的特教事业，他积极倡导各地利用暑假开展在职特教师资的培训工作。为方便各地节省开支，银春铭主动送教上门。他主讲的课程主要有聋童言语训练、聋生心理特点、盲生心理特点、培智教育学知识等。因为当年留苏学习了特殊教育的所有专业门类，所以他熟悉国外同期特殊教育发展理论；因为他在基层聋哑学校扎根耕耘了近 20 年，所以他的培训课务实管用、生动严谨，一直深受全国各地在职教师的拥护与喜爱。回首那段暑假奔跑全国的难忘岁月，银春铭感慨地说："那时每逢假期，比上班还要忙。一到假期就要离开上海，足迹可谓遍布全国各地，北至哈尔滨，南至昆明，西至兰州，有些地区的培训班开在县城，我就转几种交通工具赶过去。那时全国各地的特教老师肯学习啊，虽然基础较差，但他们都热爱特教，非常珍惜来之不易的培训机会。"

从二十世纪八十年代初开始，随着国家对特殊教育的日趋重视，特殊教育师资职前培养的工作进入启动阶段。1982 年教育部创办的国内第一所特殊教育师范学校在南京成立，这填补了我国特殊教育师范体系的历史空白。早在 1980 年，银春铭先生即与朴永馨等一起参与了该校的前期筹备工作，他们首先共同拟定了南京特师的教学计划方案（后该方案被全国特教师范院校使用）。这份教学计划，凝聚了他们多年对特殊教育、对特殊教育师资的研究成果。从 1982 年秋开始，虽然当年南京特师校舍建设尚未启动（校区一期工程 1985 年竣工并交付使用），但他们借用当年南京聋校、南京盲校的校舍，先期举办了多期全国在职特教教师培训班（学制有半年制、一年制，学生有江苏省内班、全国班）。1985 年，南京特师校舍建成，开始面向全国招收学生，银春铭主讲多门专业课程。

1985 年起，当年的国家教委（今教育部）基础教育司着手启动全国培智教育学校的教学大纲、教学计划、课程与教材等编制工作，银春铭先生作为主要编制人员自始至终承担了重要角色，发挥了开辟草莱的作用，出色地完成了编制使命。作为主编，银春铭还负责完成了全日制培智学校教师用书《劳动技能》（低年级版、中年级版、高年级版）的编写工作。

1987 年起华东师范大学在心理学系开设特殊教育专业，培养四年制大学本科师范生，银春铭先生受聘担任专业课程教师，主讲培智教育学、聋童教育学知识、儿童语言障碍及矫正等课程。1990 年起，上海成立全市特教师资培训中心，银春铭先生出任常务副主任，负责该中心日常的工作。该中心作为全市特殊教育学校师资培训、教学研究、教育科研、评估诊断、信息交流及教育咨询的综合性服务机构，一直在全国发挥引领与辐射作用。

2001 年，全国高等教育自学考试指导委员会聘请银春铭先生承担特殊教育专业《智力落后儿童交往能力及培养》（该书 2002 年由东北师范大学出版社出版）的编写工作。2002 年，湖南长沙特殊教育事业技术学院聘请银春铭担任该校特殊教育专业"智力障碍儿童教育学基础知识"主讲教师。

今年银春铭先生已经 82 周岁，现居上海安度晚年，他戏称自己是"两耳不闻窗外事，一心只享晚年福"。可是他的夫人薛菊棣却说他是"两耳只闻特教事，一生无悔特教人"。前几年夫妇俩去俄罗斯旅游，说是去旅游，但银春铭还是关心俄罗斯的特殊教育发展情况。在紧凑而忙碌的旅程中，他竟然每到一座城市还要去找书店，整个行程没有购买一件纪念品，倒是购买了 100 多美元的特教书籍，其中有《俄罗斯培智教育发展史》《弱智病理学》等。在夫人眼中，银春铭是一个一心想着工作、想着事业、想着特殊儿童的人，但也是一个热爱家庭、关爱家人、心地善良、淡泊名利的人。银春铭先生自信地说："回顾往事，我这一辈子就奉献给了我国的特教事业和残疾儿童，虽然这不是自己最初的人生意愿，但终究是无怨无悔。我做的是人世间最崇高的积德行善、造福他人的事业，如果世界上真存在天堂与地狱，那么我死后的去处，肯定是天堂，而不是地狱！"

（写于 2017 年）

1 | 2

图一　银春铭
图二　银春铭与朴永馨（左）合影

二、张训诰：
锲而不舍乐作盲童贵人
大爱无疆造福两岸特教

人物小传　　**张训诰**

1937 年出生于我国台湾地区云林县。1952 年保送入学台中师范学院，1955 年毕业担任云林县元长乡山内小学教师。1957 年进入台湾师范大学教育学系学习，1960 年考入台湾师范大学教育研究所的研究生，1965 年硕士毕业后前往菲律宾师范学院参加"小学视障巡回辅导师资培训"进修。1967 年起担任台南师专小学视障儿童混合教育师资培训班副班主任（班主任由师专校长兼任），开创台湾地区视障融合教育师资培养的历史先河，由此把毕生奉献给了视障教育事业。1971 年至 1973 年留学美国北科罗拉多大学获得特殊教育博士学位，1975 年创办台湾省立教育学院（今彰化师范学院前身）特殊教育学系并担任系主任、教授，1976 年至 1986 年担任台东师专（今台东大学前身）校长。1986 年至 2002 年担任台湾师范大学特殊教育系特殊教育研究所教授，创办中国台湾中华视障教育学会并担任创会理事长，出任台湾特殊教育学会第十一届理事长。

主要著作有《台湾盲教育之革新》《如何增进盲生学习效果之研究》《台湾省盲生师资训练班结业学员追踪调查研究》《特殊教育的反思》等。从 1995 年到 2008 年，先后八次组织率领台湾视觉障碍教育界专家教授赴大陆，进行特殊教育学术交流和业务研讨、实践指导，足迹遍布全国二十多个省（市、自治区），为促进海峡两岸特殊教育交流、推动大陆特教事业发展做出重大贡献。

图　与台湾师范大学张训诰教授（左）合影

我从台南师专创办盲师班开始，到彰化师大创办特教系，再到台湾师大创办中国台湾中华视障教育学会，为视障教育奋斗了一辈子。我的深深体会是"找自己的贵人天涯海角，非常不易；当别人的贵人就在眼前，一点不难"。人人都希望有大贵人来帮助引导自己，指出一条光明路，可以事半功倍获得成功，但可惜贵人可遇不可求。不如自己去做别人的贵人，去帮助别人，主动权握在自己手里，容易体验"助人为快乐之本"的乐趣。看到视障者行动上、学习上种种不便，只要有心，我们随时随地可以成为他们的贵人。视障孩子的成长无法重来，我们不能是沉默的一群。天助自助者，当你经常乐于当别人之贵人时，上苍也会乐于当你的贵人。我以"真迷真"（台湾方言，"锲而不舍"的意思）的精神，乐于当别人的贵人，想不到上苍也随时随地祝福我，使我的特教人生忙碌而愉快、幸福而充实。

一、
结缘视障教育
创办台南盲师班

1937 年 3 月，张训诰出生于台湾云林县斗六镇一个基层公务员之家，父亲以微薄的薪水养家糊口。家里共有七个孩子，张训诰排行老二，由于大哥计划要上高中，为减轻家里负担，初中毕业后他选择保送入学免费的师范学校，那一年他 15 岁。1955 年 18 岁的张训诰中师毕业后被分配到云林县元长乡山内小学担任小学教师。乡村小学教师少人手紧，张训诰任教期间便以校为家，除了认真教好书以外，还主动负责全校教职工的后勤保障和图书馆书籍登记借还管理工作，农忙期间则经常骑车挨家挨户催促学生按时上学。在张训诰的全心投入下，他所执教班级学生成绩优良，他所负责的全校后勤保障及图书馆工作也很出色。张训诰第一年工作便获得甲等考绩，甲等考绩有名额控制，整个学校的获得者寥寥无几，对新任教师来说这更是难得的殊荣。

当年台湾地区教育政策规定，教师考绩甲等，在校教学成绩、体育、个人操行 80 分以上，可以参加大学联考。1956 年张训诰便以第一志愿考入台湾师范大学教育系就读，由此圆了他的大学梦。1960 年大学毕业后他又顺利考入师大教育研究所。为履行服务义务，他先办理了保留学籍，回到家乡斗六镇中学担任中学教师一年，后又服兵役一年。1962 年后重新回到师大研究所就读，1965 年获得硕士学位。当年刚好有一个从事视障教育的机会，即赴菲律宾师范学院参加一年制的"小学视障巡回辅导师资培训"。原先对视障教育并无接触的张训诰，深知视障儿童只有接受教育才能改变命运获得新生，便欣然报名参加了这一培训班。这个培训项目，是二十世纪六十年代美国海外盲人基金会和联合国儿童基金会合作支持帮助亚洲地区培养视障教育师资的项目，培训费用由联合国儿童基金会负责。张训诰是第一位接受视障巡回辅导师资培训的台湾同胞。作为种子教师，张训诰1965年学成回到台湾后，担任台南师专讲师，主要负责台南师专小学视障儿童混合教育师资培训班（简称"盲师班"）工作，出任盲师班副班主任，实施全岛视障教育师资培训及各县市视觉障碍教育辅导工作。这个师资培训班，主要遴选学业优秀而有丰富教学经验的普通教育教师接受在职训练。

1784年，世界上第一所教育学意义上的盲童学校创办于法国巴黎，创办人是法国教育家华伦泰·霍维。此后的视障教育学校都是采用住宿制隔离的教育方式。1804年，奥地利教育家约翰·克莱恩在维也纳创办盲校后开始尝试将盲生安排到普通学校接受教育，这是视障混合教育的开始。英国苏格兰地区在十九世纪中后期开始逐步推广实施视障混合教育，住宿制隔离教育方式与混合教育方式逐渐在英国苏格兰地区乃至英国全境视障教育界共生并存。进入二十世纪后，美国帕金斯盲校创始人赫宇大力推广视障混合教育，明确指出盲校隔离式视障教育的缺点与不足，并强调儿童早期知识教育需要在学校里进行，但儿童的情感教育及人格培养必须在家庭中完成，完整的家庭生活对儿童成长极其重要。视障儿童首先是儿童，其次才是视障。赫宇的视障混合教育思想得到了社会各界的支持与帮助，盲生跟正常儿童一起接受教育的共学方式，在美国得到了广泛的推广，逐渐也影响了全世界。盲生就读于普通学校作为视障教育的新学制，在二十世纪已经成为教育界的普遍共识。但囿于经济发展水平、学校教育条件、社会文明程度等，截至二十世纪六十年代中国大陆和台湾地区的视障教育还一直是隔离式住宿教育的方式。

张训诰从1965年起至1971年担任培训班副主任，共负责培养了台湾地区第一批视障教育巡回教师76名，后出任台湾地区特殊教育执行秘书的韩继绥先生便是这一时期张训诰的学生。因为有了这个师资培训班，1967 年起台湾地区开始实施小学阶段"盲生就读小学计划"，盲生可选择住家学区内的普通小学就读，与普通学生一起接受学校教育，而不需要离开父母和家庭隔离到盲童学校就读。视障儿童有机会与普通儿童一起相处，除接受普通教师的教导外，另有巡回辅导老师协助处理因视障而产生的学习与适应问题。张训诰认为，盲师班培养了一批视障教育教师，为视障教育从原先的隔离走向全纳与融合提供了师资的保障。视障教育从住宿制隔离教育的方式走向了混合教育方式，这样大大提高了盲童入学率（当年台湾地区只有台北市、台中市、台南市开设有三所公立盲童学校，实施混合教育后，大量家居偏僻山区的盲童得以就近入学、居家生活），更为盲童将来回归主流融入社会开辟了道路。盲童能享受完整的家庭生活，受教育的权利不会因为住家附近没有盲校、家庭贫困、身体欠佳或不便接送等受到剥夺，盲童与健全儿童同校同班学习生活，增加和拓展了知识学习渠道与知识学习内容。盲童与普通儿童共学相互接触机会多，适应社会的能力能得到锻炼与加强，有利于进入社会后获得适当的就业机会。另外，对视障儿童进行混合教育远比设立单独盲校来得经济、实用和高效。盲师班的成功举办，为台湾地区视障混合教育提供了师资保障，大大提升了台湾地区视障教育发展水平，迅速缩短了台湾地区与世界先进视障教育的差距。

每每提及这段辉煌经历，张训诰教授谈得更多的还是自己的心得与体会。他说："接受教育是一个人的基本权利，教育能提升人的社会地位，适当的教育能发挥个人潜能，实现自我理想。让视障儿童可以与普通儿童同窗求学，确实是人类人权观念的一大进步。自有人类以来视障者经历了从被摒弃、歧视、忽视、漠视到被认识、关怀、救济的漫长历程，才有了受教育的机会；而视障者的教育早先是隔离的教育，然后经过许多年的努力，人们发觉视障者与一般人的共同性大于差异性，才有与一般人同窗共学的混合教育、融合教育的机会。"

二、
首创台湾第一所特教系
创立台湾地区中华视障教育学会

1971 年至 1973 年，张训诰留学美国北科罗拉多大学，获得特殊教育学博士学位。他是台湾地区第一位特殊教育学博士学位获得者。回到台湾后，他任教于省立教育学院（今彰化师范学院前身）。

1976 年，张训诰创立特殊教育学系并担任系主任，这是台湾地区最早创办的特殊教育学系。张训诰创立特殊教育学系，也遭遇不少不同意见，但他再三表示：特殊教育的发展，不仅事关每一个特殊儿童与特殊儿童家庭的命运，更是衡量一个地区社会文明进步的重要参考指标。不断提高特殊教育师资培养的数量与质量，是提升台湾地区特教发展水平的根本出路。张训诰在创立特殊教育学系一年后，因就任台东师专校长而暂离了他所钟爱的特教事业。继张训诰首创特教系后 20 年，1996 年台湾师范大学才创办特教系，台湾特殊教育发展的历史将永远铭记他首创特殊教育学系的功绩。

1986 年张训诰在连任三届台东师专校长后，如愿以偿重新回到特教行业，成为台湾师范大学特教系教授，此后他一直负责视障教育相关专业课程的教学。从 1986 年起到 2002 年，张训诰在台湾师大深耕视障教育而贡献卓著，迎来了他特教生涯的又一次高峰。在教育教学方面，他长期讲授特殊教育导论等核心课程，另开设特殊教育名著选读、特殊教育环境规划与设计等特色课程，培养了一大批本科生、硕士生、博士生。在科学研究方面，他于 1995 年创立了中华视觉障碍教育学会，出任创会理事长；创办了《中华视障教育学会会刊》，主持编制修订了《特殊教育学校视障类课程纲要》，出任视障教育点字（即盲文）整理工作小组主持人，编制了《点字符号汇编》套装书，为视障者、视障者家长、视障教育教师提供了一套权威、科学、系统的工具书。张训诰认为，身为视障者，非学习点字读写这项技能不可。视障者虽然也可以用录音带凭借听觉来学习，但能按自己的速度，不必受时间、场所之限制，则非使用点字不可。点字一直是视障者相互之间，除交谈之外的主要沟通工具，也是和明眼人沟通的工具之一。张训诰邀请台湾盲人重建院、台中惠明学校、台北启明学校、台中启明学校、台南师范学院、淡江大学盲生资源教室等单位的专家分别承担语文点字、英语点字、数学点字、理化点字、德日语点字、电脑数位点字、音乐点字等编写整理工作。

1991 年，已经 55 岁的张训诰仍然选择远赴英国伦敦大学教育研究院从事博士后研究一年，在残障福利制度研究方面取得了与时俱进的新成就，生动诠释了前辈学者"活到老学到老"的治学风范与人生境界。

三、
大爱无疆
沟通两岸促进大陆特教发展

台湾地区视障教育与大陆视障教育源远流长，互鉴互助。早在1891年英国传教士甘为霖租用台南洪公祠创办台湾地区第一所盲校"台南训瞽堂"时，他就曾派送一位名叫林红的盲人教师到大陆泉州盲校（时称"泉州指明堂"）接受盲文培训。林红在泉州盲校学习了九个月，学成回到台湾后成长为一名专业敬业的盲人教师，深受盲校学生和社会各界的好评。曾任南京市立盲哑学校校长（此校创办于1927年，为中国第一所公立盲哑学校）的白今愚1948年来到台湾，先后出任台南启明盲校校长、台中丰原盲哑学校校长等职，把大陆当年相对比较先进的盲教育理念与方法带到了台湾，促进了台湾地区的视障教育发展。由于种种原因，二十世纪后半叶相当长的时间里，海峡两岸的教育交流中断。

改革开放后，两岸交流逐步恢复，但特殊教育方面的交流一直滞后。1995年，张训诰创立台湾地区中华视觉障碍教育学会，出任创会理事长。此时他用破冰般的勇气与煦阳般的智慧，以视觉障碍教育学会为纽带与桥梁，重启了海峡两岸特殊教育的交流。1995年8月，张训诰以教育学会理事长的名义，率领台湾地区的一批盲教育专家，首站来到了山东泰安，与大陆金钥匙视障教育研究中心的创建者徐白仑共同出席了国际视障教育学会中国分会第二届学术研讨会。那次研讨会的会议主题是"示范校、骨干校的自身建设与随班就读"。从参与创办台南师专盲师班到创办彰化师范学院特教系，在视障教育从孤立走向融合方面有着科学的研究成果与丰富实践推广经验的他，为大会贡献了一场题为《从事视障教育工作三十年之反思》的精彩主题报告，给正在推广的金钥匙视障教育工程带来了极其宝贵的经验。在社会各界的大力支持与热心帮助下，在以徐白仑为会长的金钥匙工程团队的拼搏努力下，从1995年到2005年这十年间，金钥匙工程共为广西、贵州、云南、四川、陕西、甘肃、宁夏、青海、新疆、内蒙古等十个省（自治区）培训了特教师资，建立了管理体系，巩固了办学成果，促使上述地区7—15岁的视觉障碍儿童入学率超过90%，并使他们通过受教育实现了自食其力，改变了落后的命运。在这彰显社会文明进步的大工程中，也凝聚着张训诰教授的一份无私奉献。

从1995年起到2008年间，张训诰利用暑期，先后八次组织台湾视障教育界专家学者，全部自费前往大陆，与大陆视障教育界进行学术交流与教育研讨，足迹遍布大江南北：泰安、青岛、北京、上海、成都、南京、杭州、宁波、桂林、重庆、武汉、大连、沈阳、长春、哈尔滨、兰州、西安、太原、福州、长沙、合肥、南昌、广州、香港、澳门。他们一路无私地传授先进教育理念和科学教育方法，给当年相对封闭的大陆视障教育界带来了新的活力。因为两岸语言文字相通、文化背景相近、价值观念相融、生活习俗相近，所以双方在视障教育沟通交流、学习互鉴、相助共进方面深深契合，事半功倍。而海峡两岸的视障教育界专家也结下了深厚友谊，共同谱写了海峡两岸教育交流的华美新篇章。

张训诰教授在工作上是一位学术造诣极深、实践经验丰富的视障教育大专家，在生活中更是一名充满智慧、谈吐幽默风趣、知识渊博、平易近人的"开心果"与"百宝箱"。曾多次随张训诰教授一起来大陆进行学术交流的台湾师大杞昭安教授说："每位与张教授相识交流的大陆视障教育界朋友，与张教授都有一种一见如故、相见恨晚的感觉，他丰富的人生经历、渊博的社会知识、真诚的长者风范，总是很快就能拉近彼此距离。张教授每次到大陆与相关师范院校、盲聋学校交流前，他精心准备的不是行李，而是目的地学校、地区的知识信息、风土人情、民风乡俗等。作为张教授的同事，每次与他同行，我们常常惊叹他高超的人际沟通能力与渊博的人文历史知识，真正是一路欢歌一路情，沿途总能收获满满的友情与高规格的礼遇。"与张教授结下深厚友谊的大陆视障教育界朋友可以列出一个长长的名单：徐白仑、曹正理、袁东、周苗德、黄冬、高理敬、罗观怀、韦正强、蒋建荣、李伟儿、汤盛钦、雷江华……

2017年7月，海峡两岸视障教育研讨会在南京特殊教育师范学院举行。这项由张训诰首倡举办的海峡两岸视障教育界盛会，已经举办了八届。海峡两岸视障教育界以此研讨会为载体与平台，加强学术研讨、推动学习互鉴、密切情感交流、促进特教发展，在海峡两岸搭建了又一座沟通互助的桥梁，在健残之间构筑了又一道融合共享的彩虹。张训诰先生拨冗赴会，与大陆视障教育界专家一起分享了他的特教智慧与人生荣光。

三、林骅：
因病失聪　满腔热血抗日救国
造福同病　一生奉献聋教事业

人物小传

林骅

1923 年 7 月生于温州，7 岁时因患脑膜炎而双耳失聪。耳聋前曾经在普通小学就读一年半，因当年整个温州地区没有一所聋哑学校，此后他既未能进入普通小学读书，也未能进入聋哑学校求学，而是依靠顽强自学，最后达到能看善写的程度。1939 年林骅参加温州地方抗日组织中国民主先锋队，成为浙南地区投身地下党活动的著名聋哑人。

1946 年 10 月，由温州本地聋人陈希聪牵头，联合同为聋人的陈宾石、张忠铭，创办了私塾性质的聋校，开启了温州聋教育的先河。林骅在报纸上获知聋校创办的消息，便主动找到陈希聪等学校创办人，向他们学习手语，并协助做一些学校管理工作。从新中国成立前协助聋校工作，到新中国成立后全身投入聋教育，并出任聋校校长，创办聋哑人福利工厂，直至古稀之年仍克服重重困难率先创办民办聋哑职业学校，林骅先生为温州地区聋哑教育，奉献了毕生的智慧与心血，是温州地区聋哑教育的开拓者。2009 年 4 月，他因病在温州去世，享年 87 岁。

图　林骅

一、

从清末到民国，从废科举到兴新学，温州地区的教育事业发展在传承中创新，在创新中传承，无论是传统经学国粹教育，还是西学东渐背景下的医学教育、数学教育、外语教育、师范教育、职业教育，不仅"得风气之先"位居浙江全省前列，而且还以"温多士，为东南最"而在全国颇具影响。但作为沿海开埠较早的城市，温州在盲聋哑教育方面，却落后于烟台、杭州、福州、上海等地。1887 年来自美国的传教士米尔斯夫人在山东蓬莱（旧称登州）创办了中国历史上第一所聋哑学校，后迁校于烟台；1898 年来自澳大利亚的女护士岳爱美在福建连江创办了灵光盲校，后迁校福州；1912 年来自英国的传教士傅兰雅、傅步兰父子在上海创办了上海盲童学校，1926 年增加了上海福哑学校；1914 年杭州聋人周天孚在其父周耀先帮助下，在杭州创办了私立杭州哑童学校；1931 年杭州聋人龚宝荣在杭州创办杭州吴山私立聋哑学校；1935 年杭州聋人孙祖惠在杭州创办私立启智聋哑学校……

温州聋哑教育的奠基人是温州籍女聋人陈希聪。陈希聪 1918 年生于温州，婴幼儿时期的一场重病使她从小失去了听力。其父陈祖经是教师出身，也是温州本地的著名书法家。他非常重视聋哑女儿的教育，1929 年便送其进入上海福哑学校求学，后又将其转送到北京私立聋哑学校（1919 年杜文昌创办）和北京市立聋哑学校（1934年吴燕生创办）继续深造，直至日本军国主义发动全面侵华战争的前夕才使其与家人一起回到温州。接受过较好聋哑教育的陈希聪，深感如果聋哑儿童不能接受教育，无疑就是家庭的包袱和社会的弃物，为此她立志要在温州创办聋哑学校以造福家乡的聋哑儿童。

创办聋校，说起来容易，办起来很难。一开始陈希聪觉得自己是个聋人，文化水平不高，担心教不好聋生，于是不敢迈出第一步。后来在家人、亲戚、朋友的再三鼓励下，她果断地在《温州日报》上刊登了一则愿意担任聋哑儿童家庭教师的启事。没过几天，一位名叫池曼青的聋哑女童，在其父亲的陪同下来找陈希聪了。池曼青是陈希聪的第一名聋哑学生，也是温州本地第一个接受聋哑教育的学生。不久，陈希聪的学生便又增加了许世敏、林爱梅、卢和中等，同为聋人的陈宾石、张忠铭也成了陈希聪的同事。他们三人一起开创了温州聋哑教育的历史篇章。

随着学生的增多，陈希聪他们觉得自己缺乏办学经验与教学水平，于是他们便邀请当时人在上海、具有丰富聋校办学经验的聋人蔡润祥前来相助。蔡润祥，又名蔡毅，广东中山人，1917年生，8岁进入家乡私塾学习，13岁时因患脑膜炎而双耳失聪。但他坚持自学，博览群书，学识渐长。16岁时蔡润祥经亲戚介绍来到上海福哑学校读书。因成绩优秀引起福哑学校校董黄炎培的关注，黄曾介绍他到上海美丰铸金厂半工半读。此后他还曾到报社做过校对，到洋行做过抄写文员等工作。1939年被母校福哑学校校务主任汪镜渊先生选中延聘为教师。1941年太平洋战争爆发，福哑学校被迫停办，蔡润祥离校后曾出任上海聋哑儿童顾荣盈的家庭教师。1944年与常州聋人戴目、杜家瑞、费耀奇等一起在常州创办常州市聋哑学校，1946年与广州聋人麦藻华一起在广州创办广州私立聋哑学校。在上海福哑学校读书期间，蔡润祥曾与陈希聪短暂同学，相互早已认识。蔡从事聋哑教育多年，办学经验丰富，文化水平、教学业务、管理能力相对都比较高，在聋人中算佼佼者。陈希聪礼请他出任聋哑学校校长。

蔡润祥1947年7月一到温州，先在《温州日报》上撰文发表了散骈相间、情真意切的《私立温州聋哑学校创校缘启》。文中写道："人间至苦，莫若聋哑。五官损其二，有口不能言，有耳不能闻，毕生毕世，沉沦于痛苦愚昧之域，其命运之悲惨，诚有不忍卒言者。然聋哑亦犹人也，其赋性降表，无殊常人。尚能加以教化，启迪其无，固亦能使之成为全人，进而为国家社会所用。证之现代各国，向有社会救济之一名词，其意义为救助一般失却能力之人，其目的在增进全人类之福祉……永嘉（温州别称）为东南重镇，位居瓯江下游。人文素著，商业繁盛，温属六县人口稠密，更接迩闽境，故设立聋哑学校，以教育当地及邻省之哑童俾能自立，不致长贻邦国之累，实为地方上迫切应有之措施……弟等人微言轻，智力薄弱，唯有广求宏施，以收众擎之效，爰经拟具办校计划，吁恳社会硕彦、各界贤达、慨解仁囊、各抒善心，共襄义举，功德无量……"

此则《缘启》一经发表，立即引起温州各界强烈关注：第一，如此美文竟为一聋哑人所写，令人刮目相见；第二，文中所述情文并茂、至情至理，大大触动了原本就崇文尚教的温州乡绅名士；第三，作者蔡润祥为一外乡人，不远万里来温州创办聋校，更让本邑各界无比愧疚与感佩。《温州日报》迅即就此发表评论文章予以跟进，为办好聋校营造舆论环境。热心公益的温州产科医院院长蔡玉辉女士、温州救济院院长杨雨农、温州热心实业家吴百亨等当即公开给予响应与支持，并承诺出任聋校校董。经过三个月的紧张筹备，在原陈希聪所办塾馆性质的聋哑教育班基础上，私立温州聋哑学校正式于1947年10月10日宣告成立，并报温州专署立案获批。首批招收学生12人，分两班，蔡润祥带一个班，陈希聪带另一个班。教职员工除了蔡、陈之外，另聘请徐淑英为校工。教材选用普通小学课本，图画、劳作、体育、写字等课程两班合在一起上课，其他如手语、口语等则分班个别教学。校舍使用的是陈希聪家中堂屋，少数家远学生就与陈希聪家人同住。虽然创校艰辛条件简陋，但社会各界高度关注，次年学生便由12人增至17人。

在筹办学校的艰苦过程中，办校发起人之一的聋人陈宾石因冒着酷暑四处奔走，不幸积劳成疾，旧病复发溘然长逝，竟然未能等到学校正式开办的那一天。而在筹办聋哑学校、共同执教聋童的岁月里，蔡润祥与陈希聪则由志同道合而发展为情投意合。1948年10月10日，在学校创建一周年之际，两人正式订婚，1949年元旦正式结婚。《温州日报》给他们送上祝福，还专门在报纸上发表消息与评论予以祝贺。

二、

1947年，林骅也正是在《温州日报》上看到有关温州创办聋哑学校的消息，由此开启了自己与聋哑教育结缘的人生新历程。此前的林骅，是一名投身革命的地下工作者。因为自幼失聪，他未能进入普通学校求学，而温州本地没有聋校，家境贫寒的他更无条件去外地聋校上学。所以他在报纸上看到温州要创办聋校的消息后，自己便主动找到了陈希聪、蔡润祥。当看到上过聋校、精通手语的陈希聪、蔡润祥能够用手语飞快地进行交流的时候，林骅既惊奇又羡慕。他只能用笔谈的方式与他们进行交流。同样的聋哑缺陷，同样的志向追求，使得林骅很快就与陈希聪、蔡润祥建立起了友谊。陈、蔡两位主动向他传授手语知识，而林骅也积极主动表示愿意与他们一起为聋哑教育服务。热爱写作的林骅根据自己对聋校的观察写了一篇通讯稿《无声的学校》，刊登在了《温州日报》上。这篇通讯稿向温州民众详细介绍了聋校的办学情况、教学成果，很好地宣传了聋哑学校这个温州教育的新生事物。

蔡润祥与陈希聪在温州结婚后，把家安在了温州，又要办学，又要养家，开支增加。但当年温州聋哑学校办学艰难，只有投入，没有收入，教师工资更是无从谈起。困于生活，蔡润祥于1950年暑假回到上海，在上海聋校与常州聋校两地兼课，以养家糊口。一人留在温州的陈希聪，此时便邀请林骅到校协助办学。新中国成立后的林骅被党组织安排在《浙南日报》（新中国成立后中共温州市委新创办的报纸，后改名为《温州日报》）编辑部工作，生活实行供给制，收入稳定。而温州聋哑学校当年还是民办学校，没有固定校舍，没有收入来源。面对几十双渴望求学的聋哑儿童无助的目光，出于对聋哑儿童的热爱与责任，林骅慨然同意了陈希聪的请求。

从1950年秋学期开始，林骅坚持夜间在报社通宵工作，次日下午再赶到聋校任教半天，周而复始以维持聋校正常教学秩序。虽然当时刚刚建立新中国，加之抗美援朝战争爆发后国家财政更趋紧张，但到了1951年温州市人民政府文教局出于对聋哑教育的重视，还是在极为有限的财政经费中开始给予私立温州聋哑学校少量补助。到了1952年，在校学生已经从开始的十几人增至五十余人。虽然学生人数继续增加，而专职教师却还是只有陈希聪一人，另加徐淑英一名校工，再加林骅一名兼职教师。就在这一年，温州市政府文教局正式接管温州聋哑学校，由私立改为公办。校舍也从原陈希聪私宅迁至市区周宅祠巷二号，后政府又购置了市内木杓巷作为校舍。也就是从这时起，林骅正式从报社调入聋哑学校，出任聋校被文教局接管后的第一任校长。而此时的陈希聪因为咯血而被迫辞职，离开温州去上海与蔡润祥团聚。

三、

1952年年底，原私立温州聋哑学校被温州市政府文教局接管后，学校进入了正规化、科学化发展的快车道。林骅出任聋校校长，时间从1952年底直至1970年，前后共约18年。

林骅出任校长后，首先开始补充紧缺的教师。因为温州当时交通不便，外请师资不现实。陈希聪离开温州后，本地师资也很匮乏。此时林骅果断决定吸收聋校早期学生作为助教，这样陈希聪招收的第一名聋童池曼青便成为首选。接着当地有文化的聋人胡煜峰、简崇武、张忠铭等陆续作为教师正式调入聋校，其中张忠铭曾与陈希聪一起参与创校。因聋校教师均为聋人，对外交流联系工作有诸多不便，学校又设法把健听人黄灿霞调入学校。到1953年秋学期开学，学校便拥有教职员工9人，学生62人，分设7个教学班，并建立健全了学校组织机构，组建了教导处、少先队大队部、教育工会等。为丰富师生精神文化生活，学校还组建了学生足球队、篮球队、文艺宣传队。其中学生足球队参加1956年温州市小学生足球赛，技压群雄荣获冠军，使得温州聋校名声大震，由此足球成为学校传统优势体育项目。

1956年全国聋校进行教学改革，推行口语教学。温州聋校积极响应，陆续调进多名健听教师，并选派他们前往北京参加全国口语教学培训班，当年即实施了聋生口语教学。

1960年、1964年，国家连续两次召开了全国盲人聋哑人代表大会。因为林骅在温州聋哑学校教学管理方面成绩突出，他也连续被推选为大会代表进京参会，并受到党和国家领导人的亲切接见。

因为自己是聋人，所以林骅非常关注学生毕业后的就业情况。聋生学文化，长知识，练技能，目的是能够就业，能够为自己创造机会、为社会创造价值，继而能够被社会认同，能够回归社会，能够成家立业。为此，他经过多次调研，对教学计划、课程设置等进行了改革。结合温州实际，学校开设了雕刻、瓯绣、木工等课程，并外聘温州木雕厂、温州瓯绣厂优秀师傅来校传艺。雕刻、瓯绣等在温州属于传统优势手工项目，就业渠道广。由于师傅教学认真，聋生珍惜学习机会认真刻苦练习，加之聋生双耳失聪用志专一，心灵手巧，男生学石雕，女生学瓯绣，他们很快就熟练掌握了相关技能。学校最早的三届毕业生，大都被温州木雕厂、温州瓯绣厂、青田石雕厂等录用。其中聋生卢和中因雕刻人物逼真形象，所雕刻作品被订购一空，畅销国内国外。聋生王玲玲在瓯绣厂做裁剪，不断对工艺加以改进与创新，为工厂创造了良好效益，数次被评为优秀工作者。

但是随着逐年毕业生的不断增多，聋生单一的雕刻与瓯绣就业渠道开始饱和。为此林骅又开始为学生谋划新的就业渠道。一个偶然的机会，林骅获知上海无线电十四厂因为产品升级，准备将原先的氧化铜整流器产品线整体下马，原生产设备设施淘汰。而林骅了解市场后获知当年氧化铜整流器市场仍供不应求。为此，他马上联系该厂，在该厂尚未完全停止整流器生产时，就派出十几名即将毕业的聋生，前往该厂进行实习实训，学习整流器生产技术。等该厂正式停产整流器产品后，林骅与厂家商量，争取到了整体无偿获得原生产设备设施的机会。林骅决定抓住这个机会，在温州创办一家无线电厂，这样以后可以为聋生就业提供新的更大的平台。说干就干，林骅利用各种社会关系，克服重重困难，完全是白手起家创办起了一家无线电厂（后被政府命名为地方国营温州市无线电七厂）。其产品除原氧化铜整流器之外，又与上海无线电十四厂合作，争取到了新产品高压硅堆的生产，并使该产品成为本厂的主要产品，长期在市场上供不应求。

此时的林骅，从管理有方的校长衍生成了办厂高手。温州原民政系统所建的福利工厂，因为产品老化，技术落后，许多原先在该厂工作的聋人面临失业。而此时林骅所创办的无线电七厂却正缺人才，为此在上级组织的协调安排下，原福利工厂所有聋人全部并入无线电七厂，加上学校历年毕业聋生 48 人，一共解决了温州近百名聋人的就业问题。聋人能够就业非常不易，为此他们比健全人更加珍惜来之不易的就业机会，工作加班加点，勤奋刻苦，认真负责。加上当年工厂产品适销对路，不过几年时间工厂便获取了几百万元的丰厚利润，没有国家投资，完全自我发展，先后购置了一批先进生产设备，新建了两座四层楼厂房。为更好地经营工厂，确保聋哑人稳定就业，此时在聋校担任校长近 20 年的林骅，服从组织安排，于 1970 年正式调入温州无线电七厂，担任工厂厂长，直至 1982 年从该厂离休。

四、

从完善聋哑人教育，到保障聋哑人就业，三十多年来，林骅始终与聋哑人事业同呼吸共命运。1982 年离休后，林骅仍牵挂聋哑人事业。当时整个温州地区只有一所聋哑学校，而各县及郊区每年报名的聋童有几百人之多，但温州聋校限于办学条件，每年只能招收 20 多人，城区外郊及各县许多无法入学的聋童家长哀叹道："现在孩子上聋校，比考大学还要难。"

聋哑人接受教育，是聋哑人克服残疾困难、平等进入社会、实现自我价值的基础与关键。无法学习知识学习文化，聋哑儿童等于面临再次残疾，更拉大了与健全人的差距。对此林骅难以释怀，他发誓要再创办一所聋哑学校以解决温州地区聋童"入学难"的困境。1982 年前后，正值温州实行地区改市的关键时期，政府自身机构大调整，自然无暇顾及聋哑教育。而在当年无论创办什么样的民办性质学校，都很难得到批准。但林骅一想到还有数以百计的聋童无法上学，他开始利用自己离休干部的影响，利用自己多年办学办厂的经验，多方奔走各方求援。

得道多助，在时属瓯海县（现温州市瓯海区）白象乡的梧埏高中校长金善臣的大力支持下，1984 年 3 月 18 日，借用该校一间教室几间宿舍，一所能够开设两个班招收 32 名聋童的民办聋校——"温州市聋哑职业学校"终于正式开办。但到了当年暑假的时候遇上了新问题：该校普通高中增班扩招，自身校舍也不够用了。于是，刚刚创办的聋校只好另外再找地方。此后幸得乐清县黄华乡南宅村一聋生家长南兰忠的支持，可借用其私人住宅继续办学，于是学校只好搬到乐清。但乐清县黄华乡位置偏僻，交通不便，家长接送孩子上学非常困难。此时，温州市教育局不仅正式行文批复同意学校以"温州市私立聋哑职业学校"名义正式办学，并从相关中学淘汰下来的旧桌椅中拨付了一批给聋校免费使用，而且还推荐介绍在温州市郊的上陡门租得了几间民房，这样学校便又从乐清搬回市区。可是办了一个学期，民房房东却嫌房租太少、办学太吵收回了房屋。学校只好再搬到市郊箐箕涂一间民房过渡，不久再搬到龙湾区蒲州镇汤家桥学生家长叶永锡家，再搬到苍南县灵溪镇玉苍路，最后搬到灵溪镇学士路 529 号。从 1984 年 3 月开始到 1994 年，学校先后搬迁八次，校名也从最初的"温州市私立聋哑职业学校"几经变化为"温州市苍南县灵溪育才聋哑学校"，管理机构也从"温州市教育局"下放至"苍南县教育委员会"，真是"十年办学困难重重，痴心不改只为聋童"。

对于办学而言，校舍是基础，师资才是关键。林骅除了亲自执教之外，另聘请黄灿霞等已从温州聋校退休的老教师前来帮忙，也请过健听人来执教。学校师资稳定在 4 人左右，健残各半，本地外地各半。因为是私立学校，国家不给经费，以 1990 年为例，学费便是一学期 180 元，伙食费、水电费等为"带米 40 元，不带米

60 元，带粮票 40 元"。虽说该校历经艰难，有苦难以尽说，但毕竟聋哑儿童能够上学了，能够学到知识学到文化学到技能，毕业以后能够就业能够生利了。这令林骅感到无比欣慰。2014 年 12 月、2015 年 1 月，笔者两次到温州就林骅先生创办聋哑学校的教育经历进行采访。我先后访谈了温州市教育局办公室退休干部张永坝、温州市教育局原主任潘龙俊、林骅之子林正风。我在林正风家里还征集到一本林骅先生创办私立聋哑学校的笔记本，已经发黄破损霉变的硬面抄上，林骅先生工工整整抄录的学校历届学生信息清晰可见：学生姓名、性别、出生年月或年龄、籍贯、家庭住址、家长姓名、职业、备注。累计学生数量近千名，学生生源有市区、永嘉、乐清、瓯海、苍南、玉环、文成、平阳、天台、温岭……

在林骅创办民办聋校的精神鼓舞下，也是在其创办聋校的方法指导下，温州各县区不等不靠不要，自力更生，白手起家，瑞安莘塍聋哑学校、苍南县龙港聋哑学校、文成县育才聋哑学校、平阳特殊教育学校等民办聋校相继创办。看到民办聋校能够克服困难成功创办，温州的部分县区政府也加快了创办公办聋校的进程。不久公办瑞安市聋哑学校、永嘉县聋哑学校、苍南县龙港聋哑学校、乐清市特殊教育学校也如火如荼地创办起来。经过几年的持续努力，温州市辖各县区聋哑儿童入学难的问题终于得到了缓解。

而今在温州市瓯北区，一座占地 185 亩，由温州市聋哑学校、永嘉县聋哑学校、温州市新码道学校、温州市盲人学校合并组建成的温州市特殊教育学校已经建成。该校设施先进、设备齐全、师资优良、环境优美，规划设置 102 个班级，计划招收 1200 名盲聋及培智学生。从 1946 年至今，该校的办学历史已经快 70 年了。人生七十古来稀，而一所学校七十年，还正是处于承前启后、继往开来的关键时候。林骅曾在温州聋哑学校就任校长近 20 年，创办温州聋人工厂（温州市无线电七厂）12 年，离休后创办温州民办聋哑学校 10 多年，他把自己的一生都奉献给了温州的聋哑人事业，他是当之无愧的温州聋哑教育事业的重要开拓者。在他默默耕耘的 87 年人生中，他一直都在牵挂温州的聋哑同病，牵挂他们的教育、牵挂他们的就业、牵挂他们的生活。俗话说，"雁过留声，人过留名"。也许对林骅本人而言，他无声无息、奉献一生的人生已经很满足了，但我们不应该忘记这位早年投身革命、毕生为聋哑人谋幸福的聋哑老人！

四、叶立言：
功补造化忧乐交集系聋生成长
筚路蓝缕知行合一为融合教育

人物小传

叶立言

1942年3月出生于北京一个普通职员家庭。兄妹六人中，叶立言排行老三。他从小学习勤奋、天智聪慧、成绩突出。由于品学兼优，每年"五一""十一"都被选作北京市中小学生代表参加天安门观礼。1954年7月小学毕业后以优异成绩被名校北京四中录取。初中三年每年都获得北京市教育局颁发的学习优良奖章。进入高中后由于国家进入三年困难时期，粮食短缺导致营养不良，超负荷的学习、劳动使叶立言身体严重透支，高中毕业体检时被检查出肺结核。原本有希望进入优秀高等学府深造的叶立言，由此与大学无缘，却从此与特殊教育结下终身之缘。

1960年10月至2002年9月任职于北京市第四聋人学校、北京市第二聋人学校，2002年退休后至今一直担任教育部、北京市等随班就读指导专家，至今在特殊教育的岗位上已经奋斗了整整57年。1983年4月至1984年5月，由教育部公派赴美国进修特殊教育。1985年被评为北京市劳动模范，1986年被评为北京市特级教师，1988年获得中学高级教师职称，1996年起享受国务院特殊津贴，2001年获得首届"江民特教园丁奖"。出版著作有《聋校语言教学》（个人专著）、《听力残疾儿童随班就读工作手册》（主要作者）、《满足特殊教育促进有效参与》（第一作者）等，发表论文20多篇。

我的欢乐和忧愁无不与聋哑孩子们的成长、进步联系在一起，为崇高的特殊教育事业无私奉献，这就是我的夙愿。没有党的教育培养，没有领导和同人们的支持帮助，就没有今天的我。回顾 57 年特教生涯，我就做了两件事：一是从 1960 年到 1992 年，扎根第一线研究聋校语言教学；二是从 1992 年至今，我把主要精力投入到残疾孩子的随班就读工作。积多年心血凝成的一点体会就是"认真"二字，最深的感触就是要以报效祖国为己任，扎扎实实做实事，不断提升个人的软实力，一旦与机遇结合就能迸发出有价值的火花。

一、
品学兼优尖子生
与特殊教育结奇缘

叶立言上小学时，学习成绩优异，每门功课都是一百分，老师们喜欢，同学们佩服。他在班里第一批加入少儿队（少先队前身）。抗美援朝志愿军战士到学校作报告，他是给英雄献花的学生代表。每年"五一""十一"他都被选送去天安门观礼，接受毛主席等中央领导的检阅。1954 年 7 月，叶立言小学毕业，报考北京四中，以优异成绩被录取。初中三年，年年获得北京市教育局颁发的学习优良奖章，初二以后还被选为班主席。1957 年升入高中部，叶立言又被选为学校团委委员，担任学习部部长。高中三年，叶立言不仅学习成绩一如既往地优秀，而且还积极参加课外活动，关心国家大事，追求政治思想进步，主动参加工农业生产劳动。在老师、学生、家长眼中，叶立言是一个师生公认的品学兼优的"学霸"，将来必能进入优秀高等学府深造。

但 1959 年以后由于国家进入三年困难时期，粮食供应紧缺，生活条件下降，城乡百姓日常饮食营养越来越差。正处于长知识、长身体阶段的叶立言，在超负荷的学习、劳动锻炼中，加上饮食营养不良，身体严重透支，在高三毕业体检时被检查出肺结核。当年肺结核可算是顽疾，每年都有大量的肺结核患者被挡在高考大门之外。患上肺结核对叶立言的打击是可想而知的，虽然他积极配合治疗，在老师、同学和家人的鼓励帮助下，病情得到了控制，但仍然无法达到高考体检标准，最后与高考失之交臂。学校领导在深深为叶立言惋惜的同时，鉴于当年北京市教师缺乏这个情况，积极建议思想好成绩好的他去做教师。于是，叶立言的档案就被转到了北京市西城区政府的文教科。

1960 年 10 月，西城区政府文教科找叶立言谈话，欢迎叶立言加入教师队伍，并正式告知，他被分配到北京市第四聋人学校任教。刚一听到要去聋哑学校时，叶立言的心情是与听到医生告诉他患上肺结核时差不多的，他一脸愕然，满腹失望："我长这么大可从来没有听说过'聋哑学校'，也从来没有与聋哑人打过交道，聋人听不见，我怎么教他们……"于是叶立言当即对文教科领导说："您可以把我分配到西城区最艰苦的学校去，聋哑学校我胜任不了，我不愿去。"文教科领导说："聋哑学校就是西城区最艰苦的学校啊！你是共青团员，优秀学生，我们相信你能胜任这份工作。"于是，叶立言的特教生涯由此开启。

叶立言把分配到聋哑学校任教的消息告诉了父母，原本以为父母会反对或失望，想不到他们却很支持。父亲说："教聋哑孩子有什么不好？那可是个'冷门'，也不是一般人能够教会的，你要好好干。"1960 年 10 月 19 日，叶立言来到北京市第四聋人学校报到，正式担任三年级语文教师并兼任班主任。当时叶立言心里只有一个想法:既然组织上把我分配到聋哑学校教书，那我就要争口气，把聋哑学生教好。

在聋校教书，第一个挑战便是要尽快掌握好聋人的手势语。因为之前对手势语没有任何了解，聋哑孩子看不懂他讲的课，他自然也看不懂学生们的比画是什么意思。为了尽快学会聋人手势，叶立言整天与学生形影不离，随身还带着小本子和笔，随时记下他们的每一个手势，虚心向学生请教，就连课间和中午也不回办公室休息。就算回到家里躺在床上，也不忘反复练习手语。家人见了都说"着魔了"。常言说得好，接受一个人，首先从接受他的语言开始。彼此能够"谈"得来、能够拥有"共同语言"是成为朋友的第一步。功夫不负有心人，两三个月之后，不仅学生们都夸叶老师手势打得清楚、连贯，师生之间的交流变得无障碍，叶老师也从健听人成为了"聋哑人"，真正与学生打成了一片，课堂教学效果得到了明显改善。因为他手语打得好，此后全校集会校领导便经常安排他担任手语翻译。后来他的手语翻译还走向了社会，北京东四的聋哑人俱乐部，常常可以见到年轻的叶老师的身影。被誉为"中国的保尔"的吴运铎给全市聋人作报告，担任现场手语翻译的便是叶立言，由此可见叶老师的手语已经得到了聋人的普遍认同与喜爱。

在聋校过了语言关，接着就是教学关。叶立言主动虚心向本校老教师学，向外校同行老师学习，向课本学习。1961年党中央提出"大兴调查研究之风"。西城区教育局领导到聋校调研，听了叶立言的课后给予高度评价，此后教育局和学校开始对叶立言进行重点培养，帮助他进行备课，组织老师持续听课、评课。谦虚谨慎、好学上进的叶立言，非常珍惜这难得的好机会，更加积极主动、刻苦钻研，在聋生语言的形成和发展方面围绕"教学过程和形成发展语言相统一"的教学原则，从聋人手势语与汉语的比较入手，结合教学实践，扎扎实实地研究聋校语言教学，很快就成为学校的教学骨干，成为区里、市里的教学能手。学校还推荐他到全市四所聋校大教研活动中开设公开课，让他承担全国各地聋哑学校同行来北京参观学习时开示范课的任务。1960年刚走上聋哑学校讲台时他是一个地道的聋教育门外汉，经过十多年的艰苦磨炼，他已成长为国内知名的聋校教师。每次回顾那段人生经历，叶立言总是充满感恩，他说："那是聋校领导培养了我，同事帮助了我，聋生成就了我。我个人只是做了一个老师应该做的事。"

严师育高徒，高徒出名师。蔡洙吉是叶立言二十世纪六十年代执教的学生，他是朝鲜族，与叶老师同龄，生日比叶老师还早。短短几年的教学经历却让他们结下了亦师亦友的终身友谊。蔡洙吉聋校毕业后被分配在民政工厂上班，后被遣返回老家延吉，但他自强不息、兢兢业业，深得社会欢迎，由于工作出色还被评为延吉市劳动模范。已步入晚年的蔡洙吉，也会克服困难创造条件，争取隔一两年就来北京看望曾经陪伴成长的叶老师。高向昱是叶立言二十世纪八十年代执教的学生，因为双耳失聪，又由于从小在无锡长大，随父母来到北京刚插班成为叶老师学生时，她胆子小，性格内向孤僻，不爱与老师与同学交流。叶老师了解她的情况后，专门安排一个同班同学主动与她结伴，此外还经常主动找她聊天，相互介绍北京与无锡手势语的不同打法，让她逐步接受北京的聋人手势语，逐步融入新的学习环境。在经过一段时间的适应调整后，高向昱性格开朗起来了，学习成绩也有了进步。她从聋校以优异成绩考入长春大学特教学院，毕业后被北京市第四聋人学校录取为教师，工作出色。原先的师生，后来成为同事，叶立言看到她的成长成才非常欣慰。叶立言长期工作在教学第一线，后来做了校长，也仍然没有离开课堂，所以叶立言老师可谓桃李满天下，蔡洙吉、高向昱只是他众多学生中的代表而已。

二、
赴美进修出国为建国
服务聋校语言教学育硕果

1980 年 12 月的一天，时任北京市第四聋人学校校长的王宗文专门把叶立言带到自己的办公室，然后关上门，他的情绪很激动，停了片刻才突然开口："叶立言，国家要送你到美国去进修！"去美国进修，还是进修特殊教育，这不仅让王校长情绪很激动，更是让叶立言喜出望外：当年成绩优异的他，因为营养不良、过度用功导致身患肺结核从而与大学失之交臂，而今却要远渡重洋去美国进修，这真是天道酬勤、得道多助啊！1980 年，那时国家已经开始改革开放，开始推进出国留学。特殊教育人才被纳入出国留学进修计划，正体现了国家开始全面对外开放的决心与力度，也反映了正走向开放的中国对特殊教育的重视与关怀。新中国成立初期我国大批选派出国留学的队伍中，就有 1955 年被派去苏联留学特殊教育的朴永馨与银春铭。可惜此后直至改革开放，再也没有选派过特殊教育方面的留学生。而今叶立言准备赴美国留学特殊教育，这可谓是我国整个特殊教育界的大事、好事、喜事。

据叶立言回忆，王校长告知他有机会出国进修后不久，教育部便对他进行了英语摸底考试。1981 年 2 月教育部派送他去上海外国语学院留学生预备部进修一年，同时被层层选拔参加留学生预备部进修的来自全国特教界的教师共有七名，除叶立言外，还有湖北武汉的余敦清、天津的王助理、山东泰安的李慧君、黑龙江佳木斯的张守恒、上海的陈慧珠和江苏常州的周薇薇。进修期间叶立言勤奋刻苦，如饥似渴，英语水平突飞猛进，1982 年 1 月他以四门功课全优的成绩顺利结业。1983 年 4 月至 1984 年 5 月，叶立言由教育部公派赴美国进修，正式成为改革开放后第一批出国学习的四名特教工作者之一。二十世纪八十年代初期，尚无自费出国留学这一说，公派留学的选拔非常严格，脱颖而出者凤毛麟角，而作为特殊教育的代表出国学习，更是使命光荣、责任重大。错过了上大学机会的叶立言，面对这难得的出国学习机会，自是倍加珍惜，他给自己立下了"出国是为了建国"的誓言，并将之作为座右铭，时时激励自己。

叶立言在美进修聋教育的第一站是美国俄亥俄州哥伦布技术学院的残障学生服务中心，学习美国手势语言，先后担任手语译员；第二站是俄亥俄州立聋人学校，做访问学者，担任两个小学班、一个中学班、一个职业班的教学辅导工作。根据计划，叶立言要在美国进修十三个月，但他决心通过自身的努力把"十三个月的进修"当成"三十个月的进修"，而这就要增加每日的工作量、学习量。为此，叶立言除了坚持锻炼身体之外，几乎所有的时间都花在了工作与学习上。一年多时间，他从未单独看过电影，绝大部分的周末都在学习，除了相关部门组织的集体活动外，几乎从未参加过其他活动。与叶立言属于同一批次在美国进修特教的一共 18 人，分别来自亚洲、非洲、欧洲、美洲的 17 个国家。他们常常劝说叶立言不能成天只是学习和工作，要多参加集体娱乐活动，不应失掉这短暂的"美好经历"。对此，叶立言回答他们说，他对那些集体活动不感兴趣，只喜欢安静。其实叶立言心里在想，我不是为了寻求个人的"美好经历"而出国的，我要寻求的是祖国和人民的美好前途，我出国是为了更好地报效祖国、建设祖国。

一年多的进修与实践，叶立言对美国聋人学校的教学体制、管理过程、课程设置、讲授方法、职业教育等有了全面而具体的感知与认识。他围绕"如何有效地对聋哑儿童实施语言教学"这个课题，搜集了大量手语教学、口语教学及综合手段教学方面的论文、素材、样品，为回国后从事相关理论研究与实践探索积累了珍贵的一手资料。1984 年 6 月，叶立言完成在美的各项进修并获得全优成绩后按时回国。

从 1960 年起 20 多年的聋校一线教学实践，加上一年多在美国的聋教育进修经历，使叶立言回国后在聋校教学研究方面走上了快车道，教育教学成果累累。当年他父亲对他说过教聋哑孩子没什么不好，那可是个"冷门"，也不是一般人能够教会的，要好好干。叶立言果然在聋教育这个"冷门"中做出了成就，真正成为一个不一般的人。1985 年 2 月，他被评为"北京市劳动模范"；1985 年 6 月，从北京市第四聋人学校调任北京市第二聋人学校副校长兼教导主任；1985 年、1986 年连续获得全国优秀特殊教育工作者奖金；1986 年获得北京市西城区"模范共产党员"称号，被评为北京市特级教师；1988 年获得中学高级教师职称；1990 年专著《聋校语言教学》正式出版；1993 年起出任北京市特殊教育研究会理事长；1994 年被评为全国"三育人"先进个人；1996 年起享受国务院政府特殊津贴；1998 年获得"北京市有突出贡献的科技管理专家"称号……

三、

淡泊名利矢志不懈
恒心聚力融合教育创新路

至二十世纪八十年代初，承担我国特殊教育任务的教育机构只有特殊教育学校，即盲校、聋校，而特殊教育中的培智教育才刚刚起步，全国特殊教育整体发展规模、质量、水平、效益与人民群众的需求还有很大的差距。1986 年颁发的《中华人民共和国义务教育法》明确把特殊儿童的义务教育纳入国民义务教育体系。为了寻找一条投入少、见效快、方便就近入学、适合我国国情的普及特殊儿童义务教育的道路，随班就读应运而生，特殊教育随之进入普通学校，融合教育开始逐步从观念走向理论，进而走向实践。1989 年，国务院颁发了《关于发展特殊教育的若干意见》，提出了"以一定数量的特殊教育学校为骨干、以大量的普校附设特教班和残疾人随班就读为主体的发展格局"。但发展融合教育，仅仅停留在观念、政策、制度层面是远远不够的。怀着为国家分忧、为残疾人造福的沉重心情，怀着加快普及特殊儿童义务教育进程的强烈使命感，从 1992 年起，叶立言开启了他艰苦地推进随班就读、实施融合教育的新征程。

随班就读对中国特殊教育事业来说，是一项全局的、艰难的、光荣的、探索性的工作；而对叶立言来说，这是一项舍长取短、充满风险的新挑战。经过 20 多年兢兢业业的坚守与拼搏，他在聋校语言教学方面已经硕果累累，不仅成为这一领域教学一线的全国最著名专家之一，全国第一位特教方面的特级教师，而且其出版的专著《聋校语言教学》具有里程碑意义。此时，他是北京市第二聋校校长，管理好、建设好、引领好一所全国特教名校，对叶立言来说既是任重道远一直在路上，又是渐入佳境风景这边独好。而要投身随班就读，这就意味着他要在原本已经很繁重的工作基础上开辟一个陌生领域，意味着他的工作还要离开自己的领地走进广大普通学校。对内是自加压力，对外是强烈使命，年过半百的叶立言没有回避畏惧，没有明哲保身，而是毅然决然"自找苦吃"，明知山有虎，偏向虎山行。1992 年至今，叶立言在随班就读融合教育的道路上已经艰苦跋涉整整 25 年了。对他而言，这是知行合一、无怨无悔、有滋有味、乐此不疲、筚路蓝缕、再创辉煌的 25 年——

1992 年底、1993 年初	受国家教委委托，到黑龙江海伦市、江苏省盐城市进行聋童随班就读可行性调研考察。
1993 年 6 月	受国家教委委托，为满足随班就读实验初期师资培训之急需，完成《听力残疾儿童随班就读工作手册》编写出版工作。
1994 年 3 月至 2004 年 9 月	受国家教委委托，作为国际合作项目"对有特殊教育需要儿童的教育"国家级专家，先后多次到宁夏、内蒙古、陕西、甘肃、青海、四川、贵州等中西部地区指导、评估残疾儿童随班就读工作。
1994 年 5 月	受国家教委邀请，赴江苏盐城在全国残疾儿童少年随班就读工作会议上作专家发言。
1996 年起	主持北京市规划办重点资助课题"全纳性学校管理与教学模式实验"。
2002 年 8 月	为甘肃省、宁夏回族自治区聋教育师资培训班授课。
2002 年 9 月	在北京市第二聋人学校办理退休手续。
2002 年 12 月	赴山东济南指导山东省聋儿康复教学观摩评比活动。
2003 年 3 月	参加教育部《全国随班就读工作手册》的编写工作。
2004 年 6 月至 7 月	应教育部邀请赴四川省、云南省检查随班就读支持保障体系实验县（区）工作。
2004 年 9 月	赴甘肃兰州为中西部省区随班就读师资培训班授课。
2004 年 11 月	作为第一作者编写的《满足特殊需要　促进有效参与》出版。
2006 年 8 月	赴安徽省省级随班就读实验县（区）负责人培训班授课。
2007 年 8 月、12 月	赴云南少数民族基础教育项目全纳教育培训班讲课。

2008 年 10 月	赴成都参加全国聋校校长双语双文化项目推广会并讲课。
2011 年 8 月	赴甘肃兰州、天水随班就读教师培训班授课。
2011 年 10 月	赴山东济南担任全国特殊教育学校教师信息技术综合应用大赛评委。
2013 年、2015 年	连续被北京市教委聘为特教教研指导专家（聘期从 2013 至 2015 年；2015 年至 2017 年）。
2015 年 12 月	赴内蒙古巴彦淖尔进行随班就读培训。
2016 年 1 月	赴天津北辰特教中心授课。
………	………

这一份不完整的工作清单，粗略记录了叶立言在随班就读融合教育方面进行理论研究与实践推广、师资培训的人生足迹。还是叶立言自己讲得好："我就是个闲不住的人，我最珍惜的是时间。人生只要和事业紧紧地联系在一起，他就会珍爱时间、珍重工作生命在人生中的价值。"短短一个"十五"期间，叶立言承担或主要承担的国家级、省级随班就读教育科研课题就有四项。单是一个北京东城区，每学年都安排一期中小学随班就读师资培训。二十多期的培训，每一期培训的两次授课，叶立言一次没有缺席。

目前，我国的随班就读融合教育为全面提高和巩固特殊儿童义务教育入学率、提高特殊教育教学水平、促进残疾儿童融入社会发挥了巨大的历史作用。回顾历史，展望未来，叶立言认为，人人享有受教育权的社会制度、以人为本的教育思想、全纳教育的理念，为开展随班就读进行融合教育提供了强大的理论基础和正确的思想武器。在融合教育的实践层面，加强教学策略系统、教学管理系统、教学支持系统建设，是当务之急。由于特殊儿童在学习上存在着各种不同的困难，从事融合教育的教师应拥有驾驭大差异课堂教学的能力、制订与实施个别化教学计划的能力、指导随班就读学生康复训练的能力、收集整理使用传播相关信息的能力、从事教研科研的能力。

如今已七十多岁的叶立言老师，始终关注融合教育的最新发展，他很诚恳地希望能够扎实地做随班就读实证研究的一线老师越来越多，希望有越来越多的研究价值高的案例出现，逐步建设好随班就读学生发展评价数据库和评价参照体系，切实提高随班就读教育教学质量。

（写于 2017 年）

五、余敦清：
毕生奉献在特教
不忘初心为聋童

人物小传

余敦清

1937 年 8 月生于湖北武汉一个普通家庭，从小家境贫寒，12 岁时才上私塾。他学习刻苦成绩优秀，1952 年以总分第一考入当时武汉最好的中学——上智中学。后由于交不起学费，转入免学费的武汉市第一师范学校。1957 年 8 月中师毕业被分配到武昌聋哑小学（后改名为武汉市第二聋校），历任学校教师、教导主任、副校长、校长等职。

1961 年 5 月被评为湖北省劳动模范，受到毛主席接见。1962 年 1 月加入中国共产党。1966 年毕业于湖北省函授大学汉语言文学专业。1978 年应教育部邀请参加全国聋哑学校语文、数学教材审稿工作。1986 年参与创办湖北省聋儿康复中心并兼任中心负责人。1986 年、1987 年连续两年被评为全国特殊教育先进工作者。1987 年 10 月作为国家代表出席在日本召开的亚太地区特殊教育研讨会并作大会报告。1987 年被评为武汉市首批中学高级教师。1988 年被评为武汉洪山区专业技术拔尖人才。1990 年被评为湖北省唯一一位特殊教育特级教师。曾任亚太地区特殊教育研究会会员、中国特殊教育讲师团成员、中国残疾人康复协会理事、中国民政部康复协会委员、湖北省聋儿康复中心负责人、中国听力语言康复杂志常务编委、湖北省特殊教育研究会副会长、武汉市特殊教育研究会常务副会长等。1997 年退休，毕生奉献特教 40 余年。出版有《听力障碍与早期康复》等专著，发表特教论文 60 余篇。

一、
毕生献身特教：
为聋儿造福、
为家长排忧、
为国家解难

余敦清的童年是在艰难困苦中度过的。他父亲原在武汉城区靠苦力为生，养活一家老小。抗日战争时期，日军攻入武汉后，父亲被日军打伤致残，失去劳动能力。全家只能靠两个哥哥拉人力车艰难维持生计。12 岁时，余敦清在哥哥们的帮助下读私塾。读书的机会来之不易，所以余敦清学习非常刻苦，成绩优异。1952 年余敦清以总分第一的成绩被当时武汉最好的中学上智中学录取。可在短暂的兴奋后，因为付不出学费，余敦清只好忍痛作别名校，转入当时不交学费、发放助学金的武汉市第一师范学校。当年社会上流传"家有一斗粮，不做孩儿王"的说法，可余敦清则报着"学一行爱一行"的心态，始终积极上进，品学兼优。在师范学校，他曾任学习委员、团支部书记，并通过严格考试从入学时的初师班升入中师班。1957 年，余敦清从师范学校学成毕业，一家人对即将走上工作岗位的余敦清都充满了期待，苦寒的生活终于可以有所改善了。

余敦清求学期间刻苦好学的优良素质给师范学校领导留下了深刻印象。临近毕业，校长专门找余敦清谈话，动员他去聋哑学校工作。这对余敦清来说，可谓是意料之外情理之中。出乎意料，余敦清从未想过要去聋哑学校，对聋哑教育更是一无所知；在于情理，他毕业前夕主动申请要到最艰苦的地方去工作，那去教育聋哑儿童，让他们学有文化将来自食其力，这应该是最艰苦的工作之一。既然组织上希望自己去从事聋哑教育，那就努力去做好聋哑教育吧。但当余敦清决定要去聋哑学校教书的时候，家人纷纷坚决反对，同学也是不予理解。

回首当年的选择与决定，年已八旬的余敦清淡定而自豪地说："此生有幸献身特教，能够为聋儿造福、为家长排忧、为国家解难，无怨无悔有滋有味。"当年，余敦清的家人以去聋校就断绝亲情关系相逼，同学对他以全优毕业生的身份去教聋哑人而不解，他全然不顾，毅然来到聋哑学校报到。而迎接他的却是落后简陋的办学条件和严重不足的师资队伍。

1957 年 8 月 15 日，余敦清正式到位于武昌胭脂山上的武昌聋哑小学（现武汉市第二聋校）报到。这所小学的前身名叫武昌瑞英聋哑学校，由美籍瑞典人、基督教牧师艾瑞英于 1932 年创办，这是武汉地区的第一所聋哑学校。艾瑞英在创办聋哑学校之前，还曾于 1919 年创办了武昌女子瞽目学校（即女子盲童学校）。作为一所私立慈善性质的聋校，1952 年被政府接管并改名为武昌聋哑小学。虽然原先该校接受部分国外基督组织的慈善捐助，加上收取部分聋童学费，但一直是入不敷出艰难办学。课程设置有算术、发音、美术、劳作、体育、英文、习字等，另开设有"织袜"等简单的职业课程。余敦清来任教时，学校师资主要是两位聋哑人，他们仅仅上过几年聋哑学校。曾有两名健听老师，但一名不久就调离学校，另一名心智不很健全，无法承担教学任务。当时学校有四个班共 40 多名学生，最大的学生 36 岁。余敦清是第一位从正规师范学校毕业分配到聋哑学校的人，他一入校就承担了语文、历史、自然、地理、体育、律动、美术等几乎所有开设的课程，一周满满 24 节课，另外还兼少先队辅导员。他以校为家，与聋生朝夕相处，很快打成一片。

功夫不负有心人，余敦清很快便从聋教育的门外汉成为行家里手。一个典型的事例便是 1958 年秋，为改变湖北全省特殊教育学校数量严重不足的情况，湖北省教育、民政部门联手在武昌举办全省盲聋哑教育师资培训班，首先从师资入手，为创办更多特殊教育学校提供师资保障。在这个师资培训班中，入职才一年的余敦清即被聘为讲课教师，传授聋哑学校语文教学和聋哑学校口语教学法两门主干课程，俨然成为聋教育老师的老师。因为这次师资培训班，湖北省有了第一批基本的特教师资，继而整个湖北省的特殊教育学校从 1958 年的 5 所增加到 1960 年的 46 所。

1958 年让余敦清倍感自豪的还有两件事：

一是徐海东大将邀请聋校老师游览东湖，并设家宴款待。

二是苏联全俄聋协代表团一行 6 人参观考察聋校。

徐海东大将战功卓著名声远扬，他有个儿子是聋哑人，且患有脑瘫，当时正在聋校学习。他的这个儿子在聋校得到了余敦清等老师的精心照顾与专心教导，生活习惯、学习能力、文化成绩、精神面貌都焕然一新，这让徐大将倍感欣慰。徐大将主动提出要见见这些能让他儿子开口讲话、喜爱学习的老师。1958 年的国庆，徐大将亲自陪同余敦清等老师们一起乘船游览东湖，还在家里宴请了老师们。得到开国元勋的鼓励与褒奖，余敦清工作的热情更高了。同年，余敦清也得机会与苏联特教工作者交流学习。苏联的特殊教育起点比较高，发展比较快，他们不远万里来到武汉与聋校进行交流，既是对聋校办学质量的肯定，更是对聋校提高办学水平的激励。

1959 年是新中国成立十周年，武汉市举行了规模盛大的游行活动。因为聋校出色的办学成果，经过层层遴选，聋校的学生也获准参加国庆游行。聋哑人参加游行庆典，这成了当年武汉一条正能量十足的新闻。此外，聋校学生积极参加各项社会活动，农村工厂参观实习、运动场上争先恐后、篮球场上夺冠争金、文艺舞台上精彩亮相，这一切都极大地振奋了聋生的人生信心，也直接地转变了社会对残疾学生的落后观念与错误认识。

1960 年	余敦清被评为湖北省文教先进工作者，并光荣地得到毛主席亲切接见。这是我国特教战线上的第一位省部级劳动模范。这一年暑期被组织上选送赴庐山疗养。
1962 年 1 月	因为教学成果好、群众威信高，余敦清光荣加入中国共产党，这是该聋校的第一名共产党员。
1965 年	余敦清被组织上提拔为校级领导，出任聋校副政治指导员。
1966 年开始	特殊教育发展进入困难时期，余敦清还是凭着对特殊教育的无限忠诚，尽一切可能充分利用各种机会去研究特殊教育，服务聋童成长。后来特殊教育逐步走上正轨，余敦清也迎来了事业上的春天。
1978 年春	受教育部邀请，余敦清赴上海参加全国聋哑学校语文、数学教材审稿会。因为较好地完成了审稿任务，会后教育部特别委托余敦清代表湖北牵头负责编写全国聋哑学校数学教学参考资料，该套教学参考资料于 1979 年正式出版并发至全国各省市聋校使用。
1981 年	教育部拟选派一批特教老师赴美国进修特殊教育。这是自 1956 年后的又一次国家选派计划。虽然当时余敦清已经 45 岁了，但当国家选派他去上海外语学院参加出国留学生预备部学习的时候，余敦清还

是积极准备，认真学习。几乎没有任何英语基础的余敦清，珍惜分分秒秒的学习时间，通过一年的强化训练，达到了出国留学的外语水平。后来因为他在同批预备出国人员中年龄最大，未能通过最后选拔。但余敦清没有气馁。

1982 年	他继续坚持在华中师范大学进修英语半年。当时他只有一个想法，争分夺秒，迫切渴望能走出国门，了解西方在特殊教育方面的先进思想与实践。
1986 年 3 月	余敦清在湖北省民政厅领导的支持和帮助下，创办了"湖北省聋儿康复中心"，该中心当时是国内率先开展康复聋儿进入普通小学学习的机构。
1987 年	因为丰富的聋校工作经验、扎实的特教实践成果和良好的外语能力，受联合国教科文组织的邀请，余敦清第一次走出国门，参加了在日本召开的第七届亚洲及太平洋地区特殊教育研讨会，并作为中国代表在研讨会上作了聋教育国家报告，详细介绍了我国听觉受损儿童教育的基本情况，特别介绍了我国聋儿康复的性质、目标、康复标准、主要工作、工作形式与工作效果等。这个报告受到了 14 国与会代表的普遍欢迎与高度赞扬，这也是国际社会第一次全面了解中国聋教育的发展情况与基本经验。余敦清是湖北省特教界登上国际学术讲坛的第一人。
从 1986 年 3 月 到 1988 年 9 月	中心 42 名受训聋儿中的 57% 实现基本康复，并顺利进入普通小学就读，在普通小学全部正常升级。其中，这些康复的受训聋儿中 75% 语文数学双科优秀，56% 是三好学生。
1990 年	理论服务实践，教学联系科研，余敦清主持的《聋儿康复及其后续教育的实验研究》成功获得教育部首届科研成果奖，这是湖北特教界教学科研奖项的零的突破。
从 1988 年 12 月 至 1989 年 7 月	余敦清开展了"超过康复最佳期聋童的教育康复实验"，实验结果使受训聋童中的 55.6% 进入普通小学，均能比较好地完成各项学习，

并且还保留有声语言的交往能力。其中一位名叫马晟的聋生顺利考入大学，毕业后被分配到中南民族大学工作。余敦清这两次康复实验的成功实施，为全国聋儿康复训练提供了成功范例，也为武汉聋校成为全国聋童随班就读实验示范学校立下了汗马功劳。

1997 年

余敦清退休，在武汉市第二聋校整整奋斗了 40 个春秋。他退休至今又 20 多年了，仍念念不忘他的特教事业，精心从事聋童家庭康复的研究。

如果说他从 1957 年到 1987 年的前 30 年是聋童教育的 30 年，那他从 1988 年到 2017 年的后 30 年则是从事聋童康复教育的 30 年，这真是"毕生奉献在特教，不忘初心为聋童"。

二、
始终与时俱进：
教学联系科研、
理论服务实践、
传承结合创新

余敦清自 1957 年从事聋教育起至 1997 年退休，在长达 40 年的聋教育生涯中，工作单位没有变化，工作岗位没有变化。但他始终与时俱进，在不变中求新，是一位长期工作在教学第一线、永立潮头、坚持传承不断、突破不断、创新不断的实干家。他提倡教学联系科研。二十世纪五十年代，对一线小学教师讲科研，无疑还是很遥远的事。而对聋哑小学的老师来说，则更为遥远。但余敦清没有这样看，他从进入聋校开始，就学会了钻研。当年学校只有几位聋哑人教师，余敦清首先钻研的就是手语。要与聋童打交道，不会手语就等于无法交流。俗话说"十聋九哑"，我们办聋教育，就是希望聋生聋而不哑，可是如何使聋童开口说话，这就需要钻研。当年全国推行口语教学法，余敦清负责口语教学实验。教育部颁发了《聋哑学校使用手语班级的暂行教学计划》与《聋哑学校口语教学班级教学计划》。余敦清每天都在研究如何把这些计划结合学校情况和聋生实际落到实处——看图识字明义，开口出声发音，会心凭手起言，千方百计提高聋生的口形语言和看话能力。

经过大胆摸索，余敦清把教学与科研相结合，总结出了提高教学水平的六种方法：

1. 重视提高学生的语言能力，强调口语教学，打消学生畏难思想；

2.教学结合生活实际，利用日常生活、生产劳动等进行教学；

3.强调直观教学，尽可能多地使用实物、图片、演示和表演等方式直观形象地引导学生；

4.提倡学生课外阅读，老师早晚自习、课外多指导学生看书；

5.强调教师与学生打成一片，增加教学的随机性与灵活性；

6.不失时机利用情景与情境，课内课外及时教学。

1960年武汉市民政局给学校送来了一台德国生产的集体语言训练器，如此先进的康复教学设施设备，在当时国内是非常罕见的。如何使用，如何评估使用效果，更是令许多学校感到棘手的。但余敦清却倍加珍惜这些来之不易的设施设备，不怕困难与失败，敢于迎难而上。由此武汉市第二聋校成为国内最早使用助听辅助器材进行听觉语言训练实验教学的学校。聋生的听觉语言训练在余敦清的摸索下开展起来，并取得了一定成绩。在集体语言训练器辅助下进行听觉语言训练的学生能够登台朗诵和唱歌了，他们在武汉市武昌区少年儿童歌咏比赛中获得了一等奖，"聋哑人能讲话""聋哑人会唱歌"，真是"千年铁树开了花"，在武汉教育界引起了轰动。

对聋生来说，他们除了听什么都能做。如何转变社会对聋生的落后观念，如何提升聋生自身的人生信心，便显得极为重要。教学联系科研，理论服务实践，传承结合创新，余敦清把转变社会观念、提升聋生信心也列入了教育教学内容。他担任聋生班主任，坚持带领和推动聋生接触社会、了解世界、主动与健听人打交道。他克服困难不辞辛苦，坚持理论与实践相结合，经常性组织聋生走出校门参加社会活动，参加国庆十周年游行，参观工厂与农村，参与社会文艺演出，参加地区性、全国性体育比赛。

那些年武汉市第二聋校的聋生是武汉社会上的明星：

1959 年	聋生参加全区小学生运动会获得男子组总分第二名，田骥作为主力参加湖北省聋人篮球队获得南方七省冠军，获得全国比赛第五名。
1960 年	武汉市第二聋校口语教学班聋童参加全区少年儿童歌咏比赛获得一等奖。

1961 年	聋生夏利华光荣加入共青团,成为湖北乃至全国第一个入团的聋人。
1963 年	聋校编排的大型雕塑剧《光荣的特教岗位》正式登上武汉剧院的舞台公演,时任省委副书记亲自到场观看并亲切接见聋生演员。
1972 年	武汉市第二聋校与武汉盲校合并为武汉市聋哑盲童学校。
1979 年	余敦清作为合并后学校的副书记、副校长与时任校长一起创办了盲人按摩班。以此按摩班为班底升格为按摩职业中专班,培养了一批盲人按摩师,成功为盲生毕业就业闯出了一条康庄大路。
1979 年	为解决全国特教学校相互缺乏交流、教学科研氛围不浓的问题,余敦清与同事一起编辑刻印了校刊《特教通讯》。校刊选登了大量特教理论文章与教学资料,介绍盲聋哑教育知识,介绍国外先进教育理念。这本小小的油印校刊,既填补了当时国内特教刊物一片空白的历史,更为蓬勃发展的特教事业送来了及时甘霖。

特殊教育需要爱心,爱而有教,但光有爱心还是不够的。教育是门科学,是门艺术,需要专业精神与科学态度,需要严谨方法与有效手段。余敦清多年坚持教学与科研并重,注重传承与创新,理论联系实际,所以当迎来特殊教育春天的时候,他的教育教学成果得到了社会的认同与专家的赞誉。

1978 年春	接受教育部邀请参加全国聋哑学校语文数学教材审稿会。
1982 年 10 月	接受教育部邀请参加筹建我国第一所特殊教育师范学校座谈会。
1984 年 3 月	参加全国聋哑学校教学计划座谈会,与李宏泰、季佩玉等特教名家一起制定了我国《八年制全日制聋校教学计划》。
1984 年 10 月	出席中国教育学会特殊教育研究分会第一届学术年会。
1987 年 10 月	接受联合国教科文组织邀请,代表中国出席在日本举行的第七届亚洲及太平洋地区特殊教育研讨会。

1987 年 11 月	参加第二届国际残疾人康复学术报告会暨中国康复协会首届学术报告会。
1988 年 6 月	参加在北京举行的国际特殊教育大会。
1991 年 5 月	出席中国残疾人康复协会第二届学术报告会。
1994 年 10 月	出席了中国残疾人康复协会社区康复研究工作委员会第一届学术会议。
1995 年 12 月	出席了在北京举行的全国社区康复高级研讨会。
1999 年 11 月	出席在广东深圳举行的中国残疾人康复协会听力语言康复专业委员会第四届学术报告会。
....	....

二十世纪八九十年代，由于外汇紧张，出国参加学术会议是非常困难的。尽管余敦清陆续接到印度尼西亚、西班牙、美国、英国等发来的参加有关特殊教育、听力康复等国际学术会议的正式邀请，但均未能如愿参加。

除频繁应邀参加国内高层次学术会议外，余敦清还经常在全国各地举行特教讲座，从湖北到全国，从高等院校到基层学校，从聋教育到听力康复，从特教科研到学校管理，余敦清忙碌在特教第一线。他用四十年的辛勤耕耘，在聋人口语教学、聋儿康复教育、聋校教材编写、聋校学校管理等方面取得了突出贡献，为湖北特殊教育崛起发挥了不可替代的作用。

三、
永远不忘初心：
活到老，学到老，
干到老，老当益壮

在新中国特殊教育发展的历史版图上，论特殊教育的理论准备，余敦清比五十年代出国留学特殊教育的朴永馨、银春铭稍逊一筹，特殊教育的学术自觉也不同于八十年代出国进修特殊教育的叶立言和顾定倩。他们在国外学有所成，回国后身居北京、上海，理论联系实践，在特教领域发挥理论引领和实践指导的作用，为中国特教做出了重大贡献。而余敦清从对特教一无所知到成为行家里手，从普通教师成长为学校校长，从口语教学到听力康复，从教学科研到学校管理，从扎根基层学校到走上国际讲台，从草根老师到全省劳模，是他用四十年如一日的坚守，用"不信春风唤不回"的执着，用蚂蚁啃骨头的意志与毅力来实现的。在余敦清先生的特教生涯中，给人印象最深的就是他的敢于学习、善于学习、乐于学习的拼搏精神。只要有利于事业发展，有利于聋教育，有利于聋童康复，余敦清是几十年如一日，坚持学习，不怕失败勇于探索。

中等师范学习　　因为家境贫寒，余敦清 12 岁才启蒙读私塾。但他珍惜难得的学习机会，经过短短四年的学习，他便以总分第一的成绩考入当年武汉最好的中学。同样因为家境贫寒，他选择了就读免费师范学校。在师范学校五年多时间，他一直担任班级学习委员，学习上如饥似渴，成绩名列前茅，顺利从初师班升入中师班，最后以优异成绩毕业。

聋人手语学习　　进入聋校以后，从未接触过手语的余敦清寸步难行。不懂就学，学校有两个聋哑教师，有 40 多名聋哑学生，他们都是余敦清的老师。那时还没有手语书，每天晚上他就把白天学到的手语画在本子上，反复对照比画。当时聋校事务员马保贞有个养女名叫马恩光，她是健听人，但因为从小住在聋校，与聋哑孩子朝夕相处，所以学得一手流畅的手语。为向马恩光学习手语，余敦清主动接触她。她爱唱歌，余敦清经常为她弹琴伴奏。余敦清为学手语这么认真，为教育聋童这么执着，这些深深感动了马恩光。后来马恩光考入师范学校学习俄语，大专毕业时原本可以进入中学教书，但为余敦清的特教情怀所感动，她毅然选择与余敦清并肩工作，因为他们都爱手语，都爱聋教育，都爱聋孩子。后来马恩光嫁给了余敦清，而余敦清则早已把自己奉献给了聋教育，从此余敦清的聋教育劲头更足了。他的手语则更是进步神速，与聋生交流无障碍。

函授本科学习　　二十世纪五六十年代，全国各地中小学师资匮乏，有些地方往往就是小学毕业教小学，初中毕业教初中，高中毕业教高中。虽然余敦清正规中师毕业，当年在小学已是罕见的宝贝了，但他自己还是觉得特殊教育需要更多理论知识与实践技能，必须不断学习不断提高自己。当时国家师资紧缺，不可能让教师脱产再去上大学。于是余敦清积极报考了湖北省函授大学。原本在中师学习时最喜欢数理化，可惜数理化在聋校用处不大，于是便改学汉语言文学专业。平时教学任务很满，业余时间很少，但余敦清还是发挥海绵吸水的精神，利用一切可以利用的时间，坚持函授学习。功不唐捐，只要付出就有收获。1966 年余敦清顺利通过各项考试，拿到了函授本科毕业文凭。这在当年的小学教育界，可算得上是高学历了。

| 俄语学习 | 1958 年聋校接待了来自苏联的聋人教育代表团。因为聋校的教学成果给苏联朋友留下深刻印象，此后学校就经常性收到他们寄来的《聋人杂志》和信件。余敦清觉得不能浪费这些漂洋过海远道而来的宝贵资料，可是语言关难过。幸运的是，马恩光在师范学校读的是俄语，于是余敦清学习的动力就更强了：平时他自己坚持自学，到了节假日马恩光回到学校家中时，他就跟着她学。马恩光考俄语时，也给他带一份试卷，偶尔余敦清的俄语成绩还会超过马恩光的。1962 年马恩光毕业后也来到聋校工作，不久他们喜结良缘，成了生活伴侣、学习同志、工作同事、革命战友。 |

| 盲文学习 | 1972 年 1 月，聋校与盲校合并，余敦清被任命为分管盲聋哑教学的副校长。以前面对聋生，现在又要面对盲生。既然分管盲聋哑学生教学，自己不懂盲文怎么行呢？不懂就学，两校合并开始正常教育教学后的第十天，余敦清就坚持每天走进课堂，与盲生一起学习盲文。余敦清觉得，盲文学起来并不难，只要有汉语拼音基础，熟记盲文点字，掌握盲文规律，很快就能读写盲文。当然，明眼人学习盲文不同于盲人，盲人只能摸读点写，而明眼人可以看读。接受一个人，首先接受他的语言。从懂盲文开始到懂盲人，余敦清把对聋生的爱延展到了盲生身上。1981 年盲聋校学校分设，余敦清重回聋教育，非常难得的是他拥有了珍贵的十年盲教育经历。 |

| 英语学习 | 英语是世界上最主要的语言之一。学好英语，通过英语了解和学习世界上先进特教经验与理论，是余敦清的梦想。1980 年教育部选拔一批有特殊教育经验的老师前往美国进修特殊教育，这是改革开放后国家首次选拔人才出国进修特教，机会非常难得。余敦清被推荐进入上海外语学院出国留学预备部补习英语。可是之前余敦清的英语基础几乎是零，而留学预备部要求具有大学外语基础，补习英语只是强化英语口语。余敦清还记得进入上海外院的第一次摸底考试，他没有答对一个，得了零分。开弓没有回头箭，余敦清从零开始，每天读、背英语单词近 12 个小时。经过一个学期的强化训练，没有任何英语基础的他能够阅读《英语泛读》了。一年补习结束，美国方面前来面试，余敦清因为年龄原因而落选，当年他已经 43 周岁了。不过余敦清没有气馁失望，回到聋校后，他仍然坚持学习英语。1982 年他坚持到华中师范大学外语系读了半年英语。经过几年的刻苦学习，从 1980 年上海外语学院英语考试的零分到 1982 年华中师大英语考试的 87 分，余敦清进步迅速。这段英语学习的经历为他日后的国内外国际性会议上和日常外宾接待外事活动提供了便利。 |

**干部管理
知识学习**

1965 年起余敦清便开始担任学校校级领导。如何管理一所学校，这既是一门需要实践来完成的学问，也是一门需要理论知识来支撑的学问。1983 年，他在武汉教师进修学院接受教育学、心理学、学校管理学在职轮训，以少有的全优成绩顺利结业。1990 年他又参加了华中师范大学举办的全国特教学校管理培训班，该培训班为期半年，授课专家来自美国等特教发达国家，课程内容包括特殊教育概论、言语和语言训练、聋校日常管理、校长工作模型等。

**特教专业
培训学习**

进入八十年代，余敦清已成长为资深知名校长和著名特教专家，在湖北省乃至全国，他常常被邀请去作报告作培训。余敦清深知"给人一杯水，自己得有一桶水"的道理，只有不断地学习，才能"常有源头活水来"。1984 年余敦清参加了全国康复骨干教师培训班。1986 年他参加了美国拉马大学特教专家来华办的培训班，学习教育听力学、聋儿诊断及早期教育、电声设备及声放设备系统运用及教学法等课程。

电脑学习

1997 年余敦清退休后"退而不休"，他意识到电脑在日常学习生活工作中的作用越来越大，便坚持学习电脑。从打字开始，继而写文章、上网、使用信箱、制作幻灯片，进而自己编排文稿，从不会到熟练，从手忙脚乱到得心应手，余敦清体会到了电脑在工作、学习、生活方面带来的新乐趣、新节奏、新世界。

今年已经八十高龄的余敦清，居住在武昌的一栋陈旧普通的老式住宅楼里，与老伴相依相靠颐养天年。但他念兹在兹的还是特殊教育，无法割舍的还是聋童的学习、就业、生活。他还在思考研究特教的老问题新情况，他说："几十年的聋教生涯使我悟出一个道理，聋教育的实质，就是语言教育，就是听觉语言的康复。而聋校语言教学需要缺陷补偿、特殊途径的教学铺垫、语言交往的实践。"

（写于 2017 年）

六、陈梁悦明：
给失明者带来光明
为视障者创造福祉

人物小传

陈梁悦明

1946 年生于香港一个普通市民之家，少年时代因家境贫寒曾一度辍学，但她凭借坚忍不拔的毅力读完中学，后就读九龙华商会计学院学习会计文秘专业。1973 年考入香港盲人辅导会工作，此后毕生服务视障事业，历任香港盲人辅导会秘书、总干事助理、助理总干事、副总干事、行政总裁，另曾兼任亚洲防盲基金会行政总裁、世界盲人联盟亚太区主席、国际视障教育学会司库等要职。2008 年从香港盲人辅导会荣退后，创办香港盲人体育会，出任亚洲防盲基金会副会长、行政总裁。在近 50 年的视障事业服务生涯中，陈梁悦明领导香港盲人辅导会积极与内地开展合作，在内地盲人学校创建、盲校师资培养、盲人按摩培训、白内障病人治疗、残疾人慈善事业体育事业发展、视障教育资源中心建设等方面做出过巨大贡献，先后被授予青岛盲校名誉校长、广州盲校顾问、广州市荣誉市民、南宁市荣誉市民等称号，曾荣获海伦·凯勒和安妮·莎丽文国际大奖、日本岩桥武夫大奖、国际防盲协会世界大会亚太地区贡献奖、中国民政部中华慈善奖等荣誉。她的事迹被编写成《光明使者——香港太平绅士陈梁悦明传略》，由求真出版社出版。

图　与亚洲防盲协会行政总裁陈梁悦明（左）合影

特教感言　无论工作有多繁重，身心有多疲劳，推行新计划遇到多大的障碍，只要想到工作计划完成后，有视障人士和他们的家人获益，就不期然地再获动力，继续工作下去。

让盲童有读书的机会，让百万白内障患者重见光明，让视障老人有尊严地安度晚年。我从事盲人事务工作一辈子，我一直希望无论是内地还是香港的视障朋友都能够融入社会，得到高等教育和公开就业。推动全纳教育、构建一个教育共享的社会是我毕生的梦想。只要我们怀着热情、关爱的心和一份不退缩的使命感，我们就一定会实现这个愿景。爱心是永恒的，承担是终身的，希望我在有生之年，与盲人朋友同心、同路、同行！

一、
从小就有一颗善良的心，
就有一份对弱势群体的爱

1946 年农历九月，陈梁悦明诞生在香港九龙深水埗汝州街的一座梁姓普通宅院里。这一年第二次世界大战已经结束，这时的香港市民，对未来的生活充满喜悦与期待，梁家人一致同意给这个新出生的孩子起名为"悦明"，意为喜逢光明。这个带着整个梁家人美好期望的小女孩，此后一生也都在喜逢光明：她把她毕生的智慧、勇气与力量都奉献给了视障事业，让无数原本失去光明的盲人重新获得了人生的光明，成为盲人朋友的"光明使者"。

一生只想给别人带来光明、为别人获得光明而喜悦的悦明，童年是快乐的，但也是清贫的。父母恩爱，视她为掌上明珠；家境贫困，她几度辍学。然而正如她祖籍地广东新会的同姓前辈梁启超先生所说："患难困苦，是磨炼人格之最高学府。"二十世纪五十年代的香港百废待兴，悦明所居住的地方多为香港贫民，就业难，收入低，环境差，社会治安也不好。自幼经历困苦，耳闻目睹市民生活的艰辛，对社会底层人群命运的困难感同身受，悦明更加懂得善良、同情、理解、帮助、仁爱的意义与价值，更加懂得有人相助是多么美好的一件事。一生为盲人事业服务的陈梁悦明自己曾说过："我之所以能一生以'帮助别人、帮助不幸的人'为人生理想，与幼年的生活经历有很大的关系。"

从小学习成绩优秀的悦明，即使是辍学在家也没有放弃求学的梦想。终于，她在初中辍学两年后得以继续进入私立仁信英文书院读中学。在英文书院读书的五年时间里，悦明年年考第一，年年操行 A。1967 年她高中毕业后随之考入九龙华商会计学院学习会计文秘专业，后获得初级、中级和高级会计文凭。1969 年 8 月毕业后应聘到香港美国投资公司担任营业经理秘书。1971 年 3 月梁悦明与陈树德结婚，此后改名为陈梁悦明。从小就自立要强的她，在生完孩子后不满足于原先轻松闲适的营业经理秘书工作，想找一份可以实现更多人生价值、可以帮助更多有需要的人的工作。刚巧此时香港盲人辅导会需要聘请一位秘书，陈梁悦明觉得为盲人服务，可以帮助残疾人，符合自己的志愿，便决定去应聘。

香港盲人辅导会，是英国皇家盲人协会派员于 1956 年在香港成立的一家政府资助的慈善志愿机构，最初建立了盲人职业训练中心，后来创办了土瓜湾盲人工厂，创建了扶轮盲人中心，开办了盲人培训学院等。到 70 年代香港盲人辅导会已经成长为为全港视障人士提供广泛而全面的教育、康复、职业训练、就业、医疗、住宿、社交、康乐等服务的机构。出于对香港视障同胞的爱，出于服务弱势群体的责任与使命，陈梁悦明在应聘前备足了功课，果然应聘那天给面试官留下了极好的印象，第二天她便接到了录用通知。陈梁悦明从小就有一颗善良的、善解人意的心，有一个为弱势群体服务一辈子的心，而正式入职盲人辅导会，开启了她不辞辛劳、不计得失、不为名利、不思毁誉、不遗余力、殚精竭虑而又造福万千、爱满天下、卓有成效、波澜壮阔的雄奇人生，在香港视障事业发展史上和中国残疾人事业发展史上留下了华美夺目的时代篇章，也在世界视障事业发展史上贡献了华人的伟大功绩。

二、
一生服务盲人辅导会，
开创香港视障事业新局面

从 1973 年入职香港盲人辅导会到 2008 年荣退，从最初的秘书到总干事助理、助理总干事，再到副总干事、行政总裁，陈梁悦明在辅导会工作了整整 35 年。当然这 35 年的人生道路与职场生涯，也绝非一帆风顺，不过陈梁悦明用她所有的智慧、勇气与力量为视障事业贡献了一切，她出色的才干和能力更是为香港视障事业开创了一个美好的时代。

陈梁悦明在辅导会服务的第一个岗位是辅导会秘书长秘书，时任秘书长是来自英国的罗素莲·艾维森女士。第一次见面，艾维森女士便问她："你去过英国吗？你去过美国吗？"当获知她从未出过国的时候，爱维森女士对她出色的英语口语赞叹不已，而陈梁悦明不仅英文很好，还能讲一口流利的粤语和普通话。艾维森女士来自英国，对香港情况不熟悉，她的许多工作离开陈梁悦明的协助便无法开展。而陈梁悦明全心全意服务协助她，很快成为她的得力助手。因为陈梁悦明只是高中毕业，辅导会里的一些高学历者对陈梁悦明颇有些非议，这也促使她更加努力地学习与工作。1976 年 8 月，艾维森女士结束秘书长任期回国，她对陈梁悦明三年多来的工作非常满意，给予了高度评价。

继任秘书长（不久改称总干事）是来自德国的施同福先生，他热情、有魄力、做事雷厉风行、工作精益求精、性格直率。由于香港居民大多讲粤语，能讲英语的残疾人很少，施同福无法与他们直接交流，自然他的工作开展也离不开秘书陈梁悦明。可是由于文化背景不同、做事方式不同，这位施先生对下属很苛刻，遇到下属工作出现失误，常常不问原因便大声责备，很伤下属的脸面与自尊。这位严厉的施先生几乎批评过辅导会的每一位员工，陈梁悦明委婉地提醒过他多次，但他还是丝毫没有改变。有一次陈梁悦明因为身体不舒服无法加班，因而耽误了一篇会议记录稿的整理，他竟然对她也发起了大火，这可让从小一直很是听话乖巧、几乎从未受到如此批评的陈梁悦明感到非常委屈，她想到了辞职离开。但家人在了解情况后，及时开导劝解她："施先生是德国人，有他们的处世特点与文化背景；他工作责任心强，为人也是诚恳公正的，不过脾气不好爱训斥人当然是不对的。你当然也可以辞职，但是你能舍弃热爱的视障事业，愿意离开需你帮助的盲人朋友吗？"一想到盲人辅导会的事业，一想到盲人朋友的困难，陈梁悦明便强忍伤心与难过，连夜加班整理好会议记录稿，第二天一早交给了施先生。

通过这件事，陈梁悦明一面反思自己的不足，努力提升自己的能力，一面也积极主动学习施先生身上的优点，学会理解包容接纳施先生。施同福当然地对员工下属要求严格，但也是对员工下属的关心爱护和提携培养。在施同福领导香港盲人辅导会期间，陈梁悦明的个人业务能力得到了全面提升。

1973 年	应聘任职于香港盲人辅导会。此前的辅导会,主要从事视障人士慈善救助和视障人士就业服务。 之后,辅导会自觉引进西方先进国家的康复理念,开始设立视障康复及训练中心,旨在协助和促进视障人士重新融入社会参与发展共享。陈梁悦明亲身经历了辅导会事业发展的这一重要历史发展阶段,她接任总干事以后,在社会各界的大力支持下,经过辅导会成员的努力,辅导会的各项工作得到了长足发展。
1976 年	升职为总干事助理。
1980 年	升职为助理总干事;每一次升职,既是施同福和辅导会对她工作成绩的肯定,更是对她工作的新要求。
1984 年	因为施同福生病,陈梁悦明被提升为副总干事,全权负责辅导会内部行政事务和筹建辅导会总部大楼和综合服务中心工作。
1987 年 5 月	施同福先生因病去世,陈梁悦明正式任职总干事(2003 年改称为行政总裁)。短短十多年时间,施同福把陈梁悦明培养成了既被当局认可、又被香港盲人朋友拥护的香港辅导会的领军人物。难怪多年后,陈梁悦明自己深情地说:"施同福先生工作敬业,能力也很强,是我事业上的启蒙老师,我从他身上学到了很多东西⋯⋯不过就是没有学会他训人。"

1973 年时辅导会位于南昌街,所租住的办公面积只占大楼的两层半。而 2000 年落成的辅导会总部大楼,地面 8 层地下 3 层,眼科手术、复康中心、职业发展及支援中心、行政部、小礼堂等功能室一应俱全,而辅导会工作部门则增至 20 多个,职员增加到520 多名,每年经常性支出增至 12670 多万港元,基本实现了香港盲人辅导会向全港做出的承诺:以最新知识、最高道德及专业标准,采用适合的技术和仪器,提供对视障人士的服务;将服务对象的福祉放在首位,以诚恳、适时和有效的态度接待每一位服务对象;积极推动社区提供视障人士的平等参与机会,持续提供优

质服务，满足视障人士的需要，使香港 12 万视障人士幼有所教、壮有所为、老有所养、智有所用，成为残而不废、自食其力的社会公民。从对视障人士进行检查、诊断、治疗、康复，到辅助视障人士学习点字盲文、定向行走、职业培训，到开设视障儿童家长资源中心、协助提升视障教育水平、开发视障儿童潜能，再到帮助视障人士争取住房福利、增强工作技能、参加社交康乐、促进平等、参与、共享。香港辅导会让视障人士心怀悲怆而来、信心百倍而去，他们心中有了阳光、有了欢乐、有了道路，有了生活能力、有了做人的尊严。

陈梁悦明是第一位把大陆盲人按摩引进香港、推向亚太及全世界的香港人。

二十世纪八十年代以后由于香港程控电话的普及，原先可以安置盲人就业的电话接线员需求量急剧下降。

1988 年 3 月	陈梁悦明应邀到北京参加中国残联成立大会，会议期间组织参观北京盲人按摩医院，陈梁悦明看到忙碌的盲人按摩师，马上想到了面临失业的香港盲人电话接线员，她当即决定在香港开设盲人按摩培训班。邓朴方听说她这个想法后，也当即表示中国残联一定选派最优秀的盲人按摩师协助她开展培训活动。
1989 年	香港第一届盲人按摩师培训班开班，1991 年第一批盲人学员共 18 人学成毕业。辅导会及时成立盲人按摩保健治疗中心，接纳 18 人上岗开业。
1990 年	在她的建议下，世界盲人按摩联盟亚太区主席同意在亚太地区推广盲人按摩技术。
1991 年 4 月	她成功组织在西安举办的首届亚太地区按摩研讨会，旨在让视障人士通过交流各地按摩技术，分享更多更好的就业技能与就业机会，促进和推动盲人按摩事业加快发展。此次研讨会后，中国盲人按摩

	师开始名扬世界，并在世界盲人按摩事业中确立了主导地位。
2000 年	世界盲联主席同意成立世界盲联亚太区按摩委员会，并推举陈梁悦明担任创会主席。
2004 年	世界盲人联盟亚太区第七届按摩研讨会在香港召开，会议主题是"按摩——综合性治疗趋势"，这次会议为加强按摩技术标准化建设、为视障按摩师争取医学专业认同赢得了社会共识与理论支持。

经过陈梁悦明的持续努力，中国盲人按摩赢得了职业尊严与专业认可，这不仅大大拓展了视障人士就业渠道，更为中国盲人按摩师乃至世界盲人按摩师平等参与就业、自强实现人生价值、自主创造幸福获取权益开辟了道路。

三、
聚力援助内地视障事业，
无愧"光明使者"称号

广州地区的盲人教育肇始于 1889 年广州博济医院女医生、美国人赖马西创办的"明心瞽目学校"，附设在医院附属的女塾里。该校最早学生只有四名流浪女盲童，1891 年由于盲童学生增多，赖马西正式租住房舍作校舍。这是广州地区的第一所盲校，1937 年时该校已有在校女盲童 120 人，男盲童 16 人。1949 年广州人民政府接管盲校，改名为"广州市明心瞽目习艺所"，学校实行复式教学，合计盲童近 50 人。1958 年广州市教育局在"明心瞽目习艺所"基础上，创办广州市盲童学校，到"文革"前学校共设 9 个班，学生共 120 人。令人非常痛惜的是"文革"爆发后广州市盲童学校停办，校舍改为广州市轻工业学校。广州早在 1891 年便已经有盲童学校，而从 1967 年起直至 1987 年，这个国际化大都市竟然没有一所盲童学校。在停办 20 多年后，广州市决定重建盲校，消息传到香港，陈梁悦明非常兴奋。她希望早日建成高标准高水平的盲校，让广州地区的盲童尽快受到良好教育，得到社会尊重，将来融入社会回归主流获得幸福。

因为盲校已停办 20 多年，原有的校舍、师资、设备资源已然流失。而新办一所盲校，不同于办一所普通中小学，盲校学生必须住校，生活需要专人管理，教室、教具、学具、课本都有特别要求，师资需要特殊培养，而这一切都需要大量资金。陈梁悦明主动与广州市教育局、广州市盲校筹建组联系，表示"要让新建的广州盲校成为中国南方一所模范盲校"，她一定竭尽全力在资金设备、设施器材、师资培训等方面给予支持。陈梁悦明的这段话，无疑给盲校筹建同志及时甘霖与巨大鼓舞。她说到做到，很快便邀请英联邦盲人协会教育顾问施惠和先生来到盲校新校址考察。施惠和先生是德国人，从事盲教育30多年，曾担任香港心光盲人院暨学校校长6年，把心光盲校办成了亚洲名校。盲校筹建的资金缺口较

大，陈梁悦明动用她的人脉与资源，发动社会各界募资；盲校学生住校求学缺生活费、活动费，陈梁悦明自己捐赠；教学师资严重缺乏，陈梁悦明组织新任教师到香港学习培训，安排香港心光盲校老师上门指导服务。在陈梁悦明的带动与鼓励下，施惠和先生更是为广州盲校贡献了大量资金设备和宝贵的办学经验。1989年8月28日，停办20多年的广州市盲人学校终于顺利建成，重新招生喜迎开学。在学校落成典礼上，陈梁悦明受邀为学校揭幕，她还发表讲话说："我希望广州市盲人学校能够给国内其他盲校做出一个榜样，给他们提供经验，成为模范盲校。我向广州市教育局保证：我将继续尽其所能，向广州市盲人学校提供协助。"1993年上海盲童学校杨美英校长来广州市盲人学校考察交流，看到学校在校舍场馆、设备设施、师资状况、办学水平等方面的快速发展，感慨地说："广州市盲人学校重建才4年，但许多方面已经超过我们办了80多年的老校，全靠有陈梁悦明这个好后台啊！"广州市盲人学校礼聘陈梁悦明为"办学顾问"，广州市政府授予她"广州市荣誉市民"。

青岛市盲校也是一所办学历史悠久的老校，其前身青岛私立盲童学校创办于1932年。1993年国家教委（今教育部）与中国残联联合发文委托青岛盲校试办全国第一个盲人普通高中班，不同于盲人职业高中班，它开设的课程、使用的教材要与普通高中基本一致。陈梁悦明获知这一消息，觉得青岛市盲校试办普通高中班意义重大，它将填补内地尚无盲人普通高中的历史空白，破除盲人学生无法接受普通高等教育的障碍，标志中国盲人教育又将再上新台阶。她决定要尽力支持资助盲校把盲人普通高中班办好。她先后募集资金，捐赠了德国生产的盲文刻印机一台、美国生产盲文打字机11台、电子助视器1台、热塑盲人复印机1台，这些设备正是开办普通高中班急需的。青岛教育局感谢陈梁悦明的助学义举，特聘她为"青岛市盲校名誉校长"。她虽在香港，但作为

名誉校长，心却始终牵挂盲校的每位师生。此后她只要到内地一定会来学校看望学生，帮助解决办学困难。她为学校 60 多名低视力学生检查视力配置光学助视器；资助一对盲人姐妹做了角膜移植手术让她们重见光明；捐赠一辆 11 座的校车；邀请多位香港眼科专家到学校，为教师进行眼病防治讲座，聘请美国盲用电脑专家开办"盲校电脑教师培训班"……陈梁悦明对内地的视障教育十分关注，广州市盲人学校、青岛市盲校只是其中的范例。1996 年至 2006 年期间，陈梁悦明筹集巨资，先后资助广西、贵州、江苏、吉林、山东等建立盲人教育资源中心，资助上海盲校开办高中钢琴调律班，资助举办多届全国科技复明专业技术培训班。陈梁悦明认为，教育是从根本上改变视障人士命运的基础，教育是视障事业发展的关键。投入巨资助建盲校、改善优化盲校设施设备、培养盲校师资、创建视障教育资源中心、支持盲童随班就读、组织编写出版《视障教育丛书》、助资提升内地盲文出版水平、举办盲人定向行走师资培训、邀请内地视障教育工作者到香港、到国外参加学术交流、参观考察、专业培训，此外陈梁悦明还持之以

恒募集巨资，并在中国残联和全国各省（市、自治区）的协助下，开展了"复明扶贫"工程，创造性地设计、定制 26 辆"复明号"白内障流动眼科手术车，惠及内地 21 个省（市、自治区）数以万计的白内障患者，为贫困患者节约手术费 5000 多万元。

多年来陈梁悦明殚精竭虑永不疲倦，为提升内地视障教育水平、促进内地视障事业发展做出了巨大贡献，如光明使者。国际视障界评价她不仅是一名精通盲人康复、治疗、就业、养老业务的慈善家，也是一名精通盲人教学、擅长教育管理的教育家，更是融高瞻远瞩的理论家与不辞辛劳的实干家于一体的视障教育领袖与社会活动家。

2008 年，带领香港盲人辅导会开创了一个新时代的陈梁悦明从行政总裁的岗位上荣退。但她退而不休，退的只是职务，永不休止的是情系视障、爱在盲人的精神。她知道盲人朋友因为视力障碍而行动不便，大都好静不好动，与体育无缘，这不仅严重妨碍他们的身心发展，也容易造成各种肌体萎缩，更导致他们封闭自我，缺少社会交往，缺乏生活信心，难以感受人生的快乐。为让盲人朋友"平等参与、体育共享"，在社会爱心有识之士的支持下，陈

梁悦明发起创立香港盲人体育会并出任行政总裁。盲人游泳、盲人马拉松、盲人保龄球、盲人高尔夫、盲人水上活动，以前盲人想都不敢想的体育活动，现在已经是他们的寻常活动了。不仅如此，关心内地视障事业发展仍是陈梁悦明的情结所在，年逾古稀的她还在为她深爱的视障事业不知疲倦地奔波于香港与内地之间。有位诗人为她赋诗一首："霜落醉枫林，蜡梅风雪赤。夕阳正红时，老骥志千里。"这正是陈梁悦明女士的真实写照。我们祝福她晚年福如东海，寿比南山！

（此文写作多处参考金惟瑾、曹正礼著《光明使者——香港太平绅士陈梁悦明传略》，特此注明以致感谢）

图　与陈梁悦明（左）合影

七、何静贤：
把这个年代的每一分钟都献给特教事业

人物小传

何静贤

1940年12月生于广州。1959年毕业于广州市第二师范学校，同年被分配到广州市聋哑学校任教，扎根特教第一线近40年，曾先后担任学校副校长、校长，中学高级教师，特级教师。自1997年退休至今，仍然心系特教退而未休，先后协助筹建番禺培智学校、广东聋儿康复中心，坚持开展手语研究与推广，长期担任广东省教育学会特教专委会理事长，积极推动海峡两岸暨香港进行聋教育学术交流与合作。曾获全国劳动模范、全国"三八"红旗手、广东省南粤杰出教师等荣誉称号。她主持设计创制了图画专用术语手语、数学专用术语手势、语文教学常用词汇手势等，主持编写出版了《手与聋》（四辑）等系列专著，是我国著名手语研究专家、聋教育专家。

图 何静贤

一、
老校长的人格榜样，
聋童们的成长渴望，
使她坚定服务特教的信心

何静贤出生的那一天，正是一年之中白昼最短的冬至日。但冬至日出生的她，一生奉献给特教的，却仿佛是永如白昼的阳光与希望。何静贤祖籍广东南海，父辈来到广州后，最初是做码头搬运工，后来兄弟几个合伙凑钱买了条船，风里来雨里去跑运输。何静贤父亲生育子女三个，她叔父有子女六个，九个孩子从小在一起成长。何静贤还有两个哥哥，他们读书很刻苦，相继考上了大学。原本何静贤也可以读高中上大学，但因为家庭比较清苦，初中毕业便考上了免收学费的广州市第二师范学校。她这个家里年纪最小的，却成了最早参加工作的。一开始她对自己的工作非常不满意，因为抱有教书育人桃李满天下梦想的她，根本没有想到会被分配到广州市聋哑学校工作。那时的聋校，学生数量非常少，这些学生毕业后所能找到的工作大多为最简单的体力劳动。聋哑学生成为科学家、工程师，在那个年代几乎闻所未闻。做聋校教师，一方面与自己的教育初衷相隔太远，另一方面她不懂手语，与聋童无法交流沟通。那时何静贤每天想的都是早日调离聋校。

是什么力量让何静贤后来一生奉献特教的呢？何老师说，是老校长张颖仪的无私人格和言传身教的榜样作用，是聋童们渴望成长、渴求帮助的稚真目光。张颖仪，1916年生于广东花县（今花都区）。她本人是小儿麻痹症患者，行动不便。但她生性要强，不甘命运安排。1939年毕业于香港真铎启喑学校师范班并留校任教，开启了她作为肢残者服务聋生的特教生涯。1946年抱着造福家乡聋童的信念，她离开香港回到广州，独力创办了广州市的第一所聋哑学校——私立启聪学校。为办好这所学校，她献出了自己的全部积蓄，献出了自己所有的时间与精力，直至最后因劳累过度献出了自己的生命。何静贤被分配到聋校工作，是张颖仪亲自到学校考察挑选决定的。觉察到何静贤的思想波动后，张校长多次找她谈话，教她手语，教她如何与聋生交往。张校长的言传身教感动了何静贤，而聋童们渴求帮助的目光，也让何静贤坚定了学习张校长终身奉献特教的信念。有名聋生，他生父是外国人，生父与母亲离婚后回国了，改嫁后母亲把他送到聋校，一年只来看他一两次。有几名聋生，家住省内偏远地区，因为路费贵路途远，一年甚至两三年才能回家一次。这些失去家庭温暖的孩子，引起了何静贤的深深同情。新中国成立后，各地普通学校的教师数量逐年增加，但聋校的老师数量很少。这时何静贤想，既然老校长亲自挑选她来聋校，而这些聋童又急需她的帮助，她的工作与聋哑儿童的前途命运息息相关，那么就把为特教奋斗一辈子作为人生目标吧！

相对于普通教育，教育聋童是一门专业性、复合性更强的教学工作。要为聋童服务，就必须有服务的本领。首先要学会手语，拥有走近他们生活、学习的通行证。有一次学校组织聋童星期天到越秀公园秋游，何静贤在课堂上用不太熟练的手语给学生们通知了这件事，并提醒他们那天会给学生们照相。不想刚下课，一个调皮的学生就在黑板上写道："何老师叫我们星期天到越秀公园集体结婚。"原来何静贤把"照相"这个手语误打成"结婚"。这件事对她触动很大，此后她抓紧一切机会，向老校长、教师和学生们学手语。经过半年多的勤学苦练，何静贤的手语已经能够能与聋童无障碍交流。在聋童课堂上，她既要动口动笔，还要"动手动脚"，上一堂课等于演一场戏。功夫不负有心人，坚定服务目标、掌握服务本领的她，很快赢得了学生和家长的喜爱，赢得了领导和同事的尊敬。

二、
教育教学、科学研究、
学校管理、合作交流、
社会服务，她用十指弹出了
和谐奋进的特教钢琴曲

二十世纪五六十年代，全国的聋教育与国外的交流很少。而那个时代全国聋校的数量屈指可数，整个广东全省聋校寥寥无几，因此几乎没有特教同行的交流研讨。

何静贤是一个工作精力旺盛、喜欢钻研思考的人。随着教学工作的深入，她越发感觉到聋哑教育的许多观念、手段、方式、方法都不能适应社会需要。比如说手势语词汇，这是聋教育中的基础性之一，就像语文教学中的汉语词汇一样。当年日本统一的手势语词汇有三四千之多，而我国才只有一千多，连小学教学都不够用。无法参与国外交流研讨，无法与国内同行学习借鉴，怎么办？何静贤决定自力更生，对现有手势语词汇进行收集、整理、改进、提高、创制、设计、推广。资料缺乏，她千方百计多方搜集整理；经验缺乏、人手缺乏，她动员同校几位手语表达较好的同事共同组成教学手语研究小组，利用课余、节假日时间合作攻关。种瓜得瓜，功不唐捐。经过几年的持续努力，何静贤和她的同事先后设计了图画专用术语手势、数学专用术语手势、语文教学常用词汇手势、科技术语词汇手势等。将这些手势语运用到教学中取得了良好的效果，比如以前聋童对语文教学中虚词的学习、理解、使用是非常困难的，而语文教学常用词汇手势则为他们学习提供了有力的、实用的工具。有了科技术语手势词汇，则为聋生及时了解和掌握我国科学技术发展情况提供了可能。这些创制的手势语词汇，后来在全国盲聋哑协会的推荐下逐步推广至全国，为聋教育做出了很大的贡献。

> 手语对聋人的重要性不言而喻，手语对一些在特定场合工作的健听人也非常重要。军舰上机房机器噪音太大，南海舰队某部为解决人与人无法通过说话来进行沟通的难题，慕名求助何静贤。何老师一边肩负着已经很繁重的学校工作，一边坚持深入了解军舰工作实际，加班加点进行反复研制、比较、修改、完善，最后终于帮他们编制出了一套规范、简易、系统的军舰工作手势语词汇，使用效果非常好。

> 社会进入信息化时代，聋哑人也有第一时间获取信息的需要。如何让聋哑人也能与正常人一样享受信息、享受娱乐？早在 1984 年何静贤便主动联系广东电视台，在她具体指导与悉心培训下，全国第一个聋人手语电视节目诞生了。聋人也能第一时间通过手语看到新闻，享受到电视提供的娱乐节目。这件事在几十年前何静贤便已力争实现了，可是今天，目前全国还有非常多的电视台无视相对庞大的聋人电视观众。由此我们更加敬佩何静贤在为聋人争取社会权益方面的巨大贡献。

1980 年，教学成绩突出的何静贤被提拔为聋校副校长，主管教学。从个人胜任教学，到带领团队让每个老师都胜任教学，何静贤知道，在新的岗位需要新的学习、新的实践。首先她还是坚持以身作则，坚持第一线教学，坚持加强业务学习。第二步，团结带领同事一起提高，有计划有步骤有专题地开展教研活动，要求每位老师要写好教案和总结，写出经验和不足，写好教学论文。因为学校是全市唯一的聋校，对外交流学习机会不多，何静贤就组织大家进行校内交流，教师之间相互评课，相互上辅导课。当然，作为校长最重要的是要关心教师，了解教师，理解老师，把每个老师都放在心上，不能偏见偏听偏爱，让每个老师都心情舒畅想做事能做事做成事。何静贤从副校长做起，后接任校长近十年直至退休。她在教学方面是专家，特教方面的特级教师；在教育管理方面是名校长，她带领广州聋校在原有基础上再上新台阶，成为中国南方最好的聋校；在手语研究编制推广方面，她是开拓者，是国内最负盛名的手语专家，被誉为"南粤手语泰斗"，参与出版有《手与声》等专著；在推动聋教育在海峡两岸暨香港、澳门开放合作交流方面，她是领航人；在积极开展中国聋教育与法国、澳大利亚等进行学术研究方面，她是敢为人先者。她与法国科学院语言研究所研究员游顺钊近 20 年的手语合作研究更是成为中国聋教育史上的一段佳话。她担任广州市手语研究会、广东省教育学会特殊教育专业委员会负责人近 20 年，她和她的团队把这种学术性的研究机构办得风生水起。为营造良好的聋教育研究氛围、打造优秀的特教研究团队、创造广州市乃至广东省与境外学会同行相互交流平台，开启了我国聋教育的一个黄金时代。

三、
退休 20 年奋斗 20 年，
年近八旬仍是分秒必争为特教

早在 1981 年何静贤便因乳腺癌而动过大手术。术后她割舍不下心爱的聋童与挚爱的特教事业，不顾上级领导、学校同事、医院专家的劝告，不仅没有减轻工作，反而更加拼命勤劳，直到 1997 年光荣退休。她的同事说她是充满"核动力"的专家型校长。即使退休了，她放弃了安心疗养、安度晚年，反而是退而不休、老当益壮。

刚退休那会儿，她先应邀去番禺筹建培智学校，筹建工作一切从无到有，但她迎接了挑战。为提高效率，她干脆住到了筹建校舍里，夜以继日不分昼夜地工作。番禺培智学校如期建成，填补了番禺特教学校的历史空白。她完成校舍建设后，又被推选为广东省特教专委会理事长，下全省学校调研，组织开展各种教研活动，协助教育行政部门进行特校评估督导，举办论文评比、教学技能比赛，培训特教师资，指导申报特教课题。那些年她跑遍了广东全省的特校，特教界无人不知这位退休的"特教高级义工"。随着社会的文明进步，手语不仅被越来越多的聋人所需要和应用，也被越来越多的健听人所接受和喜爱。作为全国著名手语专家的何静贤也被社会越来越重视和需要，于是她也就在手语研究、编制、推广、普及方面越来越忙碌。

何静贤说："尽管我已经退休了，但社会还需要我，这说明我对特教还有些用，这更说明全社会对特教越来越重视了，特教儿童及残疾朋友的未来将越来越光明了。我要与时俱进加强学习。只要身体还可以支撑，我从不推辞任何工作上的邀请。"所以她退休后的生活依然充实而忙碌，竟连上公园散心的时间都挤不出来。小区里邻居们见到何老师都喜欢这样打招呼："何校长，今天忙什么啊？"这位退休老人的"工作"的状态已经让周围的人习以为常。

五年前，何静贤突然患上了帕金森症，行动不便，双手颤抖。她积极开展康复训练，目前病情基本稳定。笔者在她广州家中拜访她，病中的她思维依旧敏捷，表达依旧流畅。借助先进科技，她还坚持在特制的电脑显示屏上阅读最新的特教文章。每当我问及她的个人特教历程时，她总是说："我个人的事不值一提，当年都是团队合作的结果。现在我还是想把这个年代的每一分钟都献给特教事业，争取多整理整理我们的特教经验，能对现在的特教事业有所帮助。可惜现在许多想做的事，我做不了了……"

（写于 2017 年）

图　何静贤（右）与先生简栋梁合影

八、宋鹏程：
人生自有限
当立万世勋

人物小传

宋鹏程

1922年9月出生,江苏省江阴市人。7岁时因患脑膜炎而导致双耳失聪。1935年毕业于上海私立聋哑学校。1938年与聋人胡文忆一起创办了上海哑青聋哑学校,并担任专职教师。1940年起先后出任上海中华聋哑学校教务主任、校长,上海南市聋哑学校校长。新中国成立后回到家乡担任无锡市聋哑学校教导主任、副校长。二十世纪五十年代宋鹏程被教育部借调集中到北京参与编写全国聋哑学校教材,六十年代后被光荣推选为第二次、第三次、第四次全国盲人聋哑人代表大会代表。参与创办江苏省特殊教育研究会与《聋教通讯》期刊。1987年光荣退休,为聋教育事业奋斗50个春秋。宋鹏程系中共党员,无锡市第八、九届人大代表,无锡市盲人聋人协会副主席。著作有《聋人世界寻旧踪》(内部资料)、《梦圆忆当年》(与他人编著)等。现居无锡。

聋孩泛舟九十秋,斜阳灿烂任遨游。
心怀感恩天地宽,江山如画俊杰多。

2014 年，我们几经周折并通过无锡特殊教育学校时任校长谢骏，终于找到了我国著名聋教育家宋鹏程的联系方式。宋先生 1922 年生，那时已经 93 岁高龄了。当我们用手机短信把想拜访他的意愿表达后，他立即给我回了上面这首诗，并表示过去尽管从事了 50 年聋教育，但那已经成为历史，不值一谈，也不想再谈。这等于婉拒了我们的请求。我们立即给他回了一则和诗：

宋公聋教写春秋，澄申锡京多壮游。
居功至伟硕果存，沪宁线上君独秀。

以此再次表达想要访谈他的请求，不想宋老立即回复：
往事已成历史，我一贯不想再谈。知我谅我，请勿再提。

恭敬不如从命，看来只能先放一放了。但在筹建中国特殊教育博物馆的过程中，随着对中国聋教育史研究的深入，我们发现宋鹏程已经成为中国特教史上不可忽视的人物。无奈之下，我只好求助宋老的长子宋大文先生。几经周折后，2014 年的 4 月 29 日，我们驱车拜访在江阴定居的宋大文先生。宋先生热情健谈，表示一定全力支持我们的工作。宋先生生于上海，长于江阴，学于无锡。作为家中长子，与父母一起生活时间较长，因为父母都是聋人，所以他也擅长手语。我们的谈话主要围绕宋鹏程先生的生平展开。

一、
出身世家
因病致聋

宋鹏程，1922 年出生于江阴长泾。长泾位于江阴、常熟、无锡三地交界处，鱼米之乡，江南古镇。宋家世居长泾，书香门第。宋鹏程祖父为晚清秀才，父亲宋赋风清末接受新学，旧制高等师范学堂毕业，一生从事教师工作，先后任教于上海、江阴，为人正直耿介，为师勤恳敬业，守得清贫，诗书传家，深得学生爱戴与民间硕望。母亲徐金妹，农家子弟，勤劳善良聪明能干，终身操持家务，相夫教子，是标准的贤妻良母。宋鹏程兄弟姐妹共五个，他在家排行老二。从宋大文口中获知，现在他们兄弟姐妹五个，均身体健康，最大的 96 岁，最小的也 80 多岁，这真应验了古话："忠厚传家久，诗书继世长"，"大德必寿，仁者人爱"。宋鹏程从小聪明伶俐，好学上进。不幸的是在他小学一年级的时候，一场脑膜炎无情地夺走了他的听力，由此双耳失聪。

当年江阴包括邻近的无锡、常州、苏州均没有聋哑学校。好在当时宋赋风在上海私立斯盛中学担任教务主任，他听说上海有所私立上海聋哑学校，便把宋鹏程带到上海求学于该校。私立上海聋哑学校，创办于1933年，创办人为施殿清、沈瘦梅，他们两人是健听者，曾到山东烟台启喑学校学习过几个月的聋哑教学，后来在上海著名慈善家、书画家王一亭的资助下，租用西林禅寺一部分房屋开始招收聋童入学。在私立上海聋哑学校，宋鹏程很快学会了手势语。聪明好学的他，还不断创造新的手势语，深得老师、同学的喜爱。学习书面语之后，通过手书心语，聋人与聋人、聋人与健听人之间的交流就可以更便捷畅通了。通过聋哑学校的学习，宋鹏程变得自信起来。他明白一个道理，尽管双耳失聪，继而失语，但只要勤于学习，勇于钻研，聋人一样可以自立自强。宋鹏程原名为宋堃，这是父亲给他起的。但当从上海聋哑学校毕业的时候，他毅然决然地将自己的名字改为宋鹏程，以希望自己将来能够鹏程万里。因为当年上海没有聋哑中学，宋鹏程毕业后无法继续升学，于是他回到了家乡长泾开始自学。他博览群书，学过英语，学过写作，不知不觉语文水平大大长进。

就在宋鹏程在老家加强自学的时候，日军的炮火让江阴很快沦陷。宋鹏程与家人开始到处逃难，饱经磨难与屈辱。宋鹏程想去参军，但自己是聋哑人，找不到参军的道路。不甘于在乡下做亡国奴的宋鹏程，在父亲、姐姐重返上海教书后，自己也想去上海闯闯天下。就在这时，宋鹏程在私立上海聋哑学校读书期间的同学胡文忆从上海给他写信，邀请他去上海筹办一所聋校。出身教师家庭的他，对做教师很有感情，于是他便不顾家人的劝阻，带着创办聋校造福同病的梦想，离开老家来到上海。这是1938年，这一年宋鹏程16岁，正是英雄少年时。

二、
造福同病
创办聋校

1938 年，宋鹏程与胡文忆等创办了上海哑青聋哑学校，当时上海著名的社会名流王一亭、虞洽卿、林康侯、施肇曾、袁履登等都签名赞助。袁履登是个书法家，他专门给胡文忆题词鼓励：

茫茫尘世，众生芸芸，树木树人，洪炉陶熏。
唯彼病聋，有耳难闻，唯彼病哑，有口难声。
毅力教导，端赖胡君，授之以艺，课之以文。
他日造就，学高机云，胡君之志，庶几超群。

施肇曾，外交家、实业家，晚清时曾任中国驻美使馆参赞，他哥哥施肇基曾任中华民国驻美大使。聋人施传元是他们的侄儿，所以他们都对创办聋校给予了道义上与经济上的大力支持。

哑青聋哑学校位于上海浦东大厦 523 号，校舍分三间，一大间做教室，一小间做办公室，另一间做宿舍。胡文忆担任学校校长，宋鹏程担任专职教师，参与学校教学管理工作的还有聋人林吉姆、王廷桢、施传元、杨良臣、孙来沪、赵鉴、陶征祥等。学校使用普通小学教材，学制六年。

从 1938 年创办哑青聋校起，宋鹏程在学校任教一年多，不拿工资，朝不保夕。此时因为伯父宋楚材与别人合资在上海开办了一家专门生产车床、刨床、冲床等机器设备的新华工程公司，父亲便要求宋鹏程离开哑青聋校，到该公司去当学徒。学徒不拿工资，但按月有月规钱（相当于津贴费），学徒中都是年轻人，宋鹏程做工之余帮他们一起学文化，还创办了自习读书社，并自己动手出版了一本手抄刊物《自习》。可是就在《自习》出刊三期后，此事被厂方管理人员知道，认为这违反了厂规，自习读书社与《自习》刊物只好被迫停办。心灰意冷的宋鹏程对工厂学徒生活失去了信心，这时他也不想回到哑青聋校，刚好中华聋哑学校需要人，宋鹏程便结束了一年学徒工生活，于 1940 年秋来到中华聋哑学校任教。

中华聋哑学校隶属于中华聋哑协会，抗战爆发后，上海周边沦陷区聋人大量涌入上海，失学聋童增多，中华聋哑协会便应势创办了"战时聋哑学校"，后改名为"中华聋哑学校"，主要创办人是聋人何玉麟、王逊、孙祖惠等。1940 年时的中华聋哑学校已有 40

多名聋童在校。何玉麟任校长，宋鹏程担任教导主任，全面负责学校的教学工作，教师主要有孙祖惠（后在南京创办首都聋哑学校）、何玉麟、吴一鸣。相比孙祖惠、何玉麟、吴一鸣等，宋鹏程从年龄上来较小，能力上也比其他教师要弱些。孙祖惠文史知识深厚，吴一鸣画画水平很高，何玉麟出身商人世家，管理经验丰富。这时宋鹏程一心想继续深造，以提高自己的工作水平。不久一个机会来临，上海《申报》举办了一个公开征文活动，题目为《我今年的计划》。宋鹏程投稿应征，不想一下子就获得了第三名的好成绩。这次投稿经历让只有高小学历的宋鹏程自信满满。1941 年，《申报》又举办了一个读者助学金活动，由报社向读者募捐资金，用来专门帮助想读书但又付不起学费的人。因为获得过《申报》征文大奖，宋鹏程便鼓起勇气给报社写信希望自己能够继续深造。报社收到来信后约谈宋鹏程，对宋鹏程作为聋人自强好学的精神大加赞扬。经过审核，报社同意资助宋鹏程深造。这样宋鹏程得以进入新华艺术专科学校进行半工半读，即上午在艺专学习，下午在中华聋校教书。

中华聋哑学校办在租界，只有两间教室，白天上课是课堂，中午把课桌拼拢起来就是食堂，晚上把课桌拼拢起来又成了睡觉的床。学校四十多个学生，分六个年级采用复式上课的方式进行手语教学。宋鹏程语文水平很高，他不断创造新的手势语，因为他创造的手势语形象生动，具体可感，和汉字密切联系，聋哑儿童学得容易，进步很快，师生之间感情也很融洽，课堂气氛活跃，教学效果很好。聋人担任聋校教师，使用手语教学，是他们的得天独厚的优势。十九世纪末，在意大利米兰召开过一次国际聋哑教育会议，会议形成一个决议，即禁止在聋哑学校的课堂上使用手语。此后在国际聋教育界便形成了所谓口语法与手语法之争。二十世纪三四十年代的中国聋教育，与国际聋教育接触交流很少，所以当年像宋鹏程这样的聋人教师，即使几乎全部使用手语教学法，倒没有遭到反对。

傅逸亭、梅芙生是宋鹏程这一时期的学生。傅逸亭（1924—1995），浙江宁波人，13 岁因病致聋，后进入中华聋哑学校学习，因学习成绩优异被宋鹏程所赏识，1942 年毕业后留校任教。傅逸亭感谢当年宋鹏程的培育之恩，他主动放弃中华聋哑学校教导主任的岗位，要求调到新成立的上海聋哑青年技术学校担任班主任，为办好中国第一所聋人中等职业学校立下了汗马功劳。1956 年他与恩师宋鹏程一起被教育部盲聋哑教育处点名抽调到北京编写聋校教材，1959 年在教育部委托上海创办的《聋哑教育通讯》期刊任主编一职，1986 年他主编出版了我国第一部手语专著《聋人手语概论》，1987 年他被评为上海首批中学高级教师。梅芙生，早年入学中华聋哑学校，受业于宋鹏程，书画水平、手语能力均得到很大提高。从中华聋哑学校毕业后，经宋鹏程老师鼓励与推荐，考入南京私立盲哑学校，1954 年毕业后独身闯荡北京，1958 年起出任北京市第三聋哑学校教师，1979 年在学校创办美工实验班，把一批聋哑学生培养成了国内著名、国际知名的美术人才，1991 年被评为全国优秀教师，1994 年被评为中学特级教师。宋鹏程晚年撰写回忆录，梅芙生为报答当年教育之恩，主动提出为宋鹏程先生所著回忆录抄写校改书稿、手绘精美插图，还多次联系出版单位。

三、
勇于担当
出任校长

新中国成立前受过教育的聋哑人，所能从事的工作主要为两种：一为画画成为美术专门人才；二为创办聋校、造福同病，成为聋校教师。1943 年上海三位聋人画家夏华侨、李逸珊、顾鸣惊继创办幽默画社并初有成效后也创办了一所聋校，名为上海南市聋哑学校，校舍在上海露香园路阜春街 23 号，有间十多平方米的房间。这三位聋人画家画画、办画社是内行，但他们没有学校管理经验，办聋校不行。上海南市聋哑学校筹办不久便无以为继。万般无奈之下，他们便找到中华聋哑学校的何玉麟、宋鹏程。何玉麟提出让宋鹏程去接任校长。

此时宋鹏程虽刚二十多岁，但从事聋教育倒也有四五个年头了。一经何玉麟推荐，他便也信心十足走马上任了。可是这个上海南市聋哑学校校长只是个"光杆司令"。要办一所学校，首先还是需要校舍面积大些，他看中了南市文庙路文庙公园里的魁星阁及旁边的一排平房，仅平房面积就有 100 多平方米，是原来校舍的十倍，加上附近的魁星阁、放生池、空地，在寸土寸金的上海城内这是难得的理想办学环境。文庙公园当时归上海市民众教育馆管辖，宋鹏程便与馆长商量，提出可以用中华聋哑协会与上海民众教育馆合办上海南市聋哑学校的方式租用此处。上海民众教育馆不用怎么出力，倒是凭空便增加了一所挂在自己名下的聋校，还可以收些租金，馆长当即同意，这样校舍问题圆满解决。

为了解决办学经费问题,宋鹏程想到组织一个学校董事会。因为此前与《申报》打过几回交道,他便上门聘请《申报》社社长陈彬和为主席校董,陈表示支持,再经陈彬和推荐,宋鹏程又找到了上海几位知名人士,这样学校基本的办学经费便有了着落。有了经费后,办好学校师资最重要,宋鹏程有几年教书经历,他要聘请最好的老师来学校。首先他找到了顾祺老师,顾是上海福哑学校老教师,聋哑人,教学经验丰富,热爱聋生,又会画画。宋聘他为训育主任。聋哑人葛振民是宋鹏程的老朋友,他是中共地下党员,皖南事变后组织安排他回上海,宋聘请他担任学校事务主任。聋人傅逸亭是宋鹏程的学生,人很忠实可靠,办事认真,宋让他担任国文教师。此外宋鹏程也聘请了一些健全人教师。由于南市聋校办在文庙,这里人来人往,很快众人都知道这里要办一所聋校,秋季招生时学校一下子就招收了四十多名聋童学生。

1944年何玉麟要离开上海远去重庆,他见宋鹏程教学认真、办事踏实、为人诚恳,作为校长把南市聋哑学校办得风生水起,便让他担任中华聋哑学校校长,并兼任中华聋哑协会理事长。宋鹏程见南市聋哑学校校舍面积较大,而中华聋哑学校校舍局促,便大刀阔斧地把两校进行了合并,两校学生集中到南市聋哑学校校区上学,魁星阁三层和底层为教师办公室,二层为校长办公室,三层为教师宿舍。魁星阁附近的一排平房,用木板隔成三间教室,一间储藏室。学生全部睡帆布床,白天收在储藏室,晚上安置在教室里。宋鹏程另在放生池附近空地上新建一间厨房。放生池也被宋鹏程改造成花园池塘,"半亩方塘一鉴开,天光云影共徘徊",聋生都喜欢围着池塘做游戏。两校合并,校名仍用中华聋哑学校,这时学生接近百人,教职员工十二人,在抗战期间的上海几所聋校中,该校的办学规模、办学实力跃居第一。这一年宋鹏程才二十四岁,在学校所有教职员工中年龄最小。

这时宋鹏程不仅收获着他聋教育事业的成功,也收获了他的爱情成果。肖惠玲是广东中山人,生于香港,长于澳门。父亲经商,原本家境优渥。可抗战爆发后,肖惠玲的父亲在战火中逃难,不幸染病突然离世,留下了寡母孤女,由此家道中落。十四岁时肖惠玲进入上海私立哑青学校读书,后来转到中华聋哑学校读书,宋鹏程教过她手语课。共同的命运使他们相互照顾,更使他们相互砥砺、相互欣赏。1941年肖惠玲从中华聋哑学校毕业,1942年与宋鹏程在双方家长的同意下正式订婚,1944年两人结婚。婚后两人都在中华聋哑学校任教，夫妻恩爱，白头偕老，相伴五十多年，共生育四个子女。

四、
据理力争
护校有功

1945 年抗战胜利。这时，国民党"接收大员"争先恐后来到上海，接收学校、工厂和商场，名为接收，实为劫收。教育局一位名叫徐则骧的专员负责接收上海市民众教育馆，他见这里经过宋鹏程多年的认真经营，已是校舍整齐、环境优美、功能完备，便想让自己的二太太就势捡个便宜，不劳而获办个国民学校，于是他竟利令智昏要求宋鹏程将聋哑学校搬走。几年含辛茹苦的艰难创业，上百名聋哑学生的命运前程，岂能由此化为泡影？宋鹏程自然是据理力争。徐则骧时任教育局专员、上海市参议员，但宋鹏程不畏强暴，写信给上海市参议会参议长潘公展，要求参议会为聋哑人做主，秉持公道。恶人从来都是欺软怕硬的，徐专员见宋鹏程态度强硬、理直气壮，自然也就败下阵来，不再提搬迁之事。

但一波未平风波再起，也许是宋鹏程这几年将聋校办得有板有眼、有声有色，以致树大招风。1946 年，上海市教育局派来了两名官员，说要调查中华聋哑学校的账目，以此来找茬。宋鹏程一心为公、造福同病，可谓光明磊落、心昭天日。当年也确实有些私立学校存在账目不清或账目不健全的问题，但长于办事、久经历练的宋鹏程，在掌管南市聋哑学校、中华聋哑学校时，就建立了正规的学校会计制度。他聘请健全人洪贵明为兼职会计，膳食账目由聋人殷福耕负责，事务账目由葛振民负责，钱账分开，账目清楚。教育局的突然袭击自然是无果而终。

中华聋哑学校最早由中华聋哑协会所创办，1937 年中华聋哑协会筹办时，山东烟台聋哑人孙民生是筹备人之一。1948 年孙民生来到上海找到宋鹏程，明确表示自己是中华聋哑协会创办人，现在中华聋哑学校校长应该由他来担任，宋鹏程年纪太轻，经验不足，应该让位。过了几天孙民生竟然带着上海市党部的一位官员来到学校，要求宋鹏程马上让位。宋鹏程觉得，学校一不是敌伪产业，二不是个人私产，这么多年未见你孙民生为聋校做过任何贡献，现在学校办大了，你凭什么来接收？于是，宋鹏程召集全校教职员工，当场与孙民生辩论，两人在黑板前相互板书，以笔代口。孙民生见宋鹏程尽管年轻，但办事老道，义正词严，自然理屈词穷，无地自容，最后只好灰溜溜逃走。那个官员见状不对，便也借故离开了。宋鹏程接连经历这些事，有时也感到心灰意冷，但一想到能够造福同病，便也无怨无悔了。

五、
服务家乡
成就突出

1949 年上海解放。毗邻上海的无锡，离宋鹏程的家乡江阴很近。1940 年由本地聋人许廷荣、陈祖耕、钱天序等创办了一所私立聋校，最初名为"无锡惠喑学校"。这时许廷荣等邀请宋鹏程出任学校教导主任。因为无锡离家乡近，刚好自己父亲宋赋风此时也从上海回到家乡江阴任教，于是宋鹏程便接受了聘请，来到无锡任教。不久妻子肖惠玲也从上海调回无锡，两人从此一直在无锡惠喑学校（后改名为无锡市聋哑学校）工作，直至 1987 年双双退休。

无锡聋哑学校最早创办在一所尼姑庵里，只有四间教室、一间办公室、一方不大的天井。此时担任校长的是许廷荣，学校有三位聋人教师：许廷荣妻子龚淡如、吴树德、翟宇安。另有两位健全人老师。宋鹏程夫妻到任后，这时学校共有六位教师，另有两位工友。学校学制是小学六年，采用手语教学。当年苏南地区苏州、无锡、常州三地的聋校，学校领导都是聋哑人，三所学校之间经常性开展教学研究活动，集体讨论问题，相互促进提高。一时间这三所学校在沪宁线上乃至在全国，都是办学规范、成效明显、社会满意的好学校。1952 年教育部盲聋哑教育处黄乃、洪雪立专门到无锡聋校考察。他们听了宋鹏程亲自上的高年级复式语文课，给予了高度评价。不久该处分管聋教育的洪雪立又专程来无锡一次，与宋鹏程探讨聋教育问题。此后他们之间经常通信交流，并结下了深厚的友谊。

1956 年，教育部决定借调一批对聋教育有研究的专家，集中到北京编写全国聋哑学校教材，宋鹏程入选。除了宋鹏程，全国另有九人参加，其中上海三人，北京五人，江苏一人。这是宋鹏程第一次去首都北京，这不仅是他个人的光荣，也是无锡聋校乃至江苏教育的光荣。宋鹏程在北京期间与其他各位聋教育专家一起精诚合作，顺利完成了聋校教材编写工作，教育部尤其对宋鹏程的工作给予了高度评价。宋鹏程回到无锡后不久，教育系统开始启动第一次工资改革，他被定为小学教育行政二级，在名师众多的无锡市，只有宋鹏程一人独享此荣誉。1964 年他还被光荣地推选为全国第二次盲人聋哑人代表大会代表。宋鹏程感到惶然，时隔多年后他才获知，那是洪雪立同志代表教育部，专门给江苏省教育厅和无锡市教育局反映宋鹏程在教材编写上所作出的突出贡献后的结果。

也许是这次荣誉，使得宋鹏程遭到一些不公正的待遇。拨乱反正后，江苏省民政厅、教育厅领导专门来无锡亲自过问宋鹏程先生恢复名誉事宜。不久，他又被推选为 1980 年全国第三次盲人聋哑人代表大会代表，被批准正式加入中国共产党，被选举为无锡市第八届人民代表大会代表，被推选为 1984 年全国第四次盲人聋哑人代表大会代表。1980 年在宋鹏程先生的数次呼吁与亲自推动下，江苏省特殊教育研究会在全国率先成立，刊物《聋教通讯》也正式创办。1987 年已 65 周岁的宋鹏程主动提出要求退休，以把更多的岗位留给年轻人。从 1938 年参与创办上海市哑青聋哑学校开始算起，此时宋鹏程先生已经为中国聋教育整整奋斗了 50 个年头。

退休后的宋鹏程先生，仍然一如既往地关心聋教育，他先后围绕手语教学、聋哑人语言、聋哑人高等职业教育等课题，进行了调研考察并撰写了一批论文。他还与戴目先生编著了《梦圆忆当年》（上海教育出版社 1999 年出版），个人整理了内部资料《聋人世界寻旧踪》，这两本专著为中国聋教育史研究提供了大量的第一手资料，弥足珍贵。

六、
壮士暮年
雄心不已

通过宋大文先生的介绍，宋老因病而残、残而奋进、造福同病、成就突出的一生，渐次在我们脑海里清晰起来。接着我们又趁热打铁，拜访了几位熟悉宋鹏程的老师，比如居住在北京的沈家英（曾与宋老一起参加 50 年代聋哑教材编写）、居住在石家庄的陆坤英（五十年代与宋老同校共事多年）、居住常州的谢伯子（曾任常州市聋校校长，其妻宋兰芳为宋鹏程学生）、居住上海的戴目（新中国成立前曾与宋老一起在上海任聋校教师）、居住在杭州的白秋景（曾任杭州聋校校长）等等。在聋教育界，宋鹏程先生当年可谓成就突出、声名远扬。这些老师提起宋老，个个都敬佩不已。

2015 年 9 月 22 日，在宋大文先生的陪同下，我们赶到无锡，终于见到了宋鹏程先生。时年已经 94 岁的宋老，看上去状态很好，只是 70 多岁的样子。因为是后天失聪，他还能断断续续地说话。当然他更愿意与我们笔谈，他写字又快又好，我提起他早年一些老朋友的近况，他都一一笔答。从 1938 年即投身聋教育的前辈，目前在国内的宋老可能算是仅存的硕果了。我们一再表达对他的敬意，他却挥挥手，表示不值一提。但他在兹念兹的却还是目前的聋教育，他说他正在写回忆录，他希望聋教育能够继承创新更上一层楼，让聋人学习生活工作更顺利、便捷和幸福。我们让他给我们写句话，他稍作思考，悬臂挥笔：此世无声胜有声。

已经 90 多岁的宋鹏程先生，诚如他自己所言正值"斜阳灿烂任遨游"的美好时光，但他仍然"白发报国心难老，更焕夕阳耀尧天"。

我们看到过宋鹏程先生写于 1964 年的一首诗，其中有这么两句："人生自有限，当立万世勋。"我们不能简单地说宋鹏程先生已经立下了万世功勋，但当他感悟到人生有限的时候（此有限不仅指生命长度的有限，还指生命本身的局限，诸如听力残疾等），没有态度消极，没有抱怨，没有放弃，而是自强不息、持之以恒，他为中国特殊教育事业奉献五十多年，立了功立了德立了言，当为不朽！

我们祝福他寿登百岁健康长寿！

（写于 2018 年）

九、周有光：
走近一种可能
走近一种崇高

（外一篇）

图　与中国汉语拼音方案创制者周有光（左）合影

一、

在北京东城区，从一个寻常的胡同拐进去，穿过一个狭长的通道，再拐过一段围墙，便进入了一栋普通的旧式六层公寓楼，没有电梯，拾级而上三楼，敲开老木门，只听房间里传来一声："等等，等等，我把助听器戴上，现在耳朵不行了。"循着声音，我便推开半掩的房门，进入一间朝北的小书房，迎面而见心仪已久、不同寻常的周有光老先生。周先生没有鹤发，却是童颜：隆起而饱满的前额，头发稀少倒也只是半白半黑，脸庞总是笑容，所以很少皱纹，皮肤细腻，白里透红。他手里拿着一面纯白的丝质手帕，精神矍铄、神情淡然地安坐在一张小木桌前，桌上放着几本书。

2011 年 4 月 24 日上午，我第一次去拜访周有光。这一年他 106 岁，他高寿，又太有名，所以原以为拜访这样一位大家长者，我的内心一定会很紧张。我事先备足了有关周有光生平、业绩、成就、思想和影响等方面的功课，就像一个一心想成功而又功力不足的演员，一旦面对灯光与舞台，那种紧张的心情是可想而知的。然而，一进入那个只有九平方米的小房间，一见到曾经在书中、在电视上、在电脑上见过无数次的周有光先生时，原本的紧张突然无影无踪，甚至觉得连用"拜访"这样的词，都觉得不合适。悠然见南山，坐看云起时，哪有"拜"，何来"访"？这大概就是周有光先生历经沧桑、百岁人瑞的独特魅力吧，既是高山仰止，又是源远流长，更是让人如沐春风。

这是一间早有耳闻却第一次亲眼所见的小房间，朝北，只有九个平方，现在是周老先生的书房兼会客室。环墙几只书架，摆放着各式各样的书，临窗是一张小木桌，周老曾在一篇文章中写道："这张小书桌，只有 90 厘米长、55 厘米宽，一半放书稿，一半放电子打字机。书桌又破又小，一次我玩扑克牌，突然一张不见了，原来从桌面裂缝漏到下面抽屉里去了。"不过书桌虽小，却见证了周老众多作品的问世。2011 年 3 月，世界图书出版公司出版了周老的一本新书《拾贝集》。2013 年 5 月，中央编译出版社出版《周有光文集》。2015 年 1 月，在周有光 110 岁诞辰之际，浙江大学出版社出版《逝年如水——周有光百年口述》。其中《周有光文集》皇皇 15 卷，七百多万字。当周有光向我展示有关文稿时，我清晰地看到书卷中他用红色签字笔所做的勘误。他笑笑对我说："这倒不是编辑的错，还是我自己的错，想想还是这样表述更好。"

周老是常州人，是我的老乡前辈。我与他说起家乡的双桂坊、青果巷、东下塘、弋桥、南大街，他立即接话："这些地方我都很熟，我就出生在青果巷。瞿秋白也出生在这条巷子里，还有赵元任九岁后从天津搬回老家，就一直住在这里。盛宣怀、刘海粟家也不远，拐一两条巷子就到了。"我说我是常州金坛人，他说："我小时候去过的。"我很惊讶："您怎么会去金坛的？"他说："我妈妈宜兴人，小时候我妈妈带我回宜兴，总是经过金坛的。"我给周老带去了三种不同的茶叶，一种是宜兴的云雾茶，一种是苏州的碧螺春，一种是安徽桐城花茶。我说："宜兴是您外婆家，您中学时代大学时代家在苏州，您太太老家是安徽，希望这些老家的茶，能让您品出家乡的味道。"他连忙说："这些茶我都知道的，都喝过的。现在就是你送的太多了，谢谢谢谢。"

我们家乡前辈赵翼有诗："江山代有才人出，各领风骚数百年。"短短一条百米青果小巷，竟走出了三位最负盛名的中国文字改革大家，诚可谓"天下名士有部落，东南无与常匹俦"。赵元任 1892 年生，瞿秋白 1899 年生，周有光 1906 年生。赵元任博学多能，他的学生王力说他是"先当哲学家、文学家、物理学家、音乐家，最后成为世界闻名的语言学家"。清华大学百年校庆时，一首《教我如何不想他》，让数万清华校友无比沉醉，更让我们无法不想他。中国语言学界尊称他为"汉语语言学之父"。瞿秋白的成就与功绩自然是多方面的，对我国语言文字工作也倾注了极大热情与很多精力，亲自修订了《中国拉丁化字母方案》，发表了十几万字的语言文字论文，是我国语言文字改革的先驱者与倡导者。在我国文字改革史上，瞿秋白是继赵元任之后运用现代语言学、文字学对中国拼音文字作通盘研究的重要代表人物。至于赵元任、瞿秋白的这一位邻居周有光，则是现在语言学界公认的"中国汉语拼音之父"。常州籍语言学家，除了赵元任、瞿秋白、周有光之外，还有袁晓园、吴稚晖，包括吕叔湘（吕叔湘生于常州北厢的丹阳，他中学求学于常州）。一个地方，一时间这么集中地出现这么多语言学家，真是一方水土养一方人啊！

不过，当我向周老说起您是"汉语拼音之父"时，周老挥舞起他雪白的手帕连连摆手说："这个不敢当，这个不敢当。"他说，他本来名字叫周耀，后来改名叫周耀平。在省常州中学上学时与吕叔湘是同班同学，那时候他和吕叔湘都对语文很感兴趣，常常相互讨论。1923年考入上海圣约翰大学时，他主修经济学。不过，大学里有选修课，他就选修了语言学。后来也写了几篇语言文字方面的论文，但因为是语言学的外行，就不敢用本名发表，自己起了个假名字"周有光"，后来"假名"成了"笔名"，再后来"笔名"就取代了"真名"。"我现在是'周有光'替代了'周耀平'，'语言学家'替代了'经济学家'，以假乱真，乱套了。新中国成立后做汉语拼音方案，主要是三个人，一个是陆志韦，一个是叶籁士，一个是我。他们两个人兼职较多，我只是做得多了一些而已。因此就叫什么什么之父不好，也不客观科学。"

周老说到这儿的时候，露出了童真又有些得意的爽朗笑声，并用雪白的手帕遮住嘴，笑个不停。终于笑停了，周老才把手帕拿下来，轻轻探过身子对我说："不好意思，我现在牙齿坏了，不好看了。"喔，原来用手帕遮住，竟是为了不让大家看到他的自认为不好看的牙齿，多么可爱的周老啊！

周老在自己的简历里多次写到他曾任江苏教育学院教师。巧合的是，我也曾在江苏教育学院做过几年老师。当然，周老的那个江苏教育学院，是1928年3月创办的我国第一所培养民众教育专门人才的高等学府，全称为省立江苏教育学院。该校一直开办到新中国成立前，坚持了 20 年，是"国内历史最早而最悠久之民众教育专才培养与民众教育学术研究阐扬机关"。现代著名教育家高阳、俞庆棠、雷沛鸿、傅葆琛、孟宪承、钟敬文等都曾在此校工作，新中国成立后学院改名为苏南文理学院，不久后并入现苏州大学。我的这个江苏教育学院，则是 1952 年为培养中小学教师而设的一所师范院校。

我向周老提起江苏教育学院，他思维极其敏捷，立马接话说："我那个时候是跟着老师孟宪承去的。"孟老师是个教育家，那时他们那批知识分子崇尚"教育救国"，实践丹麦教育家格隆维的"民众教育"。19 世纪后叶丹麦被普鲁士入侵，丧失了好多国土，农村濒于破产。格隆维是个牧师，他提倡教育权利平等，重视农民教育，希望由复兴农村而使民族强盛。丹麦作为一个小国，经过几十年努力，18 岁以上的国民广泛接受了"民众教育"，民众普遍恢复了民族自信，后来不仅收复了国土，而且农业发达，一跃而成为北欧富裕强大的国家。我们那时农村很落后，办民众教育很辛苦，但有志之士个个都想通过教育使自己的国家也强大起来。那个时候，周老对汉字改革，扫除文盲，有了不少直接感受，那段经历对他在新中国成立后从事汉语拼音工作帮助很大。

1955 年，周总理亲自点名要求周有光来北京从事汉语拼音工作。说起这件事，周老说："那要感谢陈望道先生。新中国成立前我在银行工作，在美国、英国都工作过。1949 年我回国在上海工作，有次见到陈望道，他是复旦大学校长，语言学家。他说我们国家 56 个民族，数不清的各种方言，而大多数人为文盲，很需要统一的适应时代需要的文字语言。他叫我把自己写的有关文字拉丁化方面的文章收集收集出本书，我听了他的建议，1952 年就出了本《中国拼音化文字研究》。后来这本书被周总理看到了。我是 49 岁才半路出家，扔下了经济学，开始了专门的语言学研究。"

周老说话不急不慢，百岁高龄的老人，看不出一点倦态。周老的保姆几次给我茶杯续水，我倒不见周老的茶杯，忙问保姆，要不要给周老倒点水，保姆说现在他不渴的。这时周老自己也接话说不喝不喝。

当周老听说我正在学院筹建中国特殊教育博物馆时，他很高兴，放慢语速说："这个很重要。盲人、聋人如果接受到好的教育，他们一样能够给国家做贡献。"他还说，当年他在圣约翰大学读书时，学校曾组织过对聋生进行夜校补习，那些聋生聪明得很。

说着，周老转身从身后书架上取出一本外文书，熟练地翻到一处，指着一篇英文文章对我说："这是我五十年代写的一篇关于手指字母的论文，发在国外刊物上的。"我知道周老是我国聋人手指字母方面的专家，早在五十年代就出版过这方面的专著，于是便诚恳地提出能不能请周老把这本刊物捐赠给我们博物馆，周老这时像个孩子似的委屈地说："我就这一本了，不能给你，我还留着自己看呢。不过我家有复印机，你可以复印。"保姆顺手把这本书拿到另外一个房间去复印了。

这时我环顾周老的小书房，确实发现沙发上、书桌上、书架上都摆放着周老正在看的书报刊。他现在每天还都坚持学习，坚持写作，这实在是太令我们这些年轻人崇敬了。这时保姆将复印好的文章一边交给我，一边悄悄告诉我已经一个多小时了，过会儿还有一拨客人要来。

我实在是欣欣然坐沐春风，不知春光之忽忽然流逝。我不好意思地对周老说："对不起，耽误您很长时间了。"这时，周老又拿起那条手帕遮着嘴笑道："你从江苏赶来，耽误你时间了。1947 年我在美国，有个朋友是普林斯顿大学的教授，他与爱因斯坦熟悉，他说，爱因斯坦现在空闲，你可以去与他聊聊天。我去了两次。爱因斯坦跟我说，'一个人如果 60 岁，工作大概 13 年，业余时间 17 年，能不能成功，主要看业余时间干什么'。我现在全是业余时间，时间不值钱了，成无业游民了。"周老话音未落，又是一阵得意的爽朗笑声。

二、

周有光先生对我国盲文改革、聋人手语创制贡献很大，2012 年 9 月我曾专门就盲文与手语相关的问题去周有光先生家求教。不过那次访谈，我印象最深的是他关于做人与做学问的态度。我们提到二十世纪五十年代至七十年代盲文改革问题，他说当年他对盲文改革方向与路径是有不同意见的。有些盲人朋友因为周老不是盲人，就说周老对盲文改革不支持，对盲人没有感情。他当然不辩不争，还是一直把他们当朋友看，他们不把周老当朋友看，那是他们的事。但也错过了一些机会，导致现在我国汉语盲文与世界盲文沟通不便，盲人对现行盲文也不满意，这是需要好好反思的。周老说他现在年纪大了，没有能力来弄了，希望我们抓紧时间。他还给我仔细介绍了北京的几位盲人朋友，他说北京盲校的盲人教师赵保清，新中国成立前是中央大学学生，北京盲文出版社的盲人编审黄加尼、陈水木，对盲文数理化符号和盲文音乐符号都有研究，北京四聋的沈家英老师，是国内少有的对盲人盲文、聋人手语都能精通的专家。在周老的介绍下，后来我一一拜访了这几位专家，当我转告周老对他们的问候时，他们都流露出对周老的感激之情，他们说周老对待朋友讲情谊，对待学问讲规矩。

肇始于我国二十世纪五十年代的汉语文字改革、汉语拼音方案制定，历经半个世纪，目前已经用"国家推广全国通用的普通话"这样的文字写进了宪法。当然，作为文字改革与汉语拼音方案，不可能尽善尽美。我时常在网络上看到一些言辞激烈的评述，觉得对待学术问题进行非理性评述，实在是自取其辱。比如，有网民竟然直接在网上说汉语简化字是糟蹋了中国传统文化。其实，汉语简化字这件事，当年与周有光一点关系也没有，国家文改会制定汉语简化字方案的时候，周有光还在上海做财经学教授呢！我原本以为周有光本人可能不知道网络上的辱骂，实际上我有些想当然了，精通电脑的他怎么会不知道呢？豁达而又睿智的周老说："汉语简化字改革，那时候我还在上海，我并没有参加一点儿简化字的事，网上有些人骂我，说我该死，其实是误解了。汉语拼音方案，倒主要是我搞的，搞了三年，弄了几十个字母，目前被国际标准化组织批准为国际标准（代码为 ISO-7098），这样作为表意文字为主的汉字，就可以被国内各民族、世界各国家来进行统一注音了。当然几十年来，关于拼音方案，应该也没有十分圆满，以前我们收到过几千条意见，直到现在还一直有人在提有关意见，这是好事。不过随便就骂人，那肯定是不对的。有人说我老不死，我想大概是上帝忙得把我忘了吧，不过我不怕死的。"

那次与我同行去见周老的，还有天津盲人学校的盲人教师尚振一。尚老师三岁失明，是盲文让他走进了知识的海洋、文字的世界、文化的殿堂。古稀之年的他仍心系同病,醉心盲文改革。他非常赞同周有光先生关于盲文改革的思想,周老也就世界文字发展规律、盲文国际化路径等与他进行了耐心的阐述,最后周老还欣然为尚老师题词:盲文改革任重道远。

2013 年 7 月 28 日上午,我再次去见周有光先生的时候,我突然感受到了他的另外一面,那就是他作为一个高寿文化老人内心的焦急。有学者评价周老,说他"以平心济世是为素,以实行治事是为朴,以理性为学是为智,以直谏论政是为勇"。除了素、朴、智、勇之外,我感受到了他的"急"。因为此前见过几次,彼此比较熟悉了,这次我与周老谈起教育的事,他往往有意回避,当下的他更关心历史观。

那次见他,正值他的独子周晓平生病住院,家里原先两个保姆,小徐去医院照顾周晓平了,老人身边只有小田了。我推门而进,周老正在读书。他看见我进去,打过招呼后,便准备戴上助听器与我谈话,可这时他发现助听器电池用完了,他连忙叫来小田,要她马上上街去买电池。他说:"没有电池,我听不见,完蛋了完蛋了。"可家里只有小田一人在,见小田有些为难,我连忙让随行的我们博物馆的季瑾博士去买。可我们不知道哪里有助听器电池卖,也不知道买什么型号。这时周老尽管听不到我说什么,但他还是感受到了我的疑惑,便高声跟我说:"你出院子,往右手走到过街天桥,过桥对面有个助听器专卖店,那儿有电池卖。"他边说边把已经没电的电池拿出一块来给我,说就这个型号。小季博士很灵光,不一会儿,她就气喘吁吁地拿来了一大版电池。周老仔细看了看,然后熟练地装上了电池,戴上助听器,拍了拍双耳,然后高兴地说:"这下好了,听到你讲话了。欢迎你们再来看我。"

戴上了助听器的周老,还没有等我开口,便立即与我开始了谈话。他问我有没有看过这么几本书。他边说边取出他刚刚说的这几本书,我看这几本全是境外出版,我说这些书买不到,我没有看过。他说你怎么会没有呢,这几本很重要啊,你要抓紧找到读读。几次见周老,我发现他读书的习惯是一个阶段选一批书,整齐地放置在小书桌边上,全部读完后,再换新一批。这一年周老已经 108

图 周有光《汉语拼音在聋哑教育中的作用(上)》

岁高龄，但他说每天还坚持伏案十个小时。坦率地说，我与周老最大的谈话兴趣还是教育，包括特殊教育，包括民国教育。我曾经请周老专门给我所写的《民国先生》题写了书名，此书后来由广西师范大学出版社出版。这次我请周老给我的《中国特殊教育史话》题写书名，我对于民国教育或特殊教育更感兴趣，因为这两者，周老都曾亲历，他的见闻与回忆，见解与评价，自然弥足珍贵。不过，每次当我把话题引到有关教育话题的时候，周老总是敏捷地给以回复："今天我们谈大事情，这个教育的问题，你可以去问黄加尼，问沈家英。"

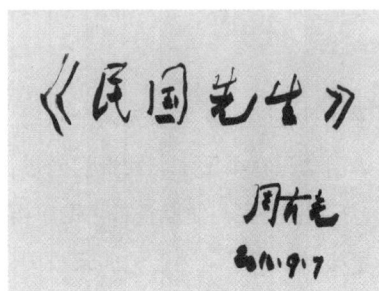

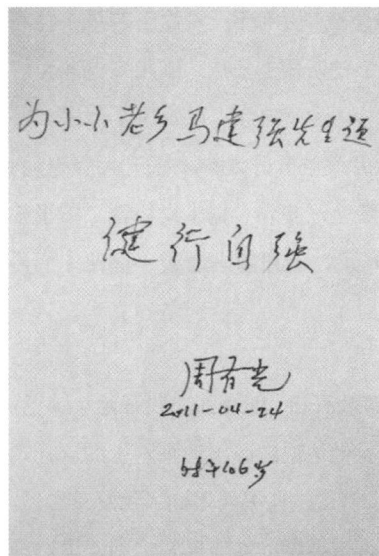

那么周老关心的大问题是什么呢？大概因为我是特殊教育博物馆馆长，所以他要与我谈的大问题是历史观。南京大学董健教授曾经在一篇题为《周有光的文化观》里写道："人类在社会实践、生活体验中接受各种信息，包括大量阅读，在收获知识的同时不断提高和利用自己的智慧。有多大的智慧就有多大的文化深度与高度。恩格斯说过，由于人的寿命有限，一个人研究一个问题的深度受到很大的限制，不得不在人与人之间形成研究的'接力'。"周有光今年110岁了，他的长寿，部分地、有限度地突破了这种局限，使研究的"接力"在一个人的身上部分地实现了。

周有光先生的百岁人生，与世纪同行，历经世事沧桑，精通中外文化，始终致力于文化传承与创新，致力于民族自强与思想启蒙，他拥有的连绵百年的生命力、立足高远的思考力，放眼世界，堪称奇迹中的奇迹。我记得当年胡适先生曾经就百岁老人马相伯提出过一个建议，他说马老高寿，他经历过的事那么多，他一定有不少别人不可能看到的不可能思考到的东西，我们应该给他配一个秘书，每天把他所说的所想的所做的，一一实录下来，这应该是一份很有价值的研究材料。可惜当年兵荒马乱，不久后马相伯便以100岁的高龄去世了。胡适晚年让他的秘书胡颂平每天记录他的言行，并且明确表示请实录，他自己不会看的。只可惜，他去世时只72岁。

那次会谈，我直观感觉到了高寿的周老内心的焦急：两个半小

图一 周有光为《民国先生》题名
图二 周有光对笔者的题词

时的对谈，他没有喝一口水，他不时地拿出一本书，熟练地翻开到某页，告诉我什么叫历史观，什么叫尊重历史。他书房的暖气片上摆着整齐的一摞书，有近20本。说着说着，他突然转身从这一摞书的中间抽出一本竖排繁体字版的司马迁的《史记》，翻到《报任安书》手指一段文字——给我念道："仆窃不逊，近自托于无能之辞，网罗天下放失旧闻，略考其行事，综其终始，稽其成败兴坏之纪，上计轩辕，下至于兹，为十表，本纪十二，书八章，世家三十，列传七十，凡百三十篇。亦欲以究天人之际，通古今之变，成一家之言。草创未就，会遭此祸，惜其不成，是以就极刑而无愠色。仆诚以著此书，藏之名山，传之其人，通邑大都，则仆偿前辱之责，虽万被戮，岂有悔哉！然此可为智者道，难为俗人言也。"

周老读完后，他特地又重复读了这几句："究天人之际，通古今之变，成一家之言。"他接着对我说："你是做博物馆的，是做史学研究的，一定要找真材料，说真话，写真事，追求真理。"

2015年1月20日，周老的独子周晓平突然去世。那时周老刚刚度过他110岁生日。因为周老只有这一个儿子，并且之前一直是由周晓平来照顾他的，所以周老的外甥女等亲戚觉得这样的事实不可能瞒过周老的，于是在安排好周晓平后事后，还是实话告诉了周老。周老从晚清、民国、新中国这样一路走来，他肯定早已看惯生死，虽说白发人送的也是白发人（周晓平享年82岁），但至亲之人生离死别，岂一个痛字了得？但一生有光一生奇迹的周老，很快便恢复了平静。而今又快一年过去了，周老活着，这就是令我们这些晚辈学者无比欣慰的事。再过不到两个月，周老即将迈入111岁的门槛，我们祝福他！

（写于2015年11月）

图 与周有光（右）合影

有光一生 一生有光

—— 再读周有光

一、

我本想用《我眼中的周有光先生》这个副题来写周有光先生，心里却一直诚惶诚恐、顾虑重重。周先生生于 1906 年，晚清时代人；我生于 1967 年，彼此年龄相距 60 年。古人说 30 年为一世，60 年就是隔着两世了。今人讲代沟，有人说，隔 3 岁一条沟、5 岁一条河、8 岁一条江，隔 10 岁就是隔海相望，那隔 6 个 10 年，应该是隔着太平洋了。再则周先生居北京，而我居南京，彼此面对面交往只是几次拜访晤谈而已。周先生晚年"谈笑皆鸿儒""宾客如云"，我与他尽管有独家话题，但谈不上独家采访。用《我眼中的周有光先生》这样的题目，会不会让人觉得狐假虎威或插科打诨？

周先生已经仙逝近四年了。当然我也很自信地认为，如他在天有灵，一定不会认为我用"我眼中的周有光先生"来讲述他有何不妥。因为他给我的感觉总是平易近人、平等待人，他始终觉得人都是一样的，没有高低贵贱之分。他认为浮名虚利也好，真名实利也好，都是身外之物。比如当年他就多次反对别人称自己是什么"中国汉语拼音之父"，国家曾想授予他什么"中华文化名人"之类的荣誉称号，他也婉拒。周老曾经说过，1945 年他在美国，曾与爱因斯坦聊天，但因为一个是举世闻名的物理学专家，一个是年轻的中国银行业专家，彼此在学术上没有交叉，只能聊一些学术外的普通生活话题，见了两次后，彼此都觉得这样聊天白白浪费时间，后来便不再约见了。而我与周老，同为常州人，特别是工作都与盲聋哑人、特殊教育密切相关，所以见了两次后又有了下一次再下一次。每次见面，他是谈笑风生，我是收获颇多，那些场景至今都历历在目、记忆犹新。所以，我非常想说说我眼中的周有光先生，但面对周有光独有的高寿、贡献、家世、朋友圈，我还是"再读周有光"吧！

二、

现在公共视野下的周有光先生，最大的关键词应该是他的健康长寿。他 1906 年 1 月 13 日生于常州，2017 年 1 月 14 日仙逝于北京，整整 112 岁加一天。他长寿且健康，直至临终，也几乎没有什么严重的基础性疾病。1 月 10 日他在家还接待了浙江大学校领导来访，1 月 13 日过完生日当天下午身体不适，后被送往协和医院，次日凌晨 3 点 30 分去世。他的健康长寿有没有什么秘诀呢？这差不多成了许多人对晚年周先生的"每次问"。甚至连医生也这样问，周先生哈哈大笑，说："你是医生，你都不知道，我怎么知道？"我也问过周先生，周先生总结了两点：一是他母亲九十多岁的时候，头上还没有白头发。二是现在科学发达了，我胃口不好，医生说是你牙齿坏了拔掉就好；我眼睛不好，医生说给你换个晶体就好。对此我的理解是，健康长寿，遗传基因很重要，医疗卫生科技进步更关键。周老的父亲周企言（1868—1937），在抗战逃亡途中因为拔牙感染不幸病故，享年 70 岁。而周老的母亲徐雯，周老有光说她"96 岁去世，去世前她仍然是头发乌黑、耳朵不聋、眼睛不花"。

这里说的遗传基因，主要是建立在医学基础上的生理性、物理性概念。而相比遗传基因，日常生活中的心态性格对人的寿命影响更大，这可以理解为建立在心理学基础上的社会性、文化性观念。周有光先生自己常说，他母亲的一句口头禅"船到桥头自然直"影响了他一辈子。母亲的这句"船到桥头自然直"，在周有光这化为了他的"卒然临之而不惊，无故加之而不怒"。中学毕业他考上当时非常难考的教会大学圣约翰大学，但学费特别高，家里亲戚借了钱才勉强凑足学费。但念了两年多，因为种种变故，退学转入新办的私立光华大学。大学毕业后，最初几年是跟着老师兼同乡孟宪承在无锡、杭州搞民众教育。所谓民众教育，就是上山下乡，与农民打成一片，搞新农村建设，他乐此不疲。年轻时得过肺结核，与张允和结婚时，有人对他母亲说这对小夫妻身体病快快的，估计都不会活过 35 岁，而他与夫人同病相怜相依为命七十多年。抗战逃亡中，他父亲因拔牙感染去世，他长子被炮弹击中九死一生。特别是他幼女因为盲肠炎缺医少药而夭折，周有光一时悲痛欲绝，不久他便平复情绪，积极生活。

1955 年在经济学、银行学方面已经蔚为大家的周有光已年过半百，突然被周恩来点名从上海调入北京转行从事语言文字改革。他既来之则安之，花三年时间制定了汉语拼音方案，吴玉章说这个方案是"我国三百多年拼音字母运动的结晶，是六十多年中国人民创造拼音方案经验的总结"，现在已经是中国标准与国际标准，使中国古老象形汉字无障碍融入当今全球化数字化信息化这个新时代成为可能。然后当有人尊称他为"中国汉语拼音之父"的时候，他坚决反对。他说这个工作是集体成果，并且还不完美，更要接受时代选择。1956 年从上海调北京，全家住北京沙滩后街，有个院子和四个房间。1984 年从沙滩搬至朝内后栳棒胡同旧式公寓楼三楼，直至 2017 年他去世。这里没有电梯，没有地毯，没有像样家具，没有高大书柜，甚至没有木质地板，只是人造革铺地。夫人张允和常常当客人面述说住房条件差，而周有光每次总是说不谈这个，谈这个是浪费时间。

2002 年 8 月相依相伴 70 年的夫人突然离世，这让周有光一时无法接受。这时一个朋友的一句话，让他渐渐释怀："人如果只生不死，这个地球怎么承得下呢？" 2015 年 1 月他的儿子周晓平病逝，起先身边亲戚都不敢告诉他。但其时已 110 岁高龄的他，发现儿子已有好几天没有来看他，便已有感觉，后来亲戚只好实话告知。他当天没有正常进食，一声不吭。第二天他跟保姆说："我活这么长，拖累儿子了。"终于他又坚强地从丧子之痛中挺了过来。

人健康长寿，饮食营养当然重要。但什么是有营养的饮食呢？周先生对此有精辟言论与感怀，他以自己早年银行家"丰衣足食、花天酒地"的经历说："许多人不是饿死的，而是吃死的。我从不吃补品！"我几次拜访他，都特别留意他的饮食情况，曾经专门去他家厨房看过。他的保姆小田是四川人，有一次我揭开厨房锅盖，看锅里煮了一锅土豆。另有一次，我与天津一位盲人一起去拜访周先生，因为事关盲文改革所谈甚欢，以至于一口气交谈了两个半小时，保姆给我们备茶续茶，临走时我突然发现周先生面前没有茶，忙问周先生怎么没有茶，保姆说，爷爷不渴。我几次拜访，确实没有发现周先生饮食方面有什么特别讲究，他自己也说，自己一辈子最爱吃的还是青菜、豆腐、牛奶、鸡蛋。因为周先生母亲是宜兴人，夫人是安徽人，自己是常州人，有一次我各带了一点无锡宜兴茶、常州金坛茶和安徽桐城茶，他说我送得太多了，过了一会儿，他又说现在只喜欢喝点红茶。

三、

周有光先生的高寿，除了上面所提的良好的遗传基因、不惊不怒的生活态度、简单朴素的饮食习惯之外，我觉得他一生用脑、一生忙碌，更是关键。每次去拜访他，都是在那九平方米的小房间，他说年纪大了，耳朵也不太好，小房间好，聚气也聚音。他总是端坐在小书桌前，身后的几个小书架整整齐齐摆放了一些工具书，左手边的暖气片上，摆放的是他天天看的书，过段时间就让保姆换一批书。

他把自己一生的学术研究分为这么几个阶段：他上了两个大学，圣约翰与光华，学的是经济学，去日本留学也是经济学。所以第一个阶段是 50 岁以前，他主要从事经济学研究及银行工作，成果丰硕，著作等身。第二个阶段是 50 到 85 岁，因为国家需要而半路改行从事语言文字工作，以创制"汉语拼音方案"为标志，堪称中国文字改革和语文现代化大师，而"汉语拼音方案"更是被誉为"中国二十世纪的最重大发明"之一。

第三个阶段，就是 85 岁退休以后直至 112 岁去世，主要从事思想文化史研究。周先生晚年亲自审定编选出版了一套《周有光文集》，全套共 15 卷，700 多万字，2013 年 5 月全部出齐，这一年他 107 岁。而这套文集，只是收集了他 50 岁以后关于文字改革的著述及 85 岁以后思想文化史研究著述，他没有同意文集收录他 50 岁以前大量出版的关于经济学方面的著作、论述以及书信等文字。周先生虽然寿高 112 岁，但熟悉中国近现代史的人都知道，在他漫长的百岁人生中，真正能够专心从事学术研究、能够公开发表论著的时间并不很多，由于战争等种种原因，很多学术研究只能见缝插针，甚至偷偷摸摸进行。而下放宁夏的几年干校生活更是只能日出而作日落而息，远离书本弃智绝思（周自己回忆说，因祸得福，原先神经衰弱，几年农夫生活使他睡眠良好）。

周先生一辈子珍惜时间，忙忙碌碌。百岁之后，也仍然惜时如金。一次常州家乡一位学者来到北京约好拜访他，众所周知北京是首都也是"首堵"，时间比事先预约的晚了一会儿，周先生见面第一句话就是："你今天迟到了，我停了上午打字的工作，专门在等你。"而有一次我和同事去拜访他，比事先约好时间早了一些。一进他的家门，只听北边小房间传来他的声音："没有电池，我听不见，完蛋了完蛋了。"当时家里保姆小田一个人在家，我便提出让我同事季瑾马上去买助听器电池，他说好的好的，马上告诉我们如何到助听器专卖店，购买什么型号的电池。很快新电池就买来了，周先生熟练地装卸电池，调试声音。过一会他拍拍双耳，说："现在好了，你们今天来早了，我还没有准备好。"其实他说的没准备是指助听器的电池而已，我们谈话的内容他早已准备好了，接下来我们一口气谈了两个半小时，那一年他108岁。睿智通透的他发现我几次想要偏离原有话题，便立即打断我表示我们只谈现在这件事，这件事大得不得了，其他的以后再谈。

复旦大学葛剑雄教授曾经说过这样一段话："天之降大任于斯人，必予以优秀遗传基因，使之健康长寿，智力超常；须自幼接受良好而全面的教育，使之具备全面优良素质，掌握古今中外知识；给予历史机遇，既使其历尽艰辛，又获得发挥其智慧才能的机会。更重要的是，本人在大彻大悟之后，能奉献于民众、国家和全人类。古往今来多少伟人天才，具备这四方面条件者罕见记载。而周先生不仅具备，还创造了新的纪录。"

周先生的一生，横贯整个20世纪，在21世纪也走过了近五分之一的路程。天无弃才而人尽其才，便是英才。周先生健康高寿而贡献高产，一生求真而天真浑成，他确实是20世纪非常幸运的人，极其难得的人，他立功立德立言，他爱民爱国爱人类，真是"有光一生、一生有光"！

周先生的儿子周晓平是中国科学院大气物理研究所研究员，著名气象学家。多年父子成兄弟，特别是张允和93岁高龄去世后，周晓平更是与父亲朝夕相处。也正是这种朝夕相处，使他更加深刻地了解父亲、理解父亲。他心目中的父亲，原先与众多普通人的父亲一样都是"很严肃的"，只是当他本人也"七老八十"之后才豁然开朗。他说：父亲"他一直严肃，但并不可怕"，因为"他从来只说理、不打骂"；父亲很重视传统文化，但"在家庭中他从不提倡孝道，他不要我们对他孝，他要我们有博爱之心"。

他一生所积累的知识并不仅仅限于语言文字研究，"他对社会科学的兴趣与研究是广泛而深入的"，"他是一个具有科学头脑的社会科学工作者，他认为中国需要不断的科学启蒙，普及常识可以帮助人们辨识真假"。他在晚年获得很多赞美，但他始终很清醒，非常在意富有价值的反对之声，甚至特别提倡"不怕错主义"。他说"出现错误是正常现象，可以从批评指正中得到更为准确的意见，我非常愿意听到不同的意见和声音"。周先生年过百岁后，曾经多次对别人说："这是上帝把我给忘了，不叫我回去！"调侃中不乏旷达，通透中不乏轻松，当然早已把生死置之度外，但他仍是积极热爱生命，他相信科学，身体一有不适就积极主动求医。

2013年8月，我拜访周老时向他提起常州名人、晚清进士、江南大儒钱名山。钱名山与周有光父亲周企言是老朋友，当年在常州诗词唱和英雄相惜，1935年周企言编印的诗文集《企言诗存》，钱名山亲自为其题写书名。他说钱名山他熟悉的，我告知他不久前其嫡孙钱璱之去世了。他说钱璱之他也认识的，应该年纪不大，怎么就去世了？我说他享年87岁，也没有什么病，就是贫血，但他不愿意去医院，据说他一辈子没有看过病，连体检都没有过一次。他说，这个不好，有病就要去看，一辈子不去医院不是不能破的什么记录。记得还有一次我用短信联系周晓平，预约来北京拜访的事，周回短信详细告知我说父亲前段时间身体不舒服，住在协和医院，现在白细胞和红细胞的指标是多少多少，医生说过几天就可以出院回家了。周晓平认为，父亲的健康长寿，不只属于他个人和家庭，父亲的长寿"可以见证历史和引导别人相信事实与真理"。而周有光也渴望活着，特别渴望与人分享他高龄而对世事的通透看法与睿智想法。晚年的周有光，只要身体允许，只要有预约，他是来者不拒、宾客如云的。我有限的几次拜访，保姆总是先拿出一本厚厚的会客登记本，让我签写下姓名、单位、联系方式等等。我注意到前来拜访的人五花八门、三教九流，也有仅仅就是来合个影、签个名的。我就曾经陪同过一名天津的盲人来拜访过，我还陪同一名收藏家来给周有光送过1930年前后出版的一本画报，那本画报的封面人物是他夫人。

也许因为周晓平自己也步入晚年，想更深刻地了解父亲、理解父亲，所以他非常重视父亲的健康长寿，但因为不住在一起且相距较远，经常来回奔波，加之自己也年岁渐长，最后不幸积劳成疾，遗憾去世，走在了父亲的前面。

四、

周先生的健康长寿，当然不只是一个普通人的医学问题。他的健康长寿，是他能够为社会贡献这么多人生智慧的充分条件与必要条件。除了健康长寿，周先生的家世、他的亲友圈、他的朋友圈也是非常吸引公众眼球的，大家津津乐道，可谓有个说不尽的周有光。

据周有光本人回忆，因为从小跟着母亲在苏州生活，那时父亲留住常州，所以他对自己家世的了解，多半为后来亲友讲述。他的曾祖父名叫周赞襄，早年为官，常州地方志有记载说周"附贡生，应叙中书科中书，候选员外郎，以助饷如格，赏给举人，加捐户部郎中，改知府，咸丰十年假归"。周赞襄回到家乡常州后，投资纺织业与典当业，家业鼎盛期有"周半城"之说。太平天国攻打常州时，周赞襄毁家出资守城，城破后投河殉清，而其家产丧失大半。清廷平定太平天国后，给予周家褒奖，封其世袭云骑尉，这是一个虚职，不用做官，每年均能领到很多俸禄。可能周赞襄本人没有亲生儿子（或亲生儿子去世），按封建传统做法，其弟弟的儿子过继给他，以承继香火，也就承继了世袭云骑尉，所以周有光的祖父并不是曾祖父的亲生子。周有光的祖父名叫周逢吉，因为有一份世袭，加之祖上残留下来一些房产、厂房、地皮等等，所以他祖父包括后来他父亲都没有出去做事，家里缺钱用就卖房子过日子，往往卖掉一处房子的钱能用好几年。所以晚清时期的周家不事生产，全靠世袭和祖产生活。等到了晚清灭亡、民国成立，世袭没有了，房产也逐渐变少，这时他父亲才出去教书糊口。周有光说，他父亲名叫周保贻，号企言，有秀才功名，后来因为身体不好，没有去考举人，再后来科举也废除了。民国后他曾与吕凤子（书画家、教育家，吕叔湘长兄）一起在常州的新式师范学校（即武进女子师范学校）任教，再后来就自己独立办学，创办了一个有些像私塾、书院的学堂，招收一些学生学习，主要教古文。虽然他教授古文，但并不反对白话文，他有一首诗是这样言其志的："咏成老妪都能解，从古词章浅最难。我有新诗如白话，留他传与万人看。"

周有光母亲徐雯，是宜兴人。我记得第一次去拜访周先生，他问我是常州哪里人，我说常州乡下金坛，他马上说他小时候经常去的。我问他怎么经常去金坛，他说他妈妈是宜兴人，从常州到宜兴，来回总要经过金坛的。提起母亲，他说她年轻的时候，有"宜兴美人"的称谓，她们徐家在宜兴也是名门。后来我查询了一些资料，发现徐家果然了不得。简单地说，宜兴这个徐家，晚清时有"三代十科十二举人、祖孙父子叔侄兄弟同登科、一时同堂五进士"之盛。徐雯的曾祖父名叫徐家杰，1847年进士；曾祖父三个儿子，分别是徐致寿、徐致靖、徐致愉，他们当中徐致靖名声最大。晚清维新时期，徐致靖时任侍读大学士，是他向光绪皇帝力荐的康有为、梁启超、谭嗣同、张元济，戊戌变法失败后，幸亏李鸿章从中暗助，徐致靖最后只是被革职监禁。而李鸿章之所以暗助他，是因为李与徐家杰是进士同年，而徐对李鸿章考中进士有过大帮助。徐雯是徐致寿的孙女，徐致靖是其叔祖父，周有光曾经写过回忆文字，提到她母亲的一些身世，他说，他妈妈是家里的老大，下面还有一个弟弟一个妹妹。她嫁给父亲之后，一连生了五个女儿。这时，他祖母便托人从武汉汉口一个亲戚家里找来一个丫头给父亲做姨太太，大户人家，不生儿子不行。1906年，徐雯生下了儿子周有光，而姨太太也生了一个儿子，可惜两个人同时得麻疹，周有光活了下来，那个儿子夭折了。周有光之后，徐雯又生了两个女儿，而姨太太那边后来也生了两个女儿、两个儿子。这样就是徐雯共生了七个女儿，长大成人四个，夭折三个，一个儿子就是周有光。而姨太太生了三个儿子两个女儿，其中与周有光同岁的儿子夭折。

周有光祖母姓左，她出身常州大户人家、书香门第，父亲名为左辅（1751—1833），乾隆进士，嘉庆年间曾出任湖南巡抚。左辅工诗词古文，著有《念菀斋诗、词、古文、书牍》传世。周有光说，母亲没有进过学校，能读老书，但文笔不行，只能算普通知识分子。而祖母则是高级知识分子，她能读能写，文笔很好，这自然与其为巡抚之女，从小所受教育及耳濡目染有关。祖母生了五个女儿，一个儿子，就是周有光父亲。因为祖母只有一个儿子，也只有一个孙子周有光，所以周有光从小特别受祖母宠爱，晚年他常常与人说起当年祖母教他读诗词的往事。

周有光的母亲徐雯是一个非常有主见的人，她常说"船到桥头自然直"，但绝对不是随波逐流、人云亦云。进入民国之后，原先享受祖产与世袭的周家家境每况愈下，而旧式大家庭的那一套人情世故、礼仪场面还是照旧。周说，他记得小时候家里专门雇请一个男长工给城内城外的亲戚送四时八节的往来礼物。徐雯觉得这是坐吃山空，将来一定会越来越破落。于是她毅然决定带着自己所生的四个女儿、一个儿子，离开常州、离开丈夫到苏州单独生活。因为周家当年在苏州也有一些房产，所以他们到了苏州后，变卖了房产，改为租房居住。她坚持让子女读书，认为只有读书才能改变命运。结果她四个女儿，均接受到较好的教育，都上了大学，实现了自立自强。而儿子周有光更是考上了当时的名校圣约翰大学。

周有光随母亲住到苏州后，在常州完成了高中学业，后到上海上大学。他有个妹妹，名叫周俊人，中学就读苏州乐益女中。她有个同学叫张允和，常到周俊人的家里玩，这样就与有时在苏州家中的周有光认识了。再后来张允和就成了周有光的妻子，相依相伴七十多年。而张允和的家世，相比周有光则更为显赫。她的曾祖父张树声是晚清淮军将领，在镇压太平天国运动中，与李鸿章、吴长庆、刘铭传一起南征北战，立下战功，后曾就任两广总督、直隶总督、两江总督等高官，家产丰厚，仅合肥老家就有良田万顷。张允和祖父张华奎的官没有张树声大，做到川东道，差不多就是现在的省长。到了父亲张武龄（字冀牖，常写作吉友），他就不做官了，也不挣钱，就是花钱。好在这位张吉友接受了新思想，他是在办教育方面花钱，在苏州创办了乐益女中，还办了男中。他办学校，既没有在当地乡绅中募集资金，也没有向官府申请资助，更不向学生家长收取费用，包括教师工资在内，学校所有开支都来自他的私人财产。所以当时许多人都嘲笑他，说他专门花钱让别人家孩子读书，是个败家子。

张吉友一共生了十多个孩子，活下来四个女孩，六个男孩。张允和在四个女孩子中排第二。叶圣陶先生早年说过："张家的四个女孩，谁娶了她们都会幸福一辈子。"二十世纪的中国，内忧外患，国家命运与个人命运，都是"树欲静而风不止""一波才起万波随"。张家这四位女性，也必然要随时世沉浮，但她们个个知书达理、有才有貌、有智有勇，最后都是功德圆满、福寿双全。张元和、张允和、张兆和、张充和，都上过大学，都曾选择了教书这个职业。她们的丈夫都是名家，元和丈夫是昆曲名角顾传玠，允和丈夫是"周百科"周有光，兆和丈夫是作家沈从文，充和丈夫是美籍汉学家傅汉思。相比丈夫的优秀，她们个个也不逊色，甚至相得益彰。因为她们都高寿，所以她们中青年的职场生活反而是不显山不露水，一生都活得有滋有味有声有色。元和、允和、充和，是把昆曲从兴趣变成爱好变成专业变成事业的人，兆和的文字水平之高以至于"沈从文常常感受到来自兆和的压力"，她对沈说"我怕你写信给别人也会写错，故而相告"。而介绍周有光，"他夫人叫张允和"，这也是很管用的。如果说周有光是一生有光，那么张允和则是一生多彩。她早年毕业于光华大学，曾先后短暂担任过上海光华大学附中历史教师、成都光华大学西迁校区教师、北京人民教育出版社历史编辑，此外几十年则一直是"家庭妇女"。但她1921年从全福昆班名旦尤彩云学曲，1938年入重庆曲社，1953年从昆曲名师张传芳学六旦演唱身段表演，1956年起协助俞平伯创办主持北京昆曲研习社，1980年起出任北京昆曲研习社主任委员。2001年5月18日昆曲被联合国列入世界"人类口述与非物质文化遗产"，此时张允和已经九十二岁高龄，她仍然积极向昆曲社提建议、出计策，可谓生命不息、昆曲不止。她晚年编著的皇皇巨册《昆曲日记》，更是给昆曲界留下了宝贵的历史资料与精神财富，张允和在中国昆曲的传承方面居功甚伟。

以上是有关周有光的身世、家族亲友圈的介绍，此外他的朋友圈也可圈可点。周有光先生回忆，抗战时期在重庆，因为统战需要，周总理每周都约一些人一起吃顿饭，名叫"星五聚餐会"。因为周有光大学同学许涤新是周总理的秘书，而周有光当时在国民政府银行界工作，熟悉经济情况，所以周总理指示每周都约周有光参加。新中国成立后，周总理听吴玉章、徐特立他们说周有光还是语言学家，感到很好奇。后来国家搞文字改革，也是周总理亲自点名从上海把周有光调到北京的。周有光新中国成立初期在上海工作，那时上海市市长陈毅，每个月都约请周有光等经济学界的专家吃一顿饭，了解情况，聆听建议。五十年代周有光夫人张允和在北京负责昆曲研习社一些工作，她活动能力强，能邀请到叶圣陶等人参加他们昆曲社的排练、演出活动。有一次周总理还专门跟周有光说："您的爱人也在演戏。"

1965 年周有光以社会科学界代表当选为全国政协委员，一连担任了二十多年，还出任过全国政协教育组副组长。全国政协，特别是全国政协文化教育界别，鸿儒汇聚名流荟萃。有一次他问我，你熟悉不熟悉黄乃、季羡林。我说不敢说熟悉，只能说知道他们的大名，也读过他们的一些书，但从来没有见过面。他说："黄乃是黄兴儿子，失明后从事盲文改革，非常不容易。我与他是朋友，但我与他在盲文改革方面，意见是不一致的。你要了解盲文，应该多去找找沈家英（盲文手语专家）、黄加尼（盲人、盲文改革专家）。"提起季羡林，他也说："我与他是好朋友，政协开会，我们常常住一个房间。但他许多观点我是不赞同的，比如'世界文化河东河西论'。"季羡林晚年有一句名言，叫"假话全不讲，真话不全讲"，对此周先生说："我向来不刻意说要讲真话，因为我从不讲假话。讲真话对我来说不是一个问题，我不会说自己不相信的话，自己相信的话当然是真话。"

听从周有光先生的建议，关于盲文手语改革问题，我专门去拜访沈家英、黄加尼。沈家英是大家闺秀，抗战时期在重庆国立药专学习，新中国成立后在上海盲校工作，1956 年从上海调至教育部特殊教育处工作，因为热爱特殊教育，热爱盲文手语改革事业，她后来主动要求调至北京四聋工作，是我国著名盲文手语专家，在盲文、手语改革方面，她与周有光有过长达三十年的合作。有一次我偶然提到"周有光敢于讲真话，不唯上，不唯书"，沈说她从 1956 年就开始与周有光开展合作研究了："我印象里周一直敢讲真话的，周有光单位在文改会，那是很边缘的一个单位，与外界接触少，他身边的人，包括我在内，我们都保护他。毛主席、周总理他们都知道周有光是大专家，这个可能客观上也保护了他。"沈家英接着说，后来他都快七十岁了，还是被下放到宁夏"五七"干校。好在他通透豁达开朗，他自己说下放宁夏，倒反而治好了他的神经衰弱症。

周有光知道我学习研究特殊教育史，他表示特殊教育十分重要，他早年上圣约翰大学时，学校里有几个盲人大学生，他们在校园里健步如常，一般人根本不知道校园里还有

图一　周有光为笔者题词：积健为强。

图二　图三　与周有光合影

盲生同学的。

周有光有一段很重要的话，

他说："语言使人类别于禽兽，文字使文明别于野蛮，教育使先进别于落后。"

他说，聋人也可以有语言，即视觉语言——手语。盲人也可以有文字，即触觉文字——盲文。

盲文用手触摸，也可以说是指尖手语。现在关键是我们的手语、我们的盲文，还需要加强改革，特别是要沟通中外、沟通健残。盲人、聋人的语言文字问题解决了，接下来教育问题就好解决了，这样特殊教育也就是普通教育了，特殊的只是手段而已，盲人、聋人接受教育本来就应该是一件普通的事。党的十七大报告讲"要关心特殊教育"，十八大报告讲"要支持特殊教育"，而到了十九大报告，则是讲"要办好特殊教育"了。我觉得，周有光先生讲的意思，在从"关心"到"支持"到"办好"的不断递进与深化里也有所体现了。

（写于 2020 年 8 月）

十、梅芙生：
自强拼搏求学成才
教书育人造福同病

人物小传

梅芙生

1937年11月生于上海一个多子女平民家庭，父亲是一个小工商业者，母亲是家庭妇女。6岁时因得脑膜炎而致双耳失聪，幸得父母无私大爱，他先后入学上海哑青学校、上海徐家汇圣母院聋哑学校、上海聋哑学校、上海中华聋哑学校、南京盲哑学校接受聋教育。

1956年起在北京市第二聋哑学校担任教养员工作，1958年起在北京市第三聋哑学校任教，直至1997年退休。四十年的特教生涯，他在聋生美术职业教育方面做了突出贡献，1991年荣获"全国优秀教师"称号，1994年被评为"北京市中学特级教师"，是我国著名聋人聋教育专家、著名画家，出版有专著《聋教育，我有话要说》等，发表论文《谈聋人手语与聋人教师的作用》《手语族与聋人文化》《对我国聋人语言教学法的深思》等，主要美术作品有《发明大王爱迪生》《公格拉西姆的故事》《安妮塔·米尔斯夫人》（连环画）、《琼岛春荫》（水彩画）、《月是故乡明》（油画）等。

图 梅芙生（右三）等参观特教博物馆留影

一、

艰难求学路
聋人终成才

1937 年爆发"七七"事变和淞沪会战。为躲避战火,梅芙生家人被迫从上海的南市搬至法租界居住,这一年的 10 月梅芙生诞生于抗战烽火中。他是母亲所生的第十三胎,前面有五位兄姐夭折,所以他排行老八。因子女众多,又值兵荒马乱,家境非常清贫。但梅芙生从小聪明可爱,深得父母家人喜爱。当年上海幼儿园还很少,并且要满六岁才能入学。但非常重视子女教育的父母,在梅芙生还不满六岁的时候,便故意多报了年龄送他进入幼儿园上学。1943 年冬天,刚满 6 岁的梅芙生突然患病急性脑膜炎,陷入昏迷之中,幸得良医相救,命是保住了,但药物的副作用烧伤了他的耳神经,导致他听力逐渐消失,不久便双耳失聪,由此梅芙生的人生进入静音模式,成了聋人。成为聋人不可怕,不能接受文化教育才可怕。聋人如果不识字没文化,将来就无法融入社会。痛定思痛,父母决定必须要让他上学。

梅芙生的父母首先带着他来到上海哑青学校。这是一所由聋人胡文忆创办的聋校,胡只有小学学历,但他自学成才,诗文书画皆通,手语讲课通俗易懂妙趣横生。童年的影响是终身而深远的,同为聋人,小小年纪的梅芙生深为胡校长自强成才、造福同病的精神所感动,胡校长也成为他一生做人做事的榜样。可惜由于上海哑青学校离家太远,父母早晚接送很不方便,这时获知离家不远的徐家汇圣母院办有聋校,梅芙生便从哑青学校转学到了圣母院聋校。

徐家汇圣母院 1892 年由法国传教士创办,主要招收女聋童,男生只有三四个人。教学方法以口语教学法为主,因为女生多,教学内容多为女工,缝纫编织之类的课程,国文、算术、历史、地理之类的课几乎不讲。梅芙生不喜欢这里的生活与学习内容,父母也觉得在这里不利于孩子学习知识接触中华优秀传统文化,于是就又把他转到上海聋哑学校。上海聋哑学校是 1933 年由孙昱森先生创办,因为经费不足,学校条件很差,房屋破旧,教师缺乏,流动性强,学生也少,教学没法正常开展。梅芙生在此待了不满半年,家长只好把他再转到位于上海南市文庙公园里的中华聋哑学校。

中华聋哑学校创办于 1938 年,创办缘由是日军发动全面侵华战争后,上海周边沦陷区聋人大量涌入上海，失学聋童数量增多。当年以何玉麟、王逊、孙祖惠等为主的一批聋人在上海成立了中华聋哑协会。他们以协会为依托，创办了战时聋哑学校，后改名为"中华聋哑学校"，何玉麟担任校长。1943年，上海三位聋人画家夏华侨、李逸珊、顾鸣惊集资在上海南市创办了上海南市聋哑学校，经何玉麟推荐，宋鹏程担任校长。宋鹏程也是聋人，他文化程度高，社会交际能力强，工作开拓性强，南市聋哑学校创办时间不长，便在上海打开了局面。他找到上海市民众教育馆，提出可以用中华聋哑协会与上海市民众教育馆两家合办聋哑学校的方式，借用民众教育馆所属的南市文庙公园作为办学场所。这样在宋鹏程的经营下，南市聋哑学校办学条件大为改善，学生数量不断增加，教学水平也日趋提高，深得社会各界特别是聋童家长的好评。1944年因为何玉麟要离开上海前往重庆做事，临行前他把中华聋哑学校托付给了宋鹏程，这样宋鹏程一人管两校。他善于做事，把中华聋哑学校整合到了南市聋哑学校，两校合并沿用中华聋哑学校校名。这时的中华聋哑学校，无论是办学条件、教学水平，还是教学师资、学生数量，远远比梅芙生之前所读的几所聋校要强。

梅芙生一来到中华聋哑学校，就喜欢上了这里。校园面积很大，有一栋四层宝塔——魁星阁，有一方绿树掩映的池塘，学生有近100人，教职工12人，学生乐于学习，教师教学认真，很快梅芙生就融入了这所学校。宋鹏程身为校长亲自上课，他的课生动活泼有趣，手语熟练形象，他的美术课更加深深吸引众多聋哑学生。因为画画最主要是靠眼睛观察，靠心去理解，靠手去练习，这对失聪失语的聋生来说，是最合适他们的学习的项目。梅芙生在中华聋哑学校学习期间，产生了浓厚的书画兴趣，养成了练习书画的习惯，为日后胜任聋生美术教学打下了扎实的基础。

梅芙生从上海中华聋哑学校毕业后，凭着扎实的美术基础，顺利考入南京盲哑学校中学部美工班专攻美术。南京盲哑学校创办于1927年，这是我国第一所公办盲哑学校，抗战期间内迁重庆，曾升格为教育部特设学校，学校师资相对比较优秀。因为当年全国盲哑学校多为小学学制，开设中学的极少，所以学生来自全国各地。勤奋好学的梅芙生在这里得到了美术名师郭恒模的精心指导。教聋生画画，无法用语言交流沟通，很难深刻地传授书画理论，必须手把手进行示范教学。郭老师亲自画画给梅芙生看，亲自给他修改笔画，让他自己体悟如何动笔、如何上色、如何掌握水分。如何用木炭条画线钩边，如何用热馒头当橡皮擦除错笔。郭老师还教他如何编画连环画。1954年梅芙生以优秀成绩从南京盲哑学校毕业，这一年他十七岁，原本并不想急于找工作，还想继续深造甚至上大学，可是当年全国还没有一所聋哑高中，更没有可以让聋哑人报考的大学。无奈之下他给中央美术学院院长徐悲鸿写信，要求报考中央美术学院。由于信息闭塞，他不知徐悲鸿已经于此前一年因突发脑出血去世。学院回信说："感谢你们给徐院长写信，但他已经去世了。我院不接受聋哑人报考，请见谅。"

梅芙生从不满六岁上幼儿园，到七岁因病双耳失聪，再到八岁开始求学聋校，直至十七岁聋校中学毕业，虽然他无法再升入高一级学校求学，但通过十多年持之以恒的艰苦求学，他不断克服自身缺陷，经历岁月淬炼，扬长避短取长补短，已养成自立自强的性格，已掌握书画技能并学有所成，除了听力问题，其他方面他丝毫不逊色于任何同龄健听人。

二、
从教为聋童
培育有用人

因为无法与外部直接进行言语沟通，加上社会对聋人就业有所偏见，聋哑人就业自然更加困难。已经读完中学毕业且有绘画一技之长的梅芙生，不愿意待在家里给家庭增加负担。在经历几次上海、南京找工作碰壁后，1955年7月他毅然只身来到北京闯荡生活，由此开启了他造福同病、奉献聋童的特教生涯。

初次来到北京的梅芙生举目无亲，幸得几位南京盲哑学校读书时的北京聋人同学接济，偶尔找些画画电影海报的任务做做，勉强挣点饭钱。1956年经一位聋人朋友介绍，梅芙生找到北京第二聋哑学校校长李榓，希望能够到聋校做老师。李榓早年参加地下党，是一位老革命。她有个聋哑的弟弟，推弟及人，所以她对聋童产生同情，对聋哑教育产生了兴趣。新中国成立后她主动要求到聋哑学校工作，担任北京市第二聋哑学校校长。北京市第二聋哑学校，其前身是杜文昌先生创办于1919年的私立北平聋哑学校（后改名为私立华北聋哑学校），这是北京创办历史最早、教学水平最高的聋哑学校。校长杜文昌，健听人，早年毕业于齐鲁大学，后立志从事聋哑教育，曾跟随米尔斯夫人（1867年中国第一所聋校创办者）在烟台聋校学习五年聋哑教育,并到日本考察研修过聋哑教育。李椆担任校长后,认真钻研聋教育,善待每位教师职工,爱生如子,短短几年便把这所历史名校办得更加有声有色。因为北京聋童数量较多,原有聋校无法满足入学需求,当时北京市教育局决定让李椆筹建北京市第三聋哑学校。

由于当年聋教育已经开始推广口语教学,所以许多聋校纷纷开始清退解聘擅长手语教学的聋人教师。但李椆认为,口语教学与手语教学并不是相互排斥的,聋校有一定数量的聋人教职工,不仅有利于教育教学工作,还可以给聋生树立成长成才的榜样作用,发挥健听人所无法发挥的作用。她觉得梅芙生作为一个聋人,自信上进,勤奋好学,又在书画美术方面学有所长,完全可以胜任聋校工作。她果断决定先让梅芙生在二聋担任聋生教养员,等三聋校舍建成后就正式到三聋任教。这让梅芙生喜出望外感念终生,从此更加坚定了献身聋教育的决心与信心。

聋校教养员的工作主要就是管理学生的食宿起居。食宿起居事情琐碎繁杂,但梅芙生热爱聋童,热爱这份工作,他在认真做好本职工作之外,还利用自己多年聋校学习手语熟练的长处,主动教导学生学好手语。彼此都是聋人,相互更能理解,梅芙生在教养员的平凡岗位上,赢得了聋生的喜爱,做出了不平凡的成绩。1958年年初,北京市第三聋哑学校在北京德胜门外西小关后街正式建成,梅芙生从二聋正式到三聋任职,执教职业劳动美术课。一个自幼失聪的聋人,从上海来到北京闯荡,能够进入聋校任教,这让梅芙生倍加珍惜这难得的机会。从1958年到1997年退休,梅芙生整整在聋校工作四十年,实现了他造福同病、献身聋童的人生理想。

梅芙生的美术课,不谈空泛的书画道理,而是特别注重动手实践,强化勤学苦练。聋生们不仅跟梅芙生学习画画,更是跟着他学做事做人。梅芙生也总是把自己作为聋人的人生感悟、经验教训与书画技能结合在一起,通过熟练的手语、娴熟的书画技法、耐心的修改实践,面对聋生教书育人。聋生非常愿意学习书画,渴望扬长避短,学到一技之长,将来能找到工作融入社会,获得成功。在梅芙生老师的精心教导培养下,这些学习美术设计、电影广告画的聋生，毕业后有的到京剧团做舞台美术或布景设计，有的到了国际贸易促进会下属工厂当美工，有的到了棉纺织厂当美工，也有的考到上海聋哑青年技术学校继续深造。就在梅芙生想甩开膀子在聋生美术职业教育方面大干一场的时候，工作由于种种原因停滞了。梅芙生空有满腔豪情只能徒生哀叹，但他内心还是坚信一定要让聋生学到本领，这样聋人才会有社会地位，才能实现人生价值。

1971 年周恩来总理亲自到北京第三聋校视察，他对聋生的学习、生活及未来就业非常关心，他对聋校的老师特别强调"聋哑学生要掌握一技之长"。这给梅芙生，给三聋的所有老师，以至于所有聋教育的老师，都是巨大的关怀与明确的方向。1976 年李橱校长官复原职，北京三聋获得新生，梅芙生也重操旧业。他感慨地对李橱校长讲："1958 年来学校工作时才二十出头的小青年，一转眼岁月蹉跎，已是四十出头的中年人了。这么多年，我一直未能好好教学生画画，未能全心钻研教学，心不甘啊！"知人善任的李橱问梅芙生你想做什么？梅芙生回答说："我不满意学生读了十多年书，毕业后却只能去福利企业一条路，聋哑学生不应该是被救济的对象，聋哑学生更不应该总是被低估。聋哑教育不能只有语言教育，我想让聋生学好真本领走向社会，平等参与，自立自强，真正成为对社会有用之才。我想创办一个职业中学性质的美工班，教学生画广告画、商品设计画。这方面人才，现在社会经济发展很需要，聋哑人也能胜任。"

为聋生创办美术职业班，如何办？学校能办吗，家长支持吗，社会接受吗？学校内外一片质疑声。关键的时候还是李橱校长站出来给予了理解、信任与支持。梅芙生说干就干，最早跟他学美术的聋生只有 6 名，教学就在校园内的抗震棚里进行。因为各位同学绘画基础不一，梅芙生便从画素描画开始，从认识"三面五调"和写各种美术字及毛笔字开始，手把手告诉他们如何区别黑、白、灰，如何把握高光、反光，如何通过观察实物处理局部与整体关系。当时社会上极少能见到好的商业广告画，为了让学生开阔视野，增长见识，梅芙生将自己在收藏的广告画主动拿出来，供学生学习使用。

"汝果欲学诗，工夫在诗外。"要想画好广告，除了勤学苦练绘画技能之外，还需要增长各种社会知识，要丰富他们的信息，激活他们的信心，让他们有兴趣、有创意、能创造。梅芙生认为，聋人的职业教育与专业培训，绝不是单纯地教技术。开办美术班，绝对不能只教美术。聋人如果只会干活，而不能理解为何干活、如何更好地干活，不仅学不好技术，更不利于将来的发展。聋人由于双耳失聪，无法直接接受外面信息，沟通交流讨论更少。所以在传授美术技能的同时，一定要进行理论传授和信息提供。梅芙生主动给美术班的同学补习语文、历史、地理和社会常识，给他们讲做人做事的道理，介绍外面的世界，传授书画的理论知识。在梅芙生老师的传道授业解惑下，许多聋生画画的兴趣大增，所画的作品数量质量都得到很大提高，抗震棚里挂满了各式各样的电影广告画、商品广告画。

李榭校长看到此情此景很为聋生的创造力而惊喜与高兴。她邀请了市、区教育局领导来校观看，市、区教育局领导又邀请了来自日本、欧洲、非洲等国的朋友来校观看，不久北京三聋的聋生广告画便闻名遐迩。为了让参观的领导和外宾增强参观印象，梅芙生还专门在教室里布置了几块大画板，上面留好空白广告纸，等客人来了让聋生当场构思挥笔着色作画。客人现场参观直观感受，为聋生的绘画才能赞叹不已，而聋生则得到了临场作画的机会，自信心倍增，平时练习画画的刻苦劲头更足了。

1982 年，北京劳动人民文化宫举办的北京市聋哑人美术摄影展，展出了梅芙生所教学生的多幅广告作品。许多党和国家领导人亲自到文化宫来观看聋生作品，当他们亲眼看到聋哑学生与健听人一样聪明能干，都十分高兴，深深为聋校教育的成功所感动。曾长期担任周总理办公室主任的童小鹏，他的儿子童利宁是一个聋哑学生，梅芙生教他画画，他的展出作品也赢得了众多参观者的好评。童小鹏对梅芙生卓有成效的教学很是感激，常常向人宣传介绍，还推荐媒体进行报道。这次聋哑人美术摄影展还吸引了北京第二、第四聋校的同行，他们通过参观感受到对聋哑学生进行美术职业教育，对改变社会对聋哑学生的印象、促进聋哑学生走向社会自主就业很有裨益。长期以来，聋哑人一直被作为救济对象安置在社会福利企业，很少有单位能把他们作为正常社会劳动者给予应有的尊重与理解。其实，聋哑学生经过科学先进的教育，加以自我的勤学苦练，被社会给予理解与信任，"除了听，他们什么都能做"。

1985 年 10 月，梅芙生精心指导的聋生关欣然在哥伦比亚国家残疾人职业能力锦标赛中勇得第二名的好成绩，为祖国争了光，更为聋哑人赢得了荣誉。国家领导人王震等专门接见了梅芙生、关欣然师生。从 1978 年起梅芙生连续带了五个聋生美术班，培养了一批又一批聋人美术人才，在培养知识型技术型聋哑人才、开辟聋校职业教育新道路方面做出了开创性的贡献，全国各地的许多聋校纷纷开办美术职业教育。因工作成绩突出，梅芙生先后获得区、市、国家级表彰，1991 年被评为"全国优秀教师"，1993 年至 1997 年被评为"美术学科带头人"，1994 年被评为"北京市特级教师"。1998 年梅芙生在北京市第三聋哑学校工作四十余年，光荣退休。

退休后，梅芙生仍然高度关注聋教育，非常关心聋生成才、聋人就业问题。他少年时上过多所聋校，对聋人手语教学、聋人口语教学有切身感受与深刻体会。在长达四十年的聋教育生涯中，抱着强烈使命感与责任感，他对手语教学、口语教学更有许多真知灼见与肺腑之言。退休后的梅芙生有了大量的空闲时间，他除从事大量的书画创作外，对口语教学、手语教学进行了历史回顾、系统思考与理论探讨，发表了一系列专题论文。他认为聋教育必须让大多数聋人受益，他赞成"双语（手语与书面语）聋教育"，要让聋人成为双语平衡者。现居北京昌平安度晚年的梅芙生先生，仍雄心不已笔耕不辍。他在无声世界里立己立人、达己达人，为聋人树立了人生榜样，为聋教育奉献了毕生心血。作为特教人，他是此"世"无声胜有声，用个人自强不息拼搏奋斗的精神与教书育人造福同病的情怀，谱写了一曲激昂、感人、动听的特教乐章！

图　梅芙生创作的连环画

十一、鲍瑞美：
让聋者能听让哑者能言
为香港奉献为祖国服务

人物小传

鲍瑞美

祖籍广东中山，旅日华侨。1936年生于日本横须贺，1937年随父母迁返中国广州，后移居澳门、中山，1947年定居香港，1954年毕业于香港名校英华女校。1956年起服务香港真铎启喑学校，直至2000年荣退。1976年被评为香港杰出青年，1994年荣膺香港太平绅士，1996年荣获香港荣誉奖章，2017年被香港大学授予名誉社会科学博士。曾担任亚太地区聋教育协会主席、香港英华渔人协会副主席。出任真铎启喑学校校长32年间，她把学校办成了亚洲乃至世界著名聋校，使原先视之为家庭与社会包袱的聋哑学生都能听能说，发挥潜能，自立惠群，造福社会。

从1998年起至2016年，她以"非以役人乃役于人、非予人鱼乃予以渔"的精神与情怀，积极持久资助开展内地聋校师资培训工作，足迹遍布祖国各地，先后完成内地700余所聋校5000多位校长、教师培训任务，让10多万聋生接受先进聋教育，资助352所聋校配备语训设备与助听器具，连续赞助主办10次全国聋校教育改革大会，以大无畏的勇气与超凡的智慧建构了内地与香港聋教育交流平台与合作机制。

图　与鲍瑞美博士（左）合影

一生奉献特殊教育，
成为世界华人聋教育杰出代表

鲍瑞美祖籍广东中山，1937 年卢沟桥事变后日本发动全面侵华战争，当时只有一岁的鲍瑞美随父母先后避难于广州、澳门、中山。更为不幸的是，流离失所中鲍瑞美的生母英年早逝了，失去母亲的她只得投靠姐姐鲍瑞馨来到香港居住。非常幸运的是，从小聪慧异人的鲍瑞美在香港考入了著名的英华女校念书，1954 年鲍瑞美顺利从英华女校高中毕业。然而就在读中学六年级预备考大学时，她肺部受伤出血，即入住那打素医院进行治疗，需要右侧卧床，半年之后才可以下床学习走路，而后再回家静养了一个月这才完全康复。原本可以中学毕业考入大学的鲍瑞美，就这样错过了直接上大学的机会。这时鲍瑞美在英华女校读书时的老师单灵赐传教士找到她，对鲍说香港有所聋校，名为真铎启喑学校（单老师是该校的董事之一），那儿正缺教师，如果鲍愿意去，她可以推荐，学校提供留宿，校长李绿华会亲自教授学习聋儿教学法。

做老师？教聋哑儿童？这时几年前的一个细节立即浮现在鲍瑞美的眼前：那是一次坐渡船到九龙，在船上突然一个盲童主动与她打招呼。盲童看不见，但盲童说："我认识你，有一次学校举办圣诞晚会，你来我们盲校参加活动，你讲过话，我记住了你的声音。你是鲍瑞美，谢谢你上次来参加我们的圣诞晚会。"这位盲童的感恩之心，使得鲍瑞美心存感动，她觉得盲童与健全孩子一样，都应该享有健康快乐的人生。现在聋校需要教师，盲童与聋童一样，都有生理的缺陷，但不应该让生命缺憾。想到这，鲍瑞美坚定地对单老师说，我愿意去真铎启喑学校去做一名聋校教师。

从 1956 年 4 月开始，鲍瑞美迈进了真铎启喑的校门。此后直至 2000 年 8 月整整 45 年，无论是最初在聋校做见习教师，还是被学校选送远赴英国、澳洲学习聋教育，无论是在学校担任班主任、教务主任，还是担任学校 32 年校长，无论是出任亚太地区聋教育协会主席，还是创立香港英华渔人协会并担任副会长，她始终热爱聋童，始终忠诚聋教育事业，始终关爱海峡两岸暨香港的特殊教育，她把毕生的精力、智慧与才华都奉献给了聋教育。2017 年 3 月香港大学在第一百九十七届学位颁授典礼上对鲍瑞美授予名誉社会科学博士，香港大学授予名誉博士学位，这是颁发给对社会及世界的思想、社群及文化方面有宝贵贡献的杰出个人的最高荣誉。正如本次名誉博士颁授仪式上对鲍瑞美的赞词所写的那样："鲍瑞美女士为特殊教育的发展，尤其是听障儿童教育方面，作出了重大贡献，她最初致力在港服务，及后又帮助中国内地发展相关工作。鲍女士既是身为师表的教育家，亦是策划者和推动者，肩负着经费筹募、辅导、创新、改革等任务；既照顾这群儿童的教育需要，也努力改变社会弱势群体的传统观念，让伤健人士在生活上实现共融。"

二、
耕耘真铎 45 年，
把学校办成亚太聋教育的样板

香港真铎启喑学校创办于 1935 年，创始人是三位外国传教士，宝兴怿女士、龙福英女士、黎理悦女士，她们聘请中国人李绿华出任校长。最初学校只有六名聋生，只有包括李绿华在内的教师两名，教室是借用的三间免租金房。从 1935 年到 1968 年，李绿华一直担任该校校长，她是中国聋教育发祥地——烟台启喑学校聋童师资班学生，她是这所学校筚路蓝缕的开拓者，她是中国南方聋教育的先驱者。当 1956 年鲍瑞美来到真铎工作时，该校已经在九龙钻石山拥有一座美轮美奂的校园，学生已增至六个班。不过由于校园地处山坡，生活条件还是非常艰苦的。鲍瑞美回忆说，刚进校时她每天要和邝老师到山上去开水源，还要学养蜜蜂，用养蜂得来的蜂蜜送给教会去筹款办学。

从 1956 年起她跟着李校长学习聋童教学法，1958 年获得聋儿教学证书成为正式教师。李校长见她能力突出且热爱聋童，1960 年推荐她远赴英国曼彻斯特大学聋童教育系深造一年。回国后鲍瑞美出任学校教务主任，全面协助李校长管理学校教学。从 1962 年起至 1972 年，为全面提升学校聋教育水平，鲍瑞美协助政府教育部门发展了特殊教育组，开办聋校在职教师培训班，用世界最新聋教育理论与方法对本校教师及香港全岛聋校教师进行全员培训。1968 年李校长荣退后，鲍瑞美凭借出色的教学科研能力与学校管理业绩被推选为继任校长，直至 2000 年她荣退。在 30 多年的校长生涯中，鲍瑞美积极发动全校所有教职员工的力量，主动争取所有聋童家长的支持帮助，努力争取全社会的关注理解与关爱，为学校的加快发展营造了蓬勃向上的校园环境与社会环境，为全校聋生营造了一个与健听儿童平等的学习环境。聋童的家庭教育至关重要，鲍瑞美率先在学校成立了家长教师会，组织家长小组如何在家中帮助教育聋生。为巩固家长学习阵地，学校专门创办了家长学习专刊《铎声》，为家长相互交流教子经验、探讨教子难题提供了平台。

1971 年英联邦国际聋童教育研讨会在香港召开，鲍瑞美抓住机遇邀请所有代表来真铎参观，真铎先进科学有效的教学与管理成绩，赢得了与会代表的一致好评，也引起了香港各界人士的重视与关注。鲍瑞美趁热打铁，为学校在扩充学额、增设课程、拓展学制、申请政府津贴、加强教师师资培训与学生职业培训、促进聋生毕业就业等方面，永不言倦，四处寻求支持，为学校争取到了发展空间，为聋生争取到了就业机会，向社会传播了"聋生一样可以成才可以造福社会"的理念。

在鲍瑞美担任校长的那几十年里，她几乎是白手起家，用自己的智慧、勇气促进了香港聋教育现代化、科学化、国际化。例如，为确保有足够的人手与资源开展教育，她在校内积极设立听力学技术员、言语治疗师、社会工作者等岗位；在政府尚未成立公众听力健康护理服务前，她在校内率先为所有有听力缺憾的学龄儿童提供听力测试；她多年一直为幼儿教师的执业资格与职业薪酬奔走，最终得偿所愿；她多年坚持不懈地争取特殊教育学校与普通学校的均等待遇，坚持不懈地致力特校教师的专业化、科学化建设，终使政府对香港所有特校在经费拨付、师资聘用等方面给予同等待遇；她促进政府协助香港大学从 1988 年起开设香港首个言语治疗师专业培训课程，1996 年开设听力学培训课程，造福本港、内地及东南亚地区；她殚精竭虑，多方努力，历经十五年最终促成政府同意真铎校舍重建计划，旧貌换新颜，办学条件得到根本性改善；1986 年香港承办第一届亚太地区聋教育大会，此后她连续八届担任会议主席，出任亚太地区聋教育协会主席近 30 年，为促进海峡两岸暨香港，以及印度尼西亚、泰国、菲律宾、韩国、澳大利亚、日本等聋教育开展交流提升水平做出巨大贡献，而香港真铎启喑学校更是办成了亚太地区最负盛名的聋校。

每每提及鲍瑞美 45 年的真铎生涯、32 年的校长历程，她总是非常低调与谦卑，她说："真铎的老校长李绿华女士永远是我学习的榜样，关心帮助过真铎的社会各界朋友包括真铎的校友、家长永远是我感恩的对象。让聋者能听，让哑者能言，让他们能够与普通孩子一样接受教育、增长才干、发挥潜能、回归主流、造福社会，是我献身特教的人生目标，也是我奉献聋童的历史机遇。"真铎确实是一所伟大的学校，但它的伟大不在于它悠久的历史和良好的声誉，不在于它最佳的设备，也不在于它优秀的教职员；而是在于它的学生及毕业生所享有的生活质量，在于他们为社会做出的贡献。鲍瑞美校长早在 1966 年专门设立校友会，她知道聋生毕业后更需要学校老师的支持、校友同学的互助。几十年来真铎的学生自强不息自立拼搏，学有所成遍布世界，但在校友会里他们始终还是天涯咫尺，始终永远相亲相爱相依相伴。

三、
服务内地特教发展，造福全国聋童成长

2000 年鲍瑞美已经 64 岁了，按照香港相关规定，她早已过了荣退的年龄。但当许多校友听说鲍瑞美要从真铎校长的岗位上荣退的时候，自发编制出版了《真铎校友情——鲍瑞美校长荣退纪念特刊》，他们在文中深情回顾了在鲍校长的关怀教导下快乐学习、积极工作、幸福生活的往事，表达对鲍校长的感恩之情后，均不约而同地表示鲍校长荣退将是真铎的重大损失。对此鲍瑞美说，这些聋生的感情单纯可以理解，但一项事业从来都是长江后浪推前浪，他们夸大了她的作用。荣退后的鲍瑞美不打算出任真铎办学顾问，让接棒的新一届董事会能面向新时代的挑战、承担新的使命，从而向新的愿景发展。

如果把鲍瑞美的特教生涯以 2000 年为界，我们非常清晰地看出从 1956 年至 2000 年，她主要是为香港聋童奉献；而 2000 年起至今，她则是主要为内地聋童服务。

1998 年，鲍瑞美联络自己早年在英华女校读书时的四位校友，创办了香港英华渔人协会，所谓渔人，即是"非给人以鱼，乃授人以渔"的意思。教育以师资为本，协会得到 CWM/ 那打素基金全力赞助，江梁佩怡女士基金、主恩泽森基金和多位善心人士及机构等持续捐助，筹建了大量资金，全力用于开展中国聋童教育在职教师培训，务求使"聋者能听哑者能言"，努力提高听障人士教育素质，积极赞助和扶持内地聋校引入先进助听及语训设备，实践课程改革，推行融合教育，促进听障人士融入社会、发挥潜能、造福社会。这项工作真可谓得道多助、雪中送炭，近 20 年来鲍瑞美不顾年事已高，带领她的团队永不言倦，奔走四方，取得了丰硕成果：

建成聋童教育实践示范学校 19 所；

设立上海英华特殊教育师资培训中心，聘请台湾、香港著名特教专家进行一周到一月不等的在职校长、教师、语训人员、助听技师等专题培训；

举办两年制听障教师专业研究生课程进修班，培养高级专业师资；

赞助全国 253 所聋校语训设备及学生助听器具；

赞助及组织举办 10 次全国聋校教育改革大会；

赞助内地聋教育工作者参加国际会议、赴港台交流、接受专题带岗培训；

赞助广州大学手语翻译两年培训计划；

…………

截至 2016 年，英华渔人协会共协助内地 700 余所聋校 5000 多名校长、教师接受培训，基本完成内地在职聋校教师培训，让内地 10 多万聋生接受全人教育，极大地促成了全国聋童教育改革。

鲍瑞美用她几乎所有的气力，身体力行，鞠躬尽瘁，赢得了各界的尊重和赞美。

"踏遍青山人未老，风景这边独好。"

今年已经 82 岁高龄的鲍瑞美依旧精神矍铄，光彩照人，仍在为香港、为内地聋教育鼓与呼、尽其心与出其力。我们祝福她永远健康！

（写于 2017 年）

十二、曹正礼：
为视障教育服务一生
为盲教师训奉献一切

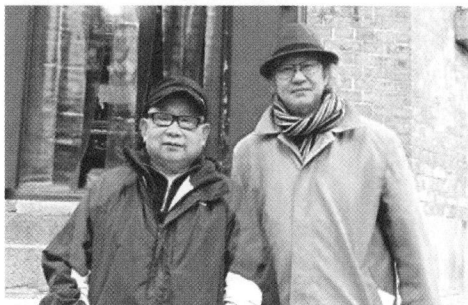

人物小传

曹正礼

汉族，山东青岛人。1941 年生，1963 年青岛师范学校毕业后主动要求分配到青岛盲校工作，历任教师、副教导主任、教导主任、副校长、校长，2001 年退休。中学高级教师，曾荣获全国优秀特殊教育工作者、青岛教育名家、青岛市首届专业技术优秀人才等光荣称号。受教育部委托主持中美卡特盲教育师资培训班，为全国培养了一大批盲教育专业人才。受教育部和中残联委托创办全国首个盲人普通高中班，为盲人通过普通高考进入高等学府深造做出了开拓性的贡献。发表《盲童听觉能力及其培养》《盲童感知特点刍议》《盲童基本概念的形成》《浅谈中国盲校的职业教育》等学术论文 20 多篇，合著专著《怎样抚育盲童》（与周苗德合作）、《盲童随班就读教学指导》（与徐白仑合作）、《视觉障碍的儿童心理与教育》（与陈云英合作）、《盲校教学文萃》（与李仲汉合作）、《视障教育培训教程》（与钱志亮合作）、《特殊教育课程与教学》（与朴永馨合作）、《光明使者：香港太平绅士陈梁悦明传略》（与金惟瑾合作）等 11 本，任国家"十五"规划重点图书《视障教育丛书》（共 6 册）副主编。曾任中国教育学会特殊教育研究会首届理事、学术委员；山东省特殊教育研究会副秘书长、副理事长；青岛市特殊教育研究会创会理事长；国际视障教育学会东亚区副主席、中国分区主席等。

图 与曹正礼（左）合影

一、
结缘盲教育，
终身矢志不懈

曹正礼 1941 年出生于山东莱州的一个潘姓贫苦农民家庭。1942 年正值抗日战争时期，山东地区受战争影响，许多农村荒无人烟，民不聊生，不少家庭陷入卖儿卖女的极端贫困境地。

一位双目失明的算命先生说服了一位曹姓人家，收买了才一岁多的他，由此改姓曹。他在曹姓养父母的艰难养育下，终于得以活命，所以在他幼小的心灵里、在他最初的记忆里对那位双目失明的盲人怀有终生难忘的感恩之情。在他的童年时代，他的一位邻居又是一位双目失明的、肚子里有无数温暖人心故事的慈祥老人。先后走入曹正礼生活中的这两位老盲人，给他一生留下了深刻的影响，他觉得他们温暖了他苦难的童年，所以他也比社会上其他人更多理解盲人，更加尊敬盲人。

1963 年当曹正礼从青岛师范学校毕业时，一个终身与盲人结缘的机遇来了——当他得知青岛盲校特别需要老师的时候，他不顾家人和同学的反对，毅然主动申请到盲校工作。由此一待就是一辈子，从普通教师到班主任，从副教导主任到教导主任，从副校长到校长，从退休校长到办学顾问。他用他的一生谱写了与盲教育、与盲人的一生情缘。他说，回首 54 年的盲教育生涯，汗水伴着耕耘，白发伴着收获。作为盲教育者，为了播撒光明必须无私奉献，无私奉献是痛苦的，因为它必须牺牲个人利益；然而无私奉献又是幸福的，因为它让我实现了自身价值，精神财富十分富足。

二十个世纪六十年代，我国的盲教育总体上还处在原生自发状态，不要说与国外有什么教育教学科研方面的交流了，那时全国盲校屈指可数区区几所，就是国内、省内、市内的交流历史也是一片空白。普通师范毕业的曹正礼来到盲校后，觉得求师的最便捷最直接的办法只能是以盲生为师。他凭借从小与盲人交往的生活经验，怀抱着对盲人的深深同情与浓浓爱心，利用住校的优势，成天与盲生们玩耍在一起，吃住在一起，学习在一起。为深切体验盲生的感知方法与心理状态，他甚至整天蒙上自己的双眼，把自己也变成盲人，设身处地，感同身受。带鱼到底是长的还是方的，几个五年级盲生为此争辩得面红耳赤。一个二年级的男生意外地触摸到前桌女生头上的辫子，为什么会感到害怕？与盲生朝夕相处，通过对盲童行为、心理零距离的观察与思考，他在几乎完全闭塞的环境中开始了对盲教育的学术研究。

功夫不负有心人，曹正礼扬长避短取长补短，克服科研诸多困难，逆势而为写出了《盲童听觉能力及其培养》《盲童感知特色刍议》《盲童基本概念的形成》等一批突出问题导向、解决教学实际问题的高质量论文。爱心、专心、恒心、信心，使曹正礼显示了特长，站稳了课堂，写出了文章，做出了榜样。从任教老师做起，他一步一个脚印，赢得了盲生的热爱，赢得了同事的尊敬，赢得了领导的赏识，赢得了社会的认可。

二、
立足青岛服务全国，
培养高层次盲生与盲教育师资

从 1874 年英国传教士威廉·穆瑞在北京创办我国第一所盲校开始，直至二十世纪九十年代，所有的盲生只能读到普通初中，全国还没有一所让盲生可以接受普通高中教育的学校。这一切不仅与国外境外的盲教育差距太大，而且还从根本上阻隔了盲生接受普通高等教育的道路，严重束缚了盲生平等参与公平发展的机会，大大制约了全国盲教育教学体系的健全健康发展。

1993 年 1 月教育部与中残联联合发文，鉴于青岛盲校较好的办学能力与管理水平，委托该校试办我国首个盲人普通高中班，时任校长曹正礼成了盲教育界第一个吃螃蟹的人。首届招收盲生 9 名，1993 年 9 月正式开学。从 1993 年起，至 2016 年，青岛盲校面向全国共招收 23 届 43 个班 466 名盲生，已经毕业的 401 人中有 396 人考入长春大学、北京联合大学、南京特师等普通高校深造，升学率约 99%。提起这些数据，曹正礼颇为自豪，而创办之艰辛之复杂，则如人饮水，冷暖自知。

如果说曹正礼成功创办全国首个盲人高中班是为全国盲人创造教育公平，帮助其实现人生梦想打开了一扇门的话，那么他顺利承办卡特培训班则可谓是为全国盲教育输送了大批高素质的师资生力军。卡特培训班，是由时任国家副主席王震与美国前总统卡特先生签署的特教师资培养方面的国家级合作项目，从 1988 年起至 1992 年由卡特基金会提供经费与师资，为中国培养高层次特教师资与管理人才。曹正礼为该项目盲教育的中方主任，负责培训班教学活动安排及学员日常管理，培训地点设在青岛盲校。这个培训班的学员由教育部选定，来自全国 19 个省市共 32 人，授课任务主要由美国五位教授和部分中国专家承担。经过一年的脱产培训和一个月的教学实习，以及严格的相关考核，

32 名学员于 1989 年 7 月顺利结业。1992 年在美国亚特兰大举办的合作项目评估会上，培训班的优异成绩受到了卡特先生和邓朴方先生的高度评价。2017 年 7 月，这批学员结业 28 周年，已经成长为中国盲教育精英的他们，从祖国四面八方重新汇聚到青岛盲校，举行了"卡特班 28 年再相聚"活动。曹正礼感慨地说："卡特班在我国盲教育史上是培训规格最高、培训时间最长、培训成果最丰盈的培训班。我有幸主持了这个培训班感到很欣慰、很自豪。"

曹正礼在青岛盲校工作了近 40 年，青岛盲校成长为全国名校，他是见证者，更是创造者。2001 年从校长岗位上光荣退休的他，退而不休，老当益壮，迎来了他盲教育的又一个春天。2002 年他出任国家"十五"规划重点图书《视障教育丛书》的副主编，带领全国的教育同行历时三年，顺利完成了六册图书的编著出版，填补了同类图书的历史空白，赢得了海内外盲教育界的青睐与好评，并被国外同行选译使用。2005 年至 2011 年，他主持了中国与德国合作的米苏尔基金会盲教育师资培训合作项目，该项目的 40 多名学员来自全国 18 个省市，培训项目包括低视力教育、视觉康复、融合教育等。

曹正礼还是我国海峡两岸暨香港、澳门盲教育界学术交流的推动者、组织者与领导者。从 1995 年起，他奔波在海峡两岸暨香港、澳门之间，为大陆盲教育走出去积极开展学术交流、科研合作做出了重大贡献，深受各地同行的尊敬与推崇。

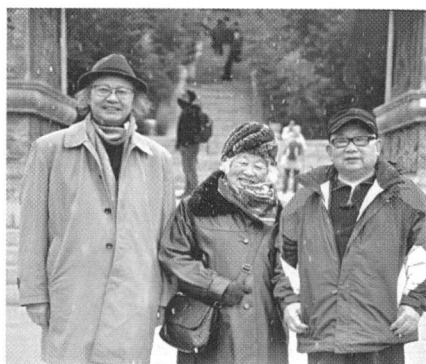

1｜2

图一　1984 年曹正礼（右）陪同黄乃夫妇参观中山陵
图二　2018 年与曹正礼夫妇（右）同游青岛崂山

编后

1992 年,原国家教育委员会(现教育部)、中国残疾人联合会双方商定创办一本面向全国特殊教育界的学术刊物,取名为《现代特殊教育》,委托原江苏省教育委员会(现江苏省教育厅)主办。《现代特殊教育》是目前全国特殊教育界正式编辑出版的两份学术期刊之一(另一本为中国教育科学研究院主管主办的《中国特殊教育》)。办刊三十年来,该刊始终坚守"面向全国特教界、服务全国特教界"的办刊方向,始终秉持"以使命拥抱生命、服务特教中国"的办刊宗旨,现已成长为"全国特殊教育界的主要学术平台、重要学术阵地"。

从 2016 年起,该刊沈玉林编审邀请我以"感动人物"为题,先后撰写了十多位著名特教专家的人物访谈文章,旨在"走近特教专家、致敬特教专家、感动中国特教界"。"人事有代谢,往来成古今。江山留胜迹,我辈复登临。水落鱼梁浅,天寒梦泽深。羊公碑尚在,读罢泪沾襟。"千年之前的孟浩然写出了我在采访这些特教名家的理趣与情绪,我相信读者,一定也能读出孟浩然对人生世事的感动与体悟。古今同理,异代同心。感谢《现代特殊教育》,感谢沈玉林编审,感谢这些特教专家,也感谢孟浩然。

编二

特教文物篇

导语

海伦·凯勒有篇著名的文章，叫《假如给我三天光明》。她说如果她有三天光明，她将拿出其中一天的时间，早早起床去见证由黑夜变为白天的时刻，去参观博物馆感受人类进步的艰难路程。

博物馆，是征集、典藏、陈列和研究代表自然和人类文化遗产的实物的地方。在博物馆，可以通过有序展陈的珍贵历史文物，让人们能够穿越历史时空，更集中更直观更形象更丰富地亲近历史感知世界认知社会。文物，是博物馆的核心与关键。没有文物，就没有博物馆，更不能叫博物馆。

中国特殊教育博物馆筹建以来，我们通过各种各样方式，与时间赛跑，与感动同行，抢救式征集了大量珍贵实物。透过这些实物，我们可以清晰而准确地看到实物背后的特教的人，人身上发生的事，一个人、一群人、一代人、一代一代人的事——事物、事情、事实、事迹，乃至可触可摸、可见可闻、可圈可点、可歌可泣的特教历史。

假如给我三天光明，这是盲人朋友的心声与期盼。假如让我失去三天光明，作为一个明眼人，我的心声与期盼是：在这三天里，我应该是无法用眼睛来看见我们博物馆里的这些之前司空见惯的特教文物，但我将专门而特别地用嘴巴给你讲讲这些特教文物，让你们除了看见这些文物，更可以听见这些文物背后的故事。

特教文献类

1. 学校档案

《南通盲哑学校暂行简章》:
张謇与中国特殊教育的本土化

提起晚清民国，无论谈论政治、经济，还是文化、教育，或者慈善，张謇都是一个绕不过去的人物。他 1853 年 7 月生于江苏海门，是著名实业家、教育家、政治家。一生创办学校 370 多所，创办企业 20 余家。1926 年 8 月病逝于江苏南通，享年 73 岁。这样一个德高望重的历史名人，在中国特殊教育发展史上也是里程碑式的人物。

作为封建社会传统知识分子，张謇经过 30 年苦读，终于在 42 岁时高中状元。刚被授予翰林院修撰不久，张謇即因父亲去世而归乡"丁忧守制"。从 16 岁入学为附学生员，"乡试六度，会试四度""县州考、岁科考、优行、考到、录科等试，十余度"，他仅在考场中度过的日子就有 149 日，而"前后任官只 120 日"。等到丁忧期满，1898 年 7 月 20 日翰林院任命其为"大学堂教习"，但他只"在官半日"，次日即以"通州纱厂系奏办经手未完"为由辞官南归家乡。1912 年 1 月中华民国南京政府成立，孙中山任张謇为实业总长，其任职 43 日即辞。1913 年 9 月北洋政府袁世凯任其为农商总长，其任职一年半后也坚辞。

张謇说："虽不做官，未尝一日不做事。"他一生在兹念兹的是"父实业、母教育"。晚清时期国内虽有盲聋哑学校近十所，但均由外国传教士创办。张謇想改变这一历史。

图　张謇

1903 年，他自费赴日本考察教育，5 月 20 日日记里写道："至盲哑院。盲者教识字母，教算，教按摩，教音乐，教历史、地理。盲者教之。聋哑者，教习画，习裁缝，习绣，习手语，习体操。哑者教之，也有不盲不哑者助教。"

1907 年，他亲笔给时任江苏省按察使的朱姓官员（朱本人有一个儿子是盲童）写信，希望他能支持创办盲哑学校。但朱无动于衷，"听者邈邈"，书信自如石沉大海。

1911 年，6 月 14 日他专程前往烟台启喑学堂考察聋哑学校教学设施、办学师资。

1912 年，他正式兴起自我筹建盲哑学校之义举。

1913 年，他在南通狼山观音岩下购地 6 亩，作为盲哑学校校址。

1914 年，正式启动盲哑学校校舍建设。

1915 年，借址南通博物苑创办盲哑师范科，聘请烟台聋校、北京盲校老师来培养师资。

1916 年，11 月 25 日下午，我国教育史上第一所由中国人自行创办、自行教育、自行管理的盲哑合校——通州狼山私立盲哑学校正式开学，张謇亲任校长直至离世，累计十年。他曾说："天之生人，与草木无异。若遗留一二有用事业，与草木同生，即不与草木同腐。"

1916 年距今已经 100 多年了，当年张謇创办盲哑学校的遗物甚少，中国特殊教育博物馆馆藏一件《南通盲哑学校暂行简章》，虽已破损不堪，但是历经岁月沧桑，更显弥足珍贵。《南通盲哑学校暂行简章》，附盲哑师范传习所简章，铅印纸本，印制于 1915 年。

张謇是教育家，他深知"教育为本、师资为先"，所以早在 1911 年 6 月他就与山东烟台聋校、北京盲校商定，借用该校教师来南通担任盲哑师范传习所教师以培养师资。传习所 1915 年招收首批学

图　1916 年南通狼山盲哑学校哑生部教学实景留影

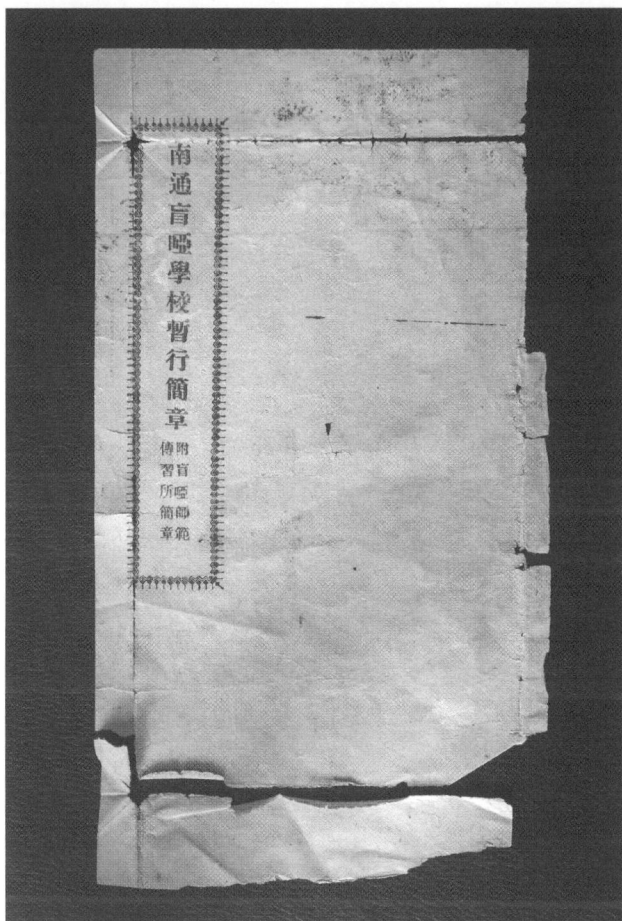

员 9 人，学制 1 年，1916 年学习期满全部转任盲哑学校教师。其中，王秉衡后任南通盲哑学校校长，王振音后任苏州盲哑学校校长。

图一　《南通盲哑学校暂行简章》封面

图二　教育部原副部长、张謇亲属王湛（右）参观博物馆后留影

武汉盲校百年见证：
从李修善到艾瑞英到刘惠芳

我与武汉盲校的直接接触源于 2013 年暑假。

那时我在贵州安顺做了一场关于中国特殊教育史的讲座，因为在贵州讲，当然要讲讲贵州当地的特殊教育史，比如澳大利亚传教士罗伟德与赫章葛布瞽目学校，比如聋人余淑芬与贵阳聋教育。可惜我很快黔驴技穷，因为晚清民国时期贵州特殊教育除了上述两例就屈指可数了，于是我只好延展开来兼及周边，而湖北特殊教育在历史上地位重要、贡献重大，自然也就被多次提及。真是说者无意听者有心，讲座一结束，武汉盲校校长李新民就来找我，问询有关他们学校的历史，并正式邀请我去学校看看。

2014 年暑假，我第一次专程赶赴武汉盲校学习，此后每次到湖北，几乎都会去武汉盲校看看，一来是他们非常热情，二来是学校历史悠久，三来是他们很重视学校校史研究。原先我对武汉特教史的了解，基本是通过文献资料、历史实物的进行，而多次实地考察与田野调查、人物访谈，让我对武汉特教史有了多维、立体、形象、系统的认识。

1860 年，汉口成为中国中部最早对外开放的中心城市。1865 年，年仅 25 岁的英国传教士大卫·希尔（来到中国后改名李修善）不远万里来到汉口，在此生活工作了 30 多年。他是武汉盲教育的开路人：1888 年，他利用自己父亲去世留给他的一笔巨额遗产，创办了汉口训盲书院，这是中国创办最早的盲校之一（之前另有 1874 年威廉·穆瑞在北京创办的瞽叟通文馆）。汉口训盲书院与瞽叟通文馆，一南一北，李修善与威廉·穆瑞共同努力推动了中国盲文从无到有、从有到优，大大促进与提升了中国盲教育水平。

由于长期劳累积劳成疾，李修善 56 岁便因病去世。不过他创办的汉口训盲书院却一直造福中国盲人，直至 1938 年侵华日军轰炸汉口，校舍被夷为平地，此后被迫停办。

汉口训盲书院停办了，而武汉盲教育没有中断，另一所盲校在抗战的炮火中不屈不挠、赓续不断，这就是美籍瑞典人艾瑞英修女创办于 1919 年的武昌瑞英女子瞽目学校。此校在日军入侵武汉时，同样

也遭受灭顶之灾，艾瑞英被日军遣送回国，原教会提供给盲校办学的资金断供。此时的盲校在风雨中飘摇，幸得刘惠芳发挥中流砥柱的作用，得以顽强地坚持办学。此后历经磨难迁校改名，发展为至今已有百年历史的武汉市盲童学校。

刘惠芳，湖北孝感人。二十世纪三十年代曾求学于武汉华中大学，后因患肺病中途休学养病于庐山。武汉沦陷后，艾瑞英到庐山找到刘惠芳，希望她下山主持学校校务。此后刘惠芳一生便与盲校同生死共患难，而盲校虽历经战火，但弦歌不辍。新中国成立后学校被政府接管，刘惠芳继任校长，直至 1965 年退休。她终身未嫁，把盲校当成自己的家，把盲生当成自己的孩子。我曾经拜访过刘惠芳的两个学生，一个是北京的万美秀，一个是武汉的胡持。她们现在都是 80 多岁的老人了，从小失明又是孤儿，是刘惠芳收留她们，照顾她们生活，让她们接受教育，新中国成立后她们双双到北京参加中国盲福会盲人训练班，成为中国盲人自强不息、残而不废、造福社会、幸福生活的榜样。而今她们儿孙满堂，一提起刘惠芳，两位老人说，没有刘校

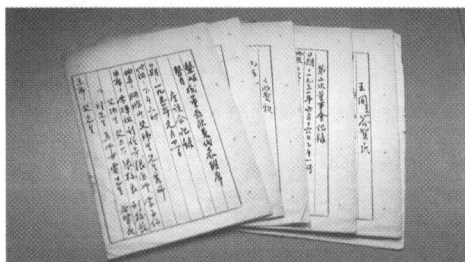

长，就没有她们的今天。我与胡持结束访谈时，她主动提出弹一曲《圣母颂》送给刘校长。她那优雅的姿态，曲目那流畅的旋律，让我耳目一新，更使我感慨万千。

今年正值武汉盲校建校百年。从原先李新民校长到目前张德志校长，他们始终珍爱学校的办学历史与文化传统。我们馆藏一卷瑞英瞽目学校校董会会议纪要，四份十三页，绵白宣纸，蝇头毛笔记录，现飨读者，并恭祝武汉盲校百年校庆"百尺竿头，更进一步"。

图一　艾瑞英女士像
图二　刘惠芳女士照片
图三　2018 年夏拜访武汉盲校 30 年代校友、武汉知名推拿医生胡持（右）
图四　2019 年冬拜访刘惠芳亲属
图五　武汉盲校前身武昌瑞英瞽目学校校董会会议纪要

1	2	3
		4
		5

民国高小国语教材：
教科书里的特殊教育

三

教科书是学校教育中教学内容的主要传达方式。1874 年中国诞生了第一所盲校，从那时起，相当长时间内特殊教育学校（盲校、聋校）均没有正式编写出版、审定批准使用专门的教科书，日常教学大多参照普通小学教科书，重新标注盲文供盲生使用，作适当删减或简化供聋生使用。即使是普通中小学教科书的大量正式出版和使用，也是中华民国成立以后的事。

中国特殊教育博物馆馆藏着两本珍贵的民国老教科书：一本出版于 1928 年，由商务印书馆出版，大学院审定，称之为"新时代国语教科书"。第四册有一篇课文，篇名为《残疾院》；另一本出版于 1941 年，由"教育总署编审会"编写，新民印书馆印刷，高小第二册有一篇课文，篇名为《聋哑学校》，文章篇幅较长，故分为上下两篇。这两本老教科书里的两篇关于残疾人及特殊教育的文章，对于特殊教育而言显得尤为珍贵。

《残疾院》这篇文章，是给小学二年级学生使用的，故文字不多，短短几句话——"先生说：凡是瞎子

聋子哑子跛子，都是残疾，我们应该可怜他们。但是单单可怜也没用。因此我们就设了残疾院，把他们收到院里去，教他们做各人能做的事，叫他们也能享到人生的快乐。"

文章体现了初步的、朴素的人本思想与慈善情怀。但"瞎子""聋子"等称谓，还是带有一定的歧视性与时代痕迹。用可怜残疾人的口吻写作，显然站在了健全人的立场，而不是人的立场。设残疾院，教他们做事，这也只是救助与劳务。文中表达的目标是美好的——叫他们也能享到人生的快乐，但只是安置在院子里，让他们做能做的事，怎么可能享到人生的快乐？

《聋哑学校》（上、下）这两篇课文，是给小学五年级学生使用的，比较长，使用了 13 个页面，内容主要是介绍了陶先生（聋童父亲）、沈先生（聋童舅舅）到聋童学校看望陶惠儿（聋童）的故事。

整篇故事，像一幕多场次情景话剧，除聋童父亲、舅舅、聋童外，文章还有聋童学校教员徐老师、校役、

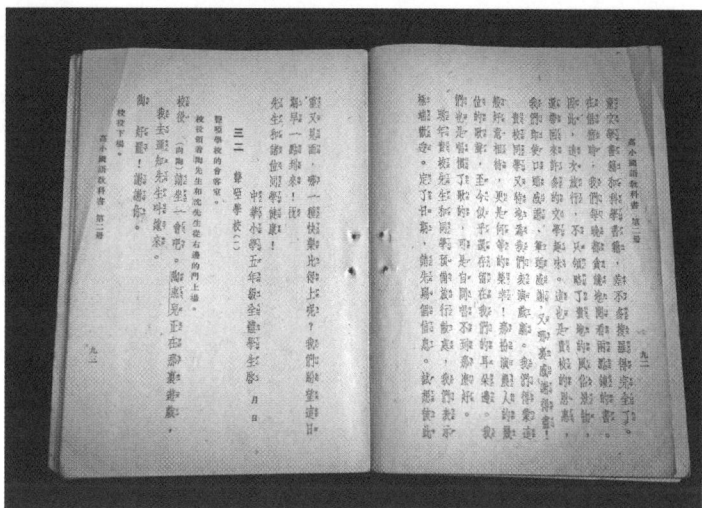

聋童同学谷一页。文章通过父亲到校看望
女儿而与不同人进行的对话，向读者展
示了聋校的基本情况、聋教育的基本教
学方法、主要学习情况及教学成果。在
普通小学的教科书里编写了这样一篇文
章，无疑对增进普通少年儿童对聋哑儿童
的了解，具有极其重要的意义与价值。

特别是文章最后聋童父亲称赞聋校教
师为"圣人"，更是表达了对聋哑学校
的感激、对聋校教师的崇敬、对特殊教
育的礼赞。

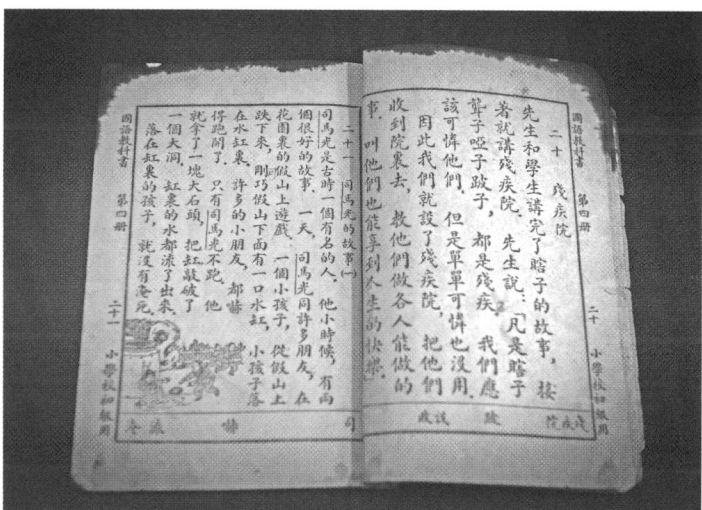

残疾，是人类自身发展进步历程中的客观历史存在。大爱无疆，有教无类，残疾儿童平
等接受教育后可以弥补缺陷、功补造化。只有通过特殊教育，他们才能真正获得学习、
生活、工作的快乐。这两篇文章，分别出现在 1928 年和 1941 年，我们从中也看到了
民众观念转变、社会文明进步、教育发展变化的历史足迹。

中小学教科书彰显社会文明、文化进步、教育变化的发展体系与历史脉络。这两册普通
小学教科书中的课文《残疾院》《聋哑学校》，反映了那个时代人们对残疾人和特殊教育
的认识水平与真实态度，是中国特殊教育发展史方面珍贵的文献资料。

$\frac{1}{2}$

《北平市立聋哑学校概况》：
吴燕生与聋教育

1919 年 6 月，山东人杜文昌只身来到北京，秉持为聋哑儿童建造幸福乐园的信念，创办了私立北京聋哑学校，这是北京乃至华北地区的第一所聋哑学校。创校之初，校无定所。有段时间，杜文昌和他的聋校就借居在北京府右街一个前清王爷的旧院落里，这个旧院落里还散居租住着一批北京贫民，其中有一个年轻人名叫吴燕生。他是蒙古族人，1900 年生，早年家境贫苦，初中未毕业就外出打工，又去当了两年兵，后在北京城里靠拉人力车为生。他每天进出院落，发现聋哑人能接受教育，便对聋哑教育产生兴趣。他找到杜文昌，希望自己能到聋校做一名聋校教师。

杜文昌本人是齐鲁大学毕业生，又跟随米尔斯夫人学习了五年聋哑教育，他深知聋哑教育不能只有爱心，这是一门专业性很强的科学，需要从业人员接受高等教育与专业训练，而吴燕生当年只是初中肄业，于是杜文昌便明确回绝了他的要求。也许正是这份回绝，更加坚定了吴燕生从事聋哑教育的信心与决心。

1923 年初生牛犊不怕虎的吴燕生来到沈阳，尝试着在沈阳的一座破庙里创办了"辽宁聋哑职业学校"，最初只有一名学生。经过几年持续努力，到1930 年已经拥有聋哑学生与学徒六十多人，主要课程是缝纫手工。可惜 1931 年"九一八"事变爆发，吴燕生近十年苦心创办的聋哑职业教育毁于一旦。不愿做亡国奴的吴燕生回到北京，但他不愿放弃他热爱的聋教育，于是给一个聋童做家教。后来他认识到要办好聋教育，必须对聋教育学理进行研究，以期能科学性，专业化把握聋教育的前进方向与发展趋势。为此他从 1932 起到 1934 年远赴日本，在东京聋哑学校师范部研究科半工半读学习聋教育。

近十年聋哑职业教育的实践经历，加上两年系统严谨的聋教育理论学习，使得吴燕生如鱼得水。1934年他回到北京，便着手筹备创办一所新型的聋哑学校。一个偶然的机会，他获知时任北京市（时称北平市）市长袁良有个聋哑女儿，便主动提出给她做家庭教师。一段时间的教育与训练后，学生学习成效明显，家长非常满意。于是吴燕生便趁机提出，当年偌大的北平，只有一所私立聋校，全市聋哑儿童入学率不足百分之一，希望市长能支持他创办一所公办的聋哑学校。袁市长感动于他献身聋教育的赤诚之心，当即决定每月拨付经费 900 元用于学校筹建，学校开办后每年经费列入政府行政预算。

得道多助，1935 年 7 月，北京历史上的第一所公办市立聋哑学校——北平市立聋哑学校正式创办，吴燕生任校长。学校一开学，便有 29 名聋生前来报到。吴燕生一直记着当年杜文昌创办聋校时对师资的高要求，所以他对北平市立聋哑学校的师资水平要求非常高，担任教学与管理工作的都是正规师范院校毕业，其中还有留学日本的特殊教育专门人才。

然而令人非常可惜的是，学校创办了短短两年，卢沟桥事变爆发。吴燕生带领部分教师，历经千难万险，奔赴延安投身革命。从 1937 年到 1956 年，吴燕生主要从事革命干部子弟教育、保育教育、工农干部教育等的组织领导工作。1956 年，中国聋哑人福利会成立。由于历史上有创办沈阳聋哑职业学校与北京市立聋校的光荣经历，他被推举为中国聋人福利会副会长兼总干事。1957 年，吴燕生亲自率领中国聋哑人代表团，参加了在南斯拉夫举办的世界聋哑人大会，向世界展示了新中国聋哑人的时代风采。可惜，就在次年，吴燕生便因身患癌症，离开了他钟爱的聋哑人事业，年仅 58 岁。

我们博物馆馆藏一份吴燕生组织编写的《北平市立聋哑学校概况》（1936 年铅印本，全书 48 页）。

这本《概况》详尽记录了学校的创办经过、学校宗旨、办学特色、学校校址图、校旗图、学校组织系统、教学设施、特殊设备、学校编制、经费收支等等，充分彰显了聋校办学的科学化、专业化、正规化水平。作为一份珍贵的历史文献，更是真实生动展现了吴燕生致力于中国聋哑教育本土化发展的艰辛努力与历史贡献。

1
—
2

图一　吴燕生组织编写的《北平市立聋哑学校概况》
图二　新中国成立后"北平市立聋哑学校"改名为"北京第一聋哑学校"，图为当年校徽。

档案里的私立福德聋哑学校

五

我们曾邀请南京市档案馆领导来中国特殊教育博物馆，指导如何利用档案资料进行历史研究工作。"闻道有先后，术业有专攻"，档案专家的讲解真是让我们醍醐灌顶。关于历史研究，专家说一流学者主要跑档案馆，二流学者跑图书馆，三流学者泡网络。因为档案的原始性、唯一性和官方性，其客观性、真实性和可靠性是一般的图书文献资料、口述访谈等不能相比的。

中国特殊教育博物馆馆藏的一份档案，是山东省济南市私立福德聋哑学校从 1948 年到 1959 年期间的一些原始文献材料，主要是学校开展教育教学管理活动的收条、借条、购物发票、账册、预算决算表、与文教局等机构的来往信件等。通过梳理这些原始档案，我们可以相对客观地描述新中国成立前后这所学校的前世今生：

1947 年，山东济南，经五路纬一路兴云里 3 号。聋人黄钟，为造福同病，私人创办聋校。黄钟自任校长，另有教员两人，一位名叫袁治中，一位名叫柳佛生。有学生 30 余人，学制 4 年（初等小学），

课程主要有国文、算术、体育、手势语、发音等。在 1952 年的一张工资报告单上，显示他们三人的工作量：校长黄钟担任三年级上下、四年级上手势语、算术、体育等；袁治中担任一上及预科手势语、算术、全校发音课，另兼会计事务；柳佛生，担任一下及二上下手势语、算术。他们各每周 28 节课，黄领月工资为新工资分 160 分（新中国成立前后各地工资领取形式不同，新工资分，如何折算为实物或货币，待考），袁领 115 分，而柳属于义务教员，不取薪水，只领补助生活费 52 分。学生学费为每人每学期两袋面粉。1947 年至 1952 年，学校属私立性质，此为办学之源头。

1952 年济南市政府接管学校，并将其改为公立，改名为济南市聋哑学校，学制增至 6 年，课程设有语文、算术、体育、律动、图画、手工等。1954 年学校从兴云里迁至祭坛路（现双福街）。到 1958 年，在校学生增至 154 人，教职员工 28 人（专职教师 19 人），学制改为 10 年制。1959 年学校增设盲生班 2 个，招收盲生 24 人，学制 6 年。

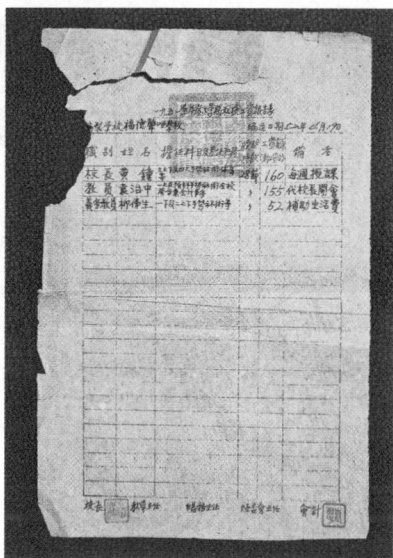

1983 年学校改名为山东省济南盲聋学校，1987 年学校在土屋路置地 40 亩新建校址，一地分两校为济南聋哑学校与济南盲童学校，同校办学同一套领导机构。2001 年两校原址办学合并改名为济南市特殊教育中心，学段为学前教育、义务教育与职业教育，学生为视障、听障两大类，有学生 440 余人，教职员工 110 人。

岁月不居，斗转星移，学校教师从原先 3 名增至110 名，学生从 50 余人增至 440 人，真可谓天翻地覆。但万丈高楼平地起，拓荒者的勇气与精神值得永远敬佩与感怀。

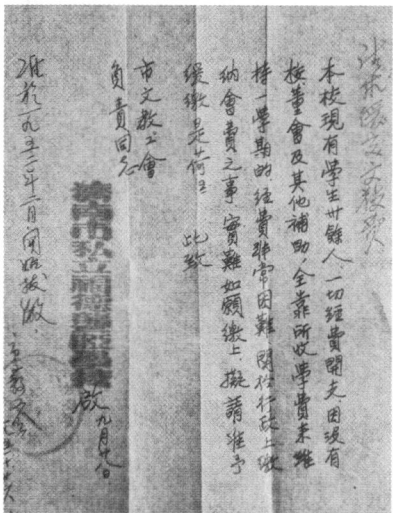

在这些档案里，我看到办学之初的"粒粒皆辛苦"。例如：1951 年 10 月 26 日，济南市私立福德聋哑学校给市文教工会负责同志打报告要求减免相关上缴工会会费——"本校现有学生三十余人，一切费用开支因没有校董会及其他补助，全靠所收学费来维持一学期的经费，非常困难……实难如愿缴上。"再看 1952 年 3 月所制学杂费收据册，所列学生所缴学费，参差不齐各不相同，依此可以推断私立办学那些年，虽然名义上学费或折成两袋面粉或折成货币若干，但事实上这些聋哑儿童根本很少有足额缴纳学杂费的。没有学杂费收入，不仅办学入不敷出，教师养家糊口更是难以为继。捧读这些泛黄的档案，想望而今现代化办学的特教，自然会对历史充满敬畏与温情。

图一　1951 学年下学期学校工资报告表
图二　请求缓交会费的信函

从一份"缘起"与一份"收据"
说公德福屏聋哑义务学校

六

一个偶然的机会,中国特殊教育博物馆征集到一份珍贵的特教文物:两张铅字排版打印的纸,一是"缘起",一是"收据"。透过这两张纸,参考相关历史档案及文献资料,打开历史尘封,我们对七十多年前筹资创办聋校的历史往事充满温情与敬意。

这份"缘起",长 20 厘米、宽 10 厘米,白底黑字,共约 400 字,简约而又全面地讲述了创办公德福屏聋哑义务学校的宗旨、意义、价值及办法。

1944 年,山城重庆。留美牙科博士安龙章在此开设牙医诊所,虽然仍在抗日战争期间,但他仁心妙术,以技谋生,生活小康。可惜其子生而聋哑,渐次长大无处入学,而当年整个重庆乃至川东没有一所聋校。爱子心切的他不辞辛劳,不惜重金,聘请同为失聪但均曾就读过聋校的聋人李有庆、祖振纲、周棠英、殷哲痕等先后专任其子家庭教师。"幼吾幼及人之幼",偌大的重庆,聋儿何止百十?此时此刻,此情此景,安龙章决定,创办一所可以让更多聋儿上学的学校。知行合一,说干就干,

到 1946 年初,该校就已经招有 20 多名聋儿来接受教育,最初名之为"聋哑儿童补习班",继而名之为"私立扶青聋哑学校"。到 1947 年春,学生增至 40 多名;到 1948 年 7 月,增设高小班(当时学制,小学分初小高小,初小相当于一到四年级,高小相当于五到六年级);到 1949 年,学生增至 70 多名,学制六年,学校俨然成为一所完整而齐备的建制小学了。以上这些信息,通过现有相关教育史料,不难窥一斑而见全豹。但这一切与公德福屏聋哑义务学校有何关联?

1945 年抗战胜利,原为陪都的重庆,大量机构、人员、学校、资产等等纷纷东归复员。而重庆本地留存的学校、机构等也进入新一轮逐步规范整理出新的阶段。私立扶青聋哑学校的创办,填补了重庆乃至川东地区聋哑教育的历史空白,更是得到了社会各界的接受、支持与拥护。然而不久内战爆发,短暂的社会稳定被迫中断,教育重陷困境。已经上学的聋儿不能失学,唯一办法就是众人拾柴火焰高,借用社会各界力量,省吃俭用募捐筹款,不仅让聋哑儿童能继续接受教育,更要通过职业教育等方法

让他们学成一技之长继而自食其力。

在这一历史背景下，唯有激发"公德"，众人用"福"利之心为新生婴儿一般的聋哑学校，为聋生建构一道可以接受教育获得自立的"屏障"。于是，在私立扶青聋哑学校基础上，公德福屏聋哑义务学校应运而生，计划以"公德福屏"的方式，以求大"义"为要"务"，为聋哑教育寻找更多的办学支持，为聋哑儿童开辟自立生存之路。

"缘起"，就是以"公德福屏聋哑义务学校筹备处"名义，向社会各界募捐筹款的启事："方今世界科学昌明，我国有识之士，理应迅速筹备，使一班彷徨歧路聋哑青年早日脱离苦海……仍祈各界人士抱人类互助之旨，体念聋哑苦衷，慷慨解囊集腋成裘，此种伟大事业不独造福聋哑，抑且有利社会及国家，是为启。"

这份"收据"，长15厘米、宽9厘米，红纸黑字，盖印章多枚，规范而又周全，是一份开给捐赠单位的凭条："某公司台端慨助国币壹拾万元正，特给正式收据为凭。"日期为1948年5月28日，经手人：李有庆（印章）。

查特教史料知，李有庆，男，聋人，湖北汉口人，曾任中国聋哑协会总务组长，时任公德福屏聋哑义务学校教导主任，承担"教务、初级国常、算术、作文、美术、劳作等科"的工作。1949年12月，重庆解放。重庆私立扶青聋哑学校、重庆公德福屏聋哑义务学校被政府接管，后几经更名易址，为现"重庆市聋哑学校"之前身。

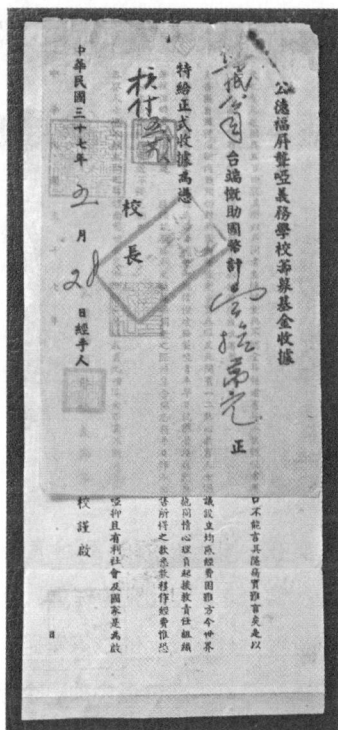

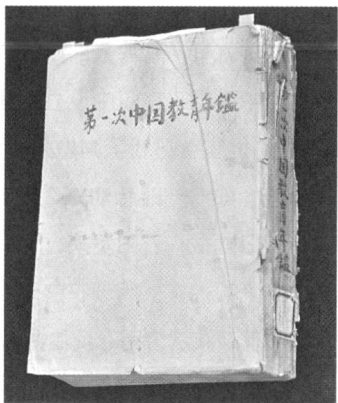

图一　一份"收据"
图二　1934年《第一次中国教育年鉴》

两份田租通知单：
慈善是社会发展的重要保障

七

人类在不同历史阶段，都会有健残之分、强弱之别和贫富之差。但和谐、理想、健康的社会，应该没有贵贱之分和较大的贫富差距。众所周知，社会分配是社会再生产过程中的一个重要环节，它包括初次分配、再次分配与三次分配等形式。初次分配，主要注重效率，按贡献分配，这个贡献除了劳动力之外，还包括各人创造社会财富过程中所需的资金、技术、管理、生产资料、市场等等。而再次分配、三次分配等，则是由政府、社会来主导，其中再次分配主要是国家通过税收等手段进行的；而三次分配则由社会力量通过慈善事业等形式进行。

中国自古就有"慈善"的传统。早在西周时期，周王就在中央行政官职中设立地官"司徒"一职。据《周礼·地官》记载，为做好社会救助就要采取六项措施，即"一曰慈幼，二曰养老，三曰振（赈）穷，四曰恤贫，五曰宽疾，六曰安富"。所谓"慈幼"等六项措施，用现在的话说，就是关爱儿童、老有所养、救济穷困、抚恤贫苦、优待残疾、安抚富人，这些正是现代慈善概念中的具体内容。

中国特殊教育博物馆馆藏两件 1944 年的田租通知单。这两份田租通知单上，清晰注明着：租金收归苏州慈善款产经理处，指定育婴堂、男普济堂使用；佃户是朱桂堂、周孝，地主是陆翰超、吴根奎；租金是实物，大米二石六斗六合大米三斗三升。

田租，简单来说，就是佃农租住地主的农田，按年缴纳租金。租金或货币化或实物化。苏州自古富庶，有"苏湖熟，天下足"之说。但这两份通知单告知，此次收取的租金不是给地主，而是要转交给苏州慈善款产经理处，然后一份划转男普济堂、一份划转育婴堂。

封建时代，历朝均有"悲田养病坊"等这一类的慈善机构，五代时称"悲田院""养病院"，宋代时称为"福田院""安济坊"，金代时称为"普济院"，明清时称为"养济院"。这是官办的慈善机构。民间的慈善机构，大多是义庄性质，就是地主每年承担多少钱款粮米，用于济困助残。1944 年的这两份田租通知单，是不是义庄性质的，现已不得而知，但这两位地主，要从收取的租金中划转部分给男普济堂与育婴堂，这是确切的。男普济堂、育婴堂，就是收养弃儿、孤儿、残疾儿童等的慈善救助机构。仁爱之心，落实在济困之行上，施行于孤独废疾者，这是政府的责任、社会的义务、富裕者的善举。

经济富庶地区设立的普济堂、育婴堂、孤儿院等机构，除了承担慈善救济功能之外，往往也会担负起一定的教育功能，向孩子传授文化知识、生活技能，以帮助这些孩子长大成人以后自食其力。由于这些慈善机构里常有一些盲聋哑儿童，所以民国时期也演化出具有自发性的、盲聋哑教育性质的教育现象与教育活动。当然，这与教育学意义上的盲聋哑教育，还有一定距离。

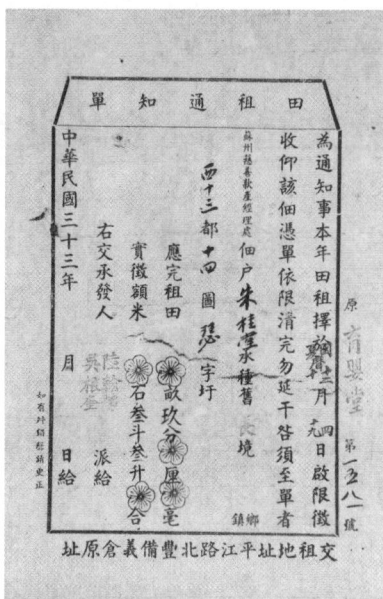

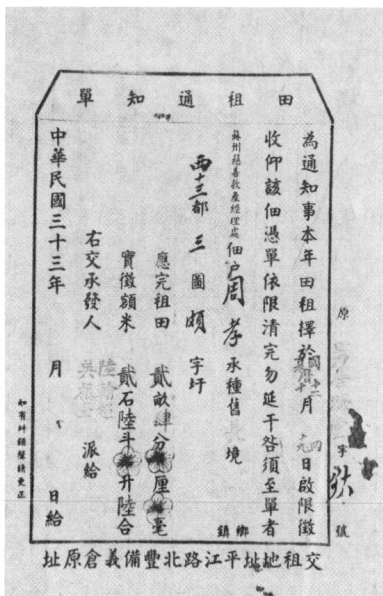

$\dfrac{1}{2}$

图一 图二　两份田租通知单

受赠收据：
杜文昌与私立华北聋校

八

杜文昌（1893—1968），男，山东掖县人。早年求学于齐鲁大学，读书期间结识烟台启喑学校创始人米尔斯夫人，深受其博爱思想与专业精神影响，立志终生奉献聋哑教育。1914年毕业后即跟随米尔斯夫人学习聋哑儿童教授法，1919年学成后独身前往北京创办私立北京聋哑学校（后改名为私立华北聋哑学校等，即今北京市启喑实验学校前身），此为北京乃至华北地区创办的第一所聋哑学校，也是我国特殊教育由外国传教士创办、外籍教师教学转为中国人自我创办、自我管理、自我教学的第一所聋哑学校。

杜文昌从1919年到1949年担任校长，学校以"做有用人"为校训，重视聋哑学生的文化知识学习和职业技能培养。办学30年杜文昌培养了一大批自立自强、有益社会的聋哑人才，黎元洪、蔡元培、阎锡山、胡适、陶行知、齐白石、王云五、郭沫若、董必武等均曾对该校题词予以褒奖。1949年学校被政府接管，改名为北京市第二聋哑学校，杜文昌离开该校，1968年去世。

2014年2月12日下午　去北师大朴永馨家拜访。朴回忆，他留苏回国后于1961年10月分配到北京市第二聋人学校工作，此校创始人即为杜文昌。他曾看到杜在街边摆过小摊卖杂货，后主动结识杜先生，并就聋教育求教于杜。有一次杜将一本聋教育方面的笔记本借给他，大约借阅时间长了，杜先生还专门派他儿子来上门取回。

2014年11月1日　在北京，电话预约叶立言先生，他曾在北京市第二聋人学校工作多年。叶先生回话说夫人正住院，不能确定明天能否接受访谈，他推荐王克南明天与我面谈。（事后得知，叶先生的夫人正病危，不几天就去世了。当时他不便明说。）

11月2日上午　王克南先生骑着自行车来宾馆与我一谈（他在北京市第二聋人学校工作，曾接替叶立言出任校长，时已退休）。提及杜文昌，他说从未见过，所知信息很少。但他建议我去北京启喑实验学校校史馆看看。当即联系学校校办主任王秋阳，打车前往，在校史馆看到杜文昌几张照片，另杜先生编著出版的《启哑初阶》教材，红色封面。

2015 年 6 月 7 日　在宝鸡，拜访关志忠（聋人），他曾是杜文昌在二十世纪四十年代的学生。

2015 年 6 月 15 日　在兰州，拜访赵峥女儿赵宁，赵峥（聋人）曾是杜文昌在二十世纪四十年代学生。拜访吴明哲（聋人），吴是书画家，他的老师是韩不言（聋人），韩是杜文昌在二十世纪四十年代学生，曾向齐白石拜师学习过画画。

2016 年 5 月 22 日　在北京，上午去拜访特教专家李楲。李时年 96 岁，身体硬朗，但记忆全无，问及杜文昌，一脸苦笑，说记不起来了。李有个弟弟叫李松是聋人，曾就读于私立华北聋哑学校，是杜文昌的学生。因经常接送弟弟上学放学，对聋校情况有所了解，李楲在新中国成立后主动要求代表政府接管私立华北聋哑学校并出任校长，后创办北京市第三聋人学校，毕生从事聋教育。

中国近代聋哑教育，从 1887 年至 1949 年的 60 多年时间里，除创办于 1927 年的南京市立盲哑学校与创办于 1934 年的北平市立聋哑学校属于官办主要由政府出资外，其他聋校全为私立，或教会出资，或私人出资，或各方捐资。杜文昌出任聋校校长 30 年，四处筹资是他最主要的工作。1937 年前后，他还曾远赴南洋辗转三年进行筹资。我们馆藏的这张收据，是 1947 年中国农民银行捐款给杜文昌办学的凭证。

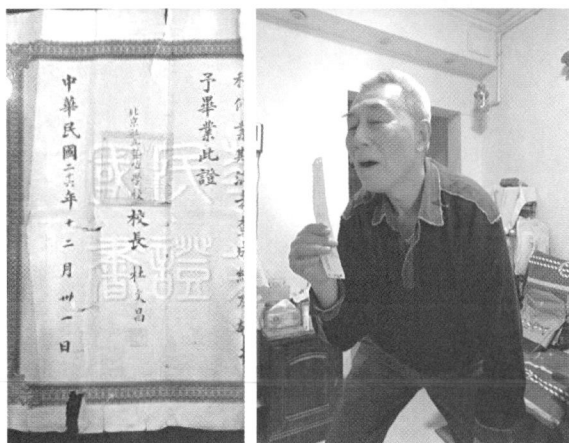

特教文献类

2. 照片

青岛盲校老照片：
市立公办性质与职业工艺特色

九

山东烟台，是一座美丽的海滨城市。1887年，中国第一所聋哑学校——烟台聋校，就创校于蓬莱，办学于烟台，这所学校培养了一代又一代自立自强的聋学生，还培养了几代聋教育师资。据统计，截至1949年，全国共有20余所聋哑学校，几乎每所学校均有师资来自烟台聋校，烟台当之无愧成为中国聋教育的发祥地。从烟台沿海岸线往南，还有一座美丽的海滨城市，名叫青岛。这座城市也有一所重要的特殊教育学校，它就是创办于1932年的青岛盲校，它有两大特点：市立公办性质与职业工艺特色。1992年受中国残联委托，青岛盲校拓展办学空间，提升办学层次，成为中国当时第一所也是唯一一所盲人普通高中。

青岛盲校的创办，得益于一位名叫孟学信的盲人与一位名叫沈鸿烈的市长。孟学信早年毕业于北京盲校，后任教于沈阳盲校。1931年日本制造了"九一八"事变，次日占领沈阳。孟学信不甘做亡国奴，他带领十多名盲童逃离沈阳来到青岛谋生。1931年的青岛，尚无一所盲校。时任青岛市市长的沈鸿烈，非常重视教育，特别是社会底层的民众教育，

他创办了一些专门招收失业流民的职业补习学校。

孟学信果断写信给沈鸿烈市长，介绍自己的经历并提出在青岛开办盲校的请求。沈鸿烈收到信后立即指示市政府拨款，在原来德国海军骑兵连遗弃的马厩内建立了盲校，并正式委任孟学信为学校校长。1932年11月25日，"青岛市市立盲童学校"举行开学典礼，沈鸿烈出席。当时学校仅有校长、教员及职工五六个人，最初的学生主要是随同孟学信逃难出来的原沈阳盲校盲生。后来学生增至28人，其中男生有17人，女生有11人。学校初创，虽然简陋，但经费全由市政府教育局提供，学生衣、食、住全由学校负担。民国时期，全国盲校只有青岛与南京两家是市立公办。学生使用普通小学课本，进行盲文手抄学习。学校初期仅开设国文、算术等课程，到1933年，开始增设手工劳作课，主要内容是手工纺织扎腿用的裹腿、带子和较窄的粗棉布等。

1934年，杨纯接任孟学信出任校长。杨也是一位盲人，毕业于上海盲童学校，曾任教于新加坡盲

校。杨纯从 1934 年起直至 1952 年，一直担任盲校校长。

杨纯非常重视盲童职业教育，他改校名为"青岛市立盲童工艺学校"，改男女同校为只招男盲童。他大胆创新，开设了更符合盲人特点的按摩推拿职业教育课程，并从日本聘请推拿医师水谷吉治出任专业教师。此为中国盲校开设盲人按摩推拿课程之先河。学校设有工艺部（编织）、管乐部（军乐）、雅乐部（民乐）及推拿部，办学成效明显，在社会上有很大影响。当时国家连年战乱，社会动荡不安，正常人的生活都难以维持，普通学生"毕业即是失业"，何况是盲人。而青岛盲校的毕业生，在学校组织成立"工艺合作社"。工艺合作社由学校校长代管，其技师、营销、财会等人员全由学校教职工兼任。盲生生产藤器制品，从事推拿按摩，开展中西乐队对外有偿演出服务，较好地解决了个人生计问题。

青岛市立盲童工艺学校在 1949 年建国前夕，已有平房 30 多间，教职员工 13 人，在校学生 40 余人。新中国成立后学校被政府接管，改名为青岛市盲校。经过几代人的接续努力，青岛盲校已经成为国内著名盲校。

中国特殊教育博物馆收藏有一本 1936 年由当时南京政府教育部编制的《全国盲哑教育概况》。在这本小册子里，青岛市立盲童工艺学校，因其公办性质与职业工艺特色而别具一格，该校还是我国最早对盲人进行推拿按摩职业教育的学校。

图一　青岛市立盲校办学一周年纪念合影

图二　青岛市立盲童工艺学校校长人杨纯

图三　学校改名为"青岛市立盲童工艺学校"后的校门

图四　1936年版《全国盲哑教育概况》

宋鹏程珍藏一辈子的一张合影照：
半部聋教史

十

宋鹏程 1922 年 9 月生于江苏江阴一个书香人家。7 岁时不幸患脑膜炎而导致双耳失聪，但思想开明的父亲没有放弃对他的教育与培养，坚持把他送到当时上海接受度极低的新式聋哑教育。1935 年宋鹏程毕业于私立上海聋哑学校，1938 年参与创办私立上海哑青学校，1940 年起担任上海中华聋哑学校教务主任、校长等职。1949 年 10 月新中国成立后他从上海回到无锡，先后担任无锡市聋哑学校教师、教导主任、副校长，是新中国成立后我国第一套聋校教材及教学参考资料的主要编写者，先后被推选为第二届、第三届全国盲人聋哑人代表大会代表，1987 年被批准退休，为聋教育事业整整奋斗了 47 年。此后宋鹏程退而不休，参与创办了江苏省特殊教育研究会，多年主持《聋教通讯》编辑工作，长期坚持聋哑手语口语研究，特别重要的是完成了《聋人世界寻旧踪》《梦圆忆当年》等书的编写工作，为中国近现代聋教育史留下了大量珍贵史料。2021 年 1 月 8 日，寿登百年的宋鹏程安然去世。

宋鹏程先生从 16 岁起即投身聋哑教育，是我国聋教育史上一名重要的聋人聋教育专家。他毕生追求思想进步、最终光荣加入中国共产党的事迹，更是他百岁波澜壮阔人生的华彩篇章。作为旧中国苦难岁月与动荡政局的亲身经历者，新中国成立后，宋鹏程对共产党始终有着深厚感情，特别渴望经过考验能够成为一名光荣的共产党员。但建国初期的无锡聋校，全校没有一名共产党员，更没有党支部。为此，他就直接把自己的入党申请书交给了无锡市教育局党组。那个时候，党组织对知识分子入党的考察是非常严格的，宋鹏程自己也知道作为一名从旧社会走过来的人，特别又是一名聋哑人，还需要不断改造自己的思想、锻炼自己的能力。但是几年过去了，无锡市教育局党组并没有批准宋鹏程的入党要求。宋鹏程当时非常焦急，党组织当然对宋鹏程是熟悉与了解的，对一名聋哑人知识分子要求进步，也是始终给予关注与考察。但由于种种原因，他的入党问题一直未能解决。不过宋鹏程始终初心不改，1980 年，经过近三十年的考察，宋鹏程终于成为一名光荣的共产党党员。晚年的宋鹏程清楚地记得自己入党的日期，那是 1980 年的 6 月 12 日。被批准入党的当天，他还专门写诗予以纪

念："一片丹心向阳开，万里征程春长在。人生百年得归宿，党的恩情深如海。"

花甲之年入党的宋鹏程，自誉"莫道桑榆晚，霞光尚满天"，他说他将迎着晚霞再铸辉煌。65 岁退休后，直至百岁高龄仙逝，他仍然始终以党员的标准严格要求自己，他说："人生自有限，当立万世勋。"

这是一张拍摄于 1945 年 4 月 14 日的老照片。照片上方文字显示：中华聋哑协会上海区附属聋哑学校全体师生摄影。2021 年 1 月 8 日，宋鹏程先生百岁仙逝后，我第一时间联系宋先生哲嗣宋大文，在表达哀悼与缅怀之情后，我特别提出请他留意宋先生相关遗物的整理。此后他果然整理出了一批其父的珍贵遗物。这张老照片，差不多浓缩了半部聋教史。照片上宋鹏程先生清晰标注了该校所有教师的名字，熟悉中国聋教育史的人，读着这些名字，依稀可见厚重的聋教育史。当时的他们相聚在中华聋哑学校，尔后他们的足迹却差不多遍布了小半个中国，他们是那个时代的聋教育的火种。

图一　中华聋哑协会上海区附属聋哑学校全体师生合影
图二　陈鹤琴主编《活教育》（特殊教育研究专号）封面

留学苏联的老照片：
新中国特殊教育史上的双子星

2021 年是中国共产党成立 100 周年。百年沧桑，岁月峥嵘，中国的特殊教育事业也走过了上百年的历史，但无论晚清时期还是民国时期，那时的特殊教育无论教育思想、教育制度还是办学数量、办学条件，抑或办学能力、办学水平，由于特定的历史环境与时代局限，总体来说，都还只是自发的、零星的、初步的、散乱的。略举一个数据，1949 年全国共有盲聋哑学校 42 所，在校学生 2300 余人。1922 年一组数据显示，当时美国有特殊教育学校 227 所，学生 22920 人；日本有特殊教育学校 72 所，学生 5917 人；英国有特殊教育学校 124 所，学生 8032 人。而 2019 年数据显示，我国现已有特殊教育学校 2192 所，特殊教育专任教师 6.24 万人，中国特殊教育事业迎来翻天覆地巨大发展的时代。

在中国传统文化习惯中，喜欢把两位名人并列在一起，来称颂他们在一项事业或一门学术中取得辉煌成就，犹如双子星一般。比如，孔（孔子）孟（孟子）之于儒家思想，李（李白）杜（杜甫）之于唐代诗歌，康（康有为）梁（梁启超）之于晚清变

法，孙（孙文）黄（黄兴）之于辛亥革命，陈（陈独秀）李（李大钊）之于建党，毛（毛泽东）朱（朱德）之于井冈山革命。而在新中国特殊教育事业发展史上，也有两位名人犹如双子星，那就是当代特教人耳熟能详的"北朴南银"——朴永馨与银春铭。

他们是同时代的人：银春铭，1935 年生；朴永馨，1936 年生。他们是历史的共同选择，1955 年他们中学毕业，同被选拔为留苏学生，并且幸运地成为新中国历史上第一批也是唯一一批留学特殊教育的一对同学。留苏五年，他们同校同班，互帮互学。1961 年，他们学成归来，从此一北（朴永馨在北京市第二聋校）一南（银春铭在上海市第二聋校），虽然历经种种困难，教育教学缺乏正常秩序，但他们惺惺相惜，共同选择了默默耕耘无私奉献大胆探索艰难前行。随着整个国家迎来了新时代，特殊教育也迎来了新天地。作为全国唯一一对拥有特殊教育留学经历且又潜心扎根基层特校近二十年的"北朴南银"，他们在改革开放的春风里，从二十世纪七十年代末到九十年代末，一个依托北京

师范大学创办特殊教育系，一个立足上海教育局创办特殊教育师资培训中心，他们厚积薄发、相互激励、相得益彰，各自绽放出了花样年华，直接推动了中国特殊教育事业发展。可以说，他们在中国特色特殊教育学科建设、特殊教育师资培养等方面，各自开创了多项历史第一，许多贡献都是奠基型、开拓式、历史性的成就。

由于工作原因，近十年来我多次拜访朴永馨、银春铭两位先生，得以亲承謦欬、如沐春风，他们诲人不倦、谦谨低调，对特殊教育初心赤诚、毕生情深，他们真是"此生端为特教来"的双子星。

作为共和国成立初期唯一公派赴苏留学特殊教育的朴永馨、银春铭，他们深知共和国求贤若渴，他们深知特殊教育任重道远，所以他们留苏期间学习时如饥似渴、工作时聚精会神。这几张当年的照片，真实记录了那段特教留学岁月。那时候，国家给他们每人定制两套毛料西服、一套中山装，他们说，无论洋装中装穿在身，内心永远是报国心、特教情。

1	2	3
		4
		5
		6

图一　朴永馨
图二　朴永馨（左）与银春铭（右）合影
图三　朴永馨
图四　银春铭（左）
图五　银春铭（后左二）
图六　朴、银两位毕业时全班师生合影照

雷静贞的老照片：

三上北京城　聋教立奇功

十二

雷静贞（1903—1989），女，福建古田人。她的一生，如果概括的话，应该是这样的：出生寒苦，一出生便被送到别人家做童养媳；自幼聪慧，幸得未来公婆开明得以上读完师范做小学教师；缘结聋童，背井离乡远赴烟台跟随美国聋教育专家卡特小姐学习聋教育，由此矢志不渝造福家乡，献身聋教育。用一句话对其一生进行简单评价，那就是：她是中国聋教育史上著名的聋教育专家，福建省聋教育事业的奠基人与开拓者。

雷静贞从事聋教育一辈子，从 1929 年起至 1949年，其间历经抗日战争与解放战争，全凭一己之力艰难办学，从最初只有 5 名聋童到最多时有 25 名聋童，她办的聋哑教育班以班级的形式附设在普通小学里。真正使雷静贞焕发出磅礴的聋教力量，那是 1949 年新中国成立之后。新中国成立前，福建除了雷静贞的聋哑教育班，全省其他地区聋教育一片空白，成千上万的聋童没有接受教育的机会。鉴于雷静贞在聋教育方面的贡献与影响，1951 年 8 月中国人民救济总会福建分会专门派人到福建古田来考察她的聋哑教育班。当看到 20 多年来，雷静

贞在极其困难的情况下，用博爱情怀与专业精神使众多聋童都能够开口说话、写字绘画、自食其力，他们都无比震惊和敬佩。

福建省第一所聋校在古田县诞生了，雷静贞被政府任命为首任校长。短短几年之后，到 1957 年，古田聋校在校学生就达到 88 人，开设了 6 个教学班，其中既有基础教育班，又有职业教育班。雷静贞与古田聋校成为福建省的名人名校，并引起教育部的关注。1956 年，教育部专门邀请雷静贞到北京参加全国聋校教学汇报会，并作为聋教育专家参加了全国十年制聋教育计划的制定，这使得古田这样一个原先少有人知的闽北偏僻山区小县名扬全国特教界。鉴于福建幅员辽阔、全省聋教育尚未起步，此时的雷静贞在办好古田聋校的基础上，先后主持为福州、厦门、漳州、莆田、泉州、建瓯等地培养了第一批聋教育师资，为上述地区先后创办聋校奠定了最关键的师资基础。为推动全社会正确认识聋哑儿童，高度重视聋哑教育，1960 年雷静贞还亲自带领自己学校的 30 名聋生，在全省盲人聋哑人代表大会上进行文娱节目表演。这次轰动全省的聋

一九五六年八月上京留念

一九六〇年七月上京留念

人文娱表演,给全省带来的直接影响就是福建各地开始新建聋校。

雷静贞此生端为特教来,一辈子扎根聋教育,她亲任校长的古田聋校,从 1951 年创办截止到 1980 年,学校小学部、初中部共毕业 22 届 240 名聋生,他们当中 90% 能开口说话,发音清晰者占 20%。学生毕业后在印刷厂就业的 21 人,木工 20 人,理发 60 人,裁缝 60 人,作画 18 人,竹藤工 6 人,教师 6 人,钟表修理 2 人,他们绝大多数在社会上表现良好,真正做到了残而不废、自食其力,成为社会有用之人。而今当我们面对几十年前的这份聋教育成绩单,透过这些冷冰冰的数据,想象一下如果他们没有接受教育,能不能获得工作,能不能过上体面而有尊严的生活?

新中国成立后,雷静贞由于在聋教育方面的成就突出,先后三次去北京,参加全国先进表彰大会,多次受到党和国家领导人的亲切接见。中国特殊教育博物馆馆藏两张珍贵的历史照片:一张是 1956 年 8 月雷静贞受教育部邀请到北京参加全国聋教育教学汇报会时在天安门前的留影;一张是 1960 年 7 月她作为第一次全国盲人聋哑人代表大会特邀代表到北京领奖时在天安门前的留影。1964 年第二次全国盲人聋哑人代表大会,雷静贞也被特邀到京领奖,可惜,我们没有找到她这一次在北京的留影。

图一　1956 年雷静贞上京留念照片

图二　1960 年雷静贞上京留念照片

图三　雷静贞墓碑,分别刻有"古田县聋哑学校创办人雷校长静贞之墓""女中之杰聋教之母""芳留国史　惠及八闽"等字样。

尘封的照片：
残疾人的观念史就是概念史

十三

中国残疾人史，也是中国的残疾人观念史，而中国残疾人观念史便又是中国残疾人概念史。当然这是一个严谨而繁复的跨学科重大话题，本文篇幅有限，试图从一张 1959 年的照片说起，旨在与读者分享一点浅见与体认。

这是一张拍摄于 1959 年 5 月的黑白照片，拍摄地点在湖北武汉，照片上共有两排人，前排 5 人坐，后排 9 人立，照片上方有一行字标明此为"捷克残缺人代表团访问武汉合影"，前排就座的人中有 3 人深目隆鼻，当为捷克人。

60 多年过去了，照片上的人物应该大都故去，现有资料很难确定其中每个人的人名信息，唯后排居中站立的高个白衣男子清晰可辨，他是时任教育部盲聋哑教育处处长、内务部中国盲人福利会总干事的黄乃，他是辛亥元勋黄兴之子，后天失明而为盲人。那 3 位捷克人，是否均为盲人？现不得而知，不过推测至少不可能全是盲人。一般盲人拍照均有"盲人相"，目盲者一般没有镜头感，而此张合影中 3 位捷克人至少两位可以清晰看出来他们是面带微笑直视镜头。也许正因为这个代表团不全是盲人，所以照片标注上就没有用"盲人"，而用"残缺人"这个词。

根据 1959 年 6 月 12 日《人民日报》获知，捷克残缺人代表团 6 月 11 日从北京坐飞机回国，此代表团团长为罗道尔夫·迪尔博士，他们在中国先后访问了北京、上海、杭州、武汉、沈阳，与中国盲人、聋哑人进行了亲切友好的交流。这张照片是迪尔博士一行 5 月在武汉访问时的合影。

"残缺人"，相比二十世纪五十年代普遍使用的"残废人"、偶尔使用的"残疾人"，这个词显得一是非常少见，二是语义比较中性，相对客观，不是"废"，也不是"疾"，只是"缺"。何为残缺呢？比如有眼睛但看不见东西，这就残缺了视力。有耳朵而听不到声音，这就残缺了听力。比如小儿麻痹症患者有腿但明显不一样长短，这样两条腿就残缺了对称。

我国自古而达今统称残疾人的词，现在归纳起来，主要有"残疾""残废""废疾""笃疾""残

障"等等，而用"残缺"相对比较少。不同残疾类型的称呼，那就非常多了，比如目盲者，主要有"瞽""蒙""瞍""盲""瞎""眇"等等。

1949年新中国成立后，我国残疾人事业得到党和政府的高度重视，1953年专门成立了中国盲人福利会，1956年专门成立了中国聋哑人福利会，1960年将这两个协会合并组建了中国盲人聋哑人协会。1983年专门成立了中国残疾人福利基金会（这个基金会曾经短时间取名为中国残缺人福利基金会），1988年专门成立了中国残疾人联合会。现在，"残疾人"这个词已经实现了从口头语到书面语再到法律用语的全覆盖。

图一　1959年捷克残缺人代表团访问武汉合影
图二　1981年天津市政府编印画册，直接用"残人"一词
图三　1983年中国残疾人福利基金会成立之初曾短暂使用
　　　"残缺人"一词

一张老照片：
余敦清与二十世纪八十年代公派赴美进修聋教育的故事

十四

2019 年是新中国成立七十周年。中华人民共和国特殊教育的七十年，历经艰辛，成就辉煌。教育发展，师资为先。早在 1956 年，国家就专门选派了朴永馨、银春铭两位去苏联留学学习特殊教育，学成回国后他们为特教事业做出了重要的贡献。可惜的是从 1949 到 1979 年，整个中国只有他们两位有特殊教育的留学经历。改革开放后国门打开，中国的特殊教育也迫切需要了解外面的世界。

余敦清，男，1937 年 8 月生于湖北武汉。从小家境贫寒，12 岁时才上私塾。1957 年 8 月中师毕业被分配到武昌聋哑小学（后改名为武汉市第二聋校），历任学校教师、教导主任、副校长等职。1961 年 5 月被评为湖北省劳动模范，受到毛泽东主席接见。1962 年 1 月加入中国共产党。1966 年毕业于湖北省函授大学汉语言文学专业。1978 年应教育部邀请参加全国聋哑学校语文、数学教材审稿工作。从 1957 年投身特殊教育那天起，余敦清就立志在特殊教育方面做出成绩，所以不管条件多么艰苦，环境多么困难，他始终没有放弃过学习。

二十世纪八十年代，特殊教育进入了新的发展时期，此时的余敦清特别渴望能了解国外特殊教育的动态与进展。常言说得好，机遇总是留给有准备的人。1981 年，教育部决定在全国选派一批优秀的特教工作者到美国进修特教，这是改革开放后的第一次，也是新中国成立后第二次公派学生出国学习特教。机会难得，经过层层推荐、政审、考核，余敦清入选出国选拔名单。去美国留学，语言是第一位的。他参加上海外国语学院留学生预备部考试时的英语成绩为零，但经过为期一年的英语培训，英语零基础的他，已经成为英语合格人员，其间艰辛，自是可想而知。遗憾的是，来自美国特教机构的专家，鉴于当时余敦清已 45 周岁，在候选出国人员中年龄最大，没有录取他。当时余敦清的失望，自然也是可想而知的。据同时参加英语培训的同学讲，那几天余敦清在上海，总是有同学陪同的，他们说担心他会想不开去跳黄浦江。回忆那段往事，余敦清说，虽然失望，但怎么可能跳黄浦江呢？我怎么舍得那些聋哑孩子呢！

那一批赴美留学进修特教的共有六人，他们于

1982 年先在国内学习了一年英语,1983 年 4 月至 1984 年 5 月,在美国进修一年。他们当中的杰出代表是叶立言。1942 年出生的叶立言,中学毕业于北京四中,后因为生病错过进入大学深造的机会,从 1960 年起任教于北京市第二聋人学校,教学成绩突出。1984 年回国后他如鱼得水,1985 年被评为北京市劳动模范,1986 年评为特级教师,1988 年获得中学高级教师职称,1996 年起享受国务院特殊津贴。

未能如愿出国的余敦清,回到武汉二聋后在聋教育岗位上同样取得了骄人的成绩:1986 年参与创办湖北省聋儿康复中心并兼任中心负责人,1986 年、1987 年连续两年被评为"全国特殊教育先进工作者",1987 年 10 月作为国家代表出席在日本召开的亚太地区特殊教育研讨会并作大会报告,1987

年被评为武汉市"首批中学高级教师",1988 年被评为"武汉洪山区专业技术拔尖人才",1990 年被评为湖北省唯一一位"特殊教育特级教师"。先后出版有《听障儿童康复教育论》《听力障碍与早期康复》等专著,发表特教论文 60 余篇。

余敦清退休后在武汉安度晚年,我每次去见他,都会提起那段出国留学培训的故事,他说那时出国难,现在出国留学就不稀奇了。经过改革开放,国内特殊教育得到了快速发展,现在也有国外的特教界同行来我国留学了。

图一　余敦清(后排右二)与上海外国语学院出国留学生预备部同学的合影

图二　叶立言(后排左一)、余敦清(后排左二)等在上海外国语学院合影

1｜2

龙庆祖的三张照片：
经历战火洗礼的特殊教育处处长

龙庆祖，男，汉族，湖北武汉人。1929 年 3 月生，1949 年 5 月参加解放战争，打的第一仗就是举世闻名的衡宝战役。这是中国人民解放军进军中南地区的首次重大战役，解放了湘南和湘西大部分地区。之后他又随军南下，一直打到海南岛的天涯海角。1950 年 10 月经历战火洗礼的龙庆祖再次随军北上，作为中国人民志愿军先头部队赴朝，并取得了第一次战役的胜利。不幸的是在抗美援朝的第二次战役中，龙庆祖被美军炮弹炸伤。尔后他死里逃生，在缺医少药、天寒地冻、枪林弹雨的残酷战争环境下顽强地活了下来，后被鉴定为三等甲级伤残，转业到政法战线学习、工作。

二十世纪五十年代，我国特殊教育事业迎来了第一个发展高潮。新中国成立后人民当家作主，作为最弱势、最困难的盲聋哑人也翻身得解放。教育部成立了盲聋哑教育处，内务部先后成立了中国盲人福利会、中国聋人福利会。1959 年龙庆祖从政法战线再次转业到内务部，成为新组建的中国盲人聋哑人协会的工作人员。身为伤残军人的他，对残疾人在生活、学习、工作上的艰难，感同身受。在黄乃

的直接领导下，他为残疾人在全国各地奔波，工作成绩突出。由于种种原因，中国盲人聋哑人协会一度停止工作，龙庆祖下放"五七"干校劳动改造。1974 年他从"五七"干校来到国务院教育工作组（即原教育部）工作，主要负责盲聋哑教育工作。1980 年教育部（后改名为国家教委）专设特殊教育处，他出任处长。

当时国内没有一所培养特殊教育师资的学校，没有一套全国通用的盲聋哑学校教材，更几乎没有招收智力障碍儿童的特教学校。从 1980 年开始到 1990 年，龙庆祖担任特教处处长的十年，正是特殊教育事业在改革开放的春风吹拂下，取得了历史性的突破与发展的十年。1982 年我国第一所培养特殊教育师资的学校——南京特殊教育师范学校在南京筹建。龙庆祖作为教育部代表，与联合国儿童基金会、江苏省教育厅及南京市教育局反复沟通。老一辈南京特师人说在南京特师筹建时，龙处长上工地，进工棚，下宿舍，与工人同吃同住。1984 年，时任教育部特殊教育处处长的龙庆祖，陪同联合国儿童基金会官员视察南京特殊教育师范学校建设

工地,为新中国第一所培养特殊教育师资的师范学校的诞生,龙庆祖多方奔走,不辞辛劳。

为尽快编写出版一套全国通用的盲校聋校教材,龙处长一次次地拜访全国各地的特教专家,与他们结下了深厚友谊:武汉第二聋校余敦清印象中的龙处长平易近人,专于特教,特别关心各地基层的特教老师;青岛盲校曹正礼印象中的龙处长谦和,办事认真,到北京出差,常常到他所在的教育部的单身宿舍玩;时任《现代特殊教育》副主编沈玉林印象中的龙处长很关心青年人,到特教处办事,龙处长专门找到他入住的地下室旅社看望,还给他带来教育部食堂饭票和内部电影票。

为拓展和提升我国特教师资培养渠道与质量,龙处长承办美国卡特基金中国特教师资培训项目。他与美国前总统卡特,当年在朝鲜战场上是敌对双方,而今为特殊教育播种人间大爱,他们彼此握手合作,同框合影。

2019 年 3 月,我到北京出差,拜访龙处长。年过九旬的他,虽已老态,但精神矍铄。提起南京特师,提起特殊教育,他有着说不完的话。我送上几张当年筹建特师的老照片,他指着照片笑着说:"这个是我。当年南京特师办学很困难,可惜我能力有限,关心不够,让老师们辛苦了。"

2019 年 10 月,龙处长荣佩庆祝新中国成立七十周年纪念章。11 月 19 日,从炮火中走来的特殊教育处处长龙庆祖安然辞世,享年 90 岁。

1
—
2
—
3
—
4

图一　1984 年龙庆祖(右一)在南京特师建设工地与联合国儿童基金会官员交流学校建设情况
图二　龙庆祖(左一)与美国前总统卡特(左二)合影
图三　龙庆祖(右三)合影
图四　2019 年 3 月拜访龙庆祖(右)

特教文献类

3. 报刊

晚清《舆论时事报》：无声之国

十六

中国特殊教育博物馆馆藏一份《舆论时事报》，印制于"大清宣统二年六月二十六日"，即公元1910年。这份报纸上，有一篇配图的文章，题目为《无声之国》。文章不长，全文照录如下："伦敦沃司福街，众喧之所，乃有一地寂静无声。过其处号为"无声之国"，盖救主之教堂，专教聋哑者也。此堂设立四十余年。伦敦人，口不能语、耳不能闻者，计有四千人就学其中。堂初建在1870年。前皇爱迭华时为太子，亲与落成之礼。现以成效既著，户口日繁，伦敦之东南，刻又添置教堂，专教此种聋哑。上月二十八日，有教师演说，其传述者，亦指划以代口讲，谓之指讲义。有某报述教师旗伯指授之学。在无声世界中，殆无有伯仲。凡聋哑者学成以后，娶妻生子，亦出其所学以授儿女。故其儿女，虽不聋不哑，亦解聋哑之学云。"图片呈现的是四位隆鼻深目的英国人，以手代口，以目代耳，一番手语交流的场面。

晚清洋务运动兴起之后，师夷长技以制夷，西学东渐之风盛行。当时来华传教的英国传教士李提摩太曾撰文提出："欲强国必先富民，欲富民必须变法，中国苟行新政，可以立致富强，而欲使中国官民皆知新政之益，非广行日报不为功，非得通达时务之人，主持报事，以开耳目，则行之者一泥之者百矣。其何以速济，则报馆其首务也。"中国近代第一次办报潮来临。三年内，全国各地共有近60家民间报刊面世，他们大多主张维新，重视对西方科技文化的介绍。报业初兴，舆论渐开。上文提到的《舆论时事报》，即是其中一种。它以图为主，佐以短文，图文并茂，或介绍域外情形，或描述境内新事，可以助人开阔视野，畅通言路，可以促进民众普及新知，以促进民众关心社会，观察世界，故非常受读者欢迎。

这篇《无声之国》，其实讲的就是当年在英国伦敦已经基本普及的聋哑教育。十聋九哑，耳聋听不到声音，自然无法习得发声，尽管大部分聋人发音器官并无残缺，久而久之，也就有口难开而成哑了。人类不同于动物，就在于有语言，进而由口头语言发展到书面语言即文字。语言、文字，助力人类进入文明时代，认识世界、改造世界，传承创新、和平发展。聋人失聪，哑人无言，他们确实是生活在"无声之国"。但近代磅礴兴起的聋哑教育可以让聋人能听，让哑者能言。无论口语教学还是手语教学，聋哑教育确实给聋哑人打开了一个新的世界。110年前，对绝大多数中国人来说，聋哑教育还是天方夜谭。而《舆论时事报》上的这则《无声之国》，对于当年的读者来说，可能是"闻所未闻""天方夜谭"。

1870年，伦敦沃司福街的这所聋哑学校是在教堂里创办起来的。1887年，在山东蓬莱（旧称登州），一位来自美国的传教士，创办了中国第一所聋哑学校，名叫"登州启喑学馆"。该校几经迁校易名，经过一百多年薪火相传，而今名为"烟台市特殊教育中心"。三十年后的1916年，在江苏南通狼山脚下，中国人自己创办的第一所盲聋合校在此诞生，这就是今南通市特殊教育中心的前身——南通狼山私立盲哑学校。截至2021年年底，我国现已有2288所特殊教育学校。当年仿佛天方夜谭的西洋景——聋哑教育，而今包括聋教育在内的特殊教育已经成为我国基础教育的一个重要组成部分，普惠成千上万的特殊儿童。历史就是一面镜子，它呈现出了社会文明进步的缩影，彰显出了时代前进的足音。

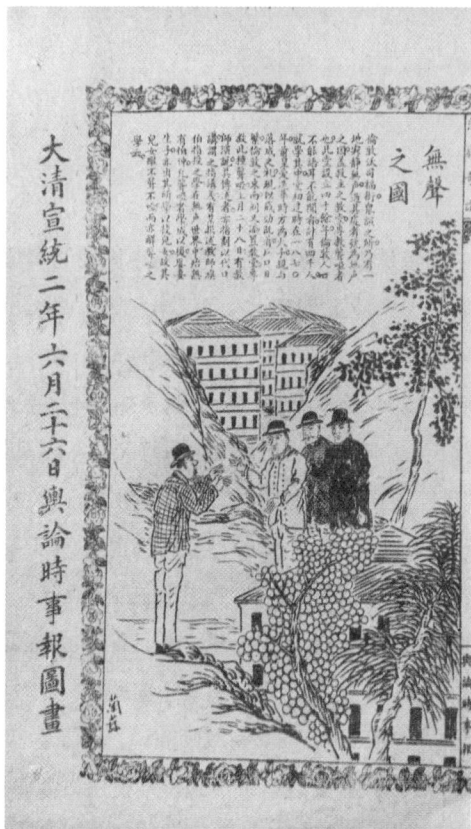

图 1910年的《舆论时事报》

蔡元培的亲笔题词：
洒向人间都是爱

蔡元培先生之于中国近现代教育史，无疑是里程碑式的开拓者、创造者和领导者。这样一位划时代的教育大家，他对残疾人、对特殊教育是否也有所涉及、有所关注或有所贡献呢？我认真研读了他的教育著作、仔细探寻了他的教育实践后，答案是肯定的、必然的。

比如，他早在 1904 年发表的文章《新年梦》中，便史无前例地提出要办"盲哑学堂，盲哑废弃工厂"的人生理想。

比如，他早在 1906 年便翻译出版了日本作家井上圆了的《妖怪学讲义录》，该书对盲聋哑成因、智力障碍成因等均有理性、科学的分析。

比如，他 1912 年就任中华民国首任教育总长后迅即着手制定《小学校令》。这是我国历史上第一次用国家法律的形式明确表明盲聋哑教育属于国民教育范畴，而非慈善救济民政福利范畴。

比如，他在 1922 年发表的《教育独立议》、1927年发表的《有饭大家吃，有工大家作》1929 年主持编制的教育部教育方案、1933 年发表的《慈幼的意义》等这些文本里，均清晰、明确、持续地表达了自己对盲聋哑教育在机制体制设计、思想观念变革、机构措施保障等方面的真知灼见。

我们博物馆珍藏有两件实物，一为《中华聋哑协会成立纪念特刊》，一为《暗铎》杂志。1937 年 6 月6 日，中华聋哑协会在上海成立，这是我国最早成立的聋人自发社团组织，首批会员就有遍布全国的近 200 名聋人。纪念特刊中有本会赞助人一览表，蔡元培先生的签名及印章赫然在目。所谓赞助，通常即为出钱资助。虽然我们尚未找到他出钱资助的明确款项、数额等信息，但蔡先生对聋哑协会的支持与关爱的确有据可查。

《暗铎》，中华聋哑协会会刊，该刊旨在"联络感情、切磋学业、交换智识、宣传聋哑学识技巧"。其编者、印者、发者、读者都是聋人。从 1938 年到1939 年共铅印出刊 12 期，1940 年、1941 年又增出两期年刊。"暗铎"两字，便是出自蔡先生之亲笔，那年他已是古稀老人，字体端庄，笔画有力，形态饱满，隽永高古，睹之无不令人动容而心生敬仰。

2014 年 4 月，我到沈阳拜访蔡元培哲嗣蔡英多先生。蔡先生时年 85 岁，饱满开阔的前额，春风含笑的仪表、谦逊淡定的神态，酷似乃父。我向他汇报了蔡元培与特殊教育的那些事，并给他看了相关馆藏实物原件，他听得很认真，看得很仔细。他说："我生也晚，记事以后父亲已年近古稀。但我一直与父亲住在一起，他去世时我也就在身边。我父亲以教育为业，残疾人是我们的兄弟姐妹，有教无类，因材施教，保障残疾人接受教育，这是教育的分内事。"他可能因为年龄、精力、时局等原因，对特殊教育还缺乏专门深入的研究与实践，但众生平等博爱济世、开启民智有教无类、民主科学贡献人类，这一直是他的人生梦想。

2017 年 4 月，我在香港讲学期间专门花了大半天时间，历经艰难专程前往蔡元培墓地拜谒。2018 年 12 月，我到山西大学开会，偶遇北大教授陈洪捷。闲聊间提及蔡元培，他说蔡先生的孙女是他的研究生，我说是蔡英多的女儿磊砢吗？他问你熟悉？我说麻烦您代为问好，祝蔡英多先生健康长寿。其实我更想说的是请他转告他们父女，特教人永远铭记蔡元培先生的道德文章。

图一　《喑铎》杂志封面
图二　在北京大学校园内蔡元培先生塑像前留影

《中华聋哑协会成立纪念特刊》：
聋人的组织、无声的友声

十八

《诗经·小雅·伐木》里，有"嘤其鸣矣，求其友声"的诗句，同声方能相应、同气方能相求，人们常用这两句诗用来比喻寻求志同道合的朋友。聋人朋友是我们人类大家庭中的一员，由于先天或后天原因，他们听不到别人的声音，也发不出自己的声音，他们怎么寻求志同道合的朋友呢？

我们研究中国特殊教育史，发现成立于1937年的中华聋哑协会，它竟然汇聚了来自全国各地的2000多名聋人，他们结社办会，创办刊物，创办学校，举办画展，举办运动会，在中国聋人活动史上描绘了一幅超越听障、跨越时空、志同道合、自立自强的动人画卷。

自从美国传教士米尔斯夫妇1887年在山东登州（今蓬莱）创办了中国第一所聋哑学校之后，经过几代人的努力，全国各地相继创办了一批聋校，越来越多的中国聋人接受了现代科学的聋教育。历史上，聋人因为失聪而十聋九哑甚至十聋十哑，所以他们即使面对面也无法进行正常的语言交流，只能用手势或眼神进行简单的沟通。而聋人接受了教育

后，识了字读了书，则可以以笔代言，即使远隔千里，也可以鸿雁传情笔墨言志，表达丰富的内心世界。通过文字聋人朋友一样可以"嘤其鸣矣"。而中华聋哑协会的成立，则标志着中国聋人志同道合、结社雅集、互助协同、合作发展达到了一个新的历史阶段。

中华聋哑协会，1937年6月由何玉麟、孙祖惠、王逊等一批在上海的聋哑人发起成立，是中国残疾人群体自主组织设立的全国性民间社团，1937年8月在上海群学会附设聋哑学校召开协会成立首次会员代表大会，大会推选聋哑学校毕业生何玉麟担任首任理事长，邀请时任中华民国教育部部长的王世杰担任名誉理事长。该协会的宗旨为"联络同病感情，增进聋哑福利"，在上海法租界白尔路设立总部，南京、杭州、重庆、北京、镇江等地设立分会，会员多达2000余人，基本涵盖了当年全国接受过聋哑教育、能够读书识字进行书信交流的聋哑人知识分子。

该协会主办有会刊《喑铎》，刊名由著名教育家蔡

元培先生亲笔题写。该刊物主要"报道聋人动态，发表聋人作品"，每月一期，每期铅字印刷 200 本左右，持续出版了一年多，另于 1939 年、1940 年出版两本年刊。此外协会会员余淑芬、孙祖惠、余长森、章春坡几位聋哑人在杭州还编印出版了一本综合性聋人刊物《聋哑青年》，由于经费困难，只出版了一期，但发到全国各地聋哑学校，受到聋哑人一致好评。协会还创办有"中华聋哑协会附设战时聋哑学校"，后改名为"中华聋哑学校"，何玉麟、王逊、宋鹏程先后担任校长。协会另组织有"美术致用社""哑协篮球队"，主办过"第一届全国聋哑艺术展览会"。

聋哑，对聋人来说是命运造化、生活不幸。聋校，对聋人来说是后天教化、命运转化。中华聋哑协会，是受过教育的聋人朋友以文字为主要手段来创建的互联互通互助互利的精神家园。

我们博物馆收藏有一本《中华聋哑协会成立纪念特刊》，该刊由上海中国科学公司于 1937 年 7 月印刷出版，铅印竖排，图文并茂，正文 60 页。其中收有蔡元培等社会名流亲笔签名、盖章的本会赞助人名录，如林森（时任国民政府主席）、王世杰（时任外交部部长）、何应钦（时任军政部部长）、吴铁

城（时任上海市市长）、罗家伦（时任中央大学校长）、于右任（时任监察院院长）、居正（时任司法院院长）等，均祝贺协会成立并亲笔题词。

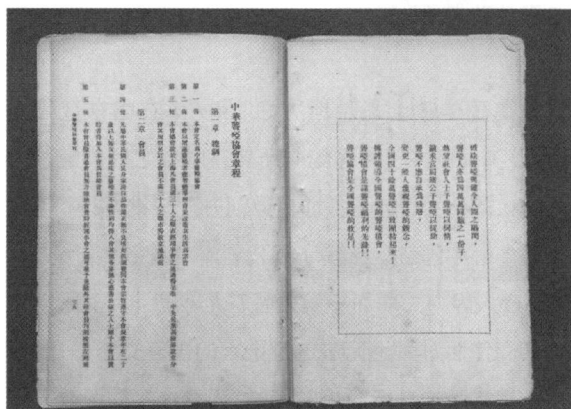

图一　聋哑学校徽章
图二　中华聋哑协会会员证
图三　《中华聋哑协会成立纪念特刊》

报刊里的黄乃：
中国盲字改革、盲文出版与盲人事业

十九

在现当代中国特殊教育史、中国残疾人事业史上，黄乃绝对是一个标志性、关键性的重要人物。这里的标志性、关键性，自然不是说他的显赫身世与革命经历：民国元勋黄兴之子、1937年即加入中国共产党的革命前辈、延安时期被毛泽东多次公开表扬的日本问题研究专家，而主要是指他从1949年双目完全失明成为盲人后，感同身受立志终生造福同病，在盲字改革、盲文出版、盲人事业方面做出的开创性、奠基性贡献。

2021年7月，我出差北京拜访顾定倩先生。顾先生从1970年投身特教，对特教一往情深矢志不移，至今已经半个多世纪，是特教界"学高为师、行为世范"的楷模与榜样。他对我的特教史研究工作，一直是手把手给予指导。这次，他特别提出要带我看看几位特教界前辈的坟墓。人物研究中，实地考察传主的出生地、终老地包括墓地，那都是非常重要的功课。7月的北京，时有烈日，时有暴雨。顾先生特地选了一个烈日中但是暴雨前的时间亲自开车带我前往，去的第一站是八宝山革命公墓黄乃先生墓地。

黄乃先生大名，我自然是如雷贯耳，除了认真读过他的《新盲字入门》《怎样教育人学盲字》《建设有中国特色的汉语盲文》外，我还拜访过先生哲嗣黄与群，去过黄乃先生晚年在木樨地的家。在偌大的八宝山革命公墓园林里，顾先生熟门熟路很快就找到了黄乃的墓。"辛亥革命元勋黄兴幼子""中国新盲文之父""承先人遗志终生奋进笃实为人为业留典范 沥一腔心血鞠躬尽瘁汉语双拼盲文树丰碑"，面积不大的黑色墓碑上，这四行字分外醒目，当然也格外简洁凝练地诠释了黄乃的一生行迹，可谓言简意赅、科学准确。

黄乃生于1917年，乃黄兴之遗腹子，其母因为失去丈夫过于悲痛早产，导致黄乃视觉神经发育先天不足，后天黄兴又因为学习工作中用眼过度，导致高度近视，到1949年时双目完全失明。失明后，黄乃一度陷入人生最低谷，精神严重抑郁，是立志造福同病、献身盲人事业的高尚追求让他走出了个人痛苦。

他在极其困难的情况下，于1952年改造创制了中国新盲文，并成功在全国推广；1953 年起至 1959 年，他出任教育部盲聋哑教育处副处长、处长，直接领导完成了全国旧盲校旧聋校的政府接管与国有化公立改革，并结合国家发展时代新需要，创建盲聋哑学校。据统计，1959 年黄乃先生离开教育部任职内务部，此时全国盲聋哑学校的数量已经从新中国成立初期的 42 所增至 1959 年的 479 所，在校学生从 2000 余人增至 26701 人。其间艰辛与功绩，不言而喻。

此外，黄乃还以高度的革命理想与旺盛的工作热情，积极推动中国盲人福利会的创立、中国盲文出版机构的创制。1954 年 3 月，《盲人月刊》在毛泽东、周恩来、谢觉哉等的直接关心与指导下正式创刊，创刊号上黄乃发表了题为《向愚昧和无知进行坚决的斗争》的文章，他明确指出："中国盲人有两个可怕的敌人，一个是旧社会对盲人的压迫和歧视，另一个就是盲人自身的愚昧与无知。让盲人接受教育，这是新中国盲人事业的重中之重。"

1959 年后，黄乃长期担任中国盲人聋哑人协会主要负责人，他为中国特色的盲人事业奉献了所有的一切，直至 2004 年因病逝世。一个人如果给后人留下了文字的东西，在某种程度上他的生命便得以延续。而黄乃先生创制了中国新盲文，为数以千万计的中国盲人留下了能够见到光明的新盲字，他的生命永垂不朽！

子冈，即彭子冈，1914 年生，1938 年加入中国共产党，民国时期最著名记者之一。1953 年 3 月她在《中国青年》刊物上发表了采访黄乃的文章，一时使黄乃和他创制的盲字、从事的盲人事业传遍中国。

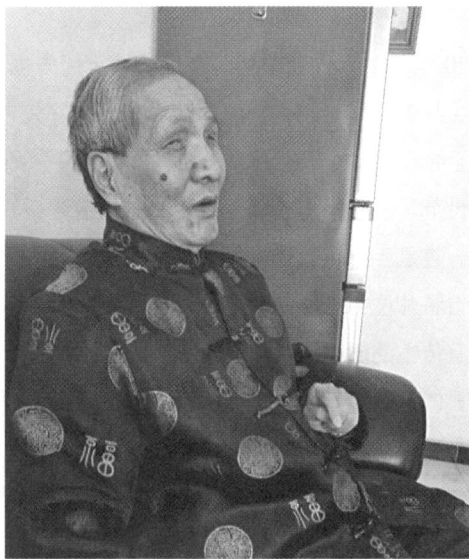

图　拜访黄乃五十年代盲训班学员陈水木木留影

图一 图二 图三　黄乃出版的部分专著

图四　1953年第3期《中国青年》刊发名记者子冈采访黄乃稿件

真铎启喑年报：
鲍瑞美和她的特教人生

二十

在海峡两岸特殊教育界，提起鲍瑞美那是无人不知且赞不绝口。她在事香港聋教育一线工作 45 年，其中出任真铎启喑学校校长 32 年，把学校办成了亚洲乃至世界名校。2000 年，她荣退后依旧活力不减，足迹遍布祖国各地，先后完成内地 700 余所聋校中 5000 多名校长与教师的培训任务，资助 352 所聋校配齐基本设备，连续资助主办了 10 次全国性聋校教育改革大会，建立健全了海峡两岸暨香港的聋教育交流平台与合作机制。她曾被评为"香港杰出青年"，荣膺香港"太平绅士"，荣获"香港荣誉奖章"，2017 年被香港大学授予名誉社会科学博士学位。她长期担任亚太地区融教育学会主席、香港英华渔人协会副主席。

近十年来，我为筹建中国特殊教育博物馆，经常往来全国各地的特校，当然也包括香港、台湾地区的特校。在聋教育方面，所到之处、所谈之人、所遇之事，"鲍瑞美"是"抬首低头寻常见，聋校聋教总相逢"的一个绕不过去的名字。

想念不如相见，2017 年 5 月我到香港讲学，讲学之余专程拜访仰慕已久的鲍瑞美先生。她家在香港元朗，我住在香港本岛。她担心我不熟悉公共交通路线，也顾虑我恐囊中羞涩不方便打出租车，特别提前预约了一辆出租车，让司机来本岛接我到元朗，下车时她还亲自迎候，令我惭愧不敢当。我一看出租车费用，近 500 元港币，虽说有点贵，但能见到鲍先生，这又算得了什么呢？可想不到的是，鲍先生怎么也不肯让我付，更让我无地自容。

"踏遍青山人未老，风景这边独好"，82 岁高龄的鲍先生依旧精神矍铄，光彩照人。我们的访谈从她的童年开始，她祖籍广东中山，是旅日华侨，出生于日本横滨。抗日战争全面爆发后，一岁的她随父母回到祖国，多年辗转广东、香港各地，爱国主义在她幼小心灵根深蒂固。从 20 岁服务聋教育事业起，爱国、爱聋生便成了她毕生的追求。

1997 年香港回归祖国后，她联络自己早年在英华女校读书时的四位校友，创办了香港英华渔人协会，筹措大量资金，专门用于内地的聋教育在职教师培训。教育发展，师资为先，"给人以鱼，不如授人以渔。"鲍先生和香港英华渔人协会，为内地聋教育的科学发展、合作发展、开放发展，注入了不竭的动力提供了财力的保障。与鲍先生交谈，如坐春风里，谈及内地一些聋校、聋教育专家，她都能一一道来，如数家珍。我提及不久前她荣获香港大学荣誉博士时，她说："我只是一个普通的特教工作者，这个荣誉太高了。"我回到南京后，专门从网上搜得她的颁授词："鲍瑞美女士为特殊教育的发展，尤其是在听障儿童教育方面，作出了重大贡献，她最初致力在港服务，后又帮助中国内地发展相关工作。鲍女士既是身为师表的教育家，亦是策划者和推动者，肩负着经费筹募、辅导、创新、改革等任务，既照顾这群儿童的教育需要，也努力改变社会弱势群体的传统观念，让伤健人士在生活上实现共融。"

这是一本真铎启喑学校 1961 年到 1963 年的年报。这种年报类似于当今的年鉴。小 32 开，黑白印刷，中英对照，图文并茂。年报依次是"校务报告"（学生方面、工艺所、小组方面、童军方面、健康方面、校外活动方面、赠品及捐助等）、"奖学金捐助者芳名录"，另附一组五张反映学校教学活动的照片。这本年报，客观真实详细地记录了真铎的发展足迹。

ANNUAL REPORT
1961-1963

Hong Kong School for the Deaf

$\frac{1}{2}$

图一　鲍瑞美博士颁授照片
图二　真铎启喑学校年报（1961—1963）

1981 年的《人民画报》：
她让全国人民与世界人民了解了聋教育

二十一

1981 年，对全球残疾人来说，是非常重要的一年。因为这一年是联合国确定的"国际残疾人年"，它的主题口号是"充分参与和平等"，即残疾人在个人条件允许的情况下，尽可能充分地参加社会生活，并享有与正常人完全平等的权利。设立残疾人年的主要目标是促使人们关注残疾人的生活和工作境况，消除社会对他们的偏见和歧视，确保他们尽可能正常生活在社会之中，促使各国政府和国际社会努力为残疾人提供适合他们需要的教育、训练、医疗和指导。

1981 年，对中国残疾人来说，更是极具里程碑意义的一年。这一年，刚刚打开国门进行改革开放的中国，正沐浴着和煦的春风，到处是希望的田野。中国政府积极回应国际社会，制订了迎接国际残疾人年的全年方案：发行"纪念国际残疾人年"特种邮票，成立欢庆国际残疾人年的从中央到省市县各级专门组织（该组织作为常设机构，几经演化，后来与中国盲聋哑人协会、中国残疾人福利基金会等一起共同组建成中国残疾人联合会），开展全国性关爱残疾人宣传活动，等等。

1981 年，我国当时电视普及率不足 1%，广大人民群众收集信息的主要渠道是报刊与广播。《人民画报》是当年我国发行量最大的国家级彩色大开本印刷画刊，该刊用汉语、蒙古语、维吾尔语、哈萨克语、朝鲜语、俄语、英语、德语、法语、日语等十九种版本面向全球发行。这一年第十期的《人民画报》以"残而不废的人们"为题，对我国残疾人事业进行了六个整页的报道。作为残疾人事业的基础与关键，"特殊教育"占了两个整页，选用了七张照片。其中就有时任南京盲哑学校教导处副主任朱菊玲给学生进行语文教学的照片，篇幅占了两个整页的几乎一半。

朱菊玲是谁？为什么在全国特殊教育界选了她的照片？

朱菊玲，女，1944 年生于南京。1960 年，年仅 16 岁的她就投身聋哑教育事业，当上了南京盲哑学校语文教师。此后她历任该校班主任、少先队辅导员、团支部书记、教导处副主任、教导处主任、副校长，为办好聋哑教育鞠躬尽瘁奋斗终生，直至

2021 年 8 月突发血管瘤大出血去世。去世前，她仍一直从事国家教材委员会聋校《语文》《沟通与交往》等教材的审核工作，五月份还在北京参加了相关研讨会。

1981 年的朱菊玲 37 岁，风华正茂。在聋校工作了 20 年的她，已经成长为全国知名的聋教育专家。她热爱聋童、钻研教学、加强科研，在聋校语文教学、手语口语双语教学、聋校德育工作、聋校教材与课程建设、聋校师资队伍建设等方面都取得了丰硕成果。1994 年她被评为"江苏省特级教师"，这是江苏省最早的来自特殊教育战线的特级教师之一（徐州特校教师赵锡安于 1990 年被评为特级教师）。此后她又先后荣获国务院颁发的"全国三项康复工作先进个人"称号及"全国特教先进工作者"、江苏省"红杉树园丁奖"等多项重要荣誉。她还在全国最早创办了聋校学前班，较早开办了聋儿康复中心，参加多套全国聋校教材的编写工作。她经常说："我们对聋哑学生的爱，代表着党和人民对残疾学生的无限希望和关怀，是我们教师对祖国、对人民无限忠诚和热爱的表现。"

朱菊玲所在的南京聋校，是我国历史上第一所公办特殊教育学校，创办于 1927 年。2017 年为该校建校九十周年，我曾经两次应邀到该校查看校史资料，两次都有朱老师陪同，她温文尔雅、满脸笑容的神态我至今历历在目。今年 8 月她突然去世，我非常悲痛。40 年前，正是通过《人民画报》通过朱菊玲，全国人民了解了聋哑教育，全世界了解了中国特殊教育。

1981 年第 10 期《人民画报》以"残而不废的人们"为题，对中国残疾人事业进行了专题报道。在"特殊教育"方面，就是通过对朱菊玲老师的宣传报道来进行生动形象的介绍的。当年的配图文字是："南京市盲哑学校教导处副主任朱菊玲在给学生上语文课。她反复示范发音，打出汉语拼音指式，并伸开手掌教聋童感觉口腔中气流的变化特征。"

图 《人民画报》1981 年第 10 期对朱菊玲老师的报道

一张老报纸：
数据里的特殊教育

二十二

马克思说："一种科学只有在成功地运用数学时，才算达到了真正完善的地步。"任何学问都是一个逻辑系统，从概念出发，形成判断，经过逻辑推理进而形成体系。如果这个逻辑系统能够被证实，那就需要其构成要素的概念具有计量性，都能够接受统计数据的检验。特殊教育也有自身的逻辑系统，更需要统计数据的检验。

我国近代教育学意义上的特殊教育，肇始于晚清。从第一所盲校在北京创办开始，一百多年的特殊教育史可以分为三个大的历史时期，一为1874年到1911年，晚清时期；二为1912年到1949年，中华民国政府时期；三为1949年到2019年，新中国建立至今。回顾历史，我们会清晰地发现，第一阶段中国特殊教育在西学东渐中艰难起步，但直到清政府覆灭都没有一所中国人自己创办的特殊教育学校。第二阶段，中国特殊教育在民族自立教育自强中跋涉前行，一批中国本土的仁人志士，睁眼看世界，铁肩担大爱。尽管时局内忧外患，但国人创办的特校数量上历史性地超过了外国传教士创办的数量，谱写了中国近代教育史上的可歌可泣的

特教篇章。但无论晚清还是民国，无论教育规模还是办学成果，我国的特殊教育还是非常落后的。

新中国成立后，人民当家作主，中国特殊教育终于迎来了新的历史纪元。数据里看特教，我们可以强烈而生动地感受到一百多年来，特别是新中国成立七十年来政治昌明、社会文明、经济繁荣、科技进步、教育发展的历史足音与时代气象——

中国第一所聋校：1887年（世界第一所聋校：1760年建于法国）。

中国第一所盲校：1874年（世界第一所盲校：1784年建于法国）。

1922年的一组数据：
我国特殊教育学校数量：40所左右（见诸史料的初步统计）。

而同一年美国227所，日本72所，英国124所。1949年全国特殊教育学校数量42所，在校学生

2380 人，教职员工 60 人。

1987 年全国特殊教育学校 504 所，在校学生 5.2 万人，教职工 1.4 万人。

2018 年全国特殊教育学校数量 2152 所，在校学生 66.59 万人，专任教师 5.87 万人。

我们博物馆收藏有一张 1988 年 11 月 24 日的《中国教育报》。该报头版头条文章主题目是《我国特殊教育落后面貌亟待改变》，引题是"盲童入学率为 3%，聋童入学率为 5.5%，残疾儿童总入学率不足 6%"。

从 1988 年到 2018 年，只短短 30 年，我国特殊教育学校数量从 504 所增至 2152 所，学生从 5.2 万增至 66.59 万，教师数从 1.4 万增至 5.87 万。通过数据，我们发现特殊教育的发展确实已经是"天翻地覆换了人间"。

图 《中国教育报》1988 年头版头条刊登关于我国特殊教育的文章

特教文献类

4. 书信

聋人书信：

有口对面难言，鸿雁传情天涯咫尺

——从顾颉刚长女顾自明写给吴致远、宋鹏程的一封信说起

顾颉刚（1893—1980），江苏苏州人，我国二十世纪最著名的历史学家之一。顾自明，顾颉刚长女，1913 年 2 月出生于苏州，自幼因病失聪。5 岁时生母去世，随祖父母在杭州生活。1929 年 3 月随父居住在北京，后入杜文昌创办的北平私立聋哑学校读书。因女儿求学事，顾颉刚得以认识杜文昌，杜邀请顾为《北平聋哑学校特刊》作序，1930 年 11 月 18 日顾颉刚写成序言，文长千余字，对杜文昌创办聋校予以褒奖与称颂："杜文昌夫妇从梅氏（即创办烟台聋校的美国人米尔斯夫人）研究聋哑教育五年，于 1919 年秋到北平创办聋哑学校……聋哑者因身体的缺陷不能得之家庭者而可得之于学校，使得他们不感到被摒于社会的痛苦，这实在是完成了教育的全功。"

1937 年 7 月，在战火中顾自明随继母殷履安逃难到重庆，1939 年到成都与父亲团聚。因为家风熏陶，加之聋校学习，顾自明博览群书爱好写作。1941 年顾颉刚曾亲自为她的《中缅的历史关系》一文进行修改。1943 年 5 月初，顾自明与当时逃难到贵阳的北平聋校同学赵广顺结婚，赵广顺擅长绘画，

任职于贵州医学院。顾颉刚在同年 5 月 9 日日记中写道"自明之嫁，几于不能成礼，而所耗已在万元之上。"当时殷履安重病，他专派次女顾自珍陪同前往贵阳。顾自明于 1943 年中秋夜在贵阳写信给远在上海的聋人吴致远、宋鹏程。吴致远，曾担任镇江胜天聋哑学校教务主任，时任教于中华聋哑学校。宋鹏程，1922 年生于江苏江阴，上小学一年级时因病致聋，曾求学于私立上海聋哑学校。1938 年与聋人胡文忆一起创办上海哑青学校，后任教于中华聋哑协会会长何玉麟创办的中华聋哑学校，时任校长。新中国成立后宋鹏程回到家乡无锡，任职于无锡市聋哑学校。今年他已经 98 岁高龄，安居无锡。

顾自明的这封信，蝇头小楷，字体隽秀，文笔流畅，叙事清晰，饱含深情。如果不告知，恐怕很难有人看出此为自幼失聪的聋人所写。信中提及《喑铎》，这是一本创刊于 1938 年 6 月的聋人月刊，创刊宗旨为"联络感情、切磋学业、交换智识、宣传聋哑学识技巧"，共出刊 12 期，至 1939 年休刊，1940 年、1941 年增出两期年报。此刊所有编印发

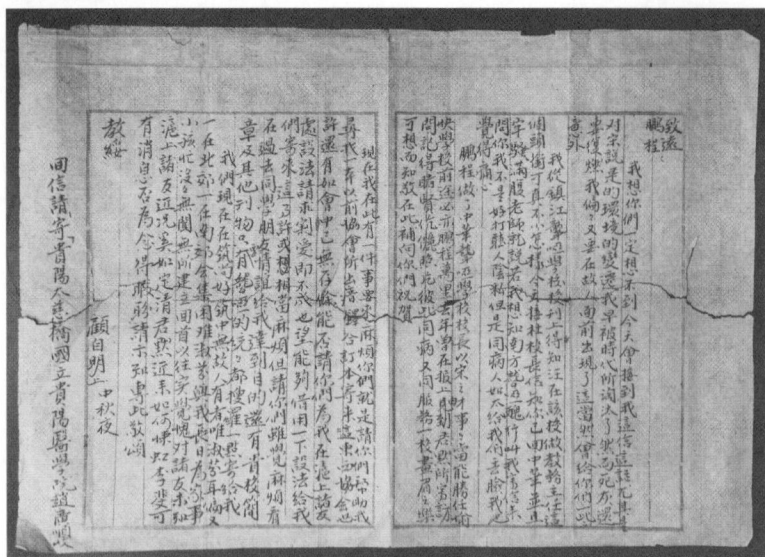

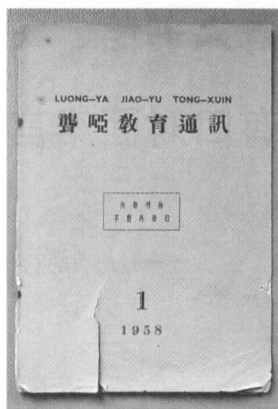

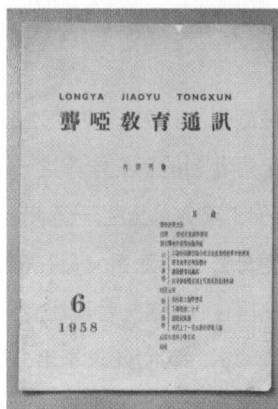

工作均由聋人担任，铅字印刷，图文并茂，小说、诗歌、散文、消息、新闻、书画等一应俱全，是我国聋教育史上一份重要的文献，刊头由著名教育家蔡元培亲笔题写。

对中国聋教育史来说，这封信的内容并不简单，所提及人物均为聋教育界的名人。其中，杜校长，即北平私立聋哑学校校长杜文昌。淑芬，即余淑芬，早年求学于杭州龚宝荣创办的吴山聋哑学校，14岁即与孙祖惠在杭州创办启智聋哑学校，后在贵阳创办聋教育培训班、聋哑学校，是贵州聋哑教育的创始人。定清，即李定清，1944年创办上海光震聋哑学校并任校长。聋人因为失聪即使当面也无法进行语言交流，而聋人接受教育读书识字后，即使远隔千里，也能鸿雁传情、笔墨言志，这就是文字的力量，更是聋教育的力量。

1	2
	3
	4

图一　顾自明写给吴致远、宋鹏程的一封书信
图二　图三　五十年代出版的《聋哑教育通讯》
图四　余淑芬晚年照片

周有光写给沈家英的 17 封书信：
汉语手指音节指式图的合作

二十四

2019 年 8 月，我到北京参加《中国教育活动史研究系列》丛书编写会议，受命承担《中国特殊教育活动史》写作任务。研究中国特殊教育史，我是误打误撞。差不多十年前，学校命令我负责筹建中国特殊教育博物馆，当时是无知者无畏。幸好在当年一批特教界前辈的指导与帮助下，我慢慢有了方向，虽然脚步总是慌乱，但目光一直坚定。我多次拜访过周有光先生、沈家英先生，他们对我来说就是灯塔一样的人物。可惜他们分别于 2017 年和 2016 年去世了。不过对我来说，他们只是分别，始终没有离开。

周有光（1906—2017），江苏常州人，1955 年起奉调到北京中国文字改革委员会，专职从事语言文字研究。沈家英（1925—2016），江苏镇江人，1956 年起奉调到北京教育部盲聋哑教育处，专职从事特殊教育工作。1958 年 2 月，周有光负责起草完成的《汉语拼音方案》经全国人大通过正式发布。同年 7 月，中国聋人手语改革委员会成立，周有光出任委员会副主任，具体承担聋人手语改革工作。此时的沈家英，已经成为中国聋人手语改革的重要成员。

与周有光从事语言文字改革属于半路出家中途改行一样，沈家英大学是学药学的，新中国成立后因为上海盲校缺乏专业教师，她改行做盲校教师，干一行爱一行，爱一行成一行，短短几年时间，就成为业务精湛的行家里手，1956 年荣获上海市政府颁发的优秀教师称号，同年年底选调进京入职教育部。1959 年第一版《聋人通用手语草图》出版，1963 年《汉语聋人手指字母方案》正式公布推广，这一方案凝聚了周有光沈家英等的合作智慧。聋人手语，基本包括手势语与手指语两种。手指语，又称"单指语"，当时拟制的方式是：声母韵母由单手完成，通常是右手。复韵母指式由 6 个单韵母指式组合，拼打音节时是声母加韵母加声调。当年在推广过程中，沈家英结合聋人手语使用实际创造性提出"双指语"概念，即使用"声韵双拼"方式，变单手为双手，一手打声母，一手打韵母，这样可以提高手语交流的准确性、丰富性、科学性。

就在沈家英不断推进手语研制的时候，由于种种原因，工作受到了限制。无论周有光还是沈家英，都无法公开从事"双指语"研制工作。周有光下放到宁夏平罗"五七"干校，沈家英下放到安徽凤阳"五七"干校。1973年起，周有光、沈家英得以陆续回到北京。怀抱着对聋人事业的赤子之情，两人重新开始进行聋人手语的"地下"研制工作，其时周先生年近古稀，沈家英年近半百。

1974年7月，周有光和沈家英合作共同设计完成的声韵双拼《汉语手指音节指式图》正式公布，进而在全国各地聋校陆续施行推广。它在1963年公布的《汉语手指字母方案》基础上增加了20个指式，使用时右手打声母，左手打韵母，双手配合同时发出，一次即打成一个完整的汉语音节，这种方法用于教聋童汉语音节和唇读十分有效。这是中国手语研制历史上的一次里程碑式的成果。

1973年，周有光从宁夏平罗"五七"干校、沈家英从安徽凤阳"五七"干校回到北京。割舍不了对聋人手语研究的爱，抱着让全国聋童更快更好地使用标准科学高效的手语这一个共同目标，他们一个在东城，一个在西城，书信相联，重新启动了对声韵双拼汉语手指音节的研究。

2019年8月26日傍晚，我如约来到北京海淀区曙光花园，再次拜访沈家英儿子包宗业。古稀之年的包先生精神矍铄，他拿出一包珍藏的书信给我看。包先生给我看的这批书信，全是周给沈的回信，1974年14份，1975年3份。当年他们一个住北京东城的沙滩后街，一个住北京西城的锦什方街，没有电话，平时所有联系全依靠书信。这17份书信，均为周写给沈的（不知当年沈写给周的信件还存世否？），钢笔书写，方格稿纸，字迹娟秀明丽，文字通达明确。

透过书信，可以遥想当年，周有光就手指语的研制与沈家英如切如磋、如琢如磨、互相推敲、共同酝酿而呕心沥血的日日夜夜。古诗云："烽火连三月，家书抵万金。"家书那是一种战乱年代割舍不断的亲情。而这17封信，不是家书胜似家书，这是一代知识分子心怀大爱、造福特殊教育的家国情怀。

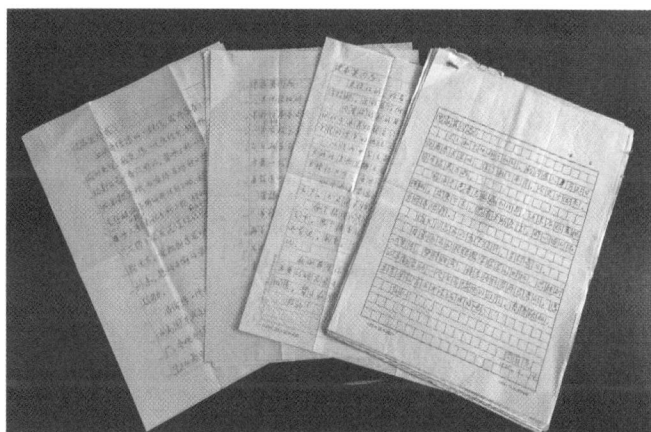

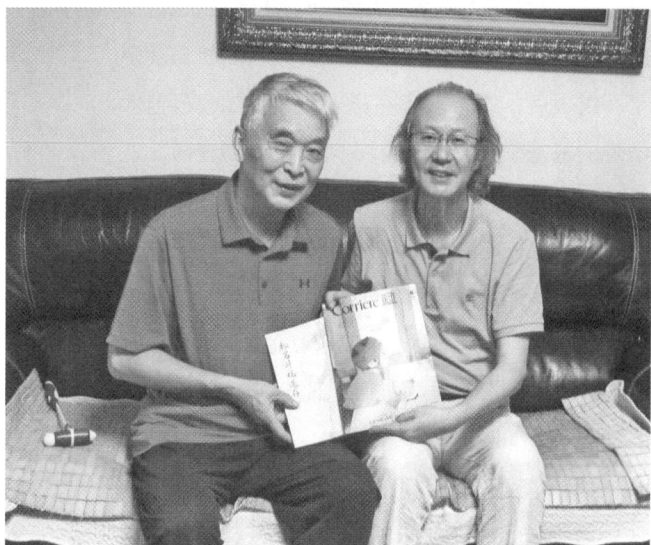

李石涵的一份公开信：
中国聋人事业杰出领导者的赤子情怀

二十五

李石涵（1919—1993），祖籍湖南桂阳县，生于福建省闽侯县。其父亲李木庵（1884—1959），我国著名法学家、诗人、书法家，抗战时期曾任陕甘宁边区高等法院院长，新中国成立后曾任中央人民政府司法部党组书记、副部长。从小受父亲的影响，李石涵热爱学习、思想进步、目标远大。然而不幸的是，1933年春他在中学读书时，因脑膜炎后遗症而导致耳聋。失聪不失志，1934年2月他毅然投身革命加入红军，并曾经在苏区面见过红军领导，革命意志日趋坚定。后来李石涵参加了长征，成为少数几位最终到达延安的聋人战士。抗日战争全面爆发后，1938年他在延安积极参加鲁迅艺术学院的筹备工作。1939年6月李石涵到晋西北八路军120师独工旅政治部任宣教科科员。其间他克服双耳失聪的困难，全身心投入训练特殊战士，指挥搜集传递情报协助作战等工作，为革命事业做出了特殊贡献。李石涵、刘亚超、王雷这三个聋人当年成为李克农最得意的聋人部属。

1940年，李石涵调到延安总政宣传部军政杂志社任校对股长。1941年重回鲁艺，出任鲁艺图书馆馆长。1945年抗战胜利后，李石涵先后任华北联合大学图书馆副馆长、馆长和东北大学（后改名为东北师范大学）政治资料室主任、图书馆副馆长、馆长。1950年调外交战线工作，曾任中国驻瑞士大使馆秘书、研究员。1955年由外交战线调至北京师范大学图书馆工作，担任副馆长、校顾问、史学研究所研究员，兼任中国聋哑人福利会筹委会常委、中国聋哑人福利会常委、中国盲人聋哑人协会常委，负责协会的国际联络活动。1979年至1984年任中国盲人聋哑人协会专职副主席。1988年3月当选为首届中国残疾人联合会主席团副主席，当时中国聋人事业的主要领导者。编著出版有《从七七到八一五》《现代民谣民歌选》《怀安诗社诗选》等。

1983年6月29日至7月6日，时任中国盲人聋哑人协会副主席的李石涵率中国聋人代表团赴意大利参加了世界聋人联合会第十一届代表大会和第九届世界聋人大会，受到70多个国家代表的热烈欢迎，充分展示了改革开放以后中国残疾人事业蓬勃发展的时代风貌。1984年12月17日至23日，李石涵又率领中国聋人代表团赴香港参加世界聋人联合会亚洲秘书处委员会成立大会和第五届亚洲聋人会议。作为二十世纪八十年代中国聋人事业的主要领导人，李石涵带领全国聋人，在推进全国各级聋人组织、推进全国聋教育事业加快发展、切实提高全国聋人综合素质等方面做出了里程碑式的贡献。

中国特殊教育博物馆馆藏一份李石涵同志写于1980 年的亲笔信函，内容提及延安时期一位名叫李健侯的著名士绅的历史评价问题。李健侯著有反映李自成起义的历史小说《永昌演义》，抗战期间此书曾经李鼎铭先生转呈毛泽东主席，毛主席对此书有些观点不尽赞同，但对作者的探索精神明确表示过敬意。建国不久，李健侯因病去世。1980 年《革命文物》杂志发表了一篇题为《李鼎铭先生二三事》，作者在文中提及李健侯，对李及《永昌演义》表达了诸多负面评价，导致出版社在编辑李石涵《怀安诗社诗选》一书时想要拿掉书中选用的李健侯的诗作。为客观评价李健侯的历史贡献，李石涵以历史见证人与老共产党员的身份，亲自写信给出版社，就此事明确表明自己的观点与主张，体现了他追求真理、主持正义的历史唯物主义者的科学精神与共产党员勇于担当、敢说真话的崇高境界。

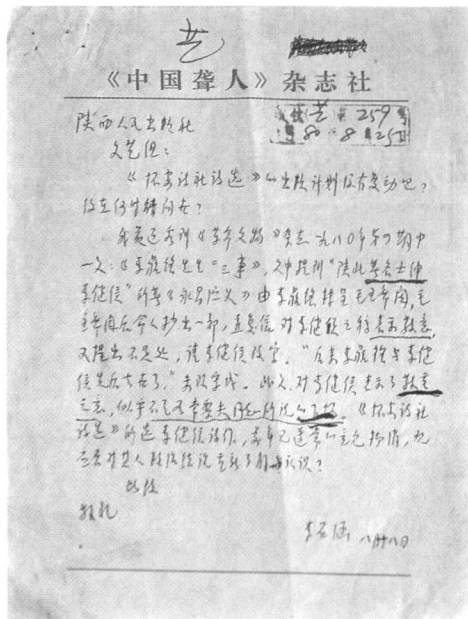

特教文献类

5. 其他文献

盲教育题材明信片：
晚清福建盲教育拾遗

二十六

福建是我国东南沿海省份，独特的地理环境、文化传统、经济形态与社会结构，造就了其独特的发展历史。特别是近代以后，福建更是得地理之便，得风气之先，成为对外开放、西学东渐的先行者。那么在特殊教育这一彰显社会文明进步程度的事业方面，福建情况如何呢？

我们博物馆馆藏一批珍贵的明信片，印制时间为1900年前后，印制国家为英国，明信片一面供贴邮票、写通信地址与内容，另一面为黑白照片，均为福建盲人及盲教育教学活动的场景。这一套明信片一共13张，其中3张为实寄封。明信片上照片的主角均为盲人，有的是盲童在上体育课、音乐课、手工编织课，有的是盲人铜管乐队在演奏，有的是盲童生病在病床上服药，等等。根据福州盲校校史记载，该校盲人铜管乐队曾享誉海内外，1921年远赴英国105个城镇及王宫演奏，获得了英国方面的高度评价。

透过这些照片，佐以历史文献，我们捕捉到晚清福建盲教育的一些历史踪迹与时代记忆：

1895年，英国基督教长老会传教士礼荷莲在福建泉州创办指明堂（盲校）；

1896年，英国圣公会（女部）女传教士高灵桐（又称高师姑），在福建古田设立明心盲院；

1898年，澳大利亚女传教士岳爱美（又称岳师姑），在福建连江创办连江盲童学校；

1901年，岳爱美停办连江盲童学校，到福州创办灵光学校；

1903年，英国传教士史蒂芬（又称沈师姑），在福建福州创办盲女书院；

1908年，英国圣公会（女部）传教士，在福建建宁创办建州盲校；

1908年，英国圣公会传教士赵玛利亚（人称赵师姑），在福建建州创办心光盲校；
…………

上述这些盲校，均为清朝末年外国传教士创办，大多以慈善救济为主，办学规模很小，师生均不固定，办学条件、办学水平参差不齐，办学时间也时断时续。但这些学校是近代福建特殊教育的滥觞与萌芽，可歌可泣，永载史册。世纪轮回，岁月更替，而今泉州特殊教育学校的源头可追溯至1895年的指明堂，福州盲校的源头可追溯到1898年的连江盲童学校。

2012年至2018年，我到福建各地进行调查研究，2012年7月到厦门、漳州，2013年10月到泉州、三明、龙岩、福州，2014年12月到福州，2015年到福州、宁德、古田，2017年10月、2018年7月到厦门，2018年11月到福州。这么多次的田野调查与实地考察、人物访谈，加上大量的文献检索与史料考证，晚清福建盲教育的脉络逐渐清晰：因为福建开埠较早、中西方交流较多，西方先进思想较早进入，本土文化教育较早呈现开放格局，所以福建盲教育起步较早，甚至在早期中国盲字中，厦门语音、福建语音成为重要分支，对海峡两岸的盲字演变与发展卓有贡献。

1
—
2

图一　晚清福州盲教育明信片
图二　拜访福州盲校1925年校友荣美英的养子刘仲英（右）

人民教育家吴燕生：
中国聋教育的先驱者

二十七

吴燕生（1900—1958），中国共产党优秀党员，中国聋教育的先驱者。他生于北京，早年家境贫困，中学没有毕业就离家打工。1919 年山东齐鲁大学毕业生杜文昌创办了北平私立聋哑学校，当时吴燕生所住的地方就在这所学校里，因每天耳濡目染，他觉得办聋校既神奇更伟大，遂立志投身聋哑教育。

吴燕生一生有三段主要的聋哑教育经历，第一段是从 1923 年到 1931 年，他到沈阳创办了当时东北地区第一所聋哑学校并亲任校长，学校名称为"私立沈阳聋哑职业学校"。校舍最初设在沈阳城内一所名叫景佑宫的庙宇内，开办之初只有一个学生，到了 1930 年，该校学生数增至六十余人，课程除了普通教育科目及手语口语外，另传授应用型的劳动技能，"使富家聋哑儿童，得获教育之深造；贫穷聋哑儿童，亦长一艺以谋生"。1931 年日本发动"九一八"事变，东北沦陷，誓死不当亡国奴的吴燕生毅然决定停办聋校。1933 年他在爱国将领张学良的资助下，前往日本东京聋哑学校半工半读学习聋哑教育与儿童心理学。这一段创办聋校的经历

前后历时八年，使他与杜文昌等一起成为中国聋教育本土开拓的先驱者。

第二段是吴燕生 1935 年从日本学成归来，回到北京（时称北平），从 1935 年到 1937 年，他创办了北京城内第一所公办市立的聋哑学校，学校名称为"北平市立聋哑学校"。不同于当年在沈阳创办聋校的简陋，此时已经拥有近十年聋校校长经验及两年日本聋哑教育留学经历的吴燕生，立足高起点、高水平办学，尤其在办学条件方面，他经过多方努力，使市立聋哑学校在创办之初，校舍面积即达四十间，第一批学生人数就有 29 名，师资水平也整体较高，教师全部为正规师范学校毕业生。

中国特殊教育博物馆收藏有一本 1936 年铅印、吴燕生亲自组织编写的《北平市立聋哑学校概况》。该概况详细介绍了学校的创办经过、学校宗旨、学校校训、学校校色、校址图、组织系统、普通设施、特殊设备、学校编制、经费支配、设施概况、卫生工作概况、学生生活、聋哑童子军概况、教职员职务分配、学校章程、学校未来计划等等。此外，概

况还配发了清晰精美的全校教职工合影、学生合影等。此校当年俨然是一所办学制度规范、办学条件良好、办学师资上乘的名校了。可惜 1937 年 7 月日本发动卢沟桥事变，早在沈阳工作期间就已经积极参加抗日救亡运动的吴燕生，只能离校奔赴延安参加革命。

第三段是 1955 年到 1958 年，吴燕生出任中国聋哑人福利会副主任委员兼总干事。奔赴延安后，他主要从事革命的保育教育工作，建国初期他在东北主要从事工农干部教育。1955 年，组织上考虑到他之前有两次创办聋校的宝贵而难得的经历，特别把他从东北上调中央政府内务部，出任中国聋哑人福利会领导。吴燕生回归到他早年钟情的事业后，工作热情更加高涨，废寝忘食全身心地投入工作。1957 年，他亲自率中国聋哑人代表团参加在南斯拉夫举行的世界聋哑人大会，在会上积极宣传新中国的聋哑人事业。就在他全面开始谋划中国聋哑人教育发展的时候，因常年拼命工作积劳成疾，他不幸身患癌症，于 1958 年与世长辞，年仅 58 岁。

这本《人民教育家吴燕生》，由吴燕生当年从事聋哑教育、保育教育、工农干部教育等时的同事、所教授的学生撰写而成。书中深情回顾了吴燕生短暂而伟大的教育人生，书内还收有党和国家领导人给吴燕生同志的题词。

盲人教育家徐白仑写作用的纸板及手稿

徐白仑，男，1930 年生，江苏宜兴人。1955 年毕业于南京工学院（今东南大学）建筑系，后被分配至北京市建筑设计研究院工作。其父为著名报人徐铸成，先后主持过《大公报》《文化报》笔政。因种种原因，徐白仑被父亲牵连。他拼命工作，终因积劳成疾外加医疗事故，导致右眼失明，左眼仅存光感。那是 1971 年，徐白仑正值壮年。

失明后的徐白仑，以苏联作家奥斯特洛夫斯基为人生榜样，弃工学文，从事文学创作。他请人专门定制了一块三夹板，两侧均匀地刻上了小槽，槽与槽之间正好一行字的宽度。使用时先用夹子将 16 开白纸固定在三夹板上，在对应的小槽上扣上一根橡皮筋，然后用手摸着它写汉字，写完一行后就用橡皮筋移到下一对小槽。后来他又请人把皮鞋盒盖加工成另一种写字板，即在硬纸板上用刀片刻出一行一行的长方形空格，然后用三夹板和夹子固定，将字写在格子里的白纸上。失明后的奥斯特洛夫斯基就是用这种方式写作了《钢铁是怎样炼成的》。徐白仑写作的第一部长篇小说，书名为《眼神深处》，历时六年，在三夹板上的长方形方格里"跋山涉

水"，可谓字字心血，行行艰辛，岂一个"不容易"了得？

功夫不负有心人，失明后的徐白仑凤凰涅槃、浴火重生，完成了从建筑学到文学继而到教育学的华丽转行。他发表了一批深受读者喜爱的文学作品，他创办了中国第一本盲文版文学期刊《中国盲童文学》，他倡导组织了三届全国盲童夏令营，他发起举办了全国盲人中学生智力竞赛。他力主制定、改革并推广的中国"金钥匙盲童教育规划"，为中国特殊教育开辟了"随班就读"的历史先河，为数以万计经济落后地区的盲童赢得了接受教育的机会，被国际社会誉为中国"金钥匙模式"，联合国教科文组织特授予他"夸美纽斯奖"，此为目前我国获此殊荣的唯一一人。他还获得过"全国五一劳动奖章""北京市优秀党员""北京市劳动奖章""全国自强模范""日本后藤国际育儿奖""宋庆龄樟树奖"等重要荣誉称号。

2013 年 8 月和 2014 年 11 月，我两次专程到徐白仑家里拜访。每次拜访之前我都认真做好功课，比

如通读了能够找到的几乎所有的徐白仑先生的作品，甚至他父亲徐铸成先生的大量作品，我也浏览了许多。两次面谈，包括几次电话交流，我们所谈可谓甚欢。

徐先生给我们博物馆捐赠了《眼神深处》的手稿，他还说："现在有 3D 打印技术，你们能否把我的'夸美纽斯奖'奖牌也 3D 打印一下，我自己留个打印件奖牌，原件送给你们博物馆。"我知道这个奖牌对他意味着什么，我说我拍张照就可以了。

盲人作家郑荣臣的长篇小说盲文手稿

二十九

2016 年 5 月 16 日起，我马不停蹄地到北京东城区、昌平区、大兴区、海淀区、河北省张家口市、内蒙古呼和浩特市、赤峰市和辽宁省阜新市，拜访各位特教界专家。由阜新抵达天津时已是 6 月 1 日，连续出差半个多月了，本打算拜访完天津盲人尚振一后即刻回家。不想，尚老师专门将原中国盲协副主席滕伟民由北京约来天津了。我与尚、滕是多年朋友，一口气与他们访谈了两个半天。访谈期间，他们均建议我去看望天津盲人作家郑荣臣，并告知了郑的联系方式。原本体力和精力已经非常疲乏，但听说可以见到郑荣臣，我立即满血复活。6 月 2 日下午，我赶到天津河西区体院北环湖南里，如约见到之前一直未能拜访到的郑先生。

郑荣臣，男，1945 年生，2 岁时因病失明，先后就读于北京盲校、沈阳盲校、天津广播电视大学，本科学历，副研究员职称。1964 年参加工作，历任天津市第二纸制品厂职业学校教员、天津市重工五金制品厂工人、天津市残疾人活动中心副主任、天津市残联宣教部主任、天津市残疾人职业学校校长、天津市残联副主席。获"天津市劳动模范"

称号，任中国作协天津作协分会理事。1980 年开始发表作品，著有长篇小说《琵琶情》《海礁石》，长篇纪实文学《爱也艰难》《副市长和他的残疾人朋友们》等。

我们的访谈从郑荣臣先生的文学创作开始。他详细介绍了自己成名作《琵琶情》的创作与出版历程。他说他自幼失明，不识汉字，只会盲文。那时正规的盲文纸很贵，买不起。他曾在天津市第二纸制品厂工作过，该厂生产印制包装盒，常会有一些套色印刷不合格的包装纸板被作为废品丢弃。他觉得这种包装纸板比较硬，适合刺写盲文，便把作废的纸板收集起来，装订成册，然后在上面开始长篇小说的盲文写作。盲文手稿写完后，他又一张纸一张纸手摸口读录入录音机里。他的妻子尹玉萍是明眼人，大学学历，文字基础好，每天下班后由她再听录音转抄为汉字手稿。这个过程之艰难，大家可想而知。

二十世纪八十年代初，我国文学事业蓬勃发展，要在国家级的人民文学出版社出版长篇小说，别说是

一位盲人作家，就是已有全国影响力的名作家来说，也是很困难的事。但郑荣臣对自己的作品非常有信心，他托人把汉字手稿直接送给人民文学出版社社长韦君宜、总编辑孟伟哉。两位领导非常惜才，专门指派一位资深编辑负责核实作者情况、评估作品价值。几经反复，最终此书得以于 1985 年正式出版，并立即引起全国轰动，这一方面是因为文学作品本身质量高，另一方面是因为此书毕竟是中国小说史上第一部盲人用盲文写作的长篇小说，这在世界文学史上也属罕见。此后，《琵琶情》陆续被改编为广播剧、电视连续剧，还获得了天津市鲁迅文艺奖。

$\frac{1}{2}$

图一 图二 郑荣臣

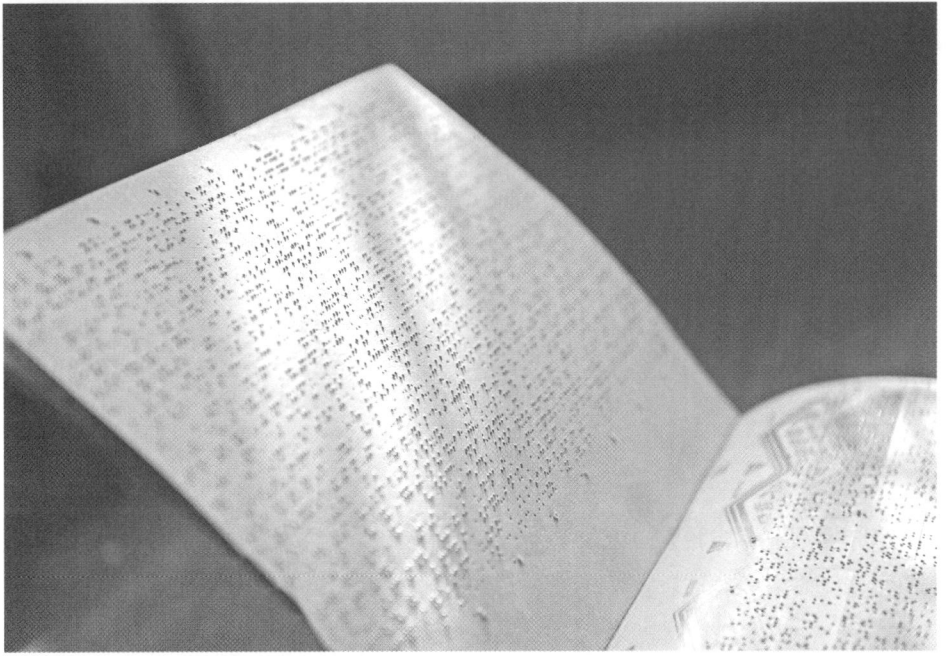

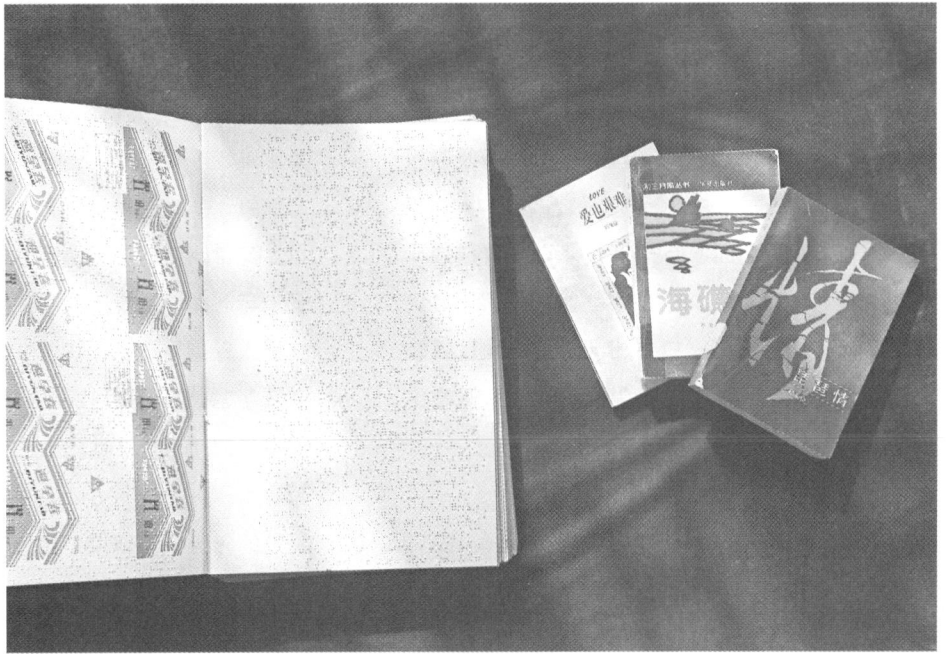

图一 图二 郑荣臣写在包装纸板上的书稿及作品书影

汪志芳的《中国共产党党员登记表》：
失明盲人、产业工人、劳动模范

三十

汪志芳，女，江苏常州人。1939年生，7岁时生病，因家贫无钱治疗而导致双目失明，从此生活在无尽的黑暗与无限的痛苦之中。1949年新中国成立，年幼的汪志芳被选送到南京盲哑学校读书。此时的汪志芳明白一个道理：旧社会让她失去了双眼，失去了光明；新社会使她有学上，使她获得了知识，获得了本领，获得了希望。在南京盲哑学校六年的求学时光里，她倍加珍惜来之不易的人生机会，德智体美劳全面发展，1958年以优异成绩毕业。值得一提的是原本瘦弱的她，经过刻苦训练，获得了代表南京盲哑学校参加全国第一届盲聋哑人运动会的比赛资格，并获得了跳远与50米赛跑的亚军。

毕业后的汪志芳，面临一次重要的人生选择，是去北京参加中国盲人福利会主办的盲人干部训练班学习深造，还是回到家乡常州组织带领其他盲人创办工厂投入生产？前者是个人的梦想与人生的机遇，后者是家乡建设的需要与盲人朋友的期望。20岁的汪志芳经过深思熟虑，毅然放弃了去北京学习深造的机会，选择了回家乡带领其他盲人一起

创业办厂。当时常州有一批盲人，他们虽有心出来从事生产，但因为无人组织，只能待在家里，自认为成为家庭的包袱与社会的累赘。接受过良好教育的汪志芳清醒地认识到，只有组织、团结和带领盲人积极从事生产，化分利为生利，才能真正做到残而不废、自立自强。从1958年起，汪志芳克服重重困难，先在常州市三堡街道筹建起盲人工厂，生产铁钉、螺丝钉，后创办常州市盲人聋哑人工厂，再后与常州市跃进五金厂联办盲人生产车间。前后三十年时间，汪志芳带领常州盲人，彻底改变了以往盲人只能靠算命、卖唱、乞讨为生的悲惨命运，创造了常州盲人走出家门成长为积极投身社会主义建设的新时代产业工人的伟大业绩。因为汪志芳在盲人事业方面突出有效的组织领导能力与率先示范的先进模范作用，她先后多次被评为常州市、江苏省乃至全国的劳动模范，并相继出任常州市、江苏省盲人协会主席。

汪志芳从一个旧社会的盲人，到新中国成长为一个产业工人、劳动模范，继而成为市、省两级的盲协主席，其人生经历体现了社会的沧桑巨变，昭示了

时代的进步发展，也凸显了新中国特殊教育与残疾人事业的重大成就。汪志芳不仅带领盲人在生产实践中开辟了一个新天地，她还特别注重改善和提升盲人的生活质量，注重带领盲人自立自强、幸福生活。2018 年、2019 年、2020 年我多次去常州拜访汪志芳，年老多病的她虽然身体衰弱，但始终精神饱满。在她简朴而整洁的家里，我看到几十年来她获得的大量的勋章、奖状、证书，看到党和国家领导人多次接见她的大量照片，也看到了她幸福的家庭生活。

2020 年 8 月，汪志芳因病医治无效逝世。离世前，她特别交代子女，要把她获得的勋章、奖状、证书等全部捐赠给中国特殊教育博物馆。她说："我是一个盲人，我是一名党员。"

中国特殊教育博物馆馆藏汪志芳的一份《模范事迹》与一份《中国共产党员登记表》。

《模范事迹》，打印于 1960 年 2 月，简练而全面地介绍了汪志芳 1958 年从南京盲哑学校毕业后，用短短两年时间，便发动、组织并带领家乡的盲人创办起盲人五金制造厂，进而生产出高产优质的产品，并实现了安全零事故的管理。

这份《中国共产党党员登记表》，是由汪志芳口述、明眼人笔录的，写于 1986 年。汪志芳于 1979 年加入中国共产党，登记表的字里行间，强烈地表现出一位盲人对党忠诚、敬业、奉献的情怀与境界。

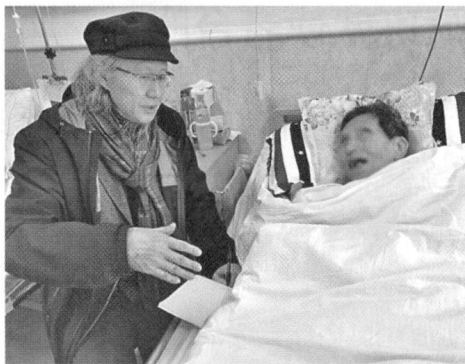

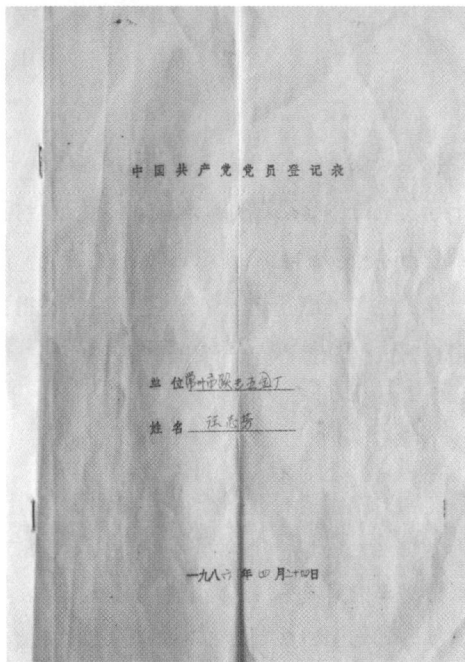

$\frac{1}{2}$

图一　看望病重中的汪志芳（右）
图二　汪志芳的《中国共产党党员登记表》

随班就读老台账：
优秀党员徐白仑的半生特教情

三十一

距离第一次拜访徐白仑先生，已经过去快十年了。十年里我陆续拜访过他几次，每次相见，对我来说都是一次心灵的洗礼。1930 年出生的他，而今已是年过九旬的耄耋老人，但这次相见，觉得古语说得真好，"仁者寿"——如此高龄的他精神依旧矍铄，谈吐依旧敏捷。

徐先生的一生，以 1971 年双目失明为界。42 岁以前，他是一名优秀的建筑师；而 42 岁之后的他，勇敢地与命运抗争，浴火重生、凤凰涅槃。从创办盲文版《中国盲童文学》，到举办全国盲童夏令营，从推行"金钥匙盲童教育计划"，到实践中国特色"随班就读"的特殊教育创新模式，他在中国特殊教育史上创造了一个又一个"第一"，让成千上万的盲童得以有学上、有书读，赢得了光明，获得了新生。党和国家没有忘记他自强不息、造福同病的巨大成就，先后两次将他评为北京市优秀共产党员，授予他全国五一劳动奖章、北京市劳动奖章、宋庆龄樟树奖、全国自强模范等荣誉。国际社会更是铭记他所作出的创新性探索与历史性贡献，联合国教科文组织为其颁发了"夸美纽斯奖"。

回望建筑师出身的徐白仑在失明后艰难起步的半世特教情，他身上始终有一种强烈的力量，那是博爱的力量、信仰的力量。1985 年 12 月，他创办《中国盲童文学》时曾经默默对自己说："你并不是世界上最苦的人，你曾经拥有过家庭，拥有过事业，拥有过五光十色的世界，现在你还有儿子，有亲友，有一份病休工资。而那些自幼失明的孩子们，面对未来坎坷的一生，几乎一无所有。你是最适合帮助他们的人选，因为你最理解他们的痛苦，最清楚他们的需求。" 1986 年 8 月，他在创新启动盲童一体化教育（即盲童随班就读），为此求助于身边的每一位朋友，并告诉他们：国家教委（今教育部）特教处曾对经济相对发达的江苏某县进行普查，学龄盲童约占总人口的千分之零点一五，根据此数字推算，全国学龄盲童不会少于 15 万。而现在全国盲童在校人数仅 3000 余人，入学率不足百分之三。限于盲教方面经费、师资、校舍和设备的严重匮乏，普及盲童教育不是短期内可以解决的，尽快地帮助广大盲童打开自学的大门，已是当务之急。

此时的徐白仑，誓言把自己所剩的一切奉献给盲童，他秉持朴素而坚定的信念，开启了披荆斩棘的特教之路：盲童就近入学，与明眼儿童同班学习；就地选拔教师，分阶段培训，急用先学；宣传人道主义，开展爱残助残活动，为盲童入学创造良好氛围。正是徐白仑先生的博爱情怀、信仰力量，使得曾是中国教育最短板的特殊教育，创新性地开启了随班就读的中国尝试、中国实践，也高质量地实现了随班就读的中国贡献和中国智慧。当人类开始对残疾人同情、怜悯，就出现了收容所、习艺所和特殊教育学校；当人类开始重视人权，从性别平等、种族平等迈向健残平等，就出现了一体化教育；当人类社会认识到人与人之间只有差异、并无贵贱之分，人人都是社会的主体，就出现了全纳教育。而实现全纳教育的最好途径，就是先使普通学校全纳化。在中国特殊教育事业发展史上，由徐白仑先生开启的盲童随班就读的创新实践，无疑将永载史册。

在建筑师出身的徐白仑心中，无论从事的是什么工作，这些工作都应该像建筑高楼大厦一样，第一步是宏图，第二步是蓝图，第三步是设计图，第四步是施工表，第五步是项目书，第六步是时间表，第七步是决算表。从 1996 年起，徐白仑先后在广西、内蒙古、陕西、黑龙江实施盲童随班就读的"金钥匙工程"，累计帮助了 5000 多名盲童就近接受了义务教育。当年的这些台账手册，原始而详尽地记录了这一浩大工程的每一个细节。

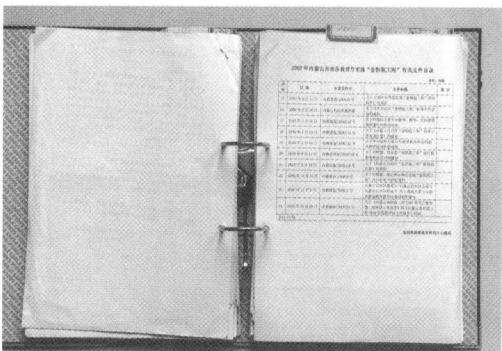

图一　2021 年 7 月拜访徐白仑（左）合影
图二　"金钥匙"随班就读台账
图三　"金钥匙工程"1997—2005 内蒙古教育厅工作资料文档

特教证章类

鎏金铜制大奖章:

1910 年南洋劝业会上福州盲生绽放的异彩

三十二

近几年我通过文献考证、田野调查、专家访谈、实物佐证,对晚清时期的福建盲教育做了初步的梳理:福建省教育总体来说起步较早,学校较多,影响较大,其中尤以女性传教士创办盲校为最大特点。

1850 年英国基督教圣公会进入福建传教,该圣公会于 1880 年成立"圣公会女部",这是一个相对独立的小会,成员均为女性。她们在福州、厦门、泉州、莆田、古田一带进行活动。女性传教士占福建传教士总数的近三分之二,她们除了传教,也开展教育活动,特别是创办了一批盲校。现有史料佐证,1893 年厦门曾办有盲校,但不久停办了;1895 年女传教士礼荷莲在泉州创办了"指明堂"(盲校,今泉州特殊教育学校前身);1896 年女传教士高灵桐(人称高师姑)在古田创办了"明心盲院"(盲校,新中国成立后停办);1898 年女传教士岳爱美(人称岳师姑)在连江创办"连江盲童学校"(1900 年在连江停办,1901 年在福州复办,招收男盲童,取名"福州灵光盲学堂",今福州盲校前身);1903 年女传教士史蒂芬(人称沈师姑)在福州创办"盲女书院"(后改名私立明道学校,招

收女盲童);1908 年女传教士(人名不详)在建宁创办"建州盲校",女传教士赵玛利亚(人称赵师姑)在建瓯创办"心光盲校"。

当年这些盲校规模都不大,师资与学生均不稳定,办学条件参差不齐,可谓宗教特征与救济特点、教育性能与学校性质、工读与培训兼而有之。当然,晚清时期这批女传教士创办盲校,让盲童学习文化知识、习得生活技能,让盲童残而不废、自食其力,这是非常令人敬佩的。

1910 年南京举办南洋劝业会,福州灵光盲学堂的四位盲生参赛并获大奖,可谓绽放异彩。南洋劝业会是晚清时期首次以国家名义创办的一次大型博览盛会,有包括美国、日本、德国、英国在内的 14 个国家参与,展馆占地 700 余亩,参展物品分 24 大部 444 小类,约 100 万件,展陈历时半年多,参观人数 20 余万。福州灵光盲学堂的黄印启、张保罗、苏亦径、赵士飞带着他们的织席编物手工作品参赛,并荣获四等奖(约 100 万件展品,共评选出一等奖 66 件,二等奖 214 件,三等奖 426 件,四

等奖 1218 件）。展览期间，除了展示手工物品外，他们还向游客展示他们接受盲教育的成果，文献记载："有廖君者，率盲生数人，在此工作。审其课程，为织帘、织篾、织席、鼓琴、吹乐、认字、写英文。参观者如欲试验功课，毫无难色。"参观人士皆感叹不已："自今以往，残废之人，亦有自养之道欤。"

南洋劝业会的举办还吸引了美国、日本等世界各地的游客，国内游客更是络绎不绝。其中鲁迅（时为浙江绍兴府中学堂教员）、茅盾（时为浙江湖州第三中学堂学生）、叶圣陶（时为江苏苏州草桥中学学生）等均来参观游览，并留下观后感想文字，可惜我久经查阅，没有发现他们参观福州灵光盲学堂展区的片言只语，莫非展区辽阔，他们未及亲睹？

1910 年 11 月 27 日，南洋劝业会授予福州灵光盲学堂的一枚奖章，铜质鎏金，直径 68.8 厘米，厚 0.2 厘米，重约 68 克。奖章正面之中心铸有"褒奖"两个字，两边注为"宣统二年"之颁奖时间，外圈之上半环刻有"南洋劝业会"字样，下半环则铸刻着"农工商部颁给"铭文。奖章背面中间绘有南洋劝业会会场标志性建筑纪念塔与教育馆展馆图案，别具风格，气派壮观。外圈刻绘双龙夺珠图，标志着本次博览会是全国性、国际性的重大赛事。本次赛事，灵光盲学堂共有四名盲生获奖，他们为福州盲人、为全国盲人争了光。

图一　福州盲校年报（英文版）

图二　福州盲校盲人乐队

图三　图四　南洋劝业会授予福州灵光盲学堂的一枚奖章

图五　笔者与奖章的合影

补发的学历证明书：

陈光煦、尹克骐等与南京盲哑学校

三十三

陈光煦（生卒不详），江苏南京人。先后毕业于江苏省立第四师范学校、南京江宁法政学堂。因其兄陈子安担任南京市立盲哑学校校长，他主动放弃原本更好的工作与生活，于1930年到盲哑学校出任总务主任，全心投入盲哑教育。1932年，其兄积劳成疾不幸病故，南京市教育局委派他继任校长。

陈光煦敬业勤恳，为人活跃，办事果断，社会关系广泛，盲哑学校在他的带领下发展迅速。1936年，学校盲哑两科各开五个班，专任教师12人，在校盲生24人，聋生68人，办学规模为全国之最。1937年，抗日战争全面爆发，陈光煦带领学校师生，历经炮火洗礼与生死考验，整体西迁重庆，坚持流亡办学，谱写了中国特殊教育在抗战历史上的悲壮篇章。1942年，学校由"南京市立"升格为"教育部特设"，办学质量不断提升，相继有一批盲生、聋生考入大学就读，填补了中国盲聋哑人进入大学深造的历史空白。抗战胜利后，陈光煦带领学校师生于1946年回到南京复校。1947年3月，陈光煦离任校长，后事不详。而今中国特教史上陈光煦的英名不为众人所知，但他为中国特教所做的贡献不应被磨灭。

2014年2月24日，我到苏州拜访蔡敦德先生。蔡先生时年95岁，抗战期间就读于中央大学教育系，南京盲哑学校毕业生罗福鑫（盲人）是他同班同舍的同学。他回忆说，罗虽为盲人，但仍坚持睡在上铺。在校园里，他基本上生活自理、行走自如。那时他与南京盲哑学校联系很多，据罗自己讲，有一次与张治中儿子张一真下象棋，他向张说起母校办学困难的事。张回去跟父亲说了，张治中专门联系了当时的教育部部长，后来批准将南京市立盲哑学校升格为教育部特设，办学经费得到了一定保障。蔡说，他见过陈光煦校长，大脑门，人很精干。

2014年7月22日，我到长春拜访甘柏林。甘柏林3岁失明，先后就读于长沙盲校、南京盲校，著名二胡演奏家，音乐教育家，二级教授，历任中国残联副主席、中国盲协主席、全国政协委员。甘柏林说，盲人都知道南京盲校办学传统好，师资水平高，教学质量高。他没有见过陈光煦校长，但前人栽树后人乘凉，他还是感恩陈校长为南京盲校打下

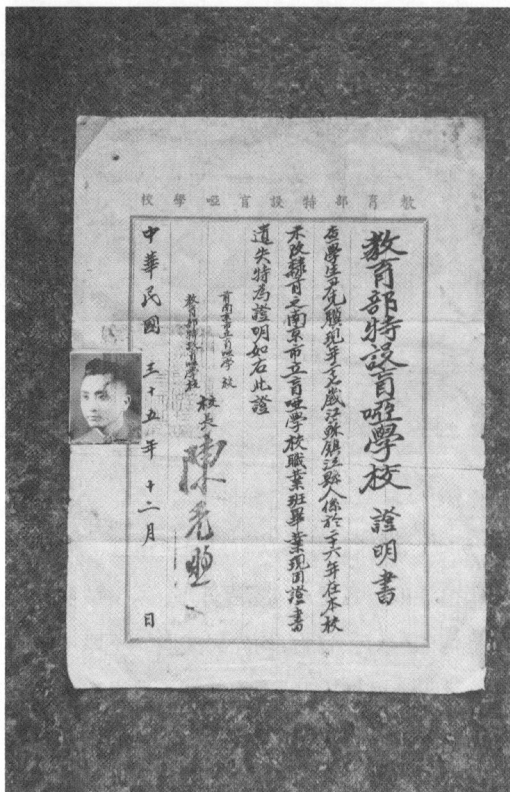

了良好基础。他鼓励我，要好好写一写陈光煦。

2015 年 1 月 9 日 到镇江市特教中心拜访刘雪君，向
其了解尹克骐、尹克骥情况。镇江市特教中心，前身
为尹克骐、尹克骥创办于 1937 年的私立胜天聋哑学
校。尹氏兄弟为聋人，抗战前就读于南京盲哑学校。
抗战胜利后陈光煦曾为他们补发毕业学历证明。

2017 年 7—8 月，多次到南京市聋人学校查看其民
国时期老档案，其中有多件陈光煦的手稿等文献史
料。2017 年 9 月，南京收藏家陈西民捐赠了一份
尹克骥写于 1987 年祝贺母校南京盲哑学校六十周
年的书法作品。

2017 年 11 月 20 日，甘柏林参加完南京盲哑学校
90 周年校庆活动后专程来博物馆参观，他再次表
达了对母校的感恩之情，并问询我关于陈光煦相关
研究的进展情况。

镇江尹克骐、尹克骥 1937 年前就读于南京市立盲
哑学校，毕业后回到家乡造福同病，创办私立胜天
聋哑学校。后毕业证书遗失，1946 年他们找到学
校，陈光煦帮他们补发了学历证明。

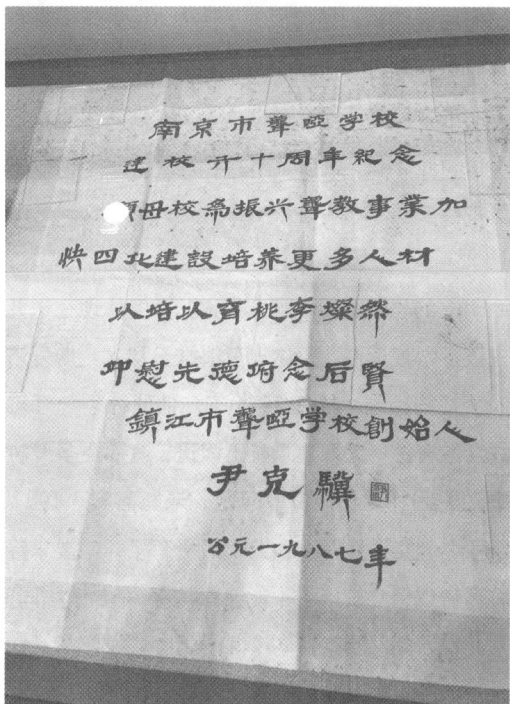

图一 陈光煦签名补发的尹克骥学历证明书
图二 尹克骥 1987 年祝贺母校 60 周年校庆所作书法作品一件

镇江私立胜天聋哑学校的几件珍贵实物

三十四

1929 年，江苏省省会从南京迁至镇江。尹印一是当年镇江的一名商人，经营有方，家境殷实。不幸的是他的一对双胞胎，均先天失聪。不幸中也有万幸，尹印一思想开明、观念先进，他没有为孩子都是聋人而悲观失望，而是专门为他们取名为克骐与克骥，希望他们成为马中俊秀、人中豪杰。可聋人如何冲破障碍、如何成为豪杰？ 1927 年，南京市政府专门创办了一所公立的盲哑学校，一时给众多无助的家庭带来了希望。尹克骐、尹克骥双双进入南京盲哑学校，并于 1937 年 7 月毕业于该校职业班中英文打字科专业。

尹印一的思想开明、观念先进，不仅体现在送儿子去盲哑学校读书，更体现在他推己及人、博爱济世的情怀与担当。早在 1934 年，他便计划与江苏省民众教育馆一起筹建聋哑工读班，造福更多聋哑儿童。后因经费及师资等问题，未能落实。1937 年 7 月两个儿子从南京毕业，师资有了，他要求经过教育得以自立的孩子不能独善其身，而要造福同病，为此他筹措经费支持两个儿子创办聋哑学校。知识改变人生，教育创造奇迹。他特别将学校取名为"私立胜天聋哑学校"，寓意教育可以补造化之不足，人定胜天。可惜同年日本发动全面侵华战争，身处战略要地的镇江不久就被日军侵占，学校被迫停办。

1945 年 8 月抗日战争取得胜利，尹印一与两个儿子第一时间在镇江市白莲巷一号复校，迅即招收到聋生二十余人，分预科、低级、中级三班上课。学校定"忠诚勤朴"为校训，将"使国家减少废人、使社会增加生产、教聋哑分利成生利"等作为教育目标。一时间学校蒸蒸日上，可是不久内战爆发，尹氏父子的聋哑教育梦再次破碎。镇江的聋哑教育真正迅速发展是在新中国成立以后，特别是 1978 年改革开放以后。

吴善亮是现任镇江市特殊教育学校校长。他说，从事教育工作三十多年，换过五个不同的工作单位。现在做特殊教育，内心最宁静、工作最带劲，有极大的使命感、归属感和荣誉感。我知道他曾在多个单位担任领导职务，专业也颇有造诣。于是我问他原因，他说他专门了解了学校的前生今生，从新中国成立前的私立胜天聋哑学校，到新中国成立后的镇江市聋哑学校,再到新世纪的镇江市特殊教育学校,不同的是学校校名,不变的是办学初心。他听说我们博物馆有私立胜天聋哑学校办学期间的相关实物,专程到南京来找我。他专程前来,我专门接待,从保险柜里取出几件实物请他过目。这一年是"十四五"开局之年,我从他观看实物的眼神中隐约看到了这所诞生于抗战炮火中的学校,未来五年的样子。祝福镇江,祝福吴善亮!

尹克骐、尹克骥是一对双胞胎,均为先天失聪。非常幸运的是,他们得以在那个时代接受了非常难得的聋哑教育。1937年他们双双毕业于南京市立盲哑学校,后回到家乡镇江参与创办私立胜天聋哑学校。因为抗战,他们的毕业证书丢失了,我馆保存有一份1947年——也就是他们毕业十年后——学校为他们补发的毕业证明。40年之后的1987年,尹克骥在母校六十周年校庆之际专门赋诗题词一首回赠母校。诗情真诚,书法遒劲,聋人诗书如此,令人佩服。

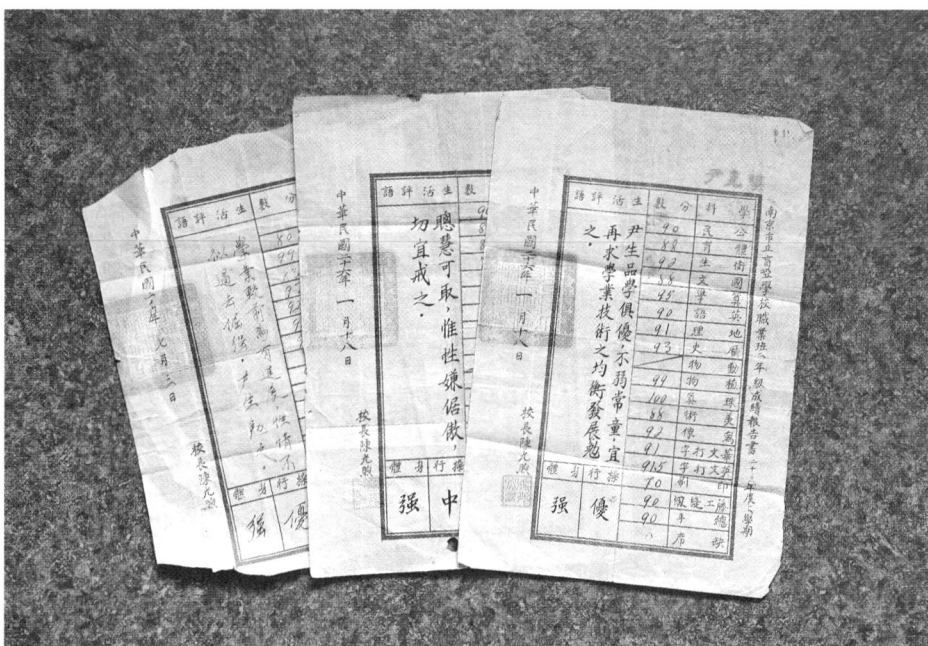

图 尹克骥与尹克骐成绩单

盲人大学生的毕业证书：
高等教育随班就读的先例与范例

三十五

赵保清，女，1925年生，河北保定人，一岁多因病失明。父亲赵学义毕业于北京协和医学院，开明的父母觉得孩子目盲失明不可怕，只是生活不方便，而如果孩子文盲心盲，则无法真正成为当今社会的一员，只能成为个人的悲剧、家庭的累赘、社会的包袱。于是他们坚持让赵保清从小就学文化，打听到北京有盲校，他们便把孩子送到北京盲校读书。

1937年他们誓死不当亡国奴，带着孩子一路从北京逃难到重庆。后来，赵保清就读于办学在重庆的南京盲校。抗战胜利后，赵保清随盲校东迁回南京，南京盲校初中毕业后升入该校的高中师范科，1948年又从高中师范科毕业被保送到中央大学教育系读书，1953年毕业于南京大学（即原中央大学）教育系，后被分配到北京盲校任教，成为一名优秀的盲人教师，为新中国盲教育做出了重要贡献。一名自幼失明的女童，艰难但完整地接受了中小学教育和大学教育，成为那个时代为数极少的能够读完大学的盲人，生动诠释了"教育改变命运""奋斗创造奇迹""自强不息、残而不废、造福

同病、贡献社会"的时代意义。

我们博物馆馆藏几份赵保清的珍贵实物，其中一件是1948年"南京市立盲哑学校高中师范科毕业生赵保清三学年成绩一览表"，上面详细记录了她三年求学期间的各门功课的成绩，比如公民、国文、数学、英语、教育理论、教材教法、教育概论、教育史、伦理学、小学行政等一共23项。令人惊讶的是，尽管赵保清是盲人，但她在物理、化学等有实验课程的科目考试中，仍取得99分、93分的好成绩。

另一件是1953年"南京大学毕业证书"。南京大学时任校长潘菽、副校长孙叔平、师范学院院长陈鹤琴三人印鉴清晰可见，赵保清这一年已经28岁了，她是我国最早通过随班就读的方式在普通高等学校完成学业的盲人之一。

2013年7月29日，在北京盲校南门住宅区南一单元的1108室，我拜访了精神矍铄的赵保清，当年她已经88岁高龄，但身体健康，提及南京求学的

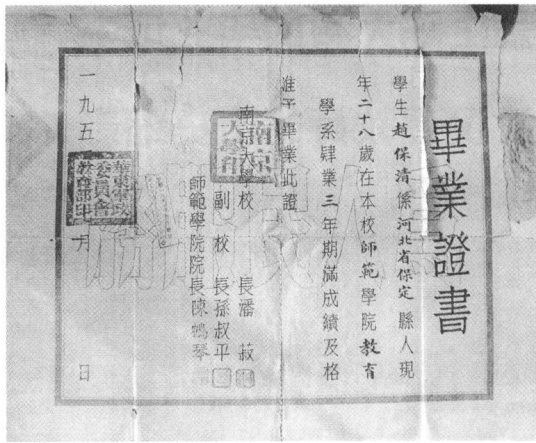

经历，她还有记忆。她珍藏有一本当年南京大学的
同学通讯录，我回到南京后，一一寻访那些与她同
窗过的人——刁培萼、鲍菡芬、郭允群、樊瑶娟。
可惜他们年事已高，往事依稀，记忆模糊，只是他
们说，当年在南京大学读书，一般人只知道赵与樊
瑶娟成天形影不离，其他方面看不出来她是个盲
人。赵与他们一起上文化课、实验课、体育课、实
习课，只是她考试时多是老师单独面试。

赵保清在南京盲校初中毕业后，升入本校的高中师
范科，后保送进入中央大学教育系随班就读，1953
年在南京大学师范学院教育系毕业后被分配到北
京盲校工作，1985 年退休，2015 年去世。

聋生陈大和的毕业证书：武汉聋教育的历史缩影

三十六

2019 年，是武汉盲校建校一百周年。百年育盲人，百年博爱情。我应邀参加了学校的相关纪念活动，非常荣幸地见到了该校第二任校长刘惠芳（首任校长是美籍瑞典人艾瑞英）的亲侄与侄媳。他们给我看了刘惠芳 1972 年去世前自撰的挽联："三十年瞽目教育，从未踌躇停步不前，遇过险，无显功，遭过罪，无怨言，留过学，无文凭，才力总后人，唯一事工，尽瘁盲校至死；西半球舟车习惯，但以任务完成为乐，不图财，有日用，未养子，有徒众，不图名，有记述，灵魂乃真我，荣归基督永生。"为铭记艾瑞英和刘惠芳创校、办校的功勋，学校特地以艾瑞英之"艾"与刘惠芳之"惠"的谐音，取名建造了一座"爱慧亭"，我对学校的这种慎终追远、不忘初心、铭记前辈、继往开来的精神，非常敬佩，更深为感动。

武汉盲教育历史悠久，其成绩也可圈可点。而今举世闻名的聋人舞蹈家邰丽华，便是武汉聋教育的代表性人物。1919 年创办武昌女子瞽目学校（今武汉盲校）的艾瑞英修女，于 1932 年春又创办了武昌聋哑学校，此为武汉聋教育之源头。该校最初地址在武昌粮道街 111 号教会驻地，收养聋童 7 人；同年秋迁址武昌得胜桥教会驻地。到 1937 年，在校学生增至 50 人，办学条件、办学水平均有改善与提升。1938 年日军入侵武汉，停学一年。1941 年太平洋战争爆发，学校再度停办，直至 1946 年迁址于武昌胭脂山复办。1949 年新中国成立，学校收归为国有公办，1952 年改名为武汉市武昌聋哑小学，1959 年定名为武汉市第二聋哑学校，1965 年迁址武昌石牌岭东二路办学，1971 年到 1980 年曾与武汉盲校合并为武汉市盲聋学校，1980 年至今在原址办学，校名为武汉市第二聋校。

从 1932 年创办至今，武汉市第二聋校已经走过 90 个年头。经过几代人的接续奋斗，该校创造了诸多第一：该校是湖北省第一所聋校（1932 年），教师余敦清成为湖北省第一个特教界省部级劳动模范（1960 年），建立湖北省第一个聋人职业初中班（1982 年），建立湖北省第一个聋儿康复中心（1986 年），获得湖北省第一个教育部部级科研成果奖（1990 年），等等。目前，该校已经形成康复教育、职业教育、艺术教育、教育科研四大办学特色，成为湖北省乃至全国的特教名校。

我们博物馆馆藏多件武汉聋教育实物。其中，1954年毕业于武汉市武昌聋哑学校（即今武汉二聋）的聋生陈大和的毕业证书尤为珍贵。这是一张长35厘米、宽30厘米的大幅毕业证书，用章有武汉市武昌聋哑小学印、武汉市人民政府教育局印、武汉市武昌聋哑小学教导处，贴有毕业生陈大和的一寸黑白照片，时间为一九五四年七月。时任校长为张丕承。

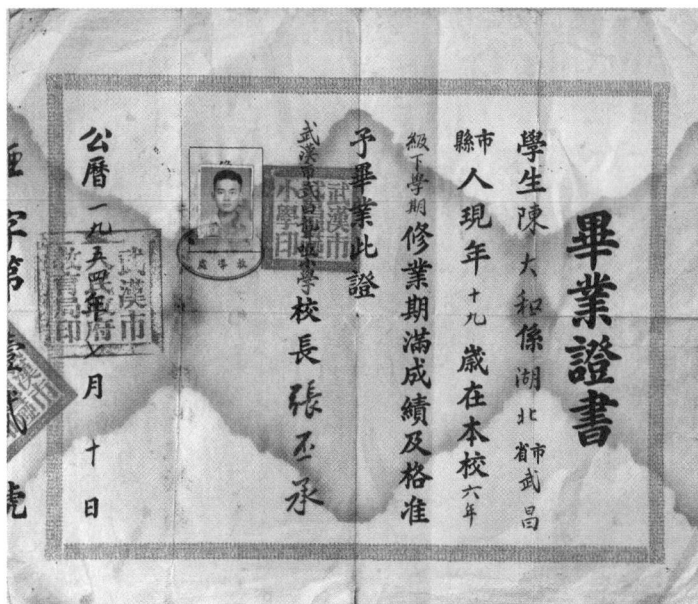

图　1954年毕业于武汉市武昌聋哑学校（即今武汉二聋）的聋生陈大和的毕业证书

一张特殊的毕业证书：
管窥新中国成立初期的盲人教育

三十七

在中国近代史上，黄兴与孙中山曾被合称为"孙黄"，他们是推翻封建帝制、创建中华民国的领袖人物。黄乃（1917—2004）是黄兴的遗腹子，年轻时曾求学于日本，抗战全面爆发后回到国内奔赴延安，同年加入中国共产党，历任八路军敌工部研究室组长、新华通讯社国际部主任。早年眼睛受伤高度近视，1949年彻底失明。后立志献身盲人事业，1952年提出《新盲字方案》，创制"现行盲文"，后被誉为"中国盲文之父"。1953年，黄乃就任教育部盲聋哑教育处首任处长，同年隶属于内务部的中国盲人福利会创办，他积极参与福利会的组织与领导工作，努力整合教育部、内务部的相关资源，为建国初期的中国盲人事业做出了突出的贡献。

近年来我先后在北京、上海、张家口、福州、洛阳、沈阳、长春、兰州、西宁、无锡、武汉、长沙、保定、天津、常州、阜新、四平等地拜访一些优秀盲人代表，发现他们都有一个共同的背景，那就是他们都曾求学于中国盲人福利会创办的盲人训练班。

在黄乃位于北京木樨地的故居里，他的幼子黄一群先生给我讲述了这个训练班的一些往事。他说毛主席曾对福利会的同志语重心长地讲，盲人是世界上最痛苦的人，要解放被压迫的人，就不能忘记最痛苦的盲人。新中国成立前，我国盲人教育非常落后，盲人接受教育的比例极低。为提高盲人的文化素质，发挥盲人的潜能优势，增强盲人的就业能力，提升盲人的社会地位，中国盲人福利会决定在全国范围内选拔并招收一批有一定文化基础的年轻盲人，集中在北京进行定期培训，毕业后相当于中学（中专）水平，由国家统一分配工作。1955年首届培训班招收的五个专业，分别为师资、按摩、音乐、普通工艺（也称工业）、农艺（后因盲人从事农艺有不切实际之处，第二届开始便不再招收农艺班）。

据我拜访的首届工业班毕业生刘铁山回忆，他毕业于沈阳盲校，能到北京深造，感到无比温暖。"那个时候，常常能碰到黄乃，他来给我们做报告，讲新盲文，与我们聊天，他还亲自过问提高伙食标准，改善我们的生活。"后来成为刘铁山妻子的万美秀，毕业于武汉盲校，当年就读于音乐班，后来

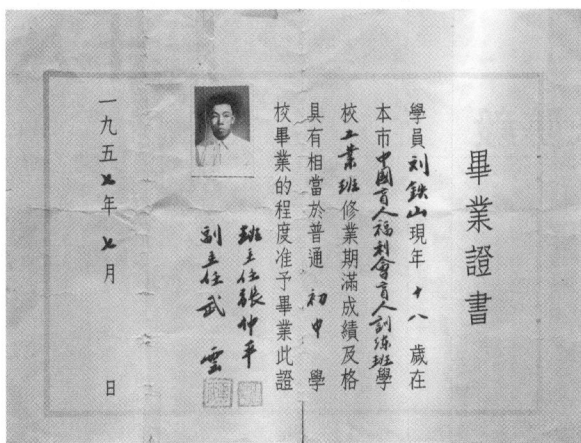

两人一起进入北京的福利工厂工作。不知不觉半个多世纪过去了，他们两位现在在北京昌平幸福地安度晚年。子女并不与他们同住，他们生活完全自理，宽敞的公寓楼里，干净整洁。

他们取出保存了 50 多年的训练班毕业证书，这是新中国盲人教育史上规格最高的学历证书。据他们回忆，在北京学习的两年时间里，当时北京一些著名大学的专家教授都曾来做过报告、讲过课。被誉为"活着的阿炳"的著名二胡演奏家甘柏林说，著名音乐家杨荫浏、刘北茂曾一对一手把手教了他一年，让他终生难忘。结合盲人特点专门开设的音乐班、按摩班，盲人毕业后成才率极高，他们当中成为全国劳动模范、知名专家的举不胜举。1963 年后，因为经历了三年困难，盲人训练班便不再招生了。1953 年，教育部设立盲聋哑教育处，黄乃是第一任处长，直至 1959 年后调入内务部新成立的中国盲人聋哑人协会。

2019 年 3 月 5 日至 8 日，我在北京两次拜访龙庆祖先生。龙庆祖，1929 年生，参加过解放战争、朝鲜战争，1959 年调入中国盲人聋哑人协会，在黄乃手下工作。1980 年教育部组建特殊教育处，龙庆祖出任处长，直至 1990 年离休。他说："我结缘特殊教育，黄乃是我的引路人。"

中国盲人福利会盲人训练班毕业证书是刘铁山捐赠给中国特殊教育博物馆的珍贵实物。1955 年起创办的盲人训练班，面向全国招收有一定文化基础的年轻盲人。他们毕业后奔赴全国各地，投入到火热的社会主义建设当中，自立自强，顽强拼搏，为国家做出独特的贡献，成为新中国盲人教育史上一段光辉而灿烂的历程。

1｜2

图一　中国盲人福利会盲人训练班毕业证书
图二　2021 年 5 月拜访盲训班首届学员、主任医师任志平（右）

优秀教师奖状：
特教名家沈家英和上海市市长陈毅

三十八

2011年起，我先后多次到北京去拜访周有光先生。可能因为是常州老乡的原因，我们每次都是相谈甚欢，天南海北涉及很广。不过我出于职业要求与专业兴趣，总希望周老多谈谈有关特殊教育、有关盲文与手语的那些事。可是他每次都说，我们还是多谈谈文化，要谈特教，你应多找沈家英。沈家英是谁？就在我第一次来到北京北三环中路的一栋公寓楼，已然坐到她对面的时候，我对她的所有认识也还只是停留在"一名老特教工作者"这个概念上。

沈家英，祖籍江苏扬州，1925年生于南京。抗战期间曾求学于国立药专，后因病退学。1948年，她经亲戚介绍到上海盲童学校担任会计杂务工作。当年因为时局动荡，学校师资严重缺乏。出于对盲童的热爱，她在做好本职工作的同时，便主动承担起盲童的教育教学与生活照顾工作。她说，特殊教育，首先要对学生有爱心。因为"爱"，此后她的人生便与特殊教育紧紧地连在了一起。1948年至1956年，她在上海盲童学校工作，从会计杂务到专任教师。1956年因为在盲教育方面的突出成就，她被调入教育部盲聋哑教育处，协助黄乃分管全国

的特殊教育。"文革"期间，她主动放弃教育部机关工作，重回基层特校担任普通聋校教师，直至退休。

平凡的一生，又是不平凡的一生。1956年全国首次举行优秀教师评选，她便被评为上海市优秀教师，时任市长陈毅亲自给她颁发奖状。调入教育部盲聋哑教育处后，她从盲文改革到聋校教材编写，干一行、爱一行、精一行。她主编的聋哑学校教材，以及她和周有光联合编制的《汉语手指字母方案》，为我国聋哑教育发展做出了里程碑式的贡献。

我坐在沈家英老师对面，年近九旬的她依旧光彩照人而又低调淡泊。她很少提及自己，却不断向我问起南京特师，几番交谈才知，原来南京特师筹建期间，她曾数次前来担任盲教育、聋教育的师资培训工作，应该说她是南京特师专业建设的开辟草莱的人。前几年她将先生汪世清毕生所藏传世字画二十余件全部无偿捐赠给了故宫博物院，又将所藏十一书架的六十四箱徽州文化古籍全部无偿捐赠给了汪先生故乡的黄山学院。当听我说南京特师在筹建

特殊教育博物馆时，她指着书柜说："我特殊教育图书资料不多，但现有的全部给你们。"我非常感动，在整理她的书籍时，偶然在两本书中间发现了一份折叠的奖状，打开一看，竟然是有陈毅亲笔签名的优秀教师的奖状。1956 年新中国成立后首先开始在全国评选优秀教师。当年正在上海盲童学校任教的沈家英老师被评为上海市优秀教师，由时任上海市市长陈毅签名颁发。我说："这个您也捐给我们吗？"她说："这个对博物馆有用吗？有用的，你可以全部拿走。"

2016 年 1 月 19 日下午，我在无锡市特殊教育学校讲中国特殊教育史的课，其中我特别提及沈家英对特殊教育的贡献。讲完课打开手机，沈家英儿子包宗敬发来的一则短消息赫然入目：母亲刚刚去世了。无锡与北京相隔千里，我那一刻突然发现，我与沈家英老师很近很近。

$\frac{1}{2}$

图一　与沈家英（右）合影
图二　沈家英优秀教师奖状

汉字盲字合一的毕业证书：
见证一个时代的特教

创办于 1912 年的上海盲童学堂（今上海盲童学校前身），办学起点高、办学目标高、办学质量高。创办人英国传教士傅兰雅（1839—1928），于 1861 年来到中国，在"西学东渐"的历史进程中，先后翻译西方著作达 116 种，被誉为"近代传播西学第一人"。1896 年，他应聘任教于美国加利福尼亚大学，但心仍始终系于中国，总想着为当时的中国做些事。

1912 年民国肇始，而此时已成为国际化大都市的上海，竟还没有一所盲校。傅兰雅决定出钱出力出人填补这一历史空白。他捐出 6 万两白银、13 亩土地，他委派自己的儿子傅步兰专门到美国学习盲教育，学成后到上海就任校长，他委派自己的侄女从英国来校任教，他亲自研究盲教育并出版《教育瞽人理法论》，他还和儿子一起创办上海福哑学校。1928 年他以 90 高龄仙逝于美国，他的儿子傅步兰从 1912 年到 1950 年服务上海福哑学校 38 年。

在上海盲童学堂之前，我国已有几所外国传教士创办的盲校，但大多为慈善救济与职业训练性质。上海盲童学堂有所不同，它坚持教育立场，坚守办学性质，坚持学制标准，目标是与世界先进盲教育同步，所以它的毕业生均能进入普通中学乃至大学学习，其中多人出国留学，并获得硕士、博士学位。

我先后当面拜访过数十名上海盲童学堂的早期校友及教师。校友中各级劳动模范、公务员、专家学者、能工巧匠比比皆是，可谓工作有成就、家庭很幸福、生活很快乐。在上海，我拜访老校长李牧子，年近百岁的他昏睡在医院的病床上，当听说我来自南京特师，忽然睁开双眼艰难地说："南京特师好，我去过。"

在辽宁阜新，我拜访盲人叶秀芝，90 多岁的他能说一口流利的英语，令只会"哑巴英语"的我无地自容。在无锡，我拜访盲人音乐家刁锦富，他说自己年轻时会几千首钢琴曲。在北京，我拜访盲人作家陈水木，他是我国盲文音乐符号的主要制定人。在保定，我拜访盲人教育专家许重芳、徐迎祥夫妇，他们听说我已经联系上傅兰雅、傅步兰在美国的后人，激动地拉着我的手说如果他们能来中国，

无论在哪里，他们一定会去与傅兰雅后人见面，不为别的，只想当面向他们说一句："谢谢！"

中国特殊教育博物馆馆藏许多上海盲童学校物品，其中不同时期的毕业证书弥足珍贵，除了傅步兰校长签名、王揆生校长签名的毕业证书以外，1958年李牧子校长签名的毕业证书的设计更是可圈可点：正文部分上面是汉字，下面是盲字。

此证书由上海盲校1958届校友赵希敏捐献，当年她就读于学校音乐科，毕业后在工厂上班。丈夫是她盲校的同学，目前他们定居上海安度晚年。

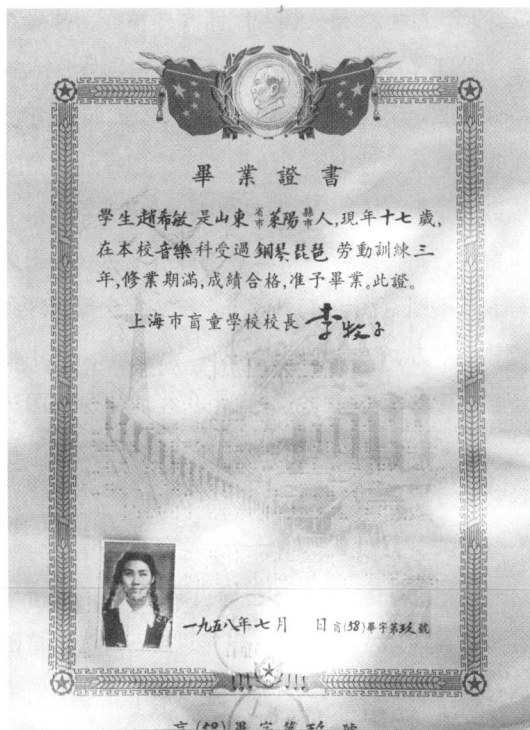

$\frac{1}{2}$

图一　与年近百岁的李牧子校长（右）合影
图二　1958年李牧子校长签名的毕业证书

铁质勋章：

从江南水乡到燕赵大地的陆坤英

四十

2019 年 7 月 25 日，国务院新闻办举行新闻发布会，公布《平等、参与、共享：新中国残疾人权益保障 70 年》白皮书。白皮书里讲到，2018 年我国在校残疾儿童少年 66.6 万人，全国特殊教育学校数量达到 2152 所。回首历史，从 1874 年第一所盲校开始，截至 1911 年晚清政府倒台，全国只有数量不到 10 所的特殊教育学校，且全部为外国传教士创办、教学与管理。截至 1949 年，全国 42 所特殊教育学校，在校学生 2380 人。而截至 1979 年，全国特殊教育学校又有 289 所。毋庸置疑，特殊教育发展的成就是翻天覆地的。

这些成就的取得，是党的正确领导、政府的支持与经济社会快速发展的结果，当然也离不开广大特殊教育工作者的无私奉献，特别是五六十年代为新中国特殊教育事业开辟草莱、筚路蓝缕的那一代特教工作者。十年来，带着对特殊教育事业的敬畏与对特教前辈的景仰，我拜访了大部分全国健在的八十岁以上的特教前辈。在共和国教育史上他们也许默默无名，但他们为特殊教育事业所做出的贡献将永垂史册，陆坤英便是其中之一。

陆坤英，1936 年生，广东中山人。1954 年毕业于江苏省溧水师范学校，任教于无锡市聋哑学校。1970 年调入石家庄市聋哑学校，直至退休。从五十年代起，她曾五次参加全国聋哑学校八年制语文教学大纲和教材的编审工作，为新中国聋教育做出过重要贡献。1982 年被评为全国儿童少年先进工作者，1985 年、1986 年连续被评为全国特殊教育先进工作者，1989 年被评为全国优秀教师、河北省优秀知识分子、石家庄市劳动模范。

寻找陆坤英，最早从无锡她当年的同事宋鹏程开始，宋年近百岁，与我笔谈说她教聋人水平非常高，后来调石家庄了。尔后在北京拜访年近百岁的特教前辈李梂，她精神矍铄，气色良好，可惜当年记忆大多丧失，只记得陆坤英来北京就住她家。此后在上海、贵阳、杭州、长沙、南昌的一批聋教育前辈那里，常常能听他们说起陆坤英，我尝试用他们零星的介绍来完成对陆坤英人生经历的复原。

2014 年 10 月 25 日上午，我在石家庄陆坤英家里，终于见到了她。她说，她祖籍广东中山，生在广东湛江，幼儿园在香港上的，小学在重庆上的，初中在南京上的。新中国成立后，报考了栖霞乡村师范，当时这所学校刚刚从贵州回迁到南京，有段时间就在栖霞寺办学。后来因为南京晓庄师范复办，栖霞乡村师范迁址溧水，改名为溧水师范。毕业后她被分配到无锡，曾短暂在普通小学工作了一段时间，后转入无锡市聋哑学校工作，直至1970年因为在部队工作的丈夫调防到石家庄而随之离开无锡。她18岁参加工作，在聋哑学校奉献了一辈子，从任课老师、班主任、教导主任，到副校长、校长。她说，五六十年代，聋哑学校数量非常少，师资特别缺乏，条件更是差。但她说，作为从旧社会走出来的人，她特别珍惜为新中国工作的机会，特别珍爱这些难得有机会接受学校教育的聋哑孩子。无论是在无锡还是在石家庄，她都非常注重教学研究。旧中国聋哑教育教学形式主要是手语教学，教学内容大多是手工技能训练。陆说："我们既然是聋校教师，就应该更高地要求自己，更好地通过教育改变聋哑学生的命运，让他们'聋者能听，哑者能言，残而不废，成人成才'。"

听说我们正在建设特殊教育博物馆，她特别捐赠珍藏了半个多世纪的几枚奖章，其中有一件是1958年她获得的无锡市先进工作者的铁质勋章。从2014年至今又五年过去了。这几天给她打电话，无论是家里座机还是她的手机，都显示此号码已不存在。我一时心情惘然，不过倒也坦然，这些年一批特教前辈，从112岁的周有光到91岁的戴目，到67岁的谢明，都陆续离开了人世。我不禁默念，陆校长健在，我祝她健康长寿;陆校长不在，我祝她一路走好。她的英名也许已被人遗忘，但她的业绩永垂史册，与世长在。

图一　封面人物陆坤英
图二　陆坤英晚年照片
图三　年轻时的陆坤英
图四　陆坤英荣获的无锡市先进工作者铁质勋章

1
2 3
4

龚宝荣的端砚、印章：
聋人办聋校的开拓者

四十一

龚宝荣（1910—1975），男，浙江余杭人。先天失聪，幼习书画，天赋超群，青年时期即在上海画坛崭露头角。后接受书画大家王一亭建议，变卖家产，造福同病，于1931年在杭州创办吴山聋哑学校。此为我国第一所聋人创办、聋人管理、聋人教学的聋校，学校规模、师资水平、教育质量、办学声誉等皆为全国领先水平。他编著的《注音字母手切脚本》是当时国内唯一一部经教育部审批正式出版使用的手语教材。1937年日本发动全面侵华战争，龚宝荣带领师生流亡办学九死一生，没有停学一天，堪称教育奇迹与时代壮举。抗战胜利后回杭州复校，1956年由政府接管，学校现名为"杭州市聋人学校"。龚宝荣任聋校校长25年，培养了一大批聋人，民国时期宁波、绍兴、贵阳、无锡、南昌、常州、南京等地聋校皆由该校校友创办。

2013年10月、2014年2月，我两次前往上海拜访中国残联原副主席、中国聋协原主席戴目。他反复提及龚宝荣，要我关注。

2013年11月26日，我前往杭州拜访聋人、手工纸艺大师沈元炎。沈是杭州名人，网络上就能查到他与龚宝荣师生关系的点滴信息。我通过当地居委会找到沈的住处，但第一次竟吃了闭门羹，与他同住的子女怕影响他身体健康而不愿开门。夕阳中辗转找到吴山阮公祠，此为龚创办聋校旧址，对照文献记载，从地址门牌到房屋位置再到周围景观，虽岁月更替，但依稀可辨。

2013年11月28日，我通过杭州朋友查到沈元炎的聋校同学郭光华、聋校教师白秋景的联系方式。再次来到沈家，在郭与白陪同下，终于见到沈元炎得以与他笔谈。次日再到沈家，我又访谈了等候于此的龚宝荣的小儿子龚忠寿。龚谈及旧事，几次哽咽，不愿深谈。

2013年12月11日，我又到杭州，这次龚忠寿讲了不少他父母的事情，并捐出龚宝荣遗物——端砚及印章。次日约见其姐姐龚莲莲，她提及父亲早年与王一亭、黄宾虹、黄绍竑、顾祝同、丰子恺等相识、交往的故事。

2014 年 5 月，我到杭州聋人学校拜访校长蒋春英，系统向她报告了龚宝荣创办聋校的经历。她说自己所知不多，以后要重视校史挖掘。得知西泠印社老人林乾良手头收藏有龚宝荣六幅书画，经浙江省残联牵线，林决定将书画回赠杭州聋校。我立即联系龚忠寿、蒋春英，议定在本月全国助残日期间举行捐赠仪式。此次在杭州停留数日，我有幸见证了这一活动前后全过程，并第一次向蒋校长建议在聋校为龚宝荣先生塑像纪念，蒋果断答应。

2014 年 7 月，我到贵阳拜访吴山聋校校友余淑芬。1934 年郁达夫到吴山参观聋校，他为学校题词："哑者能言，聋者能听，中国无废人矣！"此书法原件现存余淑芬手中。

2014 年 11 月，我到宁波拜访聋人画家马恂如，马是龚宝荣学生章春坡的学生。又到绍兴拜访王振道夫人和女儿，王振道也是龚的学生。

2015 年 4 月，本人所著《中国特殊教育史话》出版，《龚宝荣：中国聋人办聋教育之第一人》收入其中。自费购书 800 本送人，快递 20 本给杭州龚忠寿，后又增送 15 本。

2015 年 5 月，我邀请龚忠寿夫妇来博物馆参观，龚在博物馆所塑其父雕像前、所藏遗物前失声痛哭。

2015 年 6 月，我到成都拜访龚义寿（龚宝荣二子）。另电话访谈济南龚翔麟（龚长子）。因为他们当年已经记事，述及流亡中的相关人和事非常具体，真是可歌可泣。

2015 年 12 月 19 日，我到杭州约见浙江省残联原理事长林清和与杭州市委原常委、宣传部部长熊恩生，商谈纪念龚宝荣事宜。

2016 年 12 月，杭州聋校师生代表近 30 人包车专程来博物馆参观。

2017 年 7 月，我到杭州聋校，拜访聋校新任校长严丽萍，推动校园龚宝荣铜像塑造等事宜。

2018 年 3 月 21 日，我应杭州吴山管委会邀请，在城隍阁举办《吴山：中国聋人聋教育发祥地》讲座，杭州聋校、吴山管委会、聋校校友等共约 200 人参加。当日为杭州聋校创办 87 周年纪念日，有聋校校友从香港、郑州、上海等地专程赶来，《杭州日报》头版刊发新闻，并配图片。

图一　龚宝荣照片
图二　龚宝荣与家人合影
图三　龚宝荣铜像设计初稿
图四　吴山聋校旧址阮公祠
图五　与龚宝荣长子、三子等合影

图一　龚宝荣遗物端砚、私章及吴山聋校校徽

图二　拜访龚宝荣次子、著名水利专家龚义寿（右）

特教器具类

220 年前的助听器：
科技的力量、社会的进步

四十二

人感知外部世界靠感觉。人主要有五种感觉：视、听、味、嗅、触。其中，视觉占优先地位，即使是人的梦境，主要也是视觉内容。我们的认知语汇中，多半也都是视觉语汇。汉语讲"见识"，英语讲"I see"，希腊语里，"我知道了"字面意思就是"我看到了"。

哲学家黑格尔重视视觉与听觉，称它们是认识性器官。耳聪目明，耳朵是我们通过声音认识世界的器官，大千世界是七彩的，也是八音的。你可以一叶障目视而不见，但很难当耳旁风而充耳不闻的，即使睡着了也会被吵醒了。我们可以看到静止的东西、静止的画面，但声音总在运动之中，你听不到静止的声音。人在视力与听力方面，会有许多疾病：从全盲到弱视，从失聪到重听。有了科技赋能，从助视器（从眼镜到显微镜到天文望远镜）到助行器（从自行车到汽车到高铁飞机），使人类"千里眼"与"飞毛腿"的梦想得以实现。在听力方面，助听器也使失聪者走出静音模式，使重听者从"振聋发聩"到"捕风捉影"。

中国特殊教育博物馆馆藏一件 1800 年前后的助听器，历经 220 多年沧桑，它在无言叙述着人类致力于克服听障的努力。这件助听器能够顺利入藏博物馆，要感谢陕西西安聋人朋友陈少毅。他是西安聋校高级教师，早年失聪，但他自强不息，多年如一日，致力于聋人文化研究，出版多部专著。我们是老朋友了，在长春、北京、西安、南京和宝鸡等地都曾多次见面。他非常支持我们博物馆工作，充分利用人脉资源在全世界帮助我们收集相关藏品，比如馆藏的印度带手语的各种币值的硬币，便是他从印度专门给我们淘来的。

这件助听器的获得，更是费尽他心血。陈少毅曾经到美国加劳德特聋人学院访问过，在美国有一批聋人朋友。一次偶然的机会，他知晓美国相关网站上有英国古董助听器的信息，便立即动用各种资源全力跟进。从实物鉴定到追根溯源，从价格评估到出关报关，其间故事一定是一波三折。终于有一天，他发来信息说很快就能把助听器寄给我了。

现代助听器，是建立在电学基础上的，1989 年版

《辞海》中"助听器"的定义是：一种微型电声变换装置，用以扩大外界音量，使之传入耳内提高听觉衰退者的听力，有袋装盒式、耳背式、耳内式、镜架式。这个 220 多年前的助听器，它更准确的名称似乎应该是集声器。因为它是纯粹物理性装置，没有电声变声装置。贝多芬（1770—1827），世界著名音乐家，从 26 岁患上耳疾到 49 岁完全失去听力，对一个音乐家来说失去听力，意味着什么不言而喻，但他并没有向命运低头。所以贝多芬的名言是"我要扼住命运的咽喉"。

中国特殊教育博物馆馆藏一份关于贝多芬的电影资料，其中就有他在完全失去听力后指挥音乐的一段镜头，他耳朵上戴着的就是这种助听器。陈少毅还专门给我传来一张《新概念英语》教材中的插图，其中一个失聪老人耳朵上戴着的也是这种型号的助听器。

在博物馆工作，我常给参观者说这么一句话："没有残疾人，只有残疾的科技；没有残疾人，只有残疾的社会。"220 多年前，欧洲人发明了这种助听器。如今即使在我国中西部偏僻农村，只要早诊断早发现，哪怕是先天失聪的聋人，也可以由国家统一配置人工耳蜗，重返有声世界。从这个意义上来看，科技赋能，社会博爱，让聋人也有机会聆听世界的美好。感谢科技的力量，感谢社会的进步。

1 | 2

图一 图二　馆藏助听器　产地：英国　时间：1800 年前后

德国盲用几何教具：
张元济的世纪珍藏

四十三

他是中国近现代史上的一位奇人：18 岁中秀才，23 岁中举人，26 岁中进士点翰林，30 岁考中总理各国事务衙门之章京，32 岁被"革职永不叙用"，36 岁加入商务印书馆，从此"昌明教育平生愿，故向书林努力来"，直至 93 岁高龄仙逝。他一生见过光绪皇帝、孙中山、袁世凯、蒋介石、毛泽东主席这五位不同历史时期的一号人物，并均与之有所交往，这在历史上可谓绝无仅有。

他的名字叫张元济（1867—1959），商务印书馆的核心与灵魂人物，著名出版家、教育家、实业家。就是这样一位横跨两个世纪的历史老人，在他波澜壮阔的丰富人生中，以他超前的思想、博大的情怀、仁爱的实践书写了他对特殊教育的特殊贡献与博爱情结。

2014 年 2 月 26 日，我到上海淮海中路 1285 号上方花园，拜访张元济嫡孙张人凤先生。张先生从小在祖父身边长大，直至 19 岁那年祖父去世。他一生从事教育工作，退休后怀着对祖父的深厚感情，全力从事张元济全集、年谱、传记的整理、编写、

研究，著述丰硕。提及祖父与特殊教育，他说先祖父庚戌年间（1910 年）环游世界考察教育，欧美发达的特殊教育给他留下了深刻印象与巨大震撼。

从 2014 年起，我每年都去拜访他，当然每次相见，张元济与特殊教育都是必谈的话题。张先生讲，祖父在 1910 年花了近一年时间，足迹踏遍亚洲、非洲、欧洲、美洲，出国前他备足了功课，考察中他风尘仆仆、认真全面，回国后写文章、做演讲。这一次的环球游，是他一生中特别重大的事，深刻影响了他的一生。他特别提到张元济几乎每到一国，都会专门安排考察当地的特殊教育。在德国时，他甚至还专门购买了一套盲用几何教具。

听说我们在筹建特殊教育博物馆，他说，前些年家乡浙江海盐筹建张元济纪念馆，他把那套教具捐给他们了，其实这套教具给我们收藏最好。张先生非常关心我们博物馆的建设，他主动捐出家里仅存的一套祖父同年购买于德国的大型积木玩具，并亲自联系海盐方面，希望我去用这套积木置换那套教具。我一时感激得手足无措，当即带着已经 100

多岁的珍贵积木玩具赶往海盐。海盐方面非常尊重张先生的意愿，也很理解我们的心情，但表示张元济先生的遗物已是重要文物，文物入库后再出库置换，这个权限已经不在他们手里了。

盲童没有视力，双手就是他们的双眼，触觉就是他们的视觉。为避免盲人摸象的困窘，德国盲校专门定制盲用几何教具，这些几何形实物，都在一握之下尽在掌握之中，盲童可以双手整体全部多面触摸它们，继而方便他们形成对这些几何模型的直接整体触觉。这些模型，体量不大，无比精巧，木质虽历经百年但完好如初，从中可以看到德国的工匠精神，更可以看到德国人重视盲童教育的科学精神与人文精神。

2016 年 11 月，张先生专程应邀来我们博物馆参观指导，大概是为了安慰我们没有置换成功的心情，更是助力我们博物馆馆藏精品建设，他又无偿捐赠一枚张元济先生的私章。查阅文献后得知这枚私章乃晚清著名篆刻家的作品，自然珍贵无比，可谓无价之宝。

张元济先生对特殊教育的主要贡献简述为：一是多年为中国特殊教育本土发展鼓与呼，二是他多年坚持录用烟台启喑学校聋生来上海商务印书馆工作，三是常年坚持私人为上海盲校捐款，四是指导商务编译出版十余部特殊教育专著。

$\frac{1}{2}$

图一　与张人凤夫妇手捧积木合影
图二　在浙江海盐张元济纪念馆查看德国盲用几何教具

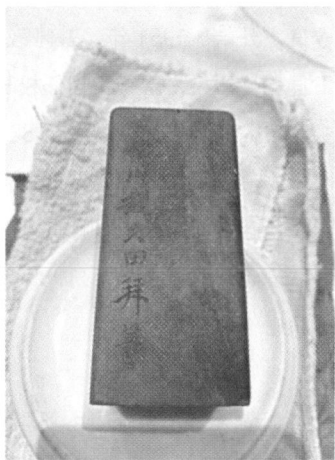

图一　积木实物图片

图二　图三　张元济先生私章（刻于 1892 年前后）

铁皮箱：
雷静贞和她的美国聋教育老师的特教缘

四十四

雷静贞（1903—1989），原名雷雪花，福建省古田县梅坪村人，畲族。1928 年 7 月在当地教会资助下，前往山东烟台启喑学校师范班学习聋教育，是中国最早一批系统、科学地接受聋哑教育培训的特教专家之一。1929 年 8 月学成归来，9 月在古田县毓菁小学创办聋哑教育班，首批学生 5 人，后逐年增加，1949 年时已有 25 名聋生。此为福建全省聋教育之开端。1951 年，聋哑教育班正式扩建为古田县聋哑学校，雷静贞担任校长。至 1957 年，学生遍布福建全省，人数增至 88 人。因办学成就突出，她先后三次去北京参加全国教育先进工作者表彰大会，成为有全国影响的著名聋教育专家，被誉为"福建聋教育之母"。1989 年 11 月 13 日，在古田病逝，享年 87 岁。

2015 年 1 月 17 日，天阴。晨起，电话与福州盲人老师陈君恩告别，坐长途汽车从福州市到古田县。山路崎岖行路难，几经周折，傍晚时分才到县城，入住好望角酒店，惊喜发现酒店所配的洗发、沐浴、润肤、润发四种护理品，竟都印有盲文，故收藏。

2015 年 1 月 18 日，天阴。晨起步行到古田聋校（现名为宁德特教中心），拜访校长张敏炎，另访谈陈泽圳（雷静贞之孙），了解雷静贞创办古田聋校的艰难历程。午饭后，陈泽圳开车带我，先至大桥镇接上陈广北（雷之养子），后直抵梅坪村。雷静贞几乎所有亲属悉数汇聚在雷的故居。陈广北拿出一只铁质大皮箱，箱子虽锈迹斑斑，但坚固厚实，箱底垫的一张英文报纸，已经与箱体合二为一，日期为 1930 年 4 月 7 日。他说，这是他妈妈从山东烟台学习回来时一个美国人送给她装行李用的。他还说，我是新中国成立以后第一位来寻找雷静贞的人，他现在要把这个铁皮箱无偿捐给我。他还拿出一只雷静贞取暖用的铜质暖炉，我说铁皮箱我收下，暖炉你们保存留个念想吧。

此时屋外围拢了一拨一拨的村民。我问，雷静贞的墓在哪里？他们说就在对面山上。我说想去拜谒。于是原本一辆车，马上变成三四辆车的小车队，但山路蜿蜒，只能步行上山。时值隆冬，荒草丛生，幸好他们带了砍刀，一路披荆斩棘。寻至雷静贞墓，一一拔净周围杂草，拍照纪念。下得山来，已

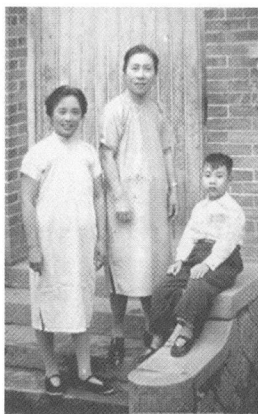

是暮色四合。

2015 年 1 月 19 日 天晴。晨起赶到宁德高铁站，因购买的是福州回南京的票，自动验票区无法通行。找到高铁工作人员，走人工通道进入站台。幸好，他们没有问我这只铁皮箱从哪里来的，更没有开箱检查。

通过人物访谈、文献研究与实物鉴定，初步确认此铁皮箱原产于美国，时间为十九世纪中后期，由烟台启喑学校创始人米尔斯夫妇在 1884 年由美国带入中国。米尔斯夫人 1927 年离开中国，1929 年病逝于美国。雷静贞在烟台学习聋教育时，校长为米尔斯夫人的外甥女卡特小姐，转赠给雷静贞铁皮箱的当为卡特小姐。雷静贞懂英文，箱底报纸可能是福建当地教友（或外国人或中国人，也可能是雷静贞本人）订阅的。

1	2	3	4
		5	
		6	7

图一　雷静贞青年照
图二　雷静贞老年照
图三　二十世纪三十年代的雷静贞（左）
图四　启喑学校创始人、铁皮箱原主人——米尔斯夫人
图五　图七　雷静贞遗物铁皮箱
图六　与雷静贞养子陈广北（左）在雷静贞墓前

中国造盲文打字机：
从戳字到打字

盲人朋友的视力有障碍，他们与这个世界便有了一定的距离。但上帝给他们关上了一扇门，又打开了另一扇窗，于是他们往往有着超常的听力、敏捷的身手、出色的语言能力。他们虽然失去了迎接光明的双眼，却可以用双手探索与编织出精彩的世界。

周有光先生说语言使人类别于禽兽，文字使文明别于愚昧，教育使先进别于落后。盲人朋友享有人类文明重要标志的文字与教育，必将经历一个漫长而艰难的探索过程。1651 年，德国人赫德福尔创造了用铁笔在涂蜡的平板上书写的方法；差不多同一时期的瑞士人柏诺礼发明了可导引铅笔在纸上写字的"型板"，从此盲人书写摸读进入了新时期。1784 年创办世界上第一所盲校的阿维，用自己编排的压凸字母教盲人学生读写，这为全世界盲人教育铺垫了道路。但真正创立近代普及型实用盲字、让全世界盲人能用双手便捷高效地摸读与书写的则是法国盲人路易·布莱尔，1829 年他的六点凸字盲文横空出世，盲人教育因此而进入新纪元。

近代教育学意义上的中国盲教育，始于 1874 年。这一年，来自英国的传教士威廉·穆瑞在北京东城区甘雨胡同创办了瞽叟通文馆，此后这个瞽叟通文馆虽几经易名迁址，但一直坚持办学，现名为"北京盲校"。瞽叟通文馆创办后，威廉·穆瑞参照中国《康熙字典》的音韵和布莱尔六点盲字，以北京语音为基准语言，整理了中国北方常用单字的 408 个字音，用 40 个数字符号组成 408 个音节。这就是中国盲字的源头，史称"康熙盲字"，又称为"瞽叟通文""北京点字 408""中国数字盲字符号"等。由此，中国盲人也拥有了可以通过双手摸读和书写的汉语盲字。从康熙盲字开始，又出现了大卫希尔盲字、心目克明盲字、国音盲字等，汉语盲字不断演化，直至新中国建立后，盲人黄乃于 1952 年创制了《新盲字方案》，史称"现行盲字"。这套盲字方案将布莱尔盲文点字系统与汉字进行了更有机、更契合的融合与改进，体现了中国盲字的时代性、实用性与科学性。

盲字手工书写工具就是写字板、盲文笔及盲文纸，机械书写工具则是盲文打字机。新中国成立前我国的盲文打字机都是英国、美国出产的。五十年代，

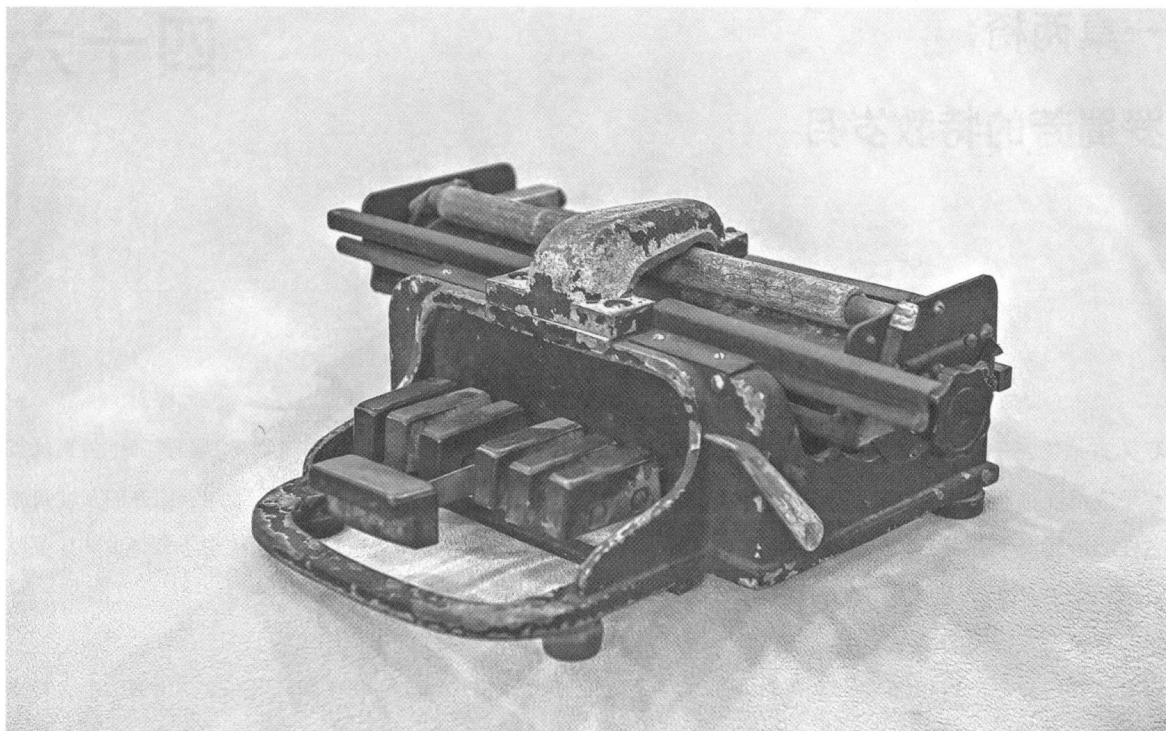

我国也曾试制生产过盲文打字机。

近十年来，我寻访了海峡两岸暨香港地区的几乎所有重要盲校，拜访了数以百计的盲人朋友。在这些盲校中或通过这些盲人朋友，我得以见识到几十种不同国家不同时代不同型号的盲文打字机，中国特殊教育博物馆也历经千辛万苦征集到了十几种盲文打字机。

馆藏的这件1957年生产的盲文打字机，目前为我发现的国内唯一一件，典型的中国生产的盲文打字机。它又名马堡机，是模仿德国马堡盲校附设盲文打字机制造厂设计的，它的生产厂家是公私合营上海理华物理仪器制造厂。该机由全铁铸造，坚固耐用，以橡胶皮筋作为动力，8个操作键，对应盲符

六点的6个按键，另有一个空格键、一个退格键；打字时每行打到预设的地方有铃声提示换行。

盲人朋友凭借盲字，从使用盲文写字板到使用盲文打字机，与明眼人一样实现了识字读书的梦想，这是社会的进步，这是文明的力量，这是教育的奇迹。

$\frac{1}{2}$

图一　二十世纪五十年代我国试制的盲文打字机
图二　二十世纪初日本创制的盲文写字板

一桌两椅：
罗蜀芳的特教岁月

四十六

罗蜀芳（1906—1994），四川成都人。1927年毕业于成都选科师范学校，先后出任小学教员、教务主任。1930年考入北京朝阳大学法律系。1932年夏从朝阳大学退学，进入山东烟台启喑学校师范班学习聋教育，1933年夏毕业后出任成都中西慈善团盲哑学校教师，1938年变卖家产个人创办成都私立明声聋哑学校并任校长，1942年兼任成都市基督教盲哑学校校长，1943年起受四川省教育厅、中国盲民福利协会委托，创办盲哑师资培训班，至1949年先后开办师资班4个，培养盲哑教师70余名。罗蜀芳因为创办特殊教育成就突出，美国著名特殊教育家海伦·凯勒于1949年、1950年、1951年三次给她捐款予以褒奖与资助。1954年后被迫离开特殊教育，但她毕生情系特殊儿童，晚年捐出所有积蓄设立特殊教育奖励基金。

2013年10月26日　前往上海拜访中国残联原副主席、中国聋协原主席戴目。我们凭案笔谈，他提及聋教育专家罗蜀芳与海伦·凯勒的关系，以及她在抗战时期创办特教师资培训班的贡献。回宁后，我开始查找有关罗蜀芳的"蛛丝马迹"。

2014年3月21日　飞抵辽宁沈阳，着手寻找王茂

华的信息。网络上有王茂华与罗蜀芳师生关系的点滴信息。王茂华，曾任教于张闻天创办的东北育才学校，但找到学校打听，学校说不知道此人，可以去省教育厅或市教育局打听。

2014年4月11日　再次飞抵辽宁沈阳，在教育文献收藏家詹洪阁处，终于看到王茂华、孔广贵编写的《一切献给盲聋哑教育事业——罗蜀芳回忆录》（油印本）。

2014年6月23日　飞抵四川成都，找到写过《一切献给盲聋哑教育事业——罗蜀芳回忆录》读后感的著名作家冉云飞。后与他一起去成都市特殊教育学校（该校前身即为罗蜀芳创办的"成都私立明声聋哑学校"），接连三天，一一访谈罗蜀芳当年的学生、同事。2014年6月26日，曾长期照顾罗晚年生活的李观泰约我去他成都郊区家中，他说他想捐出罗蜀芳的遗物——两把椅子，一只茶桌。我心生敬意，并拍照留念，且连夜委托当地物流公司打包快递回南京。

2014年9月13日　李观泰夫妇专程从成都飞来南京，到学校观看中国特殊教育博物馆陈列。曾长期保

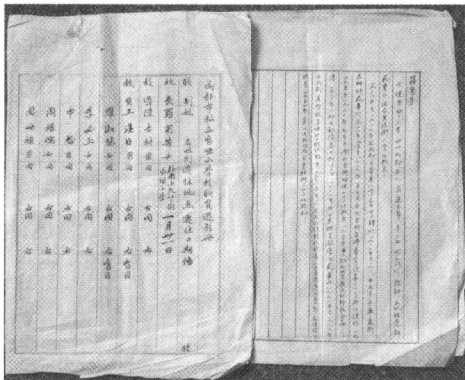

存在他家的两椅一桌，而今陈列在博物馆，睹物思人的他老泪纵横，说罗校长的这些遗物终于有归宿了。

2015 年 4 月　《罗蜀芳：感动了海伦·凯勒的"中国特教女武训"》一文收入《中国特殊教育史话》，由新华出版社正式出版。

罗蜀芳的父亲罗应阳是成都地区一位专营木质镜匣制作的手工业主，他为人朴实，做工细致，诚信勤俭，所做镜匣远销北京、上海等地，在业界享有盛誉。这两把椅子、一只茶桌，真材实料、工艺讲究、造型优美、质量上乘。尤以椅子的椅面最为巧妙实用，可以上下翻动，夏秋之际用竹藤编织的清凉一面，冬春之际用绒布蒙面的棉质一面。

据李观泰介绍，此组家具系罗蜀芳父亲送给她的。罗蜀芳去世前把所有的生活物品，比如电视机、收音机、电风扇、手表等一一分发给自己的盲聋哑学生。李参加了罗蜀芳的后事处理，这组家具因没有列入罗的分发计划，最后无人领取。李对罗充满崇敬，便将它们带回家中珍藏。李还说，当年罗蜀芳曾经在家中接待过宋霭龄（时任中国盲民福利协会会长）、宋美龄（时任中国盲民福利协会名誉会长），当年她们来时，坐的就是这两把椅子。

图一　二十世纪五十年代罗蜀芳照片
图二　两椅一桌照片
图三　与李观泰握手合影
图四　罗蜀芳自撰简历手稿
图五　与李观泰（左）、李志福（右）合影

1 | 2 | 3
4 | 5

"复明一号"手术车：
"光明使者"陈梁悦明

四十七

眼睛是心灵的窗户。一双明亮的眼睛，可以使我们拥有良好的视觉。现代科学分析，人类的知识建构材料中超过 90% 来自视觉。人失去视觉无疑是最痛苦的。人失去视觉的原因各种各样，而老化、遗传、局部营养障碍、免疫与代谢异常、外伤和辐射等使人眼产生白内障，已经成为 40 岁以上人群失去视觉的重要原因。随着科学技术的进步，白内障早已不是让医生们束手无策、手足无措的顽疾，甚至有些类型的白内障只需进行门诊手术。但二三十年前，我国广大地区特别是中西部经济欠发达的农村地区，因为治疗白内障而失明致残致贫的农民数以百万计。

陈梁悦明，1946 年生于香港，1973 年考入香港盲人辅导会，历任辅导会秘书、总干事助理、助理总干事、副总干事、行政总裁，后又出任亚洲防盲基金会副会长至今。她为盲人服务已逾 45 年，曾获香港太平绅士、香港人道奖等，被誉为亚洲盲人的"光明使者"。

2017 年 4 月，我应邀赴香港心光盲人院暨学校讲学之际，如约拜见并采访了陈梁悦明女士。返回内地后，我写成《给失明者带来光明 为视障者创造福祉》一文并发表。

2017 年 7 月，陈梁悦明女士来宁参加海峡两岸视障教育研讨会，我特邀她参观中国特殊教育博物馆，其间我正式提出想征集一辆由她发动筹资开展中国内地"复明扶贫"工程时赠送的白内障手术车。她说第一辆手术车是 1995 年赠送给陕西省的，前几年已报废，应该可以让博物馆收藏展陈，并立即责成随行秘书孟峻岭落实此事。

2017 年 9 月，我到长春大学特教学院参加该院创办 30 周年庆典，第三次见到陈梁悦明女士，她说已经与中国残联、陕西省残联沟通好，我直接去办理领取事宜即可。

2017 年 10 月，我专程赶赴陕西，分别拜会陕西省残联及车辆所在单位陕西省康复医院领导，他们非常尊敬陈梁悦明女士，希望我们博物馆认真做好收藏、保管、展陈和宣传工作。几天后，这辆凝聚

着陈梁悦明对内地白内障患者无私大爱，承载着亚洲防盲协会与中国残联精诚合作的"复明扶贫"历史记忆的大型手术车稳稳地停放在我校校园内。据悉，从 1995 年至今，陈梁悦明女士与亚洲防盲协会共为内地无偿捐赠 26 辆手术车，累计价值近 2 亿元，惠及 21 个省（市、自治区）数百万白内障患者，给他们带去了光明，使他们摆脱了贫困。

此车由亚洲防盲基金会在意大利定制、组装、生产，1995 年年底捐献陕西省，1996 年 1 月正式投入使用，命名为"复明扶贫"工程一号车。车内配有手术室、候诊室、卫生间、厨房、医护休息室、自备电源及无障碍升降设施等。1995 年时，此车便价值人民币 300 万元，另备 300 万元手术设备，合计 600 多万元。截至 2010 年，此车深入陕西全省 107 个县（区），以成本价为 28000 多名患者实施白内障手术，累计为患者节省费用 7792800 元，其中 8376 例贫困患者全部免费。

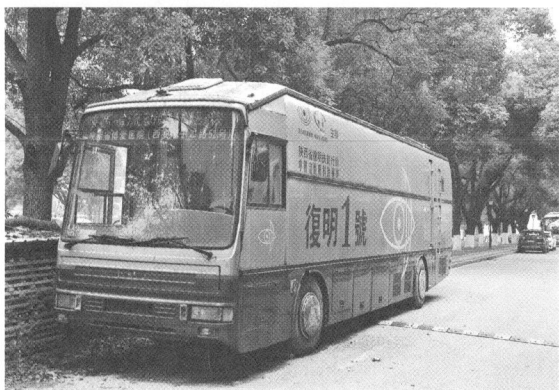

特教艺术类

大清徽墨：

瞽目先生小说流

从事音乐活动，是中国古代盲人最常见的工作。先秦时期，盲人出任宫廷乐官的记载，不绝如缕。《吕氏春秋·古乐》里记载："帝尧立……瞽叟乃拌五弦之瑟，以为十五弦之瑟，命之曰《大章》，以明帝德。"尧的父亲即是瞽目（盲人）。商周时期，汉语中关于盲人的称谓多为"神瞽""瞽史""瞽蒙""瞽师"。《诗经·大雅·灵台》中有"鼍鼓逢逢，蒙瞍奏公"的描述，《诗经·周颂·有瞽》中有"有瞽有瞽，在周之庭"的记录。

宋元以后，有关盲人说唱的文献记载，比比皆是。民间盲人从事说唱，基本上已经相当普遍。南宋诗人陆游有诗歌《小舟游近村，舍舟步归》："斜阳古柳赵家庄，负鼓盲翁正作场。死后是非谁管得，满村听说蔡中郎。"盲人一边敲鼓一边说唱，这是南方农村的常见景象。而在城市中，这种情况也较普遍。明朝田汝成《西湖游览志余》里有这样的记载："杭州男女瞽者，多学琵琶，唱古今小说平话，以觅衣食。大抵说宋时事，盖汴京遗俗也。"可见盲人从事音乐说唱，从宫廷官府下移到民间乡野、城镇市井，演唱内容则是汉赋唐诗、宋词元曲、杂剧南戏、明清小说、市井故事、乡俚村话无所不包，雅俗皆有。盲人说唱除了取乐，也起到了传播文化、普及知识以及劝善教化的作用。

中国特殊教育博物馆馆藏一件珍贵的瞽目题材的徽墨。墨长22厘米，宽14.5厘米、厚2.5厘米。它的一面是一首诗，内容为："瞽目先生小说流，稗官敲钵唱街头。村翁里妇扶携听，侥为欢欣侥为愁。"落款为："御制题画一首 臣于敏中奉敕敬书"。徽墨两侧留有"嘉庆庚辰之秋""徽墨汪节庵造"字样。

另一面为一幅凸起的浅浮雕图画，画面左侧中间，远水近山，参天浓荫大树下，一个盲翁正手摇乐器作说唱状，身后身旁各一成年人作侧耳聆听状，正前面有稚童三，形态各异作欢喜状。画面右下方，有四个人相互招呼扶携，作趋向盲翁状。整个画面形象生动地展示了古诗所表述的内容："瞽目先生开始说唱，身边已经围了一批人，而村里其他的老头老妇带着孩童正赶而前往。"

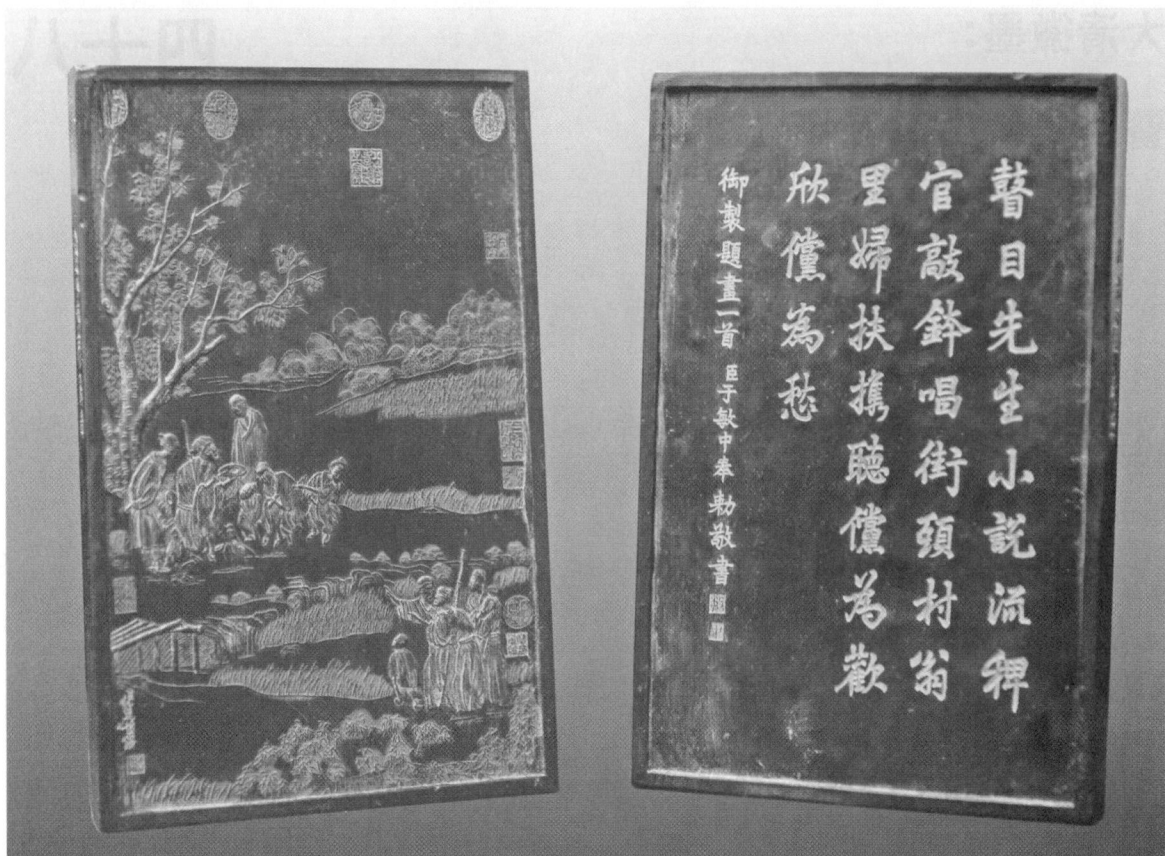

此诗为乾隆皇帝所写，作画者不详，书法作者为于敏中。于是江苏金坛人，我的前辈老乡，乾隆二年（1737年）中状元，曾任文华殿大学士兼首席军机大臣，另主持领导了《四库全书》的编纂工作。他博学多才，诗文雅正，书法师承赵孟頫，是乾隆时期的著名书法家。

徽墨，因产于安徽徽州而得名，与湖州笔、端州砚、宣州纸合称"文房四宝"。其墨有"落纸如漆、色泽黑润、经久不褪、纸笔不胶、香味浓郁、丰肌腻理"等特点。明代中期之后，整个徽州成为全国制墨业的中心，产量更是激增。1915年，徽墨曾获巴拿马博览会金奖。这枚馆藏徽墨制版于嘉庆年间，距今已经两百多年，它历史性地呈现了清朝盲人说唱的现实场景，是中国古代盲艺人说唱生活的真实写照。

图 徽墨"瞽目先生小说流"

国画名作《嘉树繁荫》：
谢伯子的书画人生与特教生涯

四十九

1992 年 1 月，江泽民同志亲临常州市聋哑学校（现名为常州市中吴实验学校）视察，他对该校的办学传统、教学水平、教育业绩均给予了高度评价，并亲笔题词"特殊教育 造福后代"予以褒奖。国家最高领导人视察一所特教学校并为之题词，此为建国之后的首次。

关注常州市聋哑学校，我们自然会想起该校的创始人——戴目、费耀奇、杜家瑞这三位聋人。1944年，他们毅然变卖家产创办聋校，服务桑梓，造福同病。但担任该校校长近三十年的谢伯子先生，我们同样不能忘记。

谢伯子（1923—2014），男，江苏常州人。先天失聪，自幼随父谢玉岑（著名词人）、外祖父钱名山（晚清进士、江南大儒）学书学诗，随姑谢月眉（著名画家）、叔谢稚柳（书画大师）学画花鸟。少年即拜张大千、郑午昌为师，专攻山水、人物。19 岁加入中国画会，21 岁在上海举办个人画展，24 岁获上海文化运动创作奖，同年《中国美术年鉴·1947》专列条目介绍其传略与成就。

谢伯子虽然失聪，但绘画水平丝毫不让健听人，人生前景可谓如日中天、不可限量。但就在此时，他的书画人生出现拐点，他甘为奉献、舍己为人的特教生涯渐次展开。1947 年起，他担任上海私立光震聋哑学校专任教师，执教美术课与国文课。著名聋人设计师肖牧（代表作为 1972 年周恩来总理宴请美国总统尼克松的请柬、1978 年全国科技大会会徽），便是谢伯子这一时期的得意门生。

1949 年新中国成立后，在戴目的推荐下，谢伯子回到家乡担任常州市聋哑学校校长，直至 1978 年。近三十年的校长生涯，他筚路蓝缕、开疆辟土，把一所原本规模很小、校舍破烂、师资紧缺的私立学校，办成特色明显、管理严格、质量优良的特教名校，培养了一大批自立自强、擅长书画、成绩突出的优秀人才，学生遍布全国。三十年时光，谢伯子完成了从书画名家到特教专家、从美术创作到书画教学的华丽转身，但此中对聋生、对个人孰轻孰重、孰得孰失，自然不言而喻。退休后的谢伯子，重新开启书画人生，并再次获得巨大成功。1992年在上海美术馆举办《谢伯子画展》，2013 年在常州博物馆举办《谢伯子九轶画展》，2012年中央电视台为其拍摄专题纪录片《谢伯子》。

我生也晚，因为筹建中国特殊教育博物馆，直到2012年才得以拜访谢伯子。但其时在常州、在江苏乃至在全国，也许是因他的画家身份太过显赫突出，几乎无人知晓他的三十年特教生涯及其对特教的巨大贡献。在他的晚年，我数次拜访他，宾主以案，相通以笔。他说他一生有六难：先天失聪、父母早逝、国家多难、贫病交迫、孤独寂寞、社会偏见。他得意于他的书画诗文创作，但他更在意他造福同病的聋教生涯。

在其家人的帮助下，我编写出版了《九轶初度——谢伯子先生谈艺录》，后又主编出版了《谢伯子研究》。每次与他相见相谈，都能带给我灵魂的净化与精神的鼓舞。他说感谢我关心他的特教人生，并多次表示要专门送画给我。我说，您要送画，我就代表博物馆接受吧！

1947年出版的《中国美术年鉴·1947》是这样介绍谢伯子的书画成就的："生有异禀，虽病瘖而胸次寥廓，挥毫落纸，有解衣磅礴之概。家学渊源，得力于石涛甚深。写山水则气魄雄伟，作人物则神韵隽逸。"当年谢伯子年方24岁，此后他虽然没有放下画笔，但主要精力则由书画创作转向聋哑教育了。退休后，他重返画坛，渊源深厚的家学与师承、踏遍青山的积累与沉淀、心雄万夫的格局与气度，使他虽先天有缺而后天独厚。故启功、冯其庸等对其评价多用"异禀""异才""奇才""奇特"等词。

1
2
3

图一　四十年代谢伯子任职光震聋校合影
图二　新中国成立初期时任常州市聋校校长的谢伯子（左）
图三　中央文献出版社出版的笔者主编的《谢伯子研究》一书

《人民海军向前进》曲谱：
16岁盲童刁锦富的天才之作

五十

2019年10月1日，首都北京天安门广场举行中华人民共和国成立七十周年盛大阅兵，国家主席习近平乘车检阅中国人民解放军陆海空等受阅部队时，现场奏响的第六首歌曲是《人民海军向前进》。这首歌曲，诞生于1950年，被海军视为"军歌"，它是海军举行重大集会重要庆典时的必奏曲目，长期被海军作为队列进行曲。这首歌曲旋律铿锵有力，节奏整齐激越，声调坚定昂扬，气势磅礴壮阔，展示了人民海军劈波斩浪保卫海疆的军心、军威、军魂。军歌嘹亮，但它的曲作者是谁？可能少有人知道，曲作者在当年竟是一位虚龄只有16岁的盲人，他的名字叫刁锦富。

刁锦富（1935—2020），江苏镇江人，盲人音乐家、钢琴演奏家。1950年年仅16岁的他谱曲创作的《人民海军向前进》传唱至今，见证了人民海军不断强大的历史进程，彰显了国家繁荣富强的时代强音，堪称二十世纪的音乐经典。刁锦富4岁时随做小生意的父母搬到上海，6岁起上小学，因常常陪同邻居英国小姐到他的小学同桌家教弹钢琴，由此接触了钢琴，并表现出惊人的音乐天赋，这位英国小姐便主动指导他学习钢琴、学习音乐。8岁时因病致左眼失明，右眼视弱。于是从11岁起，他被家人送到上海唯一一所外国教会创办的上海盲童学校读书，该校的办学特色是音乐教学，刁锦富的音乐天赋在此得到了发展，音乐才华得到了培养。

1950年10月的一天，刁锦富在盲校图书馆的一份报刊上偶然读到一首小诗，诗名叫《人民海军向前进》，该诗没有作者姓名，只有短短8句。当时正值朝鲜战争爆发，美国第七舰队封锁我国台湾海峡，中国人民义愤填膺、群情激昂，建设强大海军、保卫祖国海疆，成为全民共同的心愿。"红旗飘舞迎风扬，我们的歌声多嘹亮。人民的海军向前进，保卫祖国海洋信心强"，这些朴实响亮的诗句，激发了刁锦富的创作灵感，几乎是一挥而就，他很快就完成了这首短诗的谱曲，然后他署上"绿克"这个笔名，投寄给了上海人民广播电台。不久，他便收到了电台的用稿通知和稿费，后来他又从广播里听到了电台教唱该歌的录音。1951年7月，刁锦富从上海盲校毕业后，考入上海音乐学院，由此走上了音乐创作、音乐教育的专业道路。

70 年来,《人民海军向前进》伴随中国海军,见证了国家强盛的历程。而谱曲者"绿克"是盲人刁锦富,却一直鲜为人知,只有率先出版《人民海军向前进》歌词曲谱的上海文艺出版社和中国音乐家著作权协会不定期给刁锦富寄的版税汇款单,默默承载着他的辉煌。

当然,盲人刁锦富的辉煌不只是创作了《人民海军向前进》。1954 年以后,他长期在无锡荣军医院从事音乐创作、音乐教育工作。他担任艺术指导的江苏省革命伤残军人演出队曾经巡演全国,威震四方;他为柬埔寨西哈努克亲王演奏自己作词作曲的《可爱的中国》,引得亲王赞不绝口,一时传为中国外交佳话;他改编二胡名曲《二泉映月》为钢琴独奏曲,由此钢琴曲《二泉映月》成为无锡的又一张音乐名片;他创作的《"太湖美"随想曲》等大量以太湖为题材的音乐作品,获奖无数;他为无锡的学校、企事业单位等创作的校歌、厂歌等数以百计。

2020 年 5 月 30 日,盲人音乐家刁锦富在他从事音乐事业七十周年之际以 86 岁高龄安然去世。2020年 6 月 1 日,经江苏省有关部门批准,无锡市通德桥实验小学三年级(5)班被定名为"刁锦富中队"。

1
2
3
4

图一 刁锦富上海盲校的毕业证书
图二 《人民海军向前进》曲谱
图三 访谈刁锦富时留影
图四 刁锦富家人来博物馆参观留影

家传国画《雪中送炭》：
朱操投身特教的信物

这是一位特教名人，也是一名教育奇人，他叫朱操，1943 年生于扬州，1964 年毕业于江苏扬州师范学校。他在普通小学工作了 23 年，历任语文教师、体育组组长、少先队辅导员、校长；后因成绩突出，被提拔到教育局做教育股股长。1987 年，为彻底扭转当年苏北地区特殊教育特别是盲教育和培智教育方面的落后面貌，他主动告别前程似锦的教育局工作，先后创办了整个扬州地区的第一所培智学校、整个苏北地区的第一所盲校、第一所聋儿康复中心，并长期担任盲校、聋校校长，使扬州的特教事业在全国领先、国际知名。他建设的特教战线中，"盲、聋、培智、听力康复"一个也不少，他在此一直战斗到光荣退休。他总是自豪地引用泰戈尔的诗"天空没有留下翅膀的痕迹，但我骄傲，我飞翔过"，来评价自己的教育人生特别是他的特教生涯；他总是引用一句古诗"月虽残，亮如雪，高挂天空谁言缺"，来评价他热爱的残疾学生与残疾朋友。

朱操先生现安居古城扬州颐养天年。在电话里我常常与他共话新春、细数特教，虽然已是耄耋老人，但他说起话来仍旧是中气十足。他说，回首一生，父亲的《雪中送炭》这幅画是他人生的初心之源，也是他坚决投身特教事业的精神坐标。朱先生父亲一辈往上，三代从医。朱操从小也曾立志子承父业传家学，遗憾的是 1960 年他初中毕业，正值三年困难时期，家境贫困的他只好考入"上学不收费、吃饭不要钱"的师范学校，1964 年毕业后早早上班挣钱养家。他有个终身瘫痪的哥哥，父亲身患精神分裂症，母亲脑中风，他苦中作乐地形容家里的情况："老的八十三，小的要人搀，病的病，瘫的瘫，精神病人在其间，忙完三餐常加班，日夜照顾病残瘫。"他的父亲是个儒医，除了医术精湛之外，还画得一手好国画。他给朱操画的《雪中送炭》，画面上一位披着破旧蓑衣的老人，在片片雪花中一手撑着破伞，一手挎着装满木炭的藤篮，寓意做人不要只求个人锦上添花，而要为他人雪中送炭。

因为他个人始终勤奋且工作卓有成效，领导多年考察培养深觉他堪以大任，于是 1990 年已经是教育局教育股股长的朱操，被领导和群众推荐参加由共青团中央主办的干部培训班。名报了，费用也

交了，就等开学了，这是一条正在他面前徐徐展开的人生康庄大道。就在此时，为解决全国特教学校专业化、知识化管理干部紧缺的困难，由南京特师联合南京教育学院开办的全国特教管理大专班开始招生，此时已经结缘特教的朱操，义无反顾向领导提出，不去仕途锦绣的团中央干部培训班，而去学海无涯的特教管理大专班。领导、同事当然不理解，但他想到了父亲的《雪中送炭》，便毅然放弃了锦上添花，决然选择了雪中送炭。

正是这种选择，让他在知天命之年，坚忍地承担起了雪中送炭、筚路蓝缕的特教重任。当年中央教科所特教专家陈云英博士告诉他，如果说普通学校是治感冒的，那么特殊教育学校就是治癌症的。明知山有虎，偏向虎山行，他以十多年特教生涯屡立新功，用一个又一个办学实绩证实了他的特教理想：做一个为特教雪中送炭的人。

图中这幅水墨画的作者是朱操的父亲朱荣棠。他出身扬州医学世家，早年曾任常州戚墅堰电厂和常州通成纱厂厂医，后回到扬州开设私人诊所，悬壶济世远近闻名。新中国成立后，他放弃业务繁忙的诊所，主动到扬州师范学校出任校医服务师生。此画有话，他借送此画，以告诫儿子朱操：做人要践行雪中送炭的精神。

1 | 2

几张老邮票：
残疾人观念演变史的历史见证

2018 年 5 月全国助残日之际，中国特殊教育博物馆新建的中国残疾人集邮馆正式建成并对外开放，同时举办了"全国助残日"邮票的全国首发仪式，国家邮政局、中华全国集邮联合会、中国残疾人集邮联谊会领导及"全国助残日"邮票设计师等专程到会，中国残联主席张海迪也专门委派工作人员向集邮馆赠送了由联合国与中国残联共同发行的庆祝联合国成立 70 周年的纪念邮票。

众所周知，邮票是一个国家的文化名片，方寸之间纳乾坤，见证历史发展，彰显社会进步。中国残疾人集邮馆馆藏全世界一百多个国家与地区发行的特殊教育与残疾人题材的邮票原件近万种。改革开放之后，我国也正式发行了特殊教育与残疾人题材的邮票十余种。

本次我们以三套邮票为例，通过这些邮票，聆听我国特殊教育与残疾人事业前进的时代强音，观看社会文明进步的历史缩影。1981 年是联合国确定的"国际残疾人年"，全球几乎所有国家都发行了相关纪念邮票，我国也发行了一枚纪念邮票。当年

由于认识局限，对于"残疾人"这个群体，我们使用的词汇还是"残废人"。1983 年，我国成立了专门用来资助残疾人的福利组织，其名称先后使用过"中国残废人福利基金会"与"中国残缺人福利基金会"，最后才确定为"中国残疾人福利基金会"，从"残废"到"残缺"到"残疾"，体现了社会对残疾人这个群体在认识与观念上的重大转变。

1985 年，我国发行了一套四枚的残疾人题材附捐邮票，票价每枚 10 分，其中 8 分是邮资，2 分是给中国残疾人福利事业的捐赠。一枚小小的邮票，凝聚着全国人民深厚的爱心。我采访过该套邮票设计师吴建坤，他说当年接到这套邮票的设计任务后，心情非常激动，多次到北京盲校、北京聋校、北京假肢厂去采风。四枚邮票，分别代表了盲人（设计了盲文）、聋哑人（设计了手语"热爱祖国"）、肢残（分别设计了假肢与轮椅）三种残疾类型。从 1985 年至今，时间过去了 30 多年，吴建坤感慨地说："当年我们对残疾人的认识非常有限，要是现在重新设计，就不会只简单设计成三类了。"

2018 年，国家邮政局决定发行一枚"全国助残日"题材的纪念邮票。年轻的邮票设计师沈嘉宏承担了设计任务。此邮票的全国首发式在我们博物馆举办，首发当天，沈老师向我介绍：这枚邮票主图案是残疾人轮椅加爱心，爱心标识背景上专门设计有八种助残图案，按顺时针分别是无障碍标识、手语、助听、信息、盲文、医药护理、手推轮椅、导盲导聋犬。从设计师的匠心中，显然已经能够感受到残疾人分类更加丰富了，远远不再只是盲、聋哑、肢残三种了。

2022 年，我国举办了世界残疾人冬季奥运会。围绕着"平等、参与、发展、共享"，我国残疾人事业作为中国特色社会主义事业的重要组成部分，必将迎来更加美好的未来。同时，我们也期待作为国家名片的邮票，在将来的岁月里能够更充分地展示并记录中国残疾人事业的时代痕迹与历史。

图一　1981 年发行的纪念国际残疾人年邮票
图二　1985 年发行的一套四枚残疾人题材附捐邮票
图三　2018 年发行的全国助残日纪念邮票

1 | 2 | 3

编后

人类认识自己、认识他人、认识社会、认识世界，首先是感觉——视、听、嗅、味、触、意，其中视觉，是所有感觉中信息量最基础、最庞大、最实用的。相关数据显示，人所接受的信息量中百分之九十来自眼睛。

当今参观博物馆主要的方式，还是用眼睛看，并且主要是看实物，睹物思人，触景生情。看文字，也不只是看展板文字，而是看文字记载的原始档案、文献原件和史料底稿等等。

感谢《现代特殊教育》（高等教育研究版），从 2018 年起我在此刊开设了一个专栏，名为"特教文物背后的故事"，封三是文字稿，讲述文物背后的故事；封四是图片稿，展示文物原样拍摄图片。

需要特别感谢的是，这些图片都是我的同事邱淑永副研究员拍摄的，他是知名摄影家。读者可以看文字感受特教故事、特教史实，可以看图片感知文物及文物背后的人与事与时代气息。

看文字，看图片，看特教世界，让我们一起看在眼里、记在心上。

编三

特教写思篇

导语

残疾，可以说是一种现象，一种发生体现落实在人身上的现象：可能是
生理现象，可能是病理现象，可能是心理现象（残缺、残余、残损）；
一种产生表现存在于人与人、人与自然、人与社会之间的社会现象、
文化现象（障碍、妨碍、挂碍）。现象具有客观性，但人认识现象，又
具有主观性。这种主观性，从反映、印象、记忆、认识、意识出发，
继而产生概念、理念、观念，呈现在语言、文字、思想、行动、实践
方面。

从这个意义上来说，"残疾人"也是一个不断累积演化嬗变出来的观
念。从存在到客观，从现象到概念，从观念到实践，它不断演变，它
是客观也是主观，它是历史也是现实。

特殊教育，它绕不过残疾，它主要面对残疾。我们认识自己，认识他
人，认识自然，认识社会；我们通过男人认识女人，通过女人认识男
人；我们通过认识所谓的残疾人，来认识所谓的健全人，通过认识所
谓的健全人，来认识所谓的残疾人。

我们是否应该雌雄同体？我们是否就是健残一体？吾思故我在，拾思
成言，写思成字，且言且行：关于认识，关于体会，关于支持，关于
思考，关于想象，关于理解，关于尊重，关于希望，关于平等，关于
行动，关于实践，关于本来，关于未来。

一、泰安特教赋

丁酉六月，应高君理敬先生之邀约，考察泰安特教。高君服务盲校凡三十春秋。古曰："三十年为一世而道更。"然高君其志犹壮，其力愈健，其情更浓。近年泰安发宏愿投巨资造福民生，统筹新建特教中心，蔚为壮观昂首华夏。嘱余作文以记其盛，感其心诚，勉力为之。

黄河泰山，中华所瞻。黄河之水天上来，泰山之尊群峰冠。齐鲁故国，圣人圣山，子曰有教无类以臻小康大同，山乃不辞寸壤则致天高地厚。

古谓"仁者行政，首拯残疾"，今称"治国理政，人民中心"。山高水长，人分健残；厚德载物，国泰民安。泰山之麓、泗水之阴，旧有盲校聋校培智学校，有生成长成才自强不息，有师博爱敬业无私奉献。惜其校舍简陋且地各一端，渐成教育民生之短板。岁在壬辰，泰安党政高瞻远瞩群策群力，筹划整合筚路蓝缕异地再建；斗转星移，教育残联社会各界精诚合作，服务残障旧貌蜕变发展现新颜。

而今泰安特教中心，北依巍巍泰山，南望壮阔平原，京沪高铁横驰于侧，名校大厦环伺其周。广楼连宇芳草碧树，集视障、听障、智障在一校；蓝天白云庭院深深，汇学前、基教、中职于苑中。立德树人，幸福六指标；尊重差异，做最美自己百亩之园，千人之校，美丽特教，敢为人先。政府关怀关注，社会关爱关护，假以时日展望未来，特教中心融合发展，必将设施齐全功能完善，环境优美质量优良，造福残障全面小康，引领时代奋勇争前。

金陵马建强记于丁酉年（2017年）秋

二、靖江市残疾人社会服务中心建成记

古城靖江，旧称马洲。襟江近海，物华天宝；古往今来，人杰地灵。岁在甲午，时维腊月。靖江新城老镇之间，大江大桥高速之旁，宏宇广厦高矗，园林美景新显。古曰："仁者行政，首拯残疾。"靖江党政领导，上承党恩浩荡，下接民意冷暖，矢志"两个率先"目标，心系社会保障工程，果毅决策倾力公益，新建残疾人服务中心。占地二十多亩，建筑二万平方米，楼宇之壮观，设计之周济，功能之齐全，设施之完备，环境之优雅，江苏少见，全国一流。

天生万物，人为灵长。健残伴生，同存共荣。尊重理解，合作共享，人权之光。慈善友爱，同舟共济，人性之美。念此服务中心建成，从残疾评估到康复治疗，从辅具适配到励志体验，从教育培训到维权救助，从文娱活动到社会参与，尽在一楼之中一园之内，近惠靖江残疾同胞，远泽周邻乡亲同病，实乃功高德厚之盛举、利远惠深之幸事。

此服务中心，形为大楼之谓，实乃大爱者也。靖江党政勇于担当体恤残疾，可敬可亲；残联领导筚路蓝缕殚精竭虑，可歌可泣；社会各界情深意长倾心扶助，可喜可贺。今特勒石作记，铭其事功，彰其美德，并颂健残互助融合，同臻祥和幸福，共建大爱靖江。

甲午（2014 年）岁末中国特殊教育博物馆马建强写于金陵

三、中国特殊教育博物馆展馆展陈大纲

技术馆：

没有残疾人，只有残疾的社会；

没有残疾人，只有残疾的科技。

科学技术推动特殊教育，

特殊教育造福残障世界。

本馆通过特殊教育相关教具、学具、辅具实物的展陈，以呈现

科学技术的力量、彰显人性仁爱的光芒。

艺术馆：

残疾人是不便，但不是不幸。

残疾人有缺点，但也有特点。

残疾人不全是自己不行，但更多是他人不信。

残疾人有缺陷，但不应缺憾。

梦想多大，舞台就多大。

时代不能消除残疾，

社会可以消除障碍。

本馆展陈部分残疾人艺术名家佳作，让我们走进他们的艺术世界，

欣赏他们的艺术成果，共享艺术盛宴与生命尊严。

通史馆：

中国近代特殊教育，肇始于欧美外国传教士。当六点盲字、赖恩手切拼出汉语声音的时候，中国的盲聋哑人获得了以手代目、以目代耳、以手代口的能力，进而可以与明眼人、健听者一起平等地走进文字的天地、语言的海洋、知识的世界。从外国传教士到本国仁人志士，从盲聋哑到身心残障，从慈善救济到教育自强，从功能补偿到潜能开发，从隔离到全纳，中国特殊教育经由晚清、民国到新中国，从改革开放新时期到加快发展新世纪，已经走过百余年的风雨历程。我们回顾历史，慎终追远；我们珍惜现在，任重道远；我们展望未来，帆高水远。

图一至图四　中国特殊教育博物馆局部

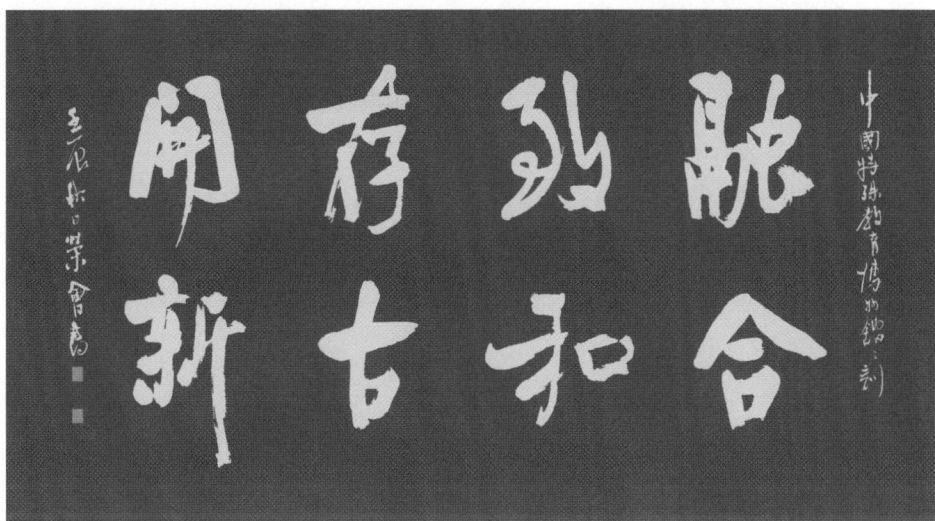

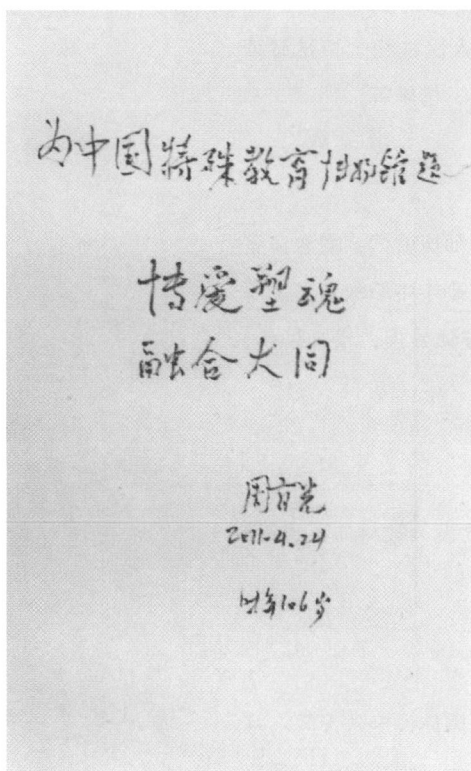

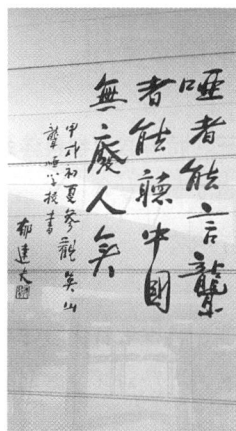

图一　中国特殊教育博物馆馆训："融合致和 存古开新"
图二　周有光题词
图三　郁达夫题词

第一部分　中国特色的特殊教育体系建设

一、特殊教育法律体系建设

教育地位确立、教育制度制订。实物：《中华人民共和国宪法》，《中华人民共和国义务教育法》《中华人民共和国残疾人保障法》《中华人民共和国残疾人教育条例》《中华人民共和国特殊教育法》的酝酿。其他法规、制度、文件、政策、措施等。

二、特殊教育机构体系建设

教育形式上：特殊教育学校，特殊儿童班，随班就读。受教育者年龄上：学前教育（早教机构）、义务教育、高中中职教育、高等教育。教育类别上：盲、聋、智力障碍、肢体残疾、精神残疾、智力超常等。

三、特殊教育学科体系建设

盲文体系建设，手语体系建设，课程体系建设，教材体系建设，学科体系建设。

四、特殊教育保障体系建设

政府财政投入：特殊教育学校建设、社会无障碍设施建设等。社会资金支持：基金会、非政府组织、慈善人士。组织建设：各级残联组织的建立"纵向到底，横向到边"。

文件：十七大报告、十八大报告，中国残疾人事业"九五"、"十五"、"十一五"、"十二五"计划纲要，中国特殊教育提升计划等。

第二部分 举世瞩目的特殊教育发展成就

一、中国盲文改革、中国手语方案制定

二、特殊教育学校发展（图表呈现。特殊教育学校：1949 年 42 所、
　　1965 年 266 所、1987 年 504 所、2003 年 1551 所、2008 年
　　1672 所、2013 年 1900 所）

三、特殊教育办学质量（名师、优生、社会就业、个人发展）

四、特殊教育科研水平（科研成果）

五、特殊教育国际合作（中外合作办学、学术会议、课题项目、
　　人员往来等）

1｜2

图一 图二 中国特殊教育博物馆局部

第三部分 任重道远的特教师资培养工程

一、我国特教师资培养历史回顾

A 培养形式：师傅带徒弟、师范班

1. 烟台聋教育师资培养。
2. 张謇盲哑师资培养。
3. 抗战前上海盲校、南京盲哑学校、长沙盲哑学校附设师资培训班。
4. 抗战期间成都盲校、昆明盲校、南京盲校承办师资培训班。
5. 1953 年，中国盲民福利会开设盲人干部培训班。
6. 1959 年教育部开设盲聋师资培训班。

B 培养形式：正规化、科学化，设置专门学校，开设专门专业

1. 培养层次：中专、专科、本科、研究生。
2. 培养学校：从 1981 年起，我国先后建立 34 所中等特殊教育师范学校或特殊教育教师培训中心（肇东、南京、昌乐、营口等），在北师大、华东师大、华中师大、陕西师大、西南师大五所教育部直属院校及两所地方院校建立特殊教育专业或特殊教育系。

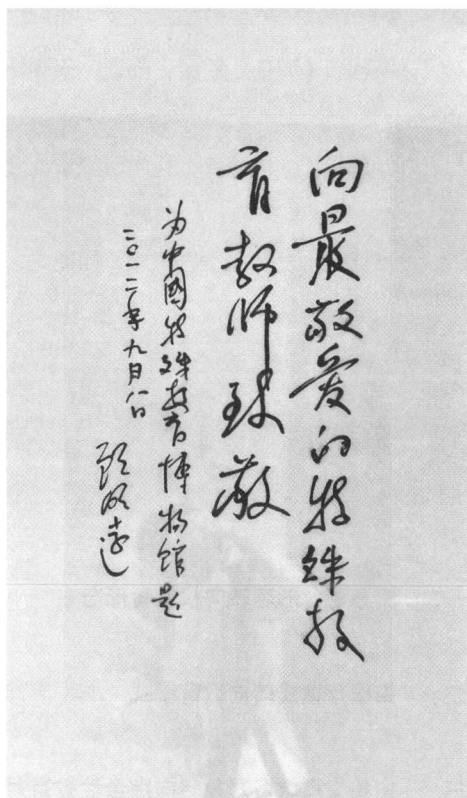

1
2
3 | 4

图一　图二　中国特殊教育博物馆局部
图三　大爱无疆（方祖岐题）
图四　向最敬爱的特殊教育教师致敬（顾明远题）

二、特教师资的摇篮、特教事业的"黄埔军校"

—— 南京特殊教育师范学院

---

1. 学制创新（4 年，3 年，5 年，3+2 年，4 年，中师、高师高专、函授、本科）

2. 课程创新（填补空白、满足需要）

3. 体系创新（职前、职后，师训、干训、实训）

4. 办学成果（人才培养、科学研究、社会服务、成果转化等）

5. 发展愿景（发动机、思想库、加油站；人才保障、智力支持、思想引领、文化传承）

一、 由慈善者形态转向权益者形态

二、 由医疗模式转向教育模式

三、 由狭义型教育对象转向综合性教育对象

四、 由隔离教育转向融合教育

五、 由补偿教育转向补偿教育与潜能开发并行

也许您的英名不为世人所知，
但您的特教业绩已永载史册！
除了听，我们什么都能做！
上天给了我们一双失明的双眼，
但我们却用双手触摸到了光明！
上帝如果给你关上了一扇门，他
一定会给你打开另一扇窗。

盲生座右铭

吾目虽瞽，吾心则正。
以手作为，以耳主听。
为之有恒，居之以敬。
力学而专，习静而定。
去尔猜疑，明其理性。
不忮不求，贵能知命。

聋生座右铭

昔有金人，三缄其口。
慎言斯守，古之冕制。
扩广充耳，岂欲塞聪？
戒妄闻也，天与以长。
当善于用，天之所缺。
勿怨其啬，抑尔矜骄。
去尔躁妄，接物和平。
待人谦让，目视而明。
心务于正，克俭克勤。

注：上面这个场馆的展陈方案，是本人在 2011 年前后闭门造车、纸上谈兵后的个人臆想。科学性、知识性、系统性、可行性、观赏性可谓均乏善可陈。现在看来，不只是止增笑耳，不只是贻笑大方，不只是无知无畏，更多是走投无路、自说自话与坐井观天式的自娱自乐。

当年因为没有经费，没有人手，没有馆藏，没有共识，没有关注，所以可以了无牵挂天马行空想其所想。十多年后的今天，翻看这个方案，恍若梦幻。斗胆照实抄录，未更改和丢弃，就算是以此为鉴，留个话柄、留个笑柄或者留个反面教材吧！

四、中国残疾人事业博物馆筹建构想

名称　中国残疾人事业博物馆

定位　博物馆接受中国残联的领导与指导，由南京特殊教育师范学院具体负责实物征集、场馆建设、藏品展陈等筹建工作。

该馆将是我国首家以中国残疾人事业为主题，国家级、专题式、综合类、历史性博物馆，集收藏、展览、研究、教育和文化交流、国际交往等职能于一体，以丰富齐全的馆藏实物、精彩纷呈的展陈内容、喜闻乐见的展览手段、务实创新的社教活动、特色鲜明的科研成果和日趋完善的服务设施，为我国残疾人事业增添一份厚重珍贵的文化瑰宝，为我国博物馆界奉献一份特色鲜明的文博精品，为我国特殊教育界提供一份独特难得的教育资源。

该馆将是世界了解中国的一个窗口，中国走向世界的一个平台。

该馆将是促进健残融和互助、倡导人权公平博爱慈善、致力共生共建共享、激励健残自强不息、推动社会文明进步、传播残疾人事业辉煌成就、彰显社会主义残疾人事业优越性的一个阵地。

内容　博物馆将依据中国残疾人事业发展的历史纵轴与当代残疾人事业辉煌成就的时代横轴这两个维度，按照通史馆与专题馆相结合的方式，通过丰富的文物藏品和全面的陈列展览，一方面以通史馆形式，纵向展示我国不同历史时期残疾人的生存状态、地位变化、杰出人物、社会贡献以及残疾人事业发展的重大事件、重要制度、历史成就，构成一幅纵贯五千年历史，涉及经济、政治、军事、文化、教育、科技、卫生、体育各领域，包含残疾人社会和家庭两层面及学习、工作、生活三方面的历史长卷；另一方面以专题馆形式，横向展示当代特别是二十一世纪以来中国残疾人事业辉煌成就与历史贡献

的时代华章。

通史馆拟由古代馆、近代馆、现代馆三部分组成。

专题馆拟由科普馆、技术馆、教育馆（由现已经初步建成的特殊教育馆提档升级）、成果馆、名人馆、体验馆、文献馆、港澳台馆、国际合作馆等组成。

另设部分临展馆，围绕中国残疾人事业发展大局，配合残疾人事业中心工作，结合时事形势与社会需要，阶段性组织安排专题性展览。

通史馆是展现中国残疾人事业历史发展的全景式百科全书，专题馆是呈现当代残疾人事业各方面发展成就的分镜头式资料库。上述通史馆与专题馆的基本陈列是博物馆的核心。

认识　　党的群团工作的重要论述提到，群团组织要坚持发挥桥梁和纽带作用，坚持围绕中心服务大局，坚持服务群众的工作生命线。我国现有残疾人 8500 万，涉及家庭及人口则更多。面对这样一个庞大的人群与这样一项伟大的事业，我们应该拥有一个专题性博物馆，来记录中国残疾人事业发展历史，来承载中国残疾人群体的梦想与追求。本馆建成后，将成为全国残疾人的精神家园与心灵花园、学习课堂与才艺舞台、交流阵地与励志空间，也将是全面展示我国政治民主和谐、经济全面发展、社会文明进步、残疾人幸福生活的一个缩影。　　**重要性**

我国残疾人工作与我国民族工作等一样，既是一项严肃的政治使命，也是一项庞大的民生工程，更是一项艰巨的历史任务。残疾人事业博物馆建设将是积极推进残疾人文化事业建设的一个抓手、一个契机、一个平台、一个突破口。文化建设，重在落实，贵在积累。大量凝聚残疾人事业历史痕迹与时代记忆的文献实物正散落在四面八方，大量亲历残疾人事业发展的历史老人正步入耄耋晚年，相关文物征集、田野调查、人物访谈是一场与时间赛跑的马拉松。加快发展残疾人文化事业，做前人所未做、做后人所必做，刻不容缓。　　**紧迫性**

2010 年我院启动的中国特殊教育博物馆筹建工作，在无实物积累、无人才支持、无经费保障的情况下，得益于学院党委行政的高度重视和社会各界的大力支持，目前博物馆展区面积 2000 平方米，馆藏实物 2000 余件，累计接待上千批次国内外嘉宾，已经成为全国特教师资国培班的培训基地，成为展示我国特教历史与发展成就的文化阵地，成为我国特殊教育文献资料实物的典藏中心，成为中国特殊教育史的研究中心。

2015 年，在中国残联、教育部、江苏省委省政府及社会各界的大力支持下，学院将正式升格为本科院校，成为目前国内唯一一所单独设置的、以培养特殊教育师资与残疾人事业人才为主的普通高校。我院筹建中国残疾人事业博物馆，不仅能对中国残疾人事业发展起到添砖加瓦、增光添彩的作用，更可以对学院围绕人才培养、科学研究、社会服务、文化传承起到促进、催化、突破、提升的作用。学院将把博物馆建设列入"十三五"规划，一方面积极主动大量征集实物以展陈历史，另一方面认真扎实开展中国特殊教育史、中国残疾人事业发展史及相关专门史的科学研究，出版相关学术专著，填补国内相关领域研究的历史空白。

目前我院已经全面做好了组织准备、思想准备、人才准备，初步具备筹建残疾人事业博物馆在实物征集、文献整理、人物寻访、展陈设计等方面的条件与能力，我们有信心有决心也有能力在中国残联的坚强领导与正确指导下，在社会各界的大力支持下，把握历史机遇，牢记时代使命，克服一切困难，迎接各种挑战，争取各方资源，既敢于担当又量力而行，既目光远大又脚踏实地，争取按照博物馆建设的相关要求，切实启动筹建工作，精准定位，全局谋划，总体设计，分步实施，努力把该馆打造成中国残疾人事业的新亮点，成为展示我国残疾人事业辉煌成就的新名片。

以上只是我们对筹建残疾人事业博物馆的初步认识与简要构想，不尽成熟，尚多稚拙，特别是对在新形势下建好这样的博物馆的艰巨性、复杂性、长期性还缺乏细致周到的考量。

我们一定会加强学习，扎实工作，勇挑重担，自加压力，敢于担当，本着"功成不必在我""千里之行，始于足下""犯其至难，图其至远"的思想，怀抱

对中国特殊教育与残疾人事业的无限忠诚，
力争早日建成中国残疾人事业博物馆。

（写于 2015 年 1 月）

$\dfrac{\dfrac{1}{2}}{3}$

图一　中国特殊教育师范学院校史馆欢迎墙局部
图二　中国残疾人史研究中心
图三　南京博物院文物无障碍展陈（图中有供盲人朋友触摸用的盲文讲解词及文物复制件）

五、在世界残疾名人雕塑文化园设计研讨会上的讲话

首先感谢各位雕塑家、各位投标公司的光临，感谢你们对我校世界残疾名人文化园雕塑作品设计制作工作的关注与重视。

我校世界残疾名人文化园建设是与学校校史陈列馆、中国特殊教育博物馆建设相配套的校园文化建设系统工程。所以今天学校校长方仪同志及宣传部部长孙家文同志亲自到会，学校资产办作为招投标工作的职能部门，一直致力于推进这项工作，苏雅娟主任、盛洁同志为筹备今天的会议做了大量前期工作。今天的会议，是学校党委行政在国庆长假前最后一天所做出的部署，也是长假后学校召开的第一个重要会议。

下面我受学校委托，代表甲方先给各位就文化园建设整体要求、相关雕塑设计构想做一个概念性介绍，各位是这一领域的专门家与专家，有较长较丰富的从业经验，有很多很好的设计成果，我不是谦虚，确实是外行，是班门弄斧，我讲的肯定有不对、不到、不妥之处，甚至也可能贻笑大方，仅供大家参考，更欢迎大家批评。

我主要讲两个问题，一个是文化园建设的总体构想，或者是整体愿景；一个是文化园雕塑作品的设计建议，或者说设计要求。

一、文化园建设的总体构想

我们这个文化园的全称是"世界残疾名人文化园"，园名已经请108岁高龄的周有光先生题款。

这个工程是彰显学校"博爱塑魂、质量为本、特色立业"的办学理念，弘扬"公平正义、平等参与、和谐发展"的残疾人事业精神，昭示学校特色发展、特别发展、特殊发展的校园文化风采的重要工程，不仅关乎学校的校园环境美化、校园形象提升、校园设施丰富，也关乎学校人才培养

的质量与特色、关乎学校人文精神培养的层次与水平、关乎学校办学特色与内涵建设。

所以可以说，此文化园建设事关学校发展大局；虽然不是学校中心工作，但它围绕学校中心工作。我们是国内唯一一所独立设置的、以培养特殊教育师资为主的、省政府与中国残联共建的普通高校，建设世界残疾名人文化园，既是学校彰显特色、围绕人才培养而进行的一项锦上添花的工程，也是学校发挥后发优势，利用学校自身条

件而开展的一项雪中送炭的工程。

如果说校史馆建设，是我们面向学校师生校友建一座家庙、编一本家谱，博物馆建设是面向全国同行建一座祠堂、修一部族谱，那么建一座世界残疾名人文化园，就是建设一座面对全社会和全世界的特殊教育与残疾人事业的精神殿堂、心灵家园、文化道场。当然，我们不能狂妄自大、目空一切而自说自话，但也不能因妄自菲薄、鼠目寸光而故步自封、畏葸不前。

我国有着五千多年辉煌灿烂的人类文明史，也有着三千多年文明进步的残疾人史，百余年来的中国特殊教育发展史也是历经风雨几见彩虹、发展迅猛前程远大。有史以来，我国残疾人与其他各国残疾人一样，自尊自爱，自立自强，为世界文明做出过巨大贡献，给残疾人作出了榜样，给健全人树立了楷模。目前我国现有 8500 万残疾人，全世界约有 10 亿残疾人，根据刚刚闭幕的本届联合国大会期间"残疾与发展问题"高级别会议透露出来的信息，目前平均每七个人便有一个残疾人，残疾人的内涵与概念已经不仅仅只是坐在轮椅上或者目盲耳聋了。关心残疾人、尊重残疾人、支持残疾人、帮助残疾人，世界各国认真践行《世界残疾人权利公约》，这已经是我们这个时代、我们这个世界的社会共识与历史使命。

如何把这种全社会业已形成的科学、文明、进步的共识，物化为文化设施乃至文化景观，这是我们的课题，这是我们的任务，我们觉得本届学校领导致力于校史馆建设、博物馆建设、文化园建设，就是正面回应这种时代挑战的英明之举、及时之举。其意义那是功在当下、利在将来，那是天时地利人和。当然，这是好事，我们要把好事办好办成；这是大事，我们要把大事做细做实。

去年学校决定正式启动文化园建设，当年文化园一期工程（主要是土木平整改水绿化）便基本完工。文化园这个地块，是学校 300 多亩面积中最好的一块洼地，有岗、有坡、有池、有渠、有径、有树、有草。经过地块整治、道路辟建、水土涵护、花木培植、设施配置，目前可谓古木参天、绿荫铺地、池映白云、草掩曲径、亭对八方、花开四季、鸟鸣幽涧、鱼翔浅底，基本具备了园林文化要素，显现出了文化园林雏形。当然园林景观还要丰富、充盈、内秀、出彩、升级，要让无言的松石花草椅凳都能会说话。这是个与光阴一起长跑的活，不能比快，这个要比慢。比如如何处理隔、离、障、通、联、分、大、小等关系，如何突出色、香、味、形、神、魂、韵的问题，如何形成景观及景观如何结合时令的问题，如何处理区域划分、功能细化、以人为本、立德树人的问题。这些需要进一步考虑。

我们的文化园，首先是一座园林，人们愿意停留于此、休憩于此、流连于此、活动于此。其次它要是一座主题性、纪念型、校园式园林，这是与我校的办学特色紧密相关的，这是与我校的办学理念紧密相关的，这是与我校的人才培养目标紧密相关的。为此，我们规划在园内要安放 16 尊世界残疾名人雕塑，佐以一些简约优美的文字铭牌介绍，另建一座小型的盲人植物园，使之成为兼具休憩美地、学习乐地、科普园地、励志宝地的校园园林，成为学校的文化坐标与景观地标。

我们有信心，因为你们有能力。你们有信心，所以我们就有能力。一件事，只要有信心，只要有

能力，怎么会做不好呢？

二、雕塑作品的设计建议

16 尊雕塑如何设计、如何制作、如何安置、如何配套，将是我们这座文化园能否如愿以偿的关键。中国雕塑史源远流长，但主要是宗教题材，世俗题材不多。近代以来西方雕塑传入中国，目前国内成功雕塑作品有，但总体不多。

今天我们是关于设计招标的会议，这是接下来所有工作的重中之重。当然设计与制作、与安置、与配套是紧密相关的，我们的雕塑是露天的，不是室内的，我们的雕塑是多样丰富的，不是整齐划一的。这就要求我们的设计是要与环境紧密相关的，是要和而不同的，是要虽为人工、宛如天成的。

我看过国内几乎所有知名的雕塑公园，包括著名的城市标志雕塑、广场雕塑、园林雕塑、校园雕塑、道旁雕塑、人物雕塑等等。应该说我国雕塑水平近年来总体还是大踏步前行的，有一些雕塑水平也是相当高的，有一些雕塑家还是才华出众的。我们在座的，就有一批有才华的雕塑家。但毋庸置疑，我们周围还存在一些艺术性缺乏、观赏性较差、制作上粗俗、工艺上低劣的雕塑作品，当然这里原因是多方面的。雕塑作品，不同于其他视觉艺术创作样式，像书法、国画、油画等等，基本都是艺术家个人独自完成，而雕塑从环境营

造到艺术构思，从设计创意到修改调整，从制作到运输安装，从配套设施到维护保养等等，涉及方方面面。当然艺术家创意与设计是最重要的，也是最主要的。但其他环节，有些会影响全局大局、影响整体效果。

我们的文化园，雕塑是文化园的戏眼，是点睛之笔。我们希望这里能流淌凝固的音乐，能凝固流淌的画面。我们这 16 尊雕塑，是历史人物雕塑，来自古今中外，是真实具体可感的残疾名人，不是抽象的、传说中的、想象中的人物，所以在设计理念上、设计手法上要有所考虑。是室外雕塑，所以材质上、体量上、色彩上要有所考虑。是园林雕塑，所以要在情景对应、情境，设计方面有所考虑。是主题雕塑，所以要在雕塑与雕塑之间注意和而不同，不能同而不和，更不能不同不和。最困难的可能还有一条，那就是我们这些雕塑的招投标，标的可能都比较低，相比你们所要付出的精力、才华、智慧，可能经济效益不会明显。当然我也相信，在制作成本上让你们得不偿失，是绝对不容许的。

至于你们付出的才华、精力、智慧，这本身确实很难物化货币化的，但我们会提供极大的艺术创作空间，我们会全力配合你们来完成这些作品、

会永久展示这些作品，会组织接待来自全世界的朋友嘉宾、专家学者、官员老板来参观学习观摩欣赏这些作品。

具体人物的雕塑，我举例来谈谈我们的构想，只是构想，或者只是建议，如何实现，能不能实现，这有赖于艺术创作规律，有赖于技术创作条件，有赖于甲方提供的经费，当然更有赖于艺术家们的才华、水平、能力、智慧。

总的原则是：设计与制作并重，设计为先；人物与情境兼顾，人物为本。

比如，16 尊雕塑中，我们先谈雕塑形式，有雕刻，有塑造。有写实，有写意（立体派、表现派、未来派、超现实主义、流行主义、抽象构成、照相写实、构成派等等，均可以大显身手）。圆雕、浮雕、透雕，是不是都可以考量？可以围绕人物本身及具体环境、具体材质与体量等来考虑。在雕塑风格上，以传统雕塑为主，间以现代雕塑风格；不考虑声光电等手段。反对简单重复或单纯模仿已有的、自己的或别人的作品，主张原创。

在雕塑材质上，下面几种我看可以充分考虑：花岗岩、大理石、汉白玉、砂岩、铸铜、锻铜、玻璃钢、陶瓷，包括混凝土。因为露天，木雕、石膏之类可以不考虑或少考虑。从雕塑体量上来看，可以是头像、胸像、全身立像、全身坐像，可以是个人雕像，也可以安排群雕，虚实结合、主次搭配。因为残疾名人特点，除了人物形象之外，可能还需要佐以其他，比如轮椅、比如手杖、比如书本、比如乐谱、比如介绍铭牌，包括雕塑作

品安置后，周围环境要求，除了底座之外，还需要什么样的树木、花草、石头、建筑小品（比如墙、廊、坡道、椅凳乃至美化了的垃圾箱等等）来屏障、来配合、来点缀、来补充。如果 16 尊雕塑全是光溜溜排在那儿，恐怕太单调了，也无法承载或寄托人们的审美感受、审美情感、审美理想与励志情怀、纪念功能、鼓舞力量。

我建议在总体风格方面，要充分聚焦这些残疾名人身上所体现的昂扬、自信、成功、阳光、淡定、坚毅、进取的精神，不要苦大仇深，不要孤苦伶仃，不要阴暗低调，当然也不要投机取巧、油滑浮躁，要彰显文化园环境宜人、人物感人、情景怡人、情境动人、文化育人的整体氛围，要彰显人的尊严、人的胜利、人的平等、人的奋斗、人的荣耀，要彰显人与环境的和谐、互动、统一与对比。环境是有区别的，也是有差别的。比如春夏秋冬，比如晴雨寒暑，比如昼夜旦夕。关于具体人物，我举例加以说明与阐释：

华罗庚，这是一个大数学家，他离我们很近，1985 年去世，身材、样貌要形神兼备。他早年残疾，无法正常行走，几次手术后，能够拄拐行走。但他的双腿，一短一长。这些特征，要显现出来，而不是掩藏起来。那可能就不宜坐像，要站像，但还要有美感，要美化。材质上，大理石、汉白玉之类的石材好还是铜材之类好？年龄上倾向于晚年、中晚年、中青年还是青年？

海伦·凯勒，这是一位世人皆知的残疾名人，她是人类精神的标志，她是人在残疾、障碍、困难面前的胜利与荣耀。尽管又盲又聋又哑，但她接

受到了很完整的教育，她成为作家，成为教育家。她的出现，标志着盲聋哑教育的巨大成功。

她接受了莎莉文的爱与教育，她又把爱与教育传播给了别人。她是自强自立、矢志成功的化身，她是爱与美的化身，可以考虑她的青年形象，展现她的美丽、端庄、坚毅、力量、情怀与仁爱。材质上能否用汉白玉？成本造价上是不是现实？设计制作工艺上能不能完成？出于教育的考虑，能不能用莎莉文与她两个人的形象？再佐以《假如给我三天光明》的英语盲文图样？

贝多芬，是后天失聪的音乐家。他的头发，他的表情，他的音乐，他的指挥手势，可否作为创作的主要元素从而展现他的昂扬、奋进、不屈与力量？在雕塑摆放位置方面、摆放方式、周围环境营造等方面是不是综合考虑（比如相对开阔的空间设计）？

阿炳，盲人音乐家，他的低微、经历、才华、作品、影响，应该是要件，他的面貌不必过于写实较真，因为盲人有盲相，可以适当回避。但他的二胡，他的破帽，他的双手，是尘埃里生长出来的明亮与华美。他的人物形态是否需要佐以情境？比如水面、墙壁、石块、竹叶、夜色。要不要辅以二泉映月的曲谱？环境不必开阔，要有遮蔽的效果、发现的效果、敬仰的效果。

霍金，一位多重残疾并正健在的伟大的物理学家，可否用乐高积木的方式来体现？不必拘泥他的形似，而突出他的轮椅、瘫痪特征，底座是不是高一些？视野是不是可以由远而近但总不能近前？

不可接触抚摸不可近亵只可远观。

其他如左丘明、鉴真、荷马、纳什、爱迪生、罗斯福、黄乃、梵高、路易·布莱尔、邓朴方、史铁生等等，这些人物都会给我们带来很大的创作空间与表达冲动，也会给我们带来一定的条件限制与呈现障碍。我们需要一个一个分析他们，个体的他们，一个一个去思考、创新、反复、比较。整体的他们，还需要从整个园林的路径，就像一首曲子，要抑扬顿挫，要起承转合，还要留白与充实。

文化园里，这些雕塑，要配以文字形以铭牌加以介绍，

建议除人物介绍以外辅以一句他们的名言或评价他们的名言：

1. 荷马

（公元前 9 世纪—前 8 世纪）

盲人 / 古希腊历史学家

代表作《荷马史诗》

名言：荷马的史诗以及全部神话，这就是希腊人由野蛮时代带入文明时代的主要遗产。

——（德）恩格斯

2. 鉴真

（688 —763）

盲人 / 中国宗教家

六渡日本传播文化

名言：是为法事也，何惜身命？诸人不去，我即去耳。

3. 贝多芬

（1770—1827）

聋人 / 德国音乐家

名言：我要扼住命运的咽喉，它妄想使我屈服，这绝对办不到！

——生活这样美好，活它一辈子吧！

4. 路易·布莱尔

（1809—1852）

盲人 / 法国教育家

世界盲文之父

名言：路易 · 布莱尔找到了开启囚禁盲人的监狱之门的金钥匙。

—海伦 · 凯勒

1	2
3	4

5. 爱迪生

（1847—1931）

聋人 / 美国发明家

名言：天才就是 1% 的灵感加 99% 的汗水。

6. 梵高

（1853—1890）

精神残疾 / 荷兰画家

代表作《向日葵》

名言：人们必须真正地爱他的同类，我要尽可能地使自己具有这样的心。

7. 海伦·凯勒

（1880—1968）

聋哑人、盲人 美国教育家 / 作家

名言：只要朝着阳光，便不会看见阴影。面对光明，阴影就在我们身后。

8. 纳什

（1928—　）

精神残疾 / 美国数学家

诺贝尔经济学奖得主

名言：如果在帮助纳什返回数学领域方面有什么事情可以做，哪怕是在一个很小的范围，不仅对他，而且对数学都很有好处。

——美国救助纳什基金会

5 | 6
7 | 8

9. 阿炳

（1893—1950）

盲人 / 中国民间音乐家

代表作《二泉映月》

名言：像《二泉映月》这样的乐曲应该跪下来听。

——小泽征尔

10. 华罗庚

（1910—1985）

肢残 / 中国数学家

名言：聪明在于积累，天才在于勤奋。

11. 黄乃

（1917—2004）

盲人 / 中国盲文改革家

中国盲文之父

名言：黄乃同志我知道，有创造性。

——毛泽东

12. 霍金

（1942—　）

肢残、多重残疾 / 英国物理学家

名言：一个人如果身体残疾，绝不能让心灵也有残疾。

常言说得好，看花容易绣花难。我上面讲的这些，都只是甲方或者说我个人的思考与建议，自有不完整、不成熟、不周全之处。艺术家创作过程的独立性与完整性，我们要充分尊重。我希望我的这些思考与建议，只出现在你们的创作之前。期待你们的创造。谢谢你们。

（注：此为 2013 年 10 月 8 日在学校相关招标会上的讲话，此次全文照旧录入。文中纳什与霍金，当年都还健在，后分别于 2015 年、2018 年离世）

六、南京特殊教育师范学院（筹）文化建设规划纲要

本纲要草拟在我院脱筹升本之际。从 1982 年创校，历经 30 余年的发展，学院即将成为我国唯一一所单独设置的、以培养特殊教育师资为主的普通高等本科师范院校。站在这一新的历史起点上，结合学院升本后的发展定位与历史使命、时代任务与社会需要，本着"全国性，非地域化；国际性，非本土化；长期性，非短期化；特色性，非标准化；人文性，非唯物化"的原则，以"外化于形、内化于心、固化于制、隐化于神、显化于行、恒化于质"为目标，草拟学院文化建设纲要，以明确学校今后一段时期文化建设的长远目标、整体思路和工作原则，提出文化建设的主要任务和重点建设内容。

本纲要为不成文的讨论稿，不求要素完整、文字精练、表述严谨，但求认识统一、价值趋同、文化自觉、精神自信。鉴于学院脱筹升本是我国高等教育整体布局中的一件大事，此纲要当在学院正在举行的教育思想大讨论中，通过高起点长计划，通过百花齐放百家争鸣，通过同心同德群策群力，渐次形成共识，并履行教代会、职代会、工代会等程序性手续，最终形成一个指导性强、操作性强、实效性强、约束性强的文件，以期人文蔚起继而大成。

一、实施目标

结合学院发展定位，彰显学院育人功能，支撑学院特色发展、特殊发展、特别发展，弘扬博爱、平等、公正、正义、合作、共享精神，培养德能并举、知行合一、博爱情怀、专业发展的特教人才，实现学院办学目标。学校没有自己的精神基因，就很难有行之有效的路径定位。

如果说学院中师阶段，主要依靠课堂教学来培养特教师资，专科阶段在课堂教学的基础上引入科研与实训来培养专科层次的实用性人才，那么学院进入本科发展阶段，作为国内唯一一所单独设置高等特教本科师范院校，那么就需要在注重课堂教学、加强科研创新的基础上，加大学院文化建设（课堂教学、第二课堂、第三课堂、大学精神、学院章程、办学特色、学校传统、育人环境、学术氛围、民主意识、通识教育、人文底蕴、教书育人、环境育人、管理育人、服务育人），以期学院能够成为国内著名、国际知名、特色鲜明、质量上乘的现代化特殊教育师范学院，成为中国特殊教育师范教育的拓荒牛，成为服务中国特殊教育与残疾人事业的排头兵，成为展示中国在特殊教育与残疾人事业发展理论研究与实践探索方面的主力军，成为彰显中国社会文明进步公平正义的特殊教育示范区。

二、实施原则

（一）统一认识，加强领导

对我们这样的学院，要及时总结历史经验，抓住时代机遇，把握社会需求，担当教育使命，培育优秀人才，凸显办学特色。人才培养是学院的常规性、基础性、核心性、决定性工作。作为本科院校，文化建设在人才培养中发挥基础性作用、主导性作用、关键性作用，这个认识，必须要牢固树立、认真践行。这里所讲文化建设，绝非狭义上所谓的唱歌、跳舞、体育等娱乐活动及微博、网站等平台搭建，而是要建构起一座学校的精神DNA与文化血统。图其至难，犯其至远。取法其上，适得其中。

（二）明确任务，细化分工

建立长效机制，明确《纲要》实施的目标责任和任务分工，结合《纲要》，要制定配套的《实施细则》,将《纲要》主要任务和重点工作分解到校内各职能部门和各教学科研单位，形成文化建设合力，推动各项工作全面开展和落实。长计划短安排，软任务硬指标。有条不紊，循序渐进。

（三）整体推进，重点突破

把文化建设工作作为推动学校转型发展、建设高水平大学的重要内容，纳入学校事业发展的总体规划之中，对《纲要》列出的重点工作给予人财物保障，力求取得明显成效。点面结合，以点带面。促进文化自信，实现教育自强。

（四）分步实施，落实责任

《纲要》实施做到目标分解、责任落实，长计划，短安排；软任务，硬措施；目标务虚，推进务实；分工不分家重整体，出工更出力重实效。务实定期对有关责任单位落实《纲要》情况进行督促和检查，将文化建设任务完成情况，纳入单位主要负责人考核内容。守土有责，守土尽职。讲奉献论贡献。十年之功，期之以实。

三、任务分解和进度安排

（一）精神文化建设重点工作

1. 大学精神的弘扬

开展我校校风（含教风、学风、校风）表述征集与筛选工作，正式形成我校校风文本表述；编印我校精神文化解读手册，全面系统准确阐释我校办学理念、校训、校风内涵；加强对我校办学理念和校训校风的宣传，使师大精神被广大师生员工熟知、认同和遵循，成为全校师生员工共同的宝贵记忆、重要结晶，成为全校师生员工的文化自觉和价值追求。

校训： 一、博爱 博学 博雅

　　　　二、博爱峻德 笃行极能

教风： 爱而有教 教之有方

学风： 学而不厌 学有专长

办学理念： 博爱塑魂 特色立业

2.校史文化的传承

（1）校史研究与编纂

修撰、出版《南京特殊教育师范学院校史》，这将是我院历史上的第一部校史专著。校史研究系列作品可以有《南京特殊教育师范学院校友风采录》《南京特殊教育师范学院校友名录》《南京特殊教育师范学院口述史》等。

（2）校史馆的建设

完成升本后的校史馆整体改造和校史资料征集、布展工作，将重点加大办学成果的展示，加大办学特色的宣传，使校史馆成为全校师生的精神家园与价值渊薮。通过校史馆，讲好南京特师故事。拥有共同的故事、共同的记忆，才能拥有共同的价值、共同的目标，才能汇聚共同的力量、共同的追求，才能拥有共同的愿景。

（3）知名校友的宣传

建立我校知名校友资料库；定期开展"杰出校友"评选活动；筹建学院校友总会，建立健全为校友提供全程全域全面服务的各项规章制度与工作机制。

3.世界残疾名人文化园建设

（1）完成14尊雕塑的设计、制作、安放。

（2）完善雕塑配套设施的建设。

（3）完善园林元素建设，通过松、石、径、亭、池、花等丰富与提升园林品质。

4.中国特殊教育博物馆的建设

（1）近期完成二期建设，加快博物馆三期筹建工作，将博物馆打造成全国唯一、规模最大的中国特殊教育史实物文献资料库，加快中国特殊教育史研究中心建设。

（2）近期编写出版《中国特殊教育史话》，加快《中国特殊教育思想史》《中国特殊教育制度史》《中国特殊教育活动史》等研究，促进成果转化，早日使中国特殊教育史课程化、教材化。

（3）整合充实人员，启动《中国残疾人文学史》《中国残疾人题材电影研究》《邮票上的特殊教育》等编写准备工作。

（二）制度文化建设重点工作

1.制订出台《南京特殊教育师范学院章程》

成立《章程》起草小组，完成《章程》（征求意见稿）起草工作；完成《章程》意见征求和修改工作并经学校研究后定稿颁布。

2.建立适合我院改革与发展形势的治理结构和管理架构，进一步明确校、院和基层学术组织的功能、责任、权利等。

在做好前期调研的基础上制订出台学院管理体制改革的相关制度(试行)并确定试点学院；在试点学院进行校、院和基层学术组织的功能、责任、权利等方面的改革，总结工作经验，征求意见建议，完善相关制度；正式出台并全面实施我校学院管理体制改革相关制度。

（三）形象文化建设重点工作

1.优化美化文化校园环境

（1）加大校区人文化、园林化、低碳化、无障碍化、信息化和现代化建设完善燕子矶校区校园基础设施建设，明确校区区域功能布局，加强校园景观小品设计施工，提高校园文化艺术品位，发挥"环境育人，文化化人"的作用，建设育人功能齐全、人文氛围浓厚、环境优美典雅、文化底蕴深厚的现代化大学校园。

学院现有楼宇、道路、区域等命名尚需进一步细化论证、遴选甄别，最后慎重确认。要确立功能性命名与人文化命名相结合的命名规则。比如，主教学楼命名为博雅楼，就不妥。比博雅更重要的还有博学、博大、博爱、博远。行政楼命名为办公楼，也不妥。何为办公？哪些不是办公？现在行政楼，集中了学校党群行政主要部门，而教务、后勤、学工等部门则散布在学校各处，而二级学院办公、教学、会议等也是散布各处。博英楼、博思楼、乐和楼，更不妥。如何改，可以发挥大家的智慧，应该不难。大草坪的石头上，所刻四个字"博爱广场"，远看就是"传爱广伤"，不雅不利不吉，要换掉。学生宿舍区，可以按区域统一命名，不必数字化呈现。比如，可选松园（男生）、竹园（女生）、梅园（女生）、兰园（女生）来区别，进之如松园里的几栋楼，再以松为识别字，排列为松涛楼、松风楼、松月楼等等。

（2）建设标志性文化基础设施
加强学校大门、世界残疾名人文化园、大学生文化活动中心、体育活动中心、大学生生活服务中心及音乐厅、美术馆、体育馆、科技馆建设，确保方便、高效、优质使用，发挥好中心文化区、办公区、教学区、服务区、休闲区的功能。

（3）建设主题鲜明的文化景观和高品位园林艺术

小品
完成校区南京特教学院赋石刻作品设计、制作、安装工作，完善提升博爱广场大草坪园林艺术小品景观设计，发挥好大草坪在校园景观建设、环境育人功能等方面的标志作用。在校园里择地建设校友林，完成螺丝桥校区景观复制工作。

2. 学校形象传播
（1）全面推进学校形象识别系统和听觉识别系统应用
进一步普及、规范学校识别系统使用，巩固使用成效，建立具有学校特点的形象标识体系，使形象识别系统应用率达到90%以上。校徽、校标、校歌、校旗（含院或系旗）、信笺、名片、公文、橱窗、办公用品、生活用品、文化用品等使用标准规范美观的校园文化识别系统。

（2）做好对外宣传和推介工作
完成《南京特殊教育师范学院》宣传片、宣传册制作、编写、印制工作，可制作不同类型、不同版别、不同价格的作品，方便不同场合使用（校际交流、对外交流、招生就业宣传等）。

（3）加强媒体建设和管理工作
建立健全、完成完善校园网站、电视广播、校报、橱窗等宣传媒体和平台的建设与管理；推进我校微博、社交网站公共主页等新媒体建设与应用；完善校园网信息安全管理和网络舆情监控机制。

（四）学术文化建设重点工作
1. 进一步活跃学术氛围
（1）积极定期开展学校"科研月""年度科研人物评选"以及相关论坛、年会、峰会、双休日综合文化素质课讲座等活动，努力营造"自由探索、宽松和谐、鼓励实践、崇尚合作、服务社会、造福人类"的学术环境。

（2）通过学术研究，倡导"健残融合、有教无类、平等参与、发展共享"的价值观，呈现"慈善研究、募捐研究、视聋听障肢障智障等病理、生理、学理、伦理等研究"的研究成果。

（3）关爱人类、面向世界、服务社会、规模适中、特色鲜明、人文彰显，从残疾人教育往残疾人康复、就业、维权、消费、文化、娱乐、艺术、生活等方向延伸，树立"以人为本、以生为本、以残疾人为本"的办学指导思想。

（4）进一步发挥教授作用。建立、健全、完善"教授接待日""教授工作室""学术委员会""教授委员会"等工作体系。创新新生生涯教育、入学教育、国防教育等活动，促进教授与新生交流，发挥教授在学生成长过程中的榜样作用。这对于教授总体偏弱偏少的学院来说，至关重要。

（5）进一步完善学术制度，建立健全鼓励跨学科研究和团队合作研究的相关制度及奖励办法；建立起符合学科特点的科研成果分类评价标准体系。修订完善出台我校学生参与科研活动的资助办法。

（五）学院文化建设重点工作

1. 重视节庆、纪念日、庆典等仪式教育。我院是服务特殊教育、残疾人事业的高等院校，全国助残日、世界聋人节、世界盲人节、世界精神健康日、12月2日校庆日、世界残疾人日等重要节点，可以开展针对性活动，以彰显学校文化建设特色。

2. 树立学院品牌
我院有手语社、盲文社、残疾人艺术团等专业性、特色型很强的社团组织，可以打造独有的艺术项目。

四、实施保障

（一）加强对《纲要》实施的组织领导
学校文化建设工作领导小组要切实发挥职能，加强对我校文化建设工作的领导和管理，统筹协调学校文化建设方面的事宜；各责任单位和参与单位要认真贯彻本实施方案，充分发挥工作主动性和创造性，制订好实施细则，确保早启动、早见效。

（二）建立《纲要》实施的督查考核责任制
各责任单位要增强责任意识，对所承担的文化建设工作进行任务分解和落实，及时开展自查，确保工作进度和质量。学校文化建设领导小组要定期或不定期检查各项工作进展情况，对各责任单位进行督查和考核。

（三）提高《纲要》实施的师生参与度
各责任单位在《纲要》实施过程中，可以适当方式征集师生员工意见并及时向学校文化建设领导小组反馈，进一步凝聚智慧，提升我校文化建设工作科学化水平。

（写于2014年5月29日）

七、无锡市特殊教育学校校史馆前言、后记《惠喑颂》

前言

1940 年的无锡，抗日战火频仍，山河破碎民不聊生，太湖失色惠山悲咽。然而就在这一年，无锡诞生了一所专门招收聋哑儿童的学校，这是乱世中的人间大爱，这是无锡教育史上的一个里程碑，这是无锡尚德务实传统的一次历史绽放。

钱天序、陈祖耕、许廷荣，他们同为无锡人，皆是聋哑人，但均因父母开明、家境厚实而接受到了当时极为罕见的聋哑学校教育，继而均能残而不废、自立自强。国家危亡民族危急之际，他们没有独善其身、明哲保身，而是推己及人、兼济他人，满怀"惠泽乡里、造福同病"的梦想与激情，在社会各界无私资助下，顽强地创办了"惠喑学校"。

斗转星移岁月更替，光阴荏苒薪火相传。从 1940 年到 2020 年，从私立惠喑学校到无锡县立聋哑学校，再到无锡市聋哑学校，直至现在的无锡市特殊教育学校，校名校址多次更换，办学则已八十春秋。值此八十华诞之际，学校重新调整充实校史展陈，以不忘初心慎终追远，饮水思源继往开来。

后记《惠喑颂》

人生天地间，贵为万物先。旧时聋和哑，类似牛与马。
眼耳鼻舌身，聋哑失两能。知面不知音，无言难知心。
咫尺如天涯，时空两相差。从古至晚清，聋哑皆废疾。
西学东渐起，新学开民智。烟台办启喑，上海有福哑。
邑人钱陈许，聋校受教育。耳聋心不聋，自立更自强。
商绅厚德心，游子桑梓情。造福同病友，创校名惠喑。
教学勤苦练，功补天缺陷。耳聋目光明，口哑手起言。
救失重潜能，聋童残不废。峥嵘岁月稠，转眼八十秋。
传承加新创，往来皆华章。党政多周全，社会献温暖。
聋儿众人夸，幸福百千家。办学创特色，名扬苏沪浙。
太湖明珠新，博爱精神长。今逢新时代，惠喑显重光。
名校焕新姿，名城添异彩。慎终且追远，饮水要思源。
不忘初始心，百尺更竿头。八十奔百年，辉煌永向前。

图一 图二 观摩无锡市特殊教育学校八十年校庆献礼舞剧《大爱喑铎》彩排

图三 郭沫若题写的无锡市特殊教育学校校名

八、全景式的历史回顾　基础性的教育研究
——《民国特殊教育研究》书评

人是万物灵长，也是万物尺度。自从地球有了人类，就有了残疾人。残疾人的出现，是人类自身生存与发展的必然现象，自然也就是人类自身生存与发展的正常现象。当然关于残疾人，从概念到定义，从现象到本质，从产生原因到残疾分类，从对残疾人的认识能力到与残疾人的相处方式等等，在人类自身的不同发展时期有着不同的历史呈现与现实表达。人类的不同发展时期如此，人类的不同种族、不同民族、不同国家、不同地区甚至不同宗教信仰不同文化背景条件下也是如此。因而残疾人问题是人类社会的固有问题、同生共存问题、不断发展变化的问题。

从历史唯物主义与辩证唯物主义出发，人类存在残疾人，与之同时就客观存在残疾人教育——无论是原始社会阶段的群居公育，还是奴隶社会、封建社会阶段的宽疾养疾，残疾人在家庭，有自然自发的家庭教育；残疾人在社会，有或隐或显的社会教育；家庭教育、社会教育之外，当然也客观存在相对专业化职业化的、劳动与教育相结合的生存生计教育，甚至也出现过史料多次记载过的机构化、形式化的"学校教育"，比如商周时间出现的、专门对盲人进行音乐培训的机构"瞽宗"等等。

人类进入近代以后，随着社会文明程度的不断进步、科学技术水平特别是医学科学水平的迅速发展，制度化的残疾人学校教育自十八世纪起应运而生，首先肇起于西欧，继而推展到欧洲、美洲，十九世纪中后期传入亚洲，相继在中国、日本等出现了近代教育学意义上的盲人学校、聋哑人学校，其中创办于 1835 年的澳门女塾，被史学界认定为近代中国盲教育的滥觞。而创办于 1874 年的瞽叟通文馆、创办于 1887 年的登州启喑学馆，历经晚清、民国、新中国，虽几经易名多次易址，但薪尽火传弦歌不辍，历百年而维新，分别为现北京市盲校、山东烟台特教中心的前身，故被史学界公认为中国的第一所盲校、第一所聋校。

人生五官而有五觉，其中失去视觉、听觉，即为盲人聋人。盲人聋人能够与明眼人、健听人一起进入学校接受正规化制度化形式化的教育，这无疑是社会文明进步的巨大突破与重要标志。我国的特殊教育，上溯商周，近接晚清，历经民国，进入新中国开辟新天地，既彰显了华夏文明"仁爱济世"的历史传统与"有教无类"的教育理想，更体现了中华民族"厚德载物、自强不息"的文化精神与"平等、参与、共享"的制度优势。残疾人，特别是在认识感知世界、接受文化知识教育方面存在诸多局限与缺陷乃至困难的视障者、听障者、智障者，让他们和普通人（或称正常人、健全人，即非视障者、听障者、智障者等）一起平等接受教育、共同参与社会生活、一起分享文明成果、一起促进自身发展、一起创造美好生活，这是国家、社会、时代的历史使命与伟大责任。

简单通俗地说，教育史是人类认识自身、了解自身、发展自身、改造自身、完善自身的历史。而特殊教育史，因为教育理念、教育对象、教育手段、教育方式、教育内容、课程内容、组织形式、管理方法，包括社会观念、经济水平等要素具有一定的特殊性，长期以来几乎一直是被忽视的，不仅历史学界、教育学界，就是特殊教育界，也少人问津，相比而言成果更是屈指可数。客观来说，这在党的十九大提出"办好特殊教育"的历史背景下，对全社会关注与重视特殊教育、学术界支持特殊教育学学科发展、特殊教育界加快特殊教育内涵建设与高质量发展是有局限的。

今年湖南教育出版社出版的《民国特殊教育研究》（朱宗顺著），可谓近年来特殊教育史研究方面的一部重要著作，是特殊教育学界的一大突出贡献。该书体幅宏大，皇皇 52 万字，且有文有图有表，完全可以称得上是"全景式的历史回顾、基础性的教育研究"。

一、全景式的历史回顾

在《民国特殊教育研究》之前，我国特教史研究方面综合性体系化的主要著作是北京大学历史学系郭卫东教授的《中国近代特殊教育史研究》（高等教育出版社 2012 年版），该书 59 万字，为"国内外首部系统研究中国近代特殊教育史的著述，首次为了解中国数量庞大的残障群体的受教育状况提供了清晰的历史图景及发展脉络，建构了中国近代特殊教育研究的史料基础及学术框架，揭示了中国特殊教育的发展历程及重大转折"。该书的"近代"，上启 1835 年澳门女塾盲教育萌芽，下至 1956 年中国大陆完成特殊教育学校的国有化，跨度兼及晚清、民国及新中国初期，这是中国特殊教育史研究方面的一部奠基性著作。2015 年新华出版社出版的《中国特殊教育史话》（马建强著 27 万字）、2020 年北京师范大学出版社出版的《共和国教育学 70 年：特殊教育学卷》（马建强等著，41 万字）主要侧重晚清民国时期特殊教育人物研究与新中国特殊教育学学科史研究。2010 年顾定倩教授等主编的《中国特殊教育史资料选》（北京师范大学出版社出版，240 万字），则在特殊教育史料收集整理方面嘉惠特教，作出了开创性的贡献。

朱教授这本《民国特殊教育研究》"以民国特殊教育的发展历史为主轴，以盲人教育和聋哑教育发展为线索，在梳理两大类特殊教育机构发展历史的基础上，进一步分析了民国时期的特殊教育在制度、文化思想等方面的发展"。"全景式的历史回顾"，这是该书的最大特色。从 1912 年到 1949 年，作者聚焦民国时期中国海峡两岸暨香港地区所有特殊教育学校，并将这些学校从创办主体分两大类，一是外国人创办，二是国人自办（内含三种，一为公办、一为私办公助、一为私办），从教育对象分为两大类，一是盲教育，二是聋哑教育。所谓全景式，就是作者基本上做到了最大程度上的无一遗漏，从史料中披沙拣金，在考证中条分缕析，提供了不同特殊教育学校的所有创办、转办、续办、停办、复办等信息，并具表呈现，可谓理清盘活了特教的"民国家底"。这一方面展示了作者深厚的教育史史学功底，更主要体现了作者"化压力为动力"孜孜以求精耕细作背后对特殊教育史研究的使命感责任感与人文情怀。

二、基础性的教育研究

教育史研究，史料是基础。特殊教育的史料收集，难上加难。但教育史研究关键还是要通过史料，"完整客观呈现民国特殊教育发展的历史，准确把握其历史脉络和精髓"，"以史为鉴，助推当代特殊教育朝向更高水平发展的需要，而且是展现中国社会文明历程乃至世界文明进步历程的应有之义"。本书在设计研究思路方面多善可陈。

特殊教育史研究，既是教育学学科建设方面的基础性研究，也是特殊教育理论研究与实践指导乃至特殊教育事业发展的基础性研究。因此它的作用、价值、意义，往往是长期、隐性而多元的。特殊教育因爱而有教，教之须有方。相比普通教育，它更加需要宽广博大的爱心、不计收获的恒心、执着深沉的细心、一人一策的专心。特殊教育更似农业而非工业，既是科学也是人文，又是专业更是事业，既面对现实更心怀梦想。学习、了解特殊教育的历史，可以促进全社会正确认识残疾人、理性对待残疾人、服务保障残疾人，可以推动各行各业的人加深对特教工作者的理解、尊重、信任、支持、帮助，可以增强特教从业人员产生职业归属感、专业认同感、行业荣誉感、事业使命感。中国有着可歌可泣的特殊教育历史，但不能没有可信可传的特殊教育历史研究。

图 《民国特殊教育研究》书影

众所周知，整个民国时期内忧外患、政府无能、军阀混战、外敌入侵、民不聊生，特别是日本军国主义者发动侵华战争而导致国土沦丧、家国破碎，从晚清踉跄蹒跚而来的民国特殊教育，历经外国人创办到中国人自办，从慈善救济为主到养教工结合到正规化制度化办学，从少人问津到惨淡经营到逃亡办学，总体呈现的是缺乏明确的国家意志、没有基本的办学保障、缺少自觉的办学理念、少有稳定的师资队伍，自然这一切就更体现在后人从事特殊教育史研究时的史料匮乏，零星散见的信息矛盾、错误、存疑之处比比皆是。这对以可信史实为基本要求的教育史研究，可谓障碍重重困难多多。

朱宗顺教授数年磨一剑，对民国特殊教育进行全景式历史回顾，继而就民国特殊教育在学制演化、华洋转型、思想发展、特征分析、历史分期、课程剖析、人物研究、文化积淀、盲文手语等方面进行了科学、谨慎、深入的研究与探讨，为我们提供了史料系统、论从史出、史论结合、严谨可信的教育史研究成果。这些成果，虽然还有继续深入研究的空间，也有可以进行商榷的地方，但本书在特殊教育专史与断代史研究方面，无疑可以称得上极富历史价值与现实作用的基础性重大研究成果。

[此文为《民国特殊教育研究》书评，原载于《现代特殊教育》(高等教育版)]

九、这里有教育家、哲学家、作家的影子

一年之计在于春，天道酬勤，勤能补拙，人勤春早、地勤生宝。这些话人人懂得，并且已然成为社会公理、人间正念，其中蕴含了两个朴素的道理：一是人要勤奋，二是勤奋也得赶早。在这个杂花生树的春天里，我抽出整块的时间，认真仔细、逐句逐字地阅读了苏州工业园区仁爱学校范里校长送来的厚厚一叠由该校老师撰写的家访书稿。读完之后，油然生起"莫道君行早，更有早行人"的慨叹。谁都知道要想做成事，勤奋、赶早那是必须的。商人们常说"无利不起早"，生活中也多有"起个大早赶个晚集"的。范里校长这么勤奋、这么赶早拿出的这部书稿，使我感受到它是近年来特教界难得的一份"俏也不争春，只把春来报"的报春花，我要为这部书稿点赞。

这是一部由范里校长策划组织、全校教师积极参与、学生家长配合完成的家访汇编，它凝聚了学校教职员工和学生家长的智慧与力量，它彰显了围绕学生（学生主体）、事关家长（家长主要）、依靠教师（教师主导）的良好校园教育生态。整部书稿在我看来，无论文本形式还是题材内容，对当下教育尤其是特殊教育，均有着较高的引领与示范意义，有着较强的历史与现实价值，有着独特的学术与实践作用，有着别样的教育学与文学作用。

为回应广大人民群众对特殊教育的深度关切，解决众多特殊儿童入学无、入学难、入学贵的顽疾，构建园区高质量、高水平、多层次、全覆盖的完整教育体系，为打造"一个也不落下"的彰显社会文明进步水平、普惠广大人民群众需求的和谐教育生态，2012 年苏州工业园区因时而动顺势而为，果断决定在园区筹建仁爱学校，它的筹建填补了工业园区公办特殊教育学校的历史空白。

范里校长奉命筹建，原本可以在已经耕耘了多年的普教园地里，熟门熟路漫步香径，不想突然要转轨换道，要在一个一片空白、完全陌生的特殊教育领域开疆辟土，没有任何思想准备，没有任何知识储备，没有任何人才甚至没有任何人手。但特殊儿童的教育，有时还真是一天也耽搁不起。于是园区要求光杆司令的范校长一边招兵买马进教师添设备，一边租借校舍过渡办学立即招生。如果是普通学校的筹建筹办，这在园区不算难事，甚至只是小菜一碟，园区发达的经济水平、先进的管理能力、良好的创业氛围、宜居的生活环境、充足的学生生源、较好的教师待遇，要人要钱要物均可以长袖善舞，无论管理人才还是教学骨干，甚至可以在全国乃至全球范围里挑选。而特殊教育还真是特殊不普通。

同样是特殊教育，像仁爱这样以招收中重度自闭症、智力障碍、脑瘫、多重残疾儿童为主、学生年龄跨度从 3 岁到 18 岁的学校，还真大不同于

盲聋学校，盲聋儿童由于视力、听力、言语存在不同程度障碍，他们认识世界的功能有所缺失，但他们接触盲文、使用手语之后，能够不同程度弥补由于视力、听力等障碍带来的缺陷，从功能补偿的角度这些学生还可能在某些潜能方面会给人以惊喜，毕竟他们认知世界沟通世界的思维能力与普通儿童是没有本质上的差异的，或者通俗地讲他们的大脑是正常的。经过得当而且恰当的教育，他们的价值观、世界观还是正常的，只要社会给予平等接纳，他们同样可以成才，可以成名成家。而智力障碍儿童，有的几乎没有认知能力，有的几乎没有生活能力，有的几乎没有学习能力。这些"来自星星的孩子"，每个都是一种特别，每个都是一个难题，每个都是一份未知。如果通过特殊学校的教育，他们能够简单认知，能够言语表达，能够独立行走，能够生活自理，就算是教育的大成功了。我们说普通教育老师是传道授业解惑，那么特殊教育老师更多的是诊断、康复、训练、辅助、陪伴。

从 2012 年 9 月开始，仁爱学校边筹建边招教师边招学生边办学，经过 4 年多校舍过渡期，该校已经于 2017 年春季开学时搬入新校区，学校拥有苏州市名校长 1 名，省特级教师 1 名，市学科带头人 4 名，苏州市区骨干教师 11 名，教师学历水平较高，平均年龄不满 30 岁，既有经验丰富的特校优秀教师，也有国内外特教专业刚毕业充满干劲的新手，专业结构年龄结构合理，学校这支年轻化、专业化的教师队伍充满创业创新精神。作为一所新办学校，目前学校承担 4 个课题项目，其中教育部重点课题 1 项。所有这些使该校已然成为苏州工业园区教育的一道独特风景，

成为园区经济社会文化教育协调发展和谐发展的一扇华美窗口。这四年他们是怎样度过的？我估计那一定也是花了洪荒之力的，不过看了书稿我觉得他们是殚精竭虑了，是马不停蹄了，字里行间洋溢的多是享受过程、燃烧激情、品尝幸福。

按说组织教师进行家访，对学校来说本不是什么新鲜事，甚至可以说这是本分事。但仁爱学校这么多老师这么用心、用力、用情地进行家访，设身处地、换位思考、平等尊重、理解信任、协助合作、携手共进，继而用手中的笔写出了一篇篇真实生动、深刻细致、引发思辨、求诸于己、促进家校融合、探寻教育真谛的好文章，这在当下现实的教育界，却又实在成了难得的事、罕见的事！

通览这些文章，我觉得它们没有近年来很泛滥也很无助的教科研腔调，它们有范式，但又没有范式，说它们有范式，那是每篇文稿都渴望了解学生背后的家长，渴望了解家长身边的学生，渴望了解每个家庭的酸甜苦辣，渴望了解学生在校外和在家中的每一个细节、每一个变化。说它们没有范式，那是通过家访老师们感受到了真实的五花八门，感受到了生动的参差不齐，感受到了鲜活的横岭侧峰。每一次家访，老师们都有发现，都有一份反思，都有一份内省，都有一份收获。这些文稿，没有顾盼生情，没有扭捏作态，没有拿腔拿调。透过这些文稿，我看到了老师们身上的哲学家、教育家、作家的影子。试举几例：

"并不是每个孩子都要长成参天大树，总有人在做灌木；并不是每个孩子都能找到上帝打开的那

扇窗，总有人姗姗而行。不管多大概率，落在每个家庭身上，就是无法改变的百分百的'1'。幸运的是，有很多像多多这样的家庭，他们经历风雨，勇往直前，享受着自己的幸福快乐；有很多像多多妈妈这样的父母，尽自己之力，为孩子创造条件，争取机会，让孩子享有高品质的教育生活，为了让孩子更好地与社会融合，一步一个脚印踏实前行。以后的路还很长，作为老师，我们心手相依，风雨兼程，一同为孩子的成长保驾护航。"——摘自张群超《多多的故事》

"说到这里时我开始有点惭愧，我怎么能用老师对孩子的爱去质疑母亲对孩子的爱，我也是母亲，我怎么能怀疑一个母亲对孩子的爱。回头看一看我们的对话，这个不善言辞的妈妈，一直都在关心孩子外出为什么没有带伞，哪怕是自己偷偷跑出来，也没有过多的责怪，更多的是引导孩子如果想要外出要跟大人说，下雨外出要打伞之类的……在学校每天我们只用了8小时的爱去当孩子的妈妈，回到家里他们要用一生的爱去陪伴他们。"——摘自张耀文《我们的孩子》

"在以后的日子里，我换着不同的方法，譬如用搔痒、拥抱等刺激其周感神经，在学校的一切吃喝拉撒始终陪同，终于换来了他对我的认可。这种信任与被信任的关系建立起来之后，紧接着我尝试针对他行为的好坏把我的情绪传送给他，让他体会到我的喜怒哀乐，让他试着明白什么是对、什么是错。而我发现这也是有效果的，还记得有一次他做错事情我批评他时他脸上悲伤的眼神，还记得他将黑板擦得干干净净后双眼凝望着我时满心的欢喜……"——摘自牛振青《靠近你，温暖我》

"由于对自闭症的不了解，再加上社会支持体系给予的支持不充足，长年累月的奔波劳累，使得金木爸爸妈妈根本没有办法给金木营造与同龄普通孩子一样的童年生活。他们带金木去训练，可等不到短期效果就选择放弃；带他去幼儿园融合，可因为生活自理、行为习惯等原因被劝退离开；带他去香港治疗，又因为经费、时间问题和效果不显著而再次放弃。一次次似乎失败的体验很可能将父母的自信心击垮，家庭的无助于迷茫究竟该如何解决？"——摘自汪辰《假如我们能够看见未来》

教学相长，教然后知困。作为特殊教育的老师，更真实、更全面、更细致地了解学生、了解儿童父母，就可以更从容、更有力地面对复杂的教学与康复生活。文学是人学，教育学何尝不更是人学？关注每个孩子成长的先天条件、后天背景、生活环境，引领家长成为自己的朋友、助手、同事，观照反思每个教学行为每个训练项目，走进家长、走进学生、走进自己，这里收获的变化与成长，何止只是学生？家长没有变化与成长？老师没有变化与成长？校长没有变化与成长？学校没有变化与成长？

我记得几年前的一个教师节，一家主流新闻媒体采访我，让我谈谈特殊教育教师的艰辛。他们的采访预设是：特殊教育教师面对的是特殊儿童，教育手段、教育方式、教育过程、教育成效迥然不同于普通教育，那么特殊教育的教师一定是世界上最痛苦的群体，最令人同情的群体。而今教师节到了，让我们媒体来关照一下他们吧，来怜悯一下他们吧，来宠幸一下他们吧。不过我很坦诚地告诉他们，全国特殊教育教师的职业幸福指数要远远大于普通学校。这里面蕴藏着一个朴实的真理：施爱别人要比受爱于人更幸福，被人需要就是最大的人生幸福，常常乐于助人、乐于做别人的贵人，生活一定会厚报于他。

一位教师真正的职业幸福感一定是来自无私的奉献、无尽的施爱、无求的追求。教师也只有把学生、家长的需求看高于自己的需求，才能获得职业的宁静、职业的尊严、职业的自信、职业的荣耀。我当然知道仁爱学校这批总体非常年轻的老师们生活的困难：他们刚刚走出校门，站稳讲台、衣食住行、婚恋嫁娶、生儿育女，这其中的每一项都会让他们辛苦疲倦。但我从他们的家访书稿里，感受到了他们在当今教育生态下别样的快乐生活。

全国目前有 2000 多所特殊教育学校，接纳推行随班就读的学校数以万计。特教老师确实无比辛苦，要想把辛苦转化为幸福，仁爱学校的老师们把自己融进了孩子们当中，把家长们变成了助手与同事，这无疑是一个极好的示范，是一份教育的智慧。顺便说一句，仁爱学校这几年在范校长的带领下，他们已经合作编写了几本书，比如《因你而变——自闭谱系障碍儿童教育康复指导手册》，比如《仁爱：这里有故事》，等等。要让我说最喜欢哪一本，我会选择本书。因为本书昭示了一名特教老师应有的生活方式、教学方式、工作方式——家访无尽，仁爱无尽，成长无尽，幸福无尽。

范里校长知道我会认真阅读这本书稿，他顺便提出让我写个序。恭敬不如从命，我只当是顺便写下如上的读后感，权当祝福，并与仁爱学校的各位老师共勉："仁者爱人，大爱无疆，天道酬勤，功不唐捐，世上没有免费的午餐，天下没有白费的努力！"

[此文系为范里、汪辰编《伴你同行——自闭症儿童家长访谈录》（中国轻工业出版社 2018 年版）所作序言]

图 范里、汪辰编《伴你同行——自闭症儿童家长访谈录》书影

十、平凡如小草　伟大是基石

近年来，因为筹建中国特殊教育博物馆，我得以有幸拜访国内外一大批特殊教育界的前辈专家。我很满足甚至感恩我的工作。

我常说，对学校来说，要建好校史馆，这就如同建家庙，要理清楚一所学校的原来、由来与未来，要说清楚一所学校的精神基因与文化传统，要弄清楚自己的家当。从物质遗产到非物质遗产，然后凝聚共识埋头再干，慎终追远饮水思源，彰往知来继往开来。而对于一个行业、一项事业来说，要建好博物馆，这就如同建祠堂，要分清楚这个行业这项事业的祖传宗续前世今生，要编好它的谱系说清它的源流，要有序展示它的派别脉络纹理路径状况，要真实生动展示它的曲折坎坷光荣辉煌。校史馆建设对一所学校特别是有一定办学历史、突出办学成果的学校来说，这是文化自觉进而文化自信的基础性、标志性、必要性工作。

任何一所学校，它只要历年、持续、正常、有序在办学，就有自己办学的历史。校史馆则是业已客观存在的校史的物化形式与呈现载体而已。博物馆不同，它的首要条件是需要一定数量、一定质量的实物作为前提、支撑和保障，征集收藏、展示陈列、科学研究是博物馆的基本任务。如果说校史馆建设，是每所学校的家务事、分内事，那么如果要建设博物馆(包括校史博物馆这种样态)，则需要一定的内部外部条件与主观客观因素，它的承载与担当，要超越一定的时空。

非常幸运，2010 年我告别原先的新闻出版工作，来到南京特殊教育师范学院(当年校名为南京特殊教育职业技术学院，2015 年改为现名)，转眼已经 7 个年头。这 7 年来，我直接参与了学院的校史馆与中国特殊教育博物馆的建设。由于学院的前身南京特殊教育师范学校，是 1982 年创办的中国第一所特殊教育师范学校，它填补了中国师范教育体系的历史空白，是中国特殊师范教育的发祥地，教育界誉之为"中国特教师资培养的摇篮"。2002 年学校由中师升格为大专，2015 年又由大专升格为本科，成为全国唯一一所单独设置的、培养特教师资和残疾人事业专门人才的普通本科院校。

一个全国第一，一个全国唯一，由此学院领导高瞻远瞩，决定筹建中国特殊教育博物馆，来收集珍藏中国特殊教育历史实物，来展示陈列中国特殊教育发展成就与历史进程，来研究彰显社会文明进步的中国特殊教育史。在学校建这个专业、这个行业、这个事业的博物馆，这既是一种学院办学的文化自觉与文化自信，更是一份学院发展的时代使命与历史担当。博物馆的筹建，得到了国内外专家同行及社会各界的深度关注与高度关切。教育博物馆的基础当然是物的展陈，但关键是史的呈现，根本是人的存现。教育史，也就是人史。教育博物馆，就是要睹物思人，由物见人，由人带事，由事出史。所以特殊教育博物馆的筹建过程，对我来说就是对特教前辈的拜访过程，就是对特殊教育史的研修过程。

从 2010 年起，我由文献史料研究起步，佐以田野调查、人物访谈、口述史记录、实物征集，到 2015 年我写成近 30 万字的《中国特殊教育史话》并由新华出版社出版，这本书从中国第一所盲校创始人、第一所聋校创始人开始，把晚清到民国这一时段的 20 多位主要也是重要的特殊教育人物（特殊教育家）从个人生平、特教业绩、主要成果、时代影响等维度一一撰写，人、事、史、论，基本涵括了晚清到民国我国特殊教育历史发展的历史。为方便读者阅读了解特教历史，该书也可以说是中国特教史的人物版，突出特殊教育人物史，兼顾特殊教育思想史、制度史、课程史、活动史。

我在该书的后记里写道："对一大批特殊教育专家的拜访，让我打通了实物研究与文献研究的藩篱，一手看资料，一手看实物，我的眼前不断浮现出中国特殊教育史上的一个一个鲜活的人物与一段一段感人的故事。"感谢北京大学教授郭卫东在序言中的鼓励，他说："这本书是读万卷书的成果，是行万里路的收获，是访百家坛的佳酿，更是文本史料和口述史料结合的史学佳作。在人类自身进化的历程中，特殊教育产生的重大社会价值是怎样高估也不过分的。这也正是本著的学术价值和社会关怀所在。"

《中国特殊教育史话》写作特教人物的时间跨度上限是晚清，从 1874 年威廉·穆瑞创办盲校起步，下限是 1949 年新中国诞生。个别民国特教人物的特教活动延伸到了新中国时期，但写作的出发点与侧重点还是在新中国成立前。相比而言，晚清时期特殊教育活动的主角是外国传教士，民国时期特殊教育主角呈现多元化，有外国传教士，有本国社会名流，有本土教育专门家，也有民间力量。新中国成立后，原先创办的各种形式的特殊教育学校全部统一转为公办国有，特殊教育事业进入了一个新的发展阶段。但从晚清到民国到新中国，直至今天，一代一代的特教人，他们筚路蓝缕大爱无疆、舍己为人爱生如子、济世救困无怨无悔的情怀与精神、思想与行为，是一条一脉相承的主线。

在众多特教名家中，我认识拜访余敦清先生，既是一种偶然，也是一种必然，更是一种当然，还是一种果然。古人有诗说："此情可待成追忆，只是当时已惘然。"

说偶然，因为 2014 年一次在武汉我拜访著名聋人舞蹈家邰丽华的老师文洁，那时我对余敦清老师几乎没有了解，也没有拜访余敦清老师的计划。文老师说余老师的电话她有，于是我很快就不期而遇地拜访到了余老师。我现在还记得那天余老师在他所住小区的路边等我的样子：花白凌乱的头发，满脸慈祥的微笑，始终利落的话语，高大清瘦的身材。因为是临时突然联系上余老师，所以算是不速之客，但余老师说相见恨晚所谈甚欢。那天中午就在我要与他们告别的时候，他夫人却一下子就从厨房里搬出来一桌子的菜，余老师不紧不慢地说："中午——就在这——吃饭！"

说必然，怎么必然要见余老师呢？余敦清，1937年8月生于湖北武汉一个平民家庭，从小家境贫寒，但学习刻苦成绩优秀。1957年8月中师毕业分配到武昌聋哑小学（后改名为武汉市第二聋校），历任学校教师、教导主任、副校长、校长等职。1961年5月被评为"湖北省劳动模范"，受到毛泽东主席接见。1962年1月加入中国共产党。1986年参与创办湖北省聋儿康复中心并兼任中心负责人。1986年、1987年连续两年被评为全国特殊教育先进工作者。1987年10月作为国家代表出席在日本召开的亚太地区特殊教育研讨会并作大会报告。1987年被评为武汉市首批中学高级教师。1990年被评为湖北省第一位、也是唯一一位特殊教育特级教师。他毕生奉献特教，出版有《听力障碍与早期康复》《余敦清特教文集》等专著，发表特教论文60余篇。对这样一位新中国特教版图中不可或缺、绕不过去的大家，作为一名特教史工作者，岂能不拜见他？

再说当然。余敦清老师是新中国成立后最早一批由师范学校培养进入特教学校工作的高才生之一，然后终生奋斗在特教第一线，即便已经当上校长，做上劳模，却仍然始终与特教儿童在一起，几十年如一日，为聋儿造福，为家长排忧，为国家解难。他是新中国特教战线的代表人物，他从50年代开始投身特教，直至进入新世纪退休，前后跨度半个世纪，他是新中国基层特校发展的全程见证人、亲身亲历者、组织领导者、实践探索者。他是当然代表，我是当然要见。

果然，何为果然？俗话说知之深，爱之切。这几年我陆续去过武汉几次，每次都去拜访余老师，每次要加深着对他的崇敬之情。他从对特教一无所知到成为特教行家里手，从普通教师成长为学校校长，从口语教学到听力康复，从教学科研到学校管理，从寄身基层学校到走上国际讲台，从"草根"老师到全省劳模，是他用四十年如一日的坚守，用"不信春风唤不回"的执着，用蚂蚁啃骨头的意志与毅力来实现自己的人生理想、赢得个人事业辉煌的。我说果然，就是在通览100多年中国特教史后，发现余敦清既有特教前辈们普遍皆有的共性，更有他不同于他人的特色鲜明的个性。他果然是一名中国特教名家队伍里的"这一个"。

前段时间，余老师通过电子邮件，给我传来他几十年耕耘特教而产出的38篇精品论文，告诉我有出版社要给他出一本新的专著，希望我给他写一篇序言。这本书是他作为特教前辈的毕生成果，我作为一名特教史研究者，认真学习研读这些精品论文，是必须的、应该的，也是幸福的、快乐的。

但要我来写一篇序言，实在不敢当，因为吾生也迟，作为后学晚辈，对特教所知不多不深，何德何能来写序呢？不过，我很认真地给余老师回电话说，我一定认真学习您转来的这些凝聚您毕生心血、承载您特教梦想的每一篇文章，读完后我一定认真写一篇学习体会文章，序言就不敢当了。

虽然我曾经在今年年初写过一篇访谈余敦清老师的长文《毕生奉献在特教不忘初心为聋童》

（发表于《现代特殊教育》2017 年第 2 期），但读完余老师的这些文稿，结合几年来我对余老师的访谈研究，觉得对余老师我还是有话要说。余老师给我留下一个突出的印象：他应该是共和国特教不能忘记的人。透过他，我又发现他并不是一个孤独的、单独的人，他的身边是有一批默默无闻却又贡献巨大的人。我觉得我有责任、有义务、有使命再来说说余敦清（以及那个时代的一代特教人），说说他和他们对中国特教的意义与价值。

一、强烈的家国情怀与强大的社会使命

余老师生于 1937 年，父亲曾被日本兵打伤，童年在战火、饥饿、贫寒中度过，伴随着新中国的诞生与成长而求学与立业。经历过那个时代并学有所成的人，爱国图强、奉献自我、服务他人的思想几乎是与生俱来。无论在中学还是在师范，他都是高才生。无论是家庭还是社会，他都是承载着满满厚望的骄子。执教聋哑学校，即使家人反对、个人失望、同学嘲笑，但他仍然报着接受国家挑选的朴素愿望，干一行爱一行，爱一行精一行，很快就成为全市全省的教育专家，赢得了学校、家长、社会的认可与尊重。"文革"期间，条件艰苦，环境恶劣，子女或病或亡，妻子沉疴不起，他面对聋童无声的期盼，始终不忘初心，守望良知，爱生如子，持之以恒，成果丰硕。

二、执着的事业心与旺盛的学习力

我国的盲聋教育，起步于外国传教士。中国第一所盲校（北京）、第一所聋校（山东烟台）都是由他们创办，台湾、香港、广州、泉州、福州、长沙、上海、沈阳、武汉、成都等的第一所盲聋学校也都是外国传教士创办。晚清民国时期，国家政局动荡，战火此起彼伏，外忧内患频发，百姓民不聊生，接受普通中小学教育对大多数中国人来说都还只是梦想，更何况一向被视为废人的盲聋哑儿童接受教育？先不必说教育条件、教育方法、教育师资，就是教育观念，也完全出自隔膜、无知、怀疑：盲人怎么读书识字？聋人怎么听话说话？等到余敦清执教聋校时，虽说已经是二十世纪五十年代了，但公众对聋教育还是持有漠视和偏见。

但直至 1982 年我国才正式创办第一所特殊教育师范学校，即便是大城市武汉，余敦清也还算是系统接收师范学校培养、毕业进入聋哑学校工作的第一人。他进入聋校，对聋教育也是一张白纸，他从学习手语开始，全身心投入，逐步成长为一名合格的、称职的、优秀的、杰出的聋校教师。余敦清执着的事业心激发了他旺盛的学习

力。我梳理了一下余老师的主要学习科目与历程：中等师范学习，聋人手语学习，函授本科学习，俄语学习，盲文学习，英语学习，干部管理知识学习，特教专业培训学习，电脑学习，体育锻炼……其中五十年代的俄语学习，使他能够求知若渴地学习到苏联先进的聋教育理论与实践经验；其中八十年代的英文学习，使全无英语基础的他勇敢接受一年制出国英语留学培养。进入新世纪，计算机与互联网这些便捷时尚的新技术新手段，他也积极尝试自觉学习，与时代同步与时间赛跑。什么叫活到老学到老干到老？什么叫精神到处文章老，学问深时意气平？我想到余老师就想到这些话，想到这些话就会想到余老师。

三、平凡如小草、伟大是基石的一代人

任何研究者往往会对自己的研究对象有偏好，偏好的存在往往会带来偏爱与偏见，使研究对象失真。这几年我研究学习中国特殊教育史，从外国传教士到本国仁人志士，从本土特教专家到杰出残疾人才，我朝思暮想的是他们，我朝夕相处的差不多也是他们。俗话说日久生情，我很担心我会夸大他们，包括夸大余敦清老师。而今即便在武汉教育界，提起余敦清，众人几乎已是所知甚少。在全国特教界，提起余敦清能够表示或熟悉或敬佩的，至少会在 60 岁以上。

我经常想，曾经为武汉、为湖北、为中国特教创造过一些"第一"的余敦清，都不会被人记起，更何况全国各地的那些更基层更普通的特教老师呢？当然，余敦清教过的那些聋哑学生，一定会对他终身不敢忘的。全国各地的那些特教老师也会被他教过的学生所念念不忘。不过不同于普通教育的是，特教老师一生所教学生数量很有限，成名成家的寥如晨星，能够自食其力结婚生子就算是优秀学生了（相比之下盲、聋哑教育老师还有些成就感，而培智教育的老师能让学生学会生活自理就差不多已经用完洪荒之力了）。

余敦清与共和国一同成长，历经风雨久经沧桑。他和他的教育对象一样，长期不被正视与重视，但他一往情深爱而施教，教学相长教之有方。由于长期得不到国外先进特教的理论成果与实践信息，他因陋就简本土摸索、不甘封闭勇于创新。上世纪八十年代改革开放后，集聚了几十年草根探索实践经验的他厚积薄发，是国内最早能够走上国际特教讲台展示自我探索成果的特教专家之一。他渴望学习国外先进经验，在经历一年脱产留美外语培训后由于年龄原因他未能入选，但艺不压身，一年脱产学习打下的外语基础让他在日后国际交流的舞台上没有缺席，没有失声。不同于高校特教工作者，他们居高声自远，其实登高必自卑。不同于近年来留洋回国的特教新秀，他们言必称希腊。前者容易误入理想主义的曲高和寡，后者容易产生历史虚无主义的目空一切。

从二十世纪五十年代到新世纪，这半个世纪的特教历程，余敦清当然不是一个人在战斗，他坚守

的是武汉聋校的一块阵地。和他一样，二十世纪五六十年代从师范学校毕业进入特教、坚守一辈子陪伴特殊儿童、自力更生艰苦奋斗，用工匠精神与草根力量支撑共和国特教大厦的，单说聋教育这支队伍，广州的简栋梁、何静贤夫妇，上海的戴目、季佩玉，兰州的赵峥，北京的李桷、李宏泰、沈家英、叶立言，河北石家庄的陆坤英，四川成都的曹照琪、李观泰，浙江温州的林桦，绍兴的王振道，宁波的章春坡，杭州的白秋景，江苏常州的谢伯子，无锡的宋鹏程，南京的程益基，江西南昌的汤俊萍，长沙的杨春秀……便是余敦清的同行者。

最近十年，我国的特殊教育事业得到了高速迅猛科学发展。从十七大的"关心特殊教育"，到十八大的"支持特殊教育"，从国务院《"十三五"加快残疾人全国小康进程规划纲要》到新修订的《中华人民共和国残疾人教育条例》，社会文明进步的脚步越来越坚定而扎实。回首新中国刚成立时的特教历程，与现在可谓天壤之别。却顾所来径，苍山横翠微。共和国特教史不能也不该忘记特教事业蹒跚学步时期跋山涉水的筚路蓝缕者。也许他们当年确实起点低、成果小、办法少、影响弱，但他们以心点灯、以爱传灯、以灯昭世，赓续了一个时代的特教传奇。他们是爱的使者，是教育的良心，是特教的脊梁。

我们现在记住余敦清，就是记住一段历史，就是记住一段深情，就是记住一种奉献。习近平总书记在出席俄罗斯纪念卫国战争胜利70周年庆典并访问俄罗斯前夕撰写的《铭记历史，开创未来》一文中曾引用俄罗斯历史学家的一句话："如果丧失对历史的记忆，我们的心灵就会在黑暗中迷失。"

我们现在重新记忆，加强记忆，就是唤醒心灵，就是唤醒良知，就是唤醒文化自信，就是唤醒职业归属与尊严。虽然他们平凡如小草，但伟大是基石。天意怜幽草，人间重晚晴。满目青山夕照明，无限风光在黄昏。而今已经年过八旬的余敦清定居武汉安度晚年，他克服多种老年疾病给他带来的各种不便与困难，壮士暮年雄心不已，老骥伏枥志在千里，退而不休笔耕不辍，弦歌不断奉献不止。现在他把在特教方面一生的重要论文、报告、文章进行整理予以出版，对他个人是一生的回顾与展示，对特教事业是最新的奉献与成果。一个年代没有英雄，一个行业没有楷模，我们会在迷途。有了英雄而不懂得尊敬与学习，我们总在迷途。余老师新书出版在即，除了祝贺，除了学习，我多了几份感慨，原来我也年过半百。但我希望我们的特教总在征途，不再迷途。

最后我要说说几次在余老师家里吃的饭。第一次去他家，我是没有思想准备在他家吃饭的，毕竟第一次去，差不多是不速之客不请而至。后来几次去，因为每次谈话都是所言甚欢、时间太短，每次他们都必备饭菜，我也每次都在他家吃饭。余老师的夫人是湖北襄阳人，她烧的菜，可能是家乡味道，对一个江南人来看，那真是味重色重，是完全陌生的一种菜肴。我的肠胃肯定是不悦纳的，但我每次都吃得很多。因为，余老师和他夫人总是不停地给我夹菜，不停地对我说："多吃点，多吃点。"

[此文为余敦清著《听障儿童康复教育论》（华中师范大学出版社2017年版）所作序言]

十一、生命的华章　时代的榜样

2019年新春佳节来临之际，浙江省残联首任理事长林清和与浙江省残疾人基金会理事长陈玉国同志一起，主编了一本关于李少华优秀事迹的图文集，书名叫《生命的华章》。这本书在编辑过程中，就得到了全国各地许多领导、专家、学者的关注、支持和帮助，曾任中共中央候补委员、中央纪委委员、现任中华全国集邮联合会会长杨利民同志亲笔题写了书名，浙江省政府原副省长、浙江省残联原主席陈加元也专门为该书题词予以鼓励。书中大部分稿件的作者来自浙江省外，说明李少华在全国有很大的影响力，在国际上也有一定的知名度。他不仅是浙江残疾人的楷模，也是全国残疾人的榜样。

春节期间，我认真通读了林清和陈玉国同志转来的书稿清样。捧读之余，确实感慨良多。李少华是浙江杭州人，他曾是一名健全人，也是一个优秀的知识青年。二十世纪六十年代初，他毅然离开人间天堂的杭州，离开风景如画的西湖，来到东海之滨，先成为一名垦荒种地的农民，后成为一名下矿采煤的工人。无论哪个岗位，他都兢兢业业勤奋工作，乐于助人快乐生活，深得群众拥护，深得社会欢迎。为响应国家号召，他从城里人成了乡下人；为保护国家财产、保护工友生命，他从健全人变成了残疾人，先是断腿，后是截肢。但他始终保持旺盛的生命力，始终保持顽强的战斗力，身残志坚，残而不废，做出了丝毫不逊健全人、甚至远远超过大部分健全人的骄人成绩，他先后获得了县、市、省乃至全国的先进称号。进入新世纪，又一次为保护国家财产，使他再度致残，全身60%以上被严重烧伤，九死一生、死里逃生，但他沐火再生、凤凰涅槃，可谓越挫越勇、残而弥坚。而今已经年近古稀的李少华，断腿残肢没有阻碍他跋山涉水，残皮碎

肤没有阻碍他亲近生活贡献社会。生活曾经让身体健全的李少华，一而再再而三地变成残疾，出现残缺，产生残损，但他没有残而志短，残而有障，残而生废。他是残疾人，他坚守住人的自立与自信，坚持着人的进取与奋斗，总是忽略或藐视自己的残疾，集聚与释放自己的能量。

本书稿取名为《生命的华章》，我觉得非常贴切：他的生命曾经千孔百疮，但他用信仰、信念、信心同样谱写出了华美的、动人的、激昂的乐章。我们做特殊教育做残疾人工作的人，就要大力宣

传像李少华这样的自强不息、鼓舞人心的残疾人形象，让社会了解我们残疾人，理解我们残疾人，尊重我们残疾人，信任我们残疾人，支持我们残疾人，帮助我们残疾人，健残融合，共建共享。其实我们一旦真正走进残疾人的世界，就会发现，残疾人朋友其实并不需要所谓的同情、怜悯，甚至也不需要简单的帮助与支持，他们更需要你的平等相待、尊重理解。因为先天或后天等等各种各样的原因，我们的周围客观存在着众多的视力、听力、肢体、智力等方面有着不同程度残缺的残疾人朋友。但他们的这些残缺，并不都是缺点，有时可以是人生特点。他们不是不幸，有时只是他们不便。他们不是不行，有时只是我们不信。他们确实存在缺陷，但我们不应让他们存在缺憾。试想一下，我们生活中确实有着为数不少的"残疾人"，但谁又是始终没有残缺没有缺陷没有缺失没有缺损的所谓"健全人"呢？我们现在生活在一个人人为我我为人人的社会，我们来自一个人人需要互相帮助的大家庭。有时候我们对残疾人朋友的一些帮助，其实更应该视为我们应该做的一些保障。我们健全人应该坚决做好促进广大残疾人朋友"平等参与、发展共享"的保障者。

我读《生命的华章》，一直为李少华坎坷多难而又精彩纷呈的人生而感动。他是一个残疾人，多年来他克服重重困难高质量、高水平完成自己的本职工作，获得诸多荣誉，他是一名优秀的社会主义事业的建设者。工作之余退休之后，他热爱集邮组织集邮。因为集邮，他又成为一名编外的优秀的残疾人事业工作者。他自己残疾，对残疾人有更多的感同身受，他从自己的人生历程中感受到身体残疾并不可怕，可怕的是精神残疾、信念残疾、价值观残疾。所以他一次次伤残后，始终顽强地进行康复训练，坚决不坐轮椅出行，而是坚持拖着假肢艰难行走。他说："因为我们的无障碍设施还不普及，坐轮椅就需要有别人来帮助；而装上假肢，虽然艰难不便，但我就可以凭借自己的力量走出家门走向社会。"

李少华是一名成名很早的集邮家。几次伤残后，他便不再把集邮只是当成一种个人爱好去钻研，而是通过宣传集邮、组织集邮、辅导集邮，把集邮当成一种促进广大残疾人朋友融入社会、回归主流、平等参与、共建共享的平台与载体。几十年来，他和他的志同道合的志愿者团队创建了中国残疾人集邮联谊会、创办了《中国残疾人集邮》杂志、组织了多次全国性残疾人邮展、协助筹建创办了全世界唯一的中国残疾人集邮馆，使残疾人集邮中国残疾人文化事业的一张靓丽名片，全国数以千计万计的残疾人集邮者成为中国特色残疾人文化事业的一支"特种部队"。他是一名杰出的残疾人工作者，他为残疾人文化事业方面贡献了"浓妆淡抹"与"别样红"，他为中国残疾人在世界舞台上赢得了"风景这边独好"。我们要为李少华的贡献而点赞。

2019 年 2 月 10 日

（此文系为林清和陈玉国主编《生命的华章——李少华集邮人生》所作序言节选）

十二、儒林推尊宿 叔世仰完人
——试论钱名山之于常州的历史意义与现实价值

"儒林推尊宿，叔世仰完人。"这是 1944 年 8 月，远在重庆的吴稚晖惊悉同乡钱名山在上海因病不幸去世后写下的一首挽联。钱名山是晚清癸卯进士，卓有功名，曾为朝廷命官，自是乡邑名流。辞官退隐故里后课徒授业凡二十年，弟子千百，乃常州文运中兴之干城。出身书香世家，钱名山诗书画文俱佳，足以传世千古，史称"常州诗伯"。而其急公好义、救民济世、道德文章，更被时人誉为"江南大儒""乡里善人"。吴稚晖认为，历晚清到民国，更经抗战，钱名山先生身处内忧外患之末世，但德行高洁，学养深厚，顶天立地，继往开来，世所罕见，是儒林之尊宿，是叔世之完人（叔世，末世乱世之意）。

今年是钱名山先生去世 70 周年，也是钱名山先生 140 周年诞辰。近十年来，常州各界有识之士在钱名山研究方面进行了大量有益的工作，取得了可观的成果。不过，如果从钱名山之于常州的历史意义与现实价值来看，我认为钱名山研究尚属任重道远。对钱名山的认识与理解，仍需我们进一步深化细化整体化地来进行研究，下面我对钱名山先生进行一些散论，以此纪念钱名山先生逝世七十周年。

一

钱名山是常州人，"阳湖孝仁乡白家桥人。先世业儒，贫苦。大父讳钧，字廉村，少学贾，然天性好学，多畜书，积阴德。父讳向杲，原名福荪，字仲谦，号鹤岑，光绪建元乙亥恩科第四名举人。"（引自《名山六集·卷三》）就在父亲钱福荪高中举人的这一年，钱名山出生。世代业儒的家风，使得钱名山从小就得到家族深厚的期待与良好的栽培。而钱名山本人也英雄少年，禀赋超常，童年时便立下将来长大要"为强人"（强

人，常州方言，即倔强之人）的志向。年十六，补诸生；年十八，其父为其刻印诗集；十九岁中举人；二十九岁中进士。这在封建社会，可谓红运当头、吉星高照、光宗耀祖、前程远大。但此时的中国正面临"千年未有之变局"，西方列强坚船利炮，西方文明西学东渐，古老中国封闭保守，封建王朝腐朽没落。身为朝廷命官"刑部主事"之钱名山，预感王朝之末日来临，痛感官场之腐败丛生，高歌一句"一梦十年何处晓风残月"，愤然退隐官场返乡隐居。俗话说"知子莫过父"，还是其父钱福荪临终遗言说得精准："尔性高疏，当著书名山以老，经世，俗事也，非尔任。"慧根极深的钱名山由此顿悟，此后改号"名山"，绝意官场。

纵观钱名山一生七十年，以其辞官南下以人生节点，前三十五年乃是读书明经科举取士身居庙堂，后三十五年则是辗转民间教书鬻字立己利人。在钱名山那个时代，同为科举取士之旧式读书人，人生选择无非这么几种：或维新派，或革

命派，或顽固派，或逍遥派，或遁世派。但钱名山则不入俗套异乎其类："忽然破涕还成笑，岂有生才似此休！"辛亥之后，他束发易服（其束发倒也不是学道士做道士，而是既不留清朝小辫也不剃民国短发，易服只是恢复明代汉人衣冠），远离政治潜心赓续中华旧学，心无旁骛设馆授徒。凡二十年，作育人才千百人。此举与章太炎在苏州设立国学讲习所、与唐文治在无锡创办无锡国专异曲同工，当然钱名山寄园讲学要大大早于他们两位，并且在培养目标、教学方法、办学成果方面也不同于章、唐。1937年钱名山在家人劝告下避难上海艰难度日，他坚守民族气节坚信中华必胜，不幸因终年困局上海孤岛，精神困苦，生活艰苦，积劳成疾而病逝在抗战胜利前一年。

钱名山先生一生七十年，时人对其评价有"江南大儒""常州名士""晚清进士""前朝遗老""乡里善人""诗人""学者""散文家""书法家"等等，当然对这些称谓，钱名山应该都是实至名归的。但当我们遍览钱名山先生的诗、书、画、文，通论钱名山先生的生平、业绩、思想、影响，逐步深入走近钱名山先生波澜壮阔的精神世界，感知钱名山先生狂者狷者仁者的人文情怀，我们会突然发现，诚如钱名山先生长孙钱璱之晚年对其祖父的评价一样："大儒名士，失之笼统；遗老善人，过于浅薄。"那么我们究竟应该怎么来评价钱名山先生呢？

近三年来，因为筹建中国特殊教育博物馆、研究中国近现代教育史的缘故，我得以有机会拜访钱璱之先生，继而通过钱璱之先生，结识谢伯子先生（钱璱之先生表兄，钱名山先生外孙），进而幸会谢建红先生（谢伯子先生哲嗣），接着又拜会钱月航女士（钱名山先生之重孙女）、程自华（程沧波先生之女）、钱习之（钱名山孙女）等一批钱名山先生后人晚辈。与此同时，在谢建红先生、钱月航女士的帮助下，我得以接触到大量的钱名山先生的诗书画文。沉潜浸染其中，渐次钱名山先生之形象由远及近，由虚及实，由敬及亲，我觉得正如吴稚晖先生所评价的那样，儒林之中，他是尊宿，叔世之下，他是完人。

我的理解，钱名山先生首先是一个人，一个活生生的真人，一个可敬也可近、可爱也可信的善人，一个诗书画文俱佳足以传世的学人，在人格上他是一个顶天立地之人，在文化上是一个传承创新之人，在生活中他是一个高洁博爱之人，在家庭里他是一个孝慈仁厚之人，在社会上他是一个特立独行之人。陶行知先生语：千学万学学做真人，千教万教教人求真。做人，做个真人，而今身处又一个世纪轮回、岁月更替、社会变化的大时代，钱名山先生作为一个人的形象，对我们的启示、对我们的意义、对我们的价值，尤为重要，弥足珍贵，历久弥新。

二

清朝诗人龚自珍称赞常州是"天下名士有部落，东南无与常匹俦"，陆游也曾赞誉常州是"儒风蔚然，为东南冠"，到了有清一朝，常州更有"东南诗国"之美誉，诗人众多诗派纷呈蔚为壮观，一度常州人甚至可以自豪地说"诗是吾邦事"。钱名山就出生在常州一个"诗是吾家事"的诗书世家，高祖、祖父、父亲均有诗集传世，而他本人则有"常州诗伯"之美誉。我读过钱名山先生的大部分传世诗作。他就是一个天生的诗人，他本人对于自己的诗作非常自信甚至自负，少年时便给自己的诗集题名为"传我室集"。

我读钱名山先生的诗作，觉得在他的诗里，处处尽显一个浓浓的"爱"字：他爱这个国家，他爱这里的人民，他爱他的诗，他爱山水，他爱子孙，他爱生活，他爱自己，他爱身边的一切。鉴于钱名山先生诗作较多，我只简单列举一二聊以佐证。

爱国家：

对君一长拜，范君以黄金。

作诗不独伟君志，愿激中原壮士心！

（《刺伊藤》）

北来貔虎势嵯峨，太息中原血肉多。

洛下不闻花信至，衡阳无复雁书过。

牛毛禁网幽人履，鬼火阴房正气歌。

天道张弓原未误，十洲烟焰接星河。

（《北来》）

痛绝英雄洒血时，海潮山涌泣蛟螭。

他年国史传忠义，莫忘台湾简大狮。

（《简大狮》）

爱人民：

田家日长那可思，十万饥鸿正空腹。

城中当事计虑酷，处处催人还积谷。

（《麦收叹》）

负得天家十万钱，便教家室不团圆。

万年耕作难偿债，始信民家作事难。

（《戏咏七夕》）

试将城与乡，两妇齐肩立。

年纪虽复同，貌若姑与媳。

同荷生成恩，流光何太急。

但讶村妇老，便知农民苦。

如何苦农民，愿以告圣主。

（《农妇》）

腹空唯有隔宵粥，日高挑得盈筐绿。

市人持秤不容情，两则有余斤不足。

得钱与母持换米，明日提筐还早起。

（《挖荠女》）

爱诗词：

死后精灵，应不化。绕天涯，听唱新诗句，即是我，心开处。（《金缕曲》）

我以诗事天，不得无诗死。

气急言语尽，尚有心在此。

（《病危纪梦》）

村边纵酒陶元亮，泽畔行吟屈大夫。

不要温公入通鉴，自家留得几行书。

（《陶屈》）

爱山水：

轻摇一舸背城隈，廿里溪风细细催。

两岸碧芦都过尽，清湖如海眼前来。

（《滆湖》）

匡庐彭蠡平生梦，今日相逢喜不胜。

独上舵楼看未了，诗情留与夜来灯。

（《四月初旬赴楚，江行杂咏》）

平生未免为乡人，看山华顶难具陈。

浙东大山多绝伦，未肯伏地为儿孙。

隆然轩昂相宾主，有如飓风吹海立。

（《华顶看山》）

爱子孙：

一字迷藏五字中，推敲未失旧家风。

儿孙子女重围合，深坐抽诗白发翁。

（《元旦》）

老夫每观一幅画，为汝爷娘三日喜。

清才盛德不获年，合有佳儿为后起。

（《外孙画》）

六法天开别有门，谢家玉树苗灵根。

平生不解师松雪，却有王蒙是外孙。

（《喜外孙谢大画极奇》）

孙儿爱弄阿翁须，只为翁须尔却无。

若待他年孙似我，曷禁回首念黄虞。

（《爱弄》）

三更星月天无雨，倚枕吟哦待天曙。

世上知音苦不多，自写新诗寄儿女。

（《写诗寄儿女》）

爱师友学生：

老僧种树当儿孙，城角春深起绿云。

大有清阴留过客，每闻鸣鸟便思君。

（《过天宁寺后大林，赠上人冶开，兼讯其病》）

访君不遇空往复，未到斜阳返东郭。

旧雨苍凉去日多，拄杖溪头看寒玉。

（《赠邓春澍》）

惟君惜我死失时，嗟哉此意谁人知。

题君画像报知己，从今辍笔斯已矣！

（《赠鹤亭》）

遥寄成都卖卜金，玉郎当日有知音。

世人解爱张爱画，未识高贤万古心。

（《张大千蜀人，善画，玉岑友也。以五百金寄其孤。赋此代谢》）

少陵粗豪昌谷险，利病有时不相掩。

从古文章要细论，劝君莫放如天胆！

（《题翠楼集》）

爱自己：

名山冬来着破袄，人不能见惟独笑。

袖穿领裂背无棉，脱不可着着更眠。

莫道名山穷，脱手皆金银。

大夫昂藏志千古，安能琐屑穷衣巾。

既无大裘覆天下，何妨破袄经冬春。

（《破袄吟》）

家园狼戾住哀鸿，此事曾传一邑中。

到此更难钳口住，名山原本是英雄。

（《八月一日纪事》）

少小云中鹤，衰年釜底鱼。

文章传亦丑，骨肉远成疏。

旧墨荣幽草，枯毫作怒书。

平生过去事，未易付空虚。

（《桃源杂句》）

雄鸡未唱难安枕，蛰燕无心更待春。

犹幸新诗穷发处，好凭炼句暂宁神。

（《腊月病中不寐》）

钱名山是一位不朽的诗人，一个对国家、对人民、对家人、对诗词、对山水、对师友学生、对自己都充满了爱心的诗人。我之所以不厌其烦也有些混杂凌乱地引用这些诗句，原因只在于把钱名山一生的诗作串联起来，其实这些诗作是可以作为诗史来看的。

在他的这些诗作里，我们可以感受到一个从旧时代走过来的历史老人，他的自信，他的淡定，他的苦闷，他的忧愁，他的欣喜，继而可以了解他的生平、思想、性格、志趣、成就与影响，去感受那个时代的声音，去认识那个时代。

三

在常州的人文历史上，钱名山首先是以一位诗人的形象傲然挺立的，其次他是以一位书法家的形象赫然耸立的，他的书法如同他的诗作，在常州的诗书历史上，可谓壁立千仞横空出世。他的诗与书，虽也隐约可见其师承高远，但更多的还是建立在其自身深厚学养学识、倔强思想个性、沧桑阅历境界、雄阔博大情怀基础上的自家面貌。所以钱名山是"常州诗伯"，他的书法是"钱家法"。对钱名山诗词、书法成就的研究，目前成果颇丰，并且基本形成共识。除了诗词书法创作之外，对钱名山在寄园设帐授徒二十年作育人才之业绩、成就、思想，对钱名山作为一个教育家的研究还不够，甚至空白点还很多，相对系统性、科学性、学术性研究成果更少。我认为，这应该视为钱名山研究的下一个重点，也是历史认识、科学理解乃至全面纪念钱名山先生的关键。

作为科举取士制度下高中进士的钱名山，他是接受过严格系统的传统儒家思想训练的。清朝灭亡民国诞生后，钱名山选择了设帐授徒，既是世代儒业立身养家的现实考量（其时钱家上下人口众多，加上因遭遇家变家道急剧衰落的联姻谢家，总计几十口人生计几乎均系于钱名山一身），更是面临朝代更替、西学东渐等历史变化之际，作为传统读书人旨在赓续传统文化的理性选择。民国时期作如是选择的不乏其人，梁启超、陈寅恪、王国维、赵元任执教清华国学研究院，章太炎创办苏州国学讲习所，唐文治创办无锡国专，马一浮创办复性书院等，均可视为钱名山之同道。不过钱名山在寄园办学是在 1914 年，要比他们都早很多。

俗话说"严师出高徒，高徒出名师"，清华国学研究院、苏州国学讲习所、无锡国专等均以高徒迭出获誉天下，成为国学津梁、大师摇篮。而钱名山之寄园，自然也是人才济济，并成为民国初年常州文运中兴之重镇。钱名山在寄园办学，从 1914 年起直至 1932 年历时近二十年，先后从学近千人。谢玉岑、谢稚柳、程沧波、王春渠、蒋石渠、郑曼青、马万里、唐玉虹、邓春澍、陆仲卿、伍受真、朱凤池、虞逸夫等便是其中之优秀代表。

因目前关于钱名山寄园办学的资料所见甚少，所以对钱名山寄园办学在教育思想、办学理念、教学方法、培养目标等方面所知甚少。不过我们简单分析一下不难发现寄园学生的成才特点，那就是道德重于文章、器识厚于文艺、诗书画俱佳。无锡国专、苏州国学讲习所所培养的学生后来大都成为经学史学之专家，而寄园弟子则大都生机盎然、质朴清新、传统守正，既是学问中人，也是艺林中人，更是生活中人，是通才，是人才，是完整的人。有其师必有其徒，寄园弟子个个恪守师道尊严，效仿钱名山之学问路径、生活方式与性格志趣。为此我大胆臆测，寄园的教学方式，必定是传统的书院加亲情的庭训，必定是生活教育化加教育生活化，必定是侧重涵泳、强化悟性、推崇体认、注重个性、德才并举、学思合一、知行合一。目前从曾在寄园学习过的部分弟子的回忆文章里便可以佐证一二。

首先，钱名山待诸生如子弟，心生欢喜，因材施教，诲人不倦。学生中才识突出者，钱名山还乐得作伐，尽点鸳鸯谱：谢玉岑、程沧波成了自己的大女婿、二女婿，王春渠、唐玉虬成了自己的侄女婿，朱凤池的姐姐成为自己的二儿媳。

其次，寄园学生中各自依据个性发展，个个人品高洁、艺品超群。无论经世致用，还是书画翰墨，都是一时之秀。刘鼎勋是寄园弟子，他回忆说："先生教人，务导之以其所近，不强人所不好，亦就其资质之高下而施教焉。讲授时，深知弟子之学力，略其易而抉其奥，手批口讲，嬉笑怒骂，神采飞扬，无不引人入胜。听讲之弟子，心领神悟，津津乎味在酸咸之外矣。"程沧波是弟子中的高足，更是东床之佳婿。他28岁即任国民党中央日报社社长，1937年7月他为蒋介石起草的《对卢沟桥事件的严正声明》，成为二十世纪传世名文："和平未到绝望之时，决不放弃和平，牺牲未到最后关头，亦不轻言牺牲……战端一开，地无分南北，年无分老幼，皆有守土抗战之责，皆应抱牺牲一切之决心。"程沧波在寄园求学四年，后来又曾在上海南洋中学、上海圣约翰大学、复旦大学、英国伦敦大学等校求学，但他是在寄园读经习文学诗炼字而打下了深厚国学基础并受益终生的。谢玉岑被誉为"江南词人"，书法篆刻诗词无一不精，时人誉之"可胜缶翁"（超过吴昌硕之意），张大千称其文人画为"海内当推玉岑第一"。谢稚柳为集诗、书、画、鉴定、收藏、研究于一身之大师，他晚年回忆说寄园是自己的精神家园、艺术摇篮，自己就是"从寄园走出来的"。

在寄园弟子中，谢伯子特别值得一提。谢伯子是钱名山亲外孙、谢玉岑儿子。谢伯子从小双耳失聪，童年时母亲、父亲相继去世。钱名山将谢伯子带在身边，亲自教他识字，教他作诗，教他画画，也教他做人做事。从小谢伯子在外公的悉心教导下生活学习，长大后幸得张大千、郑午昌两位大师的精心指导，终成一代著名画家。钱名山如何教会失聪的谢伯子识字、识音韵、作画、作诗词，至今难以知晓。钱名山先后为谢伯子所写诗词就近十首，拳拳之心感天动地。他还专门为谢伯子画作题款，帮他议定润格，助他自食其力。

谢伯子没有辜负钱名山的悉心培养，二十岁不到就在上海举行个人画展。1947年上海市文化运动委员会主办全国性文化奖金美术评选，时年仅24岁的谢伯子凭借一幅国画《山水》获得三等奖第三名，第一名为姜丹书，第二名为俞云阶。姜丹书时年六十三，有举人功名，他是与清道人李瑞清、弘一大师李叔同等齐名的老一辈书画大家，而俞云阶（1917—1992）是油画家，先后入学苏州美专、中央大学艺术系，师承颜文樑、徐悲鸿、傅抱石等大师。

三是寄园弟子多为民国初期放弃新式学堂学业而改入寄园就学的，他们自身或他们的父辈认定新式学堂（洋学堂）崇洋媚外数典忘祖民族虚无，作为中国人，还是要先打好国学基础，继承弘扬中国传统文化，巩固中华文化之根基。

四是寄园教学方法既严谨朴实又率真随性，寓教于乐学风开明，注重学生自修、强化教师导引、突出师生互动应答。程沧波在回忆文章中写道：

"先生之学，不拘名物训诂之微，而宗文章义理之大者。故十三经、通鉴、诸子，为寄园之正课，而三通与宋元学案附丽之。寄园之徒，无长幼贤愚，谈二十四史如数家珍。"虞逸夫则说："钱名山讲学二十年，常州学风为之复振，一时称盛。每与田夫野老披径共往还，相忘于草泽之中，亲狎无间。客来或袒胸赤足，径自登堂，亦无忤意，相与笑言，使人无拘束感。"谢稚柳回忆在当时大小同窗中，常得意于自己的文章比较能得到先生的赞许。但那时毕竟年龄很小，调皮贪玩，有一回因在园中捉蟋蟀，文章马马虎虎做好交去。先生于是把谢叫去，问近来读了些什么书。谢老实回答捉了些蟋蟀。不料先生竟没有训斥一句，只是轻轻地说："要把文章做好啊！"这下谢稚柳倒反而很不安，决心要认真读书了。

寄园现已不存。但通过当年寄园里那些诗意的楼宇名称还是可以想见当年的胜境美景：延翠亭、快雷轩、九峰阁、望杏楼、云在轩、荷花厅、深柳读书堂、月榭。而寄园八景更是令人神往：乱山晴翠、古塔残阳、长河帆影、远寺钟声、春溪浴鹭、秋浦归鸦、菱溪钓月、茅舍炊烟。

四

钱名山先生除在诗词、书画、教育、慈善等方面有突出成就之外，他的一部儒学专著《良心书》特别值得加以圈点。钱名山一生著述甚多，他坚持认为诗是天地间的精华，诗要少做，但文章要多写，多写则熟练。要多多诵读古人的作品，取其"辞备"，辞不备不足以成文，性灵也难得表现。《良心书》是钱名山先生一生著述中的核心作品。"良心"二字，始见于《孟子》。孟子所谓

的良心，就是天生烝民本具之初心，万善俱足，无欠无余，故曰良心。千圣相传之心印，六经会归之精义，不外"良心"二字而已。良心包括是非之心、诚实而不自欺之心、不忍之心、羞恶之心、义勇之心、孝悌之心、仁德之心等等。有良心，则能一身正气，正如孟子所言："吾善养吾浩然之气。"孔子也认为："内省不疚，夫何忧何惧？"钱名山在自传中说："言学，必宗孟子，治太极西铭无益；良心出孟子，而人人知之，以之教人必易为力，作《良心书》。"

钱名山先生所作《良心书》，初版木刻于民国初年。差不多一个世纪过去了，钱名山先生寄园弟子虞逸夫耄耋之年要求自己的弟子，也就是钱名山再传弟子卜功元重新整理出版《良心书》。在钱名山长孙钱璱之的辅助下，经过卜功元先生的辛勤努力，《良心书》于2012年12月由湖南岳麓书社正式出版。

一百年前，面对世事变迁、政局动荡，钱名山先生写下《良心书》，他说："州县种种无良，皆中国致弱之由。只须令以上种种，大家将良心捧出做事，而天下平、中国强矣。处今之世，忽与人讲良心，莫不以为迂。不知天下盛衰强弱之关系，只在此两字，又何迂为？"现在一百年过去了，国家、社会、时代都发生了巨大的变化，现在当我们再提良心时，时人应也是"莫不以为迂"吧？当我们都深信也期待良好的社会秩序需要先进科学的制度保障的时候，良心还有没有用？

卜功元先生是钱名山先生的再传弟子，2013年9月在谢伯子先生常州书画展期间，我曾得以一

见。对《良心书》的重新出版，他用心用力甚多，我非常喜欢他在《良心书》浅释中所引用的诗人穆旦的一首诗：

我们有机器和制度却没有文明，
我们有复杂的感情却无处归依，
我们有很多的声音而没有真理，
我们来自一个良心却各自藏起。

钱名山先生是一个从旧时代走出来的传统大儒与国学大师。现在全社会都在常提传统国学，大提核心价值，重提民族复兴。钱名山先生的诗书画文、高标儒素、德行善举对当今的意义何在、价值何在？

2014年，钱名山先生已经离我们整整七十年了，六十一花甲，七十古来稀。当年钱名山先生弃世前曾留下遗嘱："死欲速朽，灵柩深埋土中，不立碑，不起坟。"而今我们纪念钱名山先生，自然可以谈论书画市场上钱名山先生的书画有价无市，可以赞叹钱名山先生的特立独行与仁爱慈悲，但我们是否更应有一种"高山仰止，虽不能至，心向往之"的现实感怀，是否更应有一种"微斯人，吾谁与归"的价值认同，是否更应有一种"不信今时无古贤""我劝天公重抖擞"的历史使命？

[写于2014年10月，此文后收入《风雅与归——毗陵钱谢书画艺术论文集》（上海书画出版社2017年5月版）]

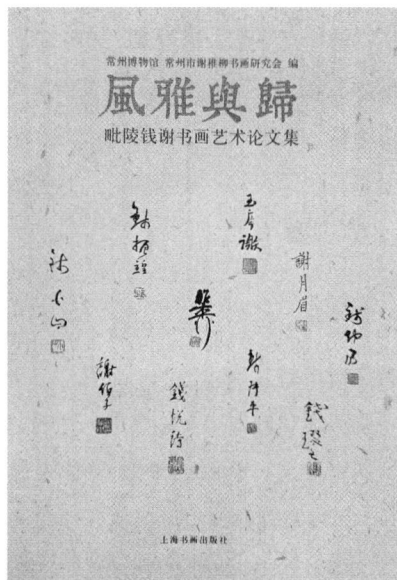

图 《风雅与归——毗陵钱谢书画艺术论文集》书影

十三、从四处找贵人到处处做贵人

——在南京卓美亚酒店两周年庆仪式上的即席致辞

今天是南京卓美亚酒店开业两周年纪念日，今年也是国家设立教师节第三十五周年。南京的卓美亚与全国教师同享一个生日，这真是非常奇妙而美好的一件事。

我是南京特殊教育师范学院中国特殊教育博物馆的一名工作人员，感谢主办方邀请，根据要求，我将有三到五分钟时间向各位贵宾做一个汇报与分享。

我们现在这个大厅，高朋满座，华灯璀璨，灯火辉煌。我想问各位，你们看到这么美的灯光会想到什么？你们问我想到什么？我联想到了这灯光寓意卓美亚的事业璀璨夺目，卓美亚的环境富丽堂皇，卓美亚的明天将不分昼夜，永远光明、前程似锦、灿烂辉煌！

看到这么美的灯光，你还联想到了什么？我还联想到了这个电灯的发明人。电灯的发明人是谁？爱迪生，一个美国发明家。他还是什么？他是一个聋人，对，发明电灯的爱迪生是一个聋人！由此出发，我联想到，许多聋人、盲人等残疾人群体给我们这个世界带来了无数的精彩。谱写命运交响曲的大音乐家贝多芬，聋人。说出假如给我三天光明的作者海伦·凯勒，既聋又盲；演奏二泉映月的阿炳，盲人；西方历史学之父荷马，盲人；中国历史学家左丘明，盲人。

这些历史上的残疾名人举不胜举。而现实生活中的残疾人，在我国更有 8700 多万之多。以前我们称呼他们为瞎子、聋子、哑巴、瘸子、呆子、傻子，后来我们称呼他们为残废人，再后来称呼他们为残缺人，再后来残疾人，现在有更文明、更进步的称呼，如残障人士，或身心障碍人士，或特殊人群，或特殊需要人群，或弱势群体。不管如何称呼，他们同样是我们大家庭的一员。我们不仅在同一片蓝天下，甚至还会在同一个屋檐下，甚至同一个房间里。健全人残疾人就像男人女人一样，不仅同在，而且还会永在。面对残疾人，有时我们会把他们说成不是健全人，不是普通人，不是正常人，不是平常人。

其实，他们也有健全的心灵、普通的心思、正常的心愿、平常的心态。面对残疾人，更多的也许不是人们不人道，而只是人们不知道。他们不是不幸的，只是有时不便。他们不是不行的，只是我们不信。一般情况下，他们不要你保护，不要你保险，不要你保卫，不要你保证，他们只是需要你给予必要的、基本的、人道的保障，比如保障他们接受教育的权利，比如保障他们出行交往的条件，比如保障他们就业创业的机会。各位朋友，非常幸运，我们没有残废，没有残疾，没有残障，但我们谁敢说我们没有残缺？或者说，我们就永远幸运不会残疾？我常说，这个世界是健全人的，这个世界也是残疾人的。我还要说，这个世界没有残疾人，有的只是残疾的科学技术，有的只是残疾的社会观念。我们不能只关注缺少了什么，而忽视拥有的什么。

很感谢卓美亚，感谢你们的情怀与境界、智慧与勇气，能让我在这样典雅而喜庆、庄重而欢快的场合，给大家汇报和分享特殊，分享关于残疾人的认知。希望这不是煞风景和不合时宜，而是一种新的风尚、一种进步的文明的人道的最美风景线。在座各位贵宾，你们都是卓美亚事业发展中的贵人，最是一生得贵人，此来天地皆同力。我们需要贵人，可是我们都知道贵人很忙还很少，有时远在天边而路遥不可及，有时近在眼前而你有情他无意。然而，如果我们选择自己去做别人的贵人呢？

各位尊敬的贵宾，我们的生活中不缺美人，不缺富人，不缺能人，不缺强人，今天我们这个大厅里就美人如云、强手如林、遍地风流、满眼风光。但我们各位还可以随时随地地成为贵人，特别可以成为残疾人朋友的贵人，成为他们生命里的贵人，成为他们生活中的贵人，成为尊贵的人，成为贵人。

五分钟过得真快啊。最后我借此良辰美景赏心乐事时，真诚欢迎各位有机会参观我们博物馆。当然那时我会给您更多的五分钟，或者时间不限！再一次感谢各位，谢谢！

（2019 年 9 月 10 日）

注：南京卓美亚酒店是一家国际品牌酒店，董事长、总经理、行政总厨等均为外籍人士。一个偶然的机会，他们参观考察了我们特教博物馆，他们说这个博物馆给他们留下了深刻而美好的印象。2019 年 9 月，是酒店开业两周年店庆月。作为企业文化的一部分，店庆自然也是展示单位竞争力、向心力、价值观、美誉度的一种方式。

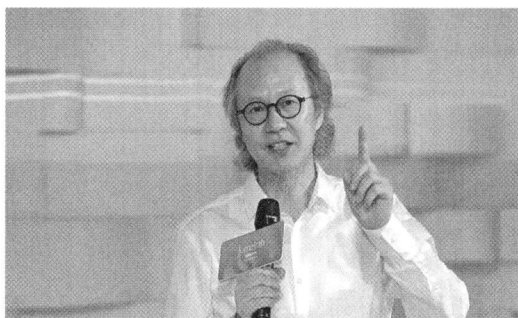

他们董事长盛情特邀我作为中国特殊教育博物馆的代表参加他们店庆，并应邀在店庆盛典上做一个五分钟的即席讲话。盛情难却而又勉为其难，我当然是有顾虑的，一个国际品牌酒店和一个特殊教育博物馆，两者似乎毫无关联。不过，人道的基础是知道，文明的基础是平等。那天庆典结束后举行了盛大的晚宴，董事长、总经理、行政总厨等等相继来给我敬酒致谢，他们中文与我英文水平差不多，但我还是从他们的语言中听到了真诚与坦诚。

图　参加南京卓美亚酒店店庆典作贺词

十四、特别的爱给特别的人

我是一位特殊教育工作者，全国像我这样的教师有近 5 万人，主要分布在 2000 所左右的盲、聋等特殊教育学校，以及从事特殊师范教育的高等院校。

我们的学生，或视力残疾，或听力残疾，或语言残疾，或智力残疾。如果在普通学校工作十几年或几十年，现在满可对学生们的成就如数家珍：我的学生某某某成为人民公仆，某某某成为企业家，某某某评上教授……而我们的学生接受教育的理想成果，大部分也只是自食其力，其中个别一些重度残疾的学生，甚至一辈子都不能做到生活完全自主自理。但他们是社会大家庭中的一员，接受学校教育是他们神圣的权利，更是特教老师的巨大责任。特殊教育需要教育者有爱心、专心、细心、耐心、恒心、信心，但这绝不意味着特教老师的幸福指数低。

南京市溧水区特殊教育学校校长葛华钦刚刚被评为全国教书育人楷模。他在特殊教育学校工作了 28 年，由当初 18 个聋哑孩子的"父亲"，变成了 168 个残障孩子的"爷爷"。溧水特殊教育学校创建于 1986 年，葛华钦是创校校长，也是最早的 3 名教师之一。目前学校已经发展为集听障教育、智障教育、康复教育于一体的寄宿制特殊教育学校，形成"教育—培训—就业"一体化办学模式，有 168 名残障儿童在此学习，27 名残障毕业生在此就业。也许我们会把葛华钦解读为一位为残障儿童奉献的苦行僧，但是他平素说得最多的是感谢——感谢这些特殊儿童，是他们激发出特教老师的被需要感，时时提醒自己不可松懈、不可怠慢、不可不全力以赴，28 年因此过得充实而富有成效。

今年 109 岁高龄的周有光先生，也曾是特教工作者。

经济学家出身的他，因为国家需要，50 岁后改行研究语言文字，在我国盲人盲文改革、聋哑人手语手指字母方案制定方面做出了开创性的贡献。近几年我多次拜访周老先生，每次提及特殊教育，他都兴致盎然滔滔不绝。他找出许多他在国内外发表的关于盲文、手语的论文送给我，介绍其他特教专家与我结识。我问他长寿秘诀，他认真地说，他结婚时算命先生说他活不到 35 岁，因为年轻时患有肺结核、抑郁症。一个人只想着自己是活不长的，要多想着为别人做事。从事特教工作，很好。

沈家英先生是我国著名盲人盲文与聋人手语研究专家，今年 90 高龄，仍每天读书、看报、上网。1949 年，沈家英经人介绍去上海盲童学校担任会计。她对我说，原先她不了解盲人，到盲校后发现盲童们渴望知识、热爱学习，她被打动了，开始学习盲文。学校教师不够，校长便让她教书。1956 年，因为教学成绩突出，她被评为上海市优秀小学教师，不久被教育部调到北京编写盲文教材，60 年代又被调到北京第四聋人学校教书。从盲童教育到聋哑儿童教育，沈家英总是把残障孩子当作天使，1974 年她与周有光先生合作的《汉语手指音节》指式图，至今仍在使用……沈先生把当年陈毅市长亲笔署名的奖状捐给我们特教博物馆，并说如果需要，家里所有特教方面的书籍，都可以拿走。我提出付些费用，她断然回绝。说风烛残年，身外之物，已毫无意义。回首一生，能有几十年为特殊教育做事，很知足、很幸福。

江苏省是特教大省。1916 年张謇创办的南通狼山盲哑学校，是第一所由中国人自己创建、自己教学、自己管理的盲哑学校；1927 年创办的南京市立盲哑学校，是我国历史上第一所公办特教学校；1982 年创立的南京特殊教育师范学校，是我国历史上第一所培养特殊教育师资的学校；2010 年创办的中国特殊教育博物馆，是我国第一所主题类专业性教育博物馆。我省特教专家也是全国领先，周有光先生是常州人，沈家英先生是扬州人。今年 93 岁、现居无锡的宋鹏程先生，1938 年于上海创办私立聋哑学校；今年 90 岁的常州人戴目先生，是聋人教育专家，曾任中国残联副主席、中国聋协主席；今年 80 岁高龄、被誉为"活着的阿炳"的著名盲人二胡演奏家甘柏林，是南京盲哑学校毕业生，曾任中国残联副主席、中国盲协主席；中国第一位盲人大学生罗福鑫是淮安人……

特教老师的幸福，就是把特别的爱给特别的人，继而收获特别的快乐。

（此文原载于 2012 年 9 月 9 日《新华日报》）

十五、南京特殊教育师范学院博爱铭

俯仰天地玄黄，健残同生共享。

唯我文明华夏，仁爱慈济显彰。

古训有教无类，近尚养教相长。

目盲耳聋口暗，教育开启门窗。

爱而有教自立，师范教之有方。

筚路蓝缕拼搏，南京特师首航。

立德树人肇基，博爱塑魂自强。

卌载薪火传承，育人桃李芬芳。

聚力普惠发展，创新谱写华章。

办强大特亮优，初心再造辉煌！

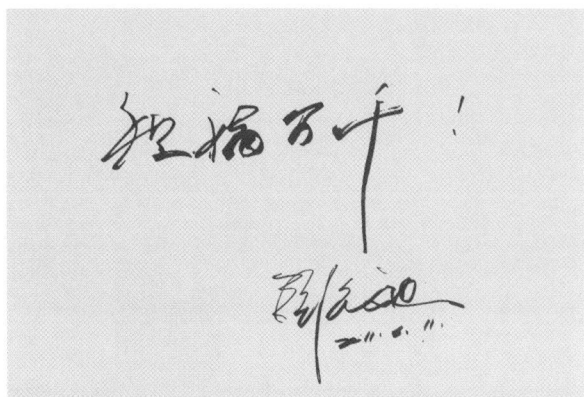

图一　张海迪题词"祝福万千"

图二　与博物馆学生志愿者合影

十六、中国特殊教育博物馆馆铭

泱泱华夏，文明之邦。宽疾养疾，大同理想。

瞽叟通文，登州启喑。西学东渐，养教相长。

辛亥校令，通州新庠。沧桑百年，筚路显彰。

隔离融合，全纳致和。特博一馆，国内首创。

存古开新，修史育人。成均八面（后改为"厚德赋能"），博爱四方。

十七、龚宝荣像赞

龚公宝荣　生而失聪
长学丹青　画坛峥嵘
恩师王翁　勉其共荣
造福同病　化聋为龙
毁家建校　水复山重
抗战流亡　天感地动
二十五年　趋吉化凶
功补造化　振聩发聋
桃李天下　厚德济穷
英雄暮年　碧血长虹
今逢盛世　名校新容
继往开来　追远慎终
立其伟像　高山景从

龚宝荣，聋人教育家、画家，1931 年创办了杭州私立吴山聋哑学校，1931 年至 1956 年担任该校校长，开创了中国聋人创办聋校的历史先河，培养了一大批学有所成的聋人。吴山聋哑学校，即今杭州市聋人学校之前身。

2019 年该校杭州金乔街 120 亩新校区落成启用，校名更新为杭州市文汇学校，健残学生兼收。为缅怀学校创始人龚宝荣，校园里专为龚宝荣特塑铜像一尊，应学校之约，我撰写了龚宝荣像赞。现此赞被树墙题壁，与铜像相互呼应，蔚为校园一景。

图一　在龚宝荣像赞前留影
图二　龚宝荣像赞

十八、致敬特教前辈专家

岁月更替斗转星移，山河依旧物是人非。近年来，一批特教前辈、特教专家因为疾病、年龄等原因相继离开人世。故人已逝，音容远去，风范常在，遗爱永存。因为工作原因，我曾经得以在他们健在之时亲承謦欬如沐春风，问学求道心生景仰。人事有代谢、往来成古今。惊悉他们一一故去，哀悼默念之余，我均曾敬题挽联以致心香一瓣。现收录其中数则，以存而为记为念。

---

1. 周有光

生于晚清，历民国新中国经改革开放迎接新世纪，
一生有光有光一生；
初以金融，兼银行经济学及语言文字关注全球化，
智勇两全两全智勇。

2017年1月14日周有光先生无疾而终，享年112岁。

周有光（右）

周有光（1906—2017），江苏常州人。早年就读于圣约翰大学主修经济学，后毕业于光华大学，又赴日本留学，曾长期在银行业金融业工作。1955年后，改行到中国文字改革委员会工作，是我国汉语拼音方案的主要制订者。晚年致力于全球化与中国文化现代化研究。我在2012年、2013年前后多次拜访周有光先生，求教特殊教育问题，每次见面都是茅塞顿开，如醍醐灌顶。他对中国盲文改革、中国手语创制做出过重要贡献，他还给博物馆捐赠了几份重要实物。周先生睿智通透、谦和明达、超凡脱俗，百岁人瑞、千年一人。每次拜访，我都请其题词多份，而今目睹手泽，感慨万千。

---

2. 程益基

人世间道德文章 为教为学为校为残疾人；
特教界开疆辟土 立功立德立言立里程碑。

2018年12月3日程益基先生去世，享年74岁。

程益基

程益基（1944—2018），江苏淮安人，中国教育学会特殊教育分会顾问委员会主任、国家聋教育课程改革方案研制组组长、国家聋教育课程标准研制组组长、江苏省教育学会特殊教育专业委员会名誉理事长。1964 年从扬州师范学校毕业后即从事特殊教育工作，历任扬州聋校教师、江苏省教育厅初等教育处特教专干等职，连任六届江苏省特教专委会理事长，可以说为特殊教育事业鞠躬尽瘁死而后已，奉献了一生。他去世的这一天，正是国际残疾人日。他为特殊教育为残疾人服务终生，值得包括残疾人在内的所有人的尊敬。

---

3. 戴目

双耳失其聪，于无声处立雄心，救国救民救残疾同病，天赞之；
一生多作为，有生以来树壮心，是兵是师是聋人领袖，戴目也。

戴目（左）

2018 年 3 月 3 日戴目先生因病去世，享年 93 岁。

戴目（1925—2018），江苏常州人，原名戴天赞，后因病失聪，由"戴目倾耳"改名为"戴目"。1941 年毕业于上海市福哑学校，后任教于杭州聋哑学校、无锡惠喑学校。1944 年创办常州市武进县民众教育馆聋哑教育班（常州市聋哑学校前身）。1945 年参加新四军，1948 年加入中国共产党。新中国成立后，历任上海市教育局视导员、上海市聋哑青年技术学校校长、中国残疾人联合会副主席、中国聋人协会主席。我曾经多次到上海拜访他，也与他一起去上海市聋哑青年技术学校考察过。每次与他的凭案笔谈，而今历历在目。晚年他曾经多次向身边人提出要来南京参观中国特教博物馆，当时因其健康情况堪忧，我均未能积极行动担当作为让他如愿，终成憾事。

---

4. 张训诰

一生只为这件事：以特别的爱给特殊的人，实乃台湾特教高峰；
两岸恒念那份情：用相通的心做相助的功，堪为大陆同行瞻望。

张训诰（前）

2020 年 8 月 6 日张训诰先生因病在台湾去世，享年 84 岁。

张训诰（1937—2020），中国台湾地区云林人，1965 年台湾师范大学硕士毕业后前往菲律宾师范学院参加"小学视障巡回辅导师资培训"进修，1967 年起担任台南师专小学视障儿童混合教育师资培训班负责人，开创台湾地区视障融合教育师资培养的历史先河，由此把毕生奉献给了视障教育事业。晚年致力于海峡两岸特殊教育交流，从 1995 年起到 2008 年间，先后八次组织率领台湾视觉障碍教育界专家教授赴大陆和港澳地区，足迹遍布全国 20 多个省（市、自治区）。2016 年 7 月，我第一次到台湾师范大学拜访他。2017 年 7 月，已经八旬高龄的他，拄着拐杖亲自带队来南京特师参加海峡两岸视障教育研讨会，在特教博物馆更是对我褒奖有加。2019 年 7 月，我再次到台湾参加会议，曾托人向他转告想去医院看望病中的他的意愿，他知晓后婉言谢绝了。2020 年 8 月，张先生驾鹤西去，我专门委托台北特教专家罗文吟女士代送花圈以致哀悼。

5. 谢伯子

无声无语，有缺无憾，强人矣；
有教有艺，无独有偶，大家也。

造福同病为桑梓地，有情有义有识最有爱
献身特教凡三十年，大仁大智大勇是大家

2014 年 4 月 20 日谢伯子病逝，享年 91 岁。

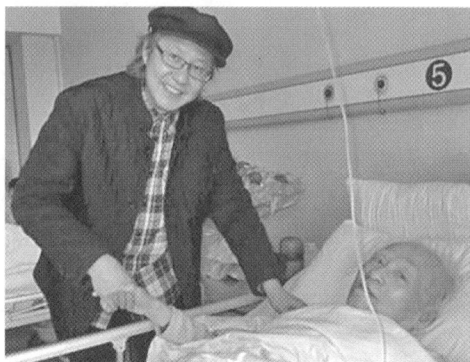

谢伯子（右）

谢伯子（1923—2014），江苏常州人。先天失聪，自幼随父亲谢玉岑、外祖父钱名山学书学诗，随姑母谢月眉、叔父谢稚柳学画。后拜张大千、郑午昌为师。19 岁加入中国画会，21 岁在上海举办个人画展，1947 年获上海文化运动创作奖，传略入选《中国美术年鉴·1947》。1946 年起在上海光震聋哑学校任教，1949 年回到家乡出任常州聋哑学校校长至 1978 年，几近 30 年。常州聋哑学校五十年代起，在全国率先开展聋哑儿童书画职业教育，成为全国聋哑教育的先进。谢伯子先后于 1960 年、1964 年参加全国盲人聋哑人代表大会。出版有《谢伯子书画集》《九秩初度：谢伯子先生谈艺录》等，多次在上海、常州等地举办个人画展。2014 年 3 月，我们博物馆举办了谢伯子先生铜像落成仪式。2014 年 5 月，由我主编的《中国当代名家：谢伯子研究》一书由中央文献出版社出版。

6. 张文京

哀哉人生如草木千百年也难免会一枯
幸乎教师是文京特教界将始终在常念

2021 年 3 月 17 日张文京去世，享年 73 岁。

张文京（左）

张文京（1948—2021），重庆人，重庆师范大学特殊教育学院主要创始人。2012 年 11 月中国特殊教育博物馆一期工程刚刚竣工，张教授即来参观考察给予指导和鼓励。2013 年暑假我去四川成都，历经曲折终于征集到我国著名特殊教育家罗蜀芳先生的遗物——一只茶几两张座椅。张教授知道后，几乎逢人便夸我的"一根筋"精神。2020 年 9 月，我和同事杨克瑞教授专程到重庆看望重病中的张教授，她由她的两位学生陪同我们一起进行了一次访谈，中午还一起吃了一顿丰盛的火锅。饭桌上，她语重心长滔滔不绝，精神焕发声若洪钟，但她吃得很少很少。饭后张教授不辞辛苦专门还带我们去参观了卢作孚纪念馆。2021 年 3 月 14 日至 19 日，我去四川和重庆出差，计划 3 月 18 日由广元经阆中抵达重庆，当日或次日拜访张教授，不料 3 月 17 日在阆中特校，校长告知张教授当天凌晨已经去世。18 日晚，我一到重庆便径直打车去重庆殡仪馆，在去殡仪馆路上，我拟好了这则挽联以寄哀思。殡仪馆内备有两种花圈，一种是 300 多元，一种是 200 多元。不想那天 300 多元的那种花圈因为张教授而售罄。

---

7. 施莉萍、成勇

施爱心如茉莉，淡淡的香从西南到东南，今莉香皆殁特教人致敬
行善教似蘩萍，清清地漾是经师亦人师，此萍水两分博爱心常在

去年成勇今年施莉萍，好人好报此话差矣
今生行善来生定无恶，虽死犹生其言诚哉

施莉萍（1963—2015），云南人，彝族，西南师范大学毕业后分配到南京特师工作，勤勤恳恳兢兢业业，不声不响不靠不要，深受同事尊敬、学生爱戴。教育部曾授予她全国优秀教师光荣称号。我到特师工作较晚，与施老师交往屈指可数。印象极深的两次，一次是学校工会活动，吃吃喝喝唱唱跳跳打打闹闹之余，单见施老师一人在收拾物品清理垃圾，不慌不忙不紧不慢；另一次是学校组织张家界暑期旅游，因为天气原因飞机推迟，张家界机场服务态度不好，旅客与机场工作人员长时间争执。我当时是既来之则安之，躲在机场一隅两耳不闻身边事。这时施老师专门找到我，一是关心我安抚我，二是与我商量看看怎么办。2015 年 2 月 6 日施莉萍因病去世，享年 52 岁。

成勇（1961—2014），江苏高邮人。南京特师艺术系副教授，先后在上海、苏州、北京举办个人画展，另有多部作品在斯洛文尼亚、美国纽约等参展。特教博物馆一期工程，特辟一个展区，以"障碍"为题，展陈了十余幅成勇的大型画作，大胆创新前卫空灵玄思的作品，给参观者留下深刻印象。2014 年成勇因急性心肌梗死抢救无效不幸去世，年仅 53 岁。

---

8. 钱璱之

舌耕笔耘 淡泊名利 清风明月 一生无钱
才足识具 浓重情义 高山流水 五世有诗

2013 年 5 月 30 日钱璱之去世 享年 87 岁。

钱璱之

钱璱之（1927—2013），江苏常州人，出身儒学世家，祖父钱名山为晚清进士、江南大儒，父亲钱小山为当代著名书法家、诗人。早年求学于中央大学英文系、中文系，受业于国学大家徐复、游寿。曾任镇江师专副校长、常州教育学院副院长，诗书俱精。我 1985 年至 1987 年就读于常州教育学院中文系，钱璱之先生是我古代文学教师。由于父辈近亲结婚的原因，他的家族里多人为聋人。他的表弟谢伯子是聋人，著名书画家，聋人教育专家，他的亲弟弟钱律之也是聋人，聋人教育专家。2012 年、2013 年我几次问学求教于钱先生。2013 年 5 月 22 日，我曾专程探望病中的钱先生，当时所谈甚欢。不料 8 日后先生竟驾鹤西去。我曾经把他去世的消息当面告知周有光先生，周说他年纪不大啊。其实，钱先生享年 87 岁，也是高寿了。

---

9. 尚振一

目盲不盲目 有礼有节做事 有情有义做人 有模有样做学问
自立更自强 心想事成入学 如愿以偿进厂 兢兢业业当教师

2021 年 1 月尚振一先生因病去世，享年 77 岁。

尚振一（前左一）

尚振一（1944—2021），天津盲校退休教师，自幼失明。天津盲校毕业，后进入天津重光五金厂任机器操作工、班组长、工会干事、行政秘书。改革开放后通过自学考试获得大专学历，被调入天津盲校做老师，兼任天津盲协副主席等。长期从事盲文改革研究，先后担任《中国盲文（中国国家标准）》编委。2009 年应法国总统邀请，作为中国唯一盲人代表，出席法国纪念世界盲文之父路易·布莱尔诞生 200 周年纪念活动并作学术交流。2012 年起，我先后多次陪同尚振一先生一起在常州、南京、北京、保定、唐山、天津等地参加相关盲文改革调研活动，同吃同住朝夕相处，深深为其执着之精神、通达之智慧所感动。我还曾专门陪同他去拜访过周有光先生，他对中国盲文改革的一些见解想法，得到周有光先生充分肯定，周亲笔为其题词予以鼓励。

编后

相由心生，言为心声。不忘初心，方得始终。知为行之始，行为知之终。行为知之始，知为行之终。知行合一，德术并举。面对残疾人朋友，面向特殊教育，我们作为残疾人事业工作者、特殊教育工作者，尊重、了解、认识、理解，一开始可能是单向的、指向的，转变为是双向的、互相的。邓朴方同志说，不是不人道，而是不知道。促进健全人了解残疾人，促进残疾人了解健全人，推动残疾人健全人彼此相互了解继而共同了解社会，从认识、知道出发，转知为识，集识为智，化智为慧，形成正确、科学、进步、文明的残疾人观、特殊教育观，这应该是我们特殊教育与残疾人事业健康可持续发展的社会基础。几年来，我以筹建中国特殊教育博物馆为平台为基础，心怀敬畏心存感恩心有温情，谦虚谨慎、认真学习、集思广益、转益多师。微斯人，吾与谁归？斯人去，吾何之往？

编四

特教鸿泥篇

导语

2010 年年初，我离开工作近十年的一家知名杂志社，来到南京特殊教育职业技术学院工作。学校当年办学层次是专科，随着高等教育大众化，专科办学已经不能满足社会需求。为此学校从升为专科那时起就酝酿再升格本科办学。学校要我来，就是希望我能来筹建创办一所特殊教育博物馆，为学校升本考评增加一些专家考察印象分。

博物馆的筹建，就从我到校工作那天起启动了：一是零馆藏，没有一件实物，哪怕一张纸质实物；二是零机构，我挂名任科研处副处长，不参加科研处分工，也不在科研处办公，与发展规划处另三位同志一起，朝夕相处但工作又是井水不犯河水，仿佛"同床异梦"；三是零投入，没有机构，自然就没有经费，甚至人头费办公费也没有。一张白纸可以描绘出最美的图画，但当时我连一张白纸都没有。这种情况下筹建一所特教博物馆，可谓前无古人世无先例（事后同事们告诉我，当年学校许多老教授私下都担心，找学校领导反映说马建强会不会是一个"骗子"）。

不是无知者无畏，也不是眼怕手不怕，而是得道多助。全国特教一家，筹建博物馆，从来不是一个人在战斗，太多人给予了无私的帮助，最初可能是别人同情我，但后来渐次汇聚而来的磅礴力量，让我看到了正义的力量、进步的力量、文明的力量、道德的力量、信仰的力量。夸张一点讲，十年来我几乎走遍了全中国，全国八十岁以上知名特教人几乎做到了应访尽访、能访全访。王国维先生把做学问的第三境界表述为：众里寻它千百度，蓦然回首，那人却在灯火阑珊处。其实，时光飞逝逝者如斯夫，灯火阑珊处离离原上草。"人生到处何似，应似飞鸿踏雪泥。"人生更多的境况常常是：儿童相见不相识，笑问客从何处来。不说也罢，一说就俗。

3 月 6 日—8 日	飞抵辽宁沈阳，拜访沈阳教育文献资料收藏家詹洪阁，东北师范大学教授赵刚、吉林四平教育局局长牛立坚、副局长赵青山、吉林省教育厅德育处处长孙玉刚同行。在詹洪阁处找出十余件特教文物，因其时学校无经费，故个人书写借条后带回，承诺将来有经费，将支付实物征集费用；如无法支付经费，届时原件璧还。担保人为赵刚、牛立坚。这十余件特教文物为博物馆第一批馆藏。
3 月 11 日	去南京农业大学拜访中华农业文明博物馆馆长卢原。
3 月 16 日	去南京博物院拜访院长龚良，袁荣陪同。
4 月 2 日	去南京农业大学中华农业文明博物馆、南京大学校史博物馆参观交流。
4 月 9 日—11 日	去淮安金湖，拜访金湖教育局金崇龙，了解该县特教发展情况。
4 月 16 日—18 日	去苏州昆山，拜访到昆山讲学的中国青少年研究中心副主任孙云晓。在千灯镇参观博物馆，首次看到馆藏的盲用算盘。
4 月 23 日至 25 日	去无锡宜兴、锡山，拜访来此两地开会讲学的江苏省教育委员会原副主任周德藩、江西教育期刊社薛农基主编、中国青少年研究中心副主任孙云晓等。参观考察锡山高级中学校史馆，拜访该校校长唐江澎等。
5 月 8 日—11 日	飞抵辽宁大连，参观考察大连现代博物馆、旅顺博物馆、大连导盲犬训练基地等。参观考察辽宁师范大学。
5 月 13 日	陪同北京联合大学刘全礼教授到溧水区特殊教育学校考察，拜访校长葛华钦，北京特殊教育图书出版公司蒋丰祥同行。
5 月 14 日	南京博物院院长龚良来学校作"让我们走进博物馆"讲座，全校学生千余人参加，我应邀主持报告会。

5月19日	华东师范大学特殊教育专家方俊明教授来校做讲座，课余与之会谈博物馆建设事宜。
5月21日	参观考察南京北极阁中国气象博物馆。
5月22日	南京大学桑志芹教授来校做"健康人生快乐行"讲座，讲座后陪同其去燕子矶观音文化景区参观，与之沟通南京大学早年招收少年大学生班与智优教育事宜，其曾任南京大学少年班班主任。
5月26日	中央教科所（现中国教育科学研究院）特教专家华国栋教授来校讲学，课余向其汇报博物馆筹建方案。

$$\frac{1}{2}$$

图一　与赵刚（前左）、詹洪阁（后右）合影
图二　与华国栋（左）合影

5 月 27 日	陪同来校捐赠听力设备的香港听力学专家甘炳基一行参观燕子矶、幕府山、观音文化景区。
5 月 27 日—30 日	到上海参观世界博览会，重点考察了生命阳光馆，这是一个专门展示特殊教育与残疾人事业的主题馆。
6 月 3 日	学校党政联席会，到会专题汇报特殊教育博物馆筹建计划。
6 月 13 日	接送南京大学资深教授莫砺锋教授来校讲座，请其为博物馆题词：有教无类。
7 月 5 日	去南京医科大学江宁校区校史馆参观考察。
7 月 12 日—15 日	去苏州昆山，其间 13 日去上海参观世纪博览会，重点参观生命阳光馆。
8 月 2 日—6 日	去山东潍坊参加中国精神卫生学会特殊教育分会年会，拜访北京联合大学刘全礼教授，拜访潍坊文物收藏家邓华，求教相关文物征集知识。
8 月 7 日—10 日	去江西南昌参加《教师博览》杂志社三清山笔会，拜访江西教育期刊社薛农基、江西省教育科学研究所所长谭虎等。
8 月 12 日—16 日	去河南洛阳，参观考察洛阳博物馆，拜访洛阳企业家陈志平，商谈捐款助建博物馆事宜。参观考察洛阳师范学院校史馆。
8 月 23 日	在南京接待来访的洛阳企业家陈志平一行，初步达成捐款助建事宜。
8 月 25 日—27 日	到上海参观世界博览会。
10 月 13 日—14 日	到上海参观世界博览会。
10 月 23 日	拜访书法家韦斯琴，嘱其题写"中国特殊教育博物馆"馆名。

10 月 30 日—11 月 1 日	到无锡江南大学参观考察该校校史馆。拜访中国教育报副总编张圣华、江苏省教育厅办公室副主任杨树兵，求教博物馆建设相关事宜。
11 月 27 日—30 日	到浙江杭州参观考察中国美术学院校史馆、美术馆、潘天寿纪念馆、胡雪岩故居、西湖博物馆、西泠印社、浙江省美术馆等。在西湖博览会博物馆听星云大师、余秋雨讲中国传统文化，会后拜见时任浙江省委书记赵洪祝。
12 月 2 日—3 日	到如东特殊教育学校，参加南通地区特殊教育学会年会，发表演讲《中国近代特殊教育史概述》，如东县人大常委会副主任唐国均到会。到南通，参观中国珠算博物馆，南通市政府接待办沈爱明主任陪同。

图 "中国特殊教育博物馆"馆牌揭幕仪式

1 月 6 日	学校举行中国特殊教育博物馆筹建挂牌仪式,河南洛阳企业家陈志平捐款 15 万元助建博物馆。当晚包括香港凤凰卫视在内的国内多家媒体报道"国内第一家特殊教育博物馆正式挂牌筹建"。
1 月 15 日	到北京。上午拜访原国家教委常务副主任柳斌,在他家中汇报筹建特殊教育博物馆的情况,请其为博物馆题词鼓励。下午去参观山顶洞人文化遗址。
1 月 16 日—28 日	出任中国教育学会家庭教育考察团副团长,应邀赴以色列参观考察交流研讨。在以色列期间参观考察以色列耶路撒冷犹太人大屠杀纪念馆、希伯来大学、以色列国家博物馆、耶路撒冷古城、特拉维夫特殊儿童幼儿园、教育部、国防部等。
2 月 7 日—9 日	到浙江平湖,拜访企业家陈志平,交流博物馆建设事宜。参观考察平湖李叔同纪念馆。
2 月 18 日	北京《中华英才》杂志社刘公林来学校,会谈博物馆筹建事宜。
2 月 25 日	天津美术学院国画名家霍春阳来学校,请其为博物馆筹建题词"博爱塑魂"。
3 月 1 日	中国盲文出版社盲文研究所所长高旭来学校,交流博物馆筹建情况。
3 月 12 日	去南京江浦兜率寺,约请该寺法师成太为博物馆题词:"破烦恼障照智慧光"。
3 月 31 日	接南京大学文学院许结教授来学校,会商请其为学校写赋事宜。许留诗一首记之:"感君自驾游江滨,其乐融融笑语频。特教人生多创意,晓庄旧迹沐新春。"

图一 图二　企业家陈志平首批捐资十五万元助建博物馆

图三　这一片原先是实验室的水泥地，博物馆建设的"千里之行"，就是"始于足下"

图四　在以色列拜访该国教育部官员（左）

图五　拜访柳斌副主任（右）

图六　与许结教授（右）合影

4月21日—25日	到北京参加清华大学百年校庆活动，22日上午在清华大学经管学院幸会国务院原总理朱镕基。23日参观清华大学校史馆、图书馆旧馆（每年只校庆日前后开放三天），拜访中国教育报张圣华、杨桂青。24日上午拜访语言学家周有光，其为博物馆筹建题词六幅，另专告要去拜访沈家英、黄加尼。25日上午拜访中华书局总编辑徐俊、中国盲文出版社高旭，下午拜访中国史学会原会长金冲及，其为博物馆题词多幅。
4月26日	学校启动校史馆建设，委派本人负责场馆设计、文稿撰写、展陈统筹、图片实物征集等工作。通过立标、招标、投标、评标等环节，南京海贺文化艺术传播有限公司中标，本日起正式启动校史馆筹建工作。
5月12日	东北师范大学赵刚教授来学校，会谈博物馆实物征集相关事宜。
5月13日—17日	到北京、河北涿州，参观考察涿州市特殊教育学校，拜访校长杨义。16日下午去拜访北京师范大学教授朴永馨，汇报博物馆筹建工作。17日上午去华夏出版社拜访史铁生遗孀陈希米，商谈征集史铁生相关遗物事宜。参观考察中国作协鲁迅文学院。
5月27日	中国残联理事会副理事长程凯来校视察，向其汇报博物馆筹建工作。
6月11日	中国残联主席团主席张海迪来校，简要汇报博物馆筹建工作，请其题词"祝福万千"一幅。
6月17日	去江苏省政协拜访政协原副主席胡福明，汇报博物馆筹建工作，他提及当年出任省委常委分管全省教育工作时与特教相关的一些人与事，专门题词"高度关爱特殊人群"以示鼓励。
6月26日	邀请中国气象博物馆馆长王冰梅来校讲课，交流博物馆筹建工作。
7月23日—28日	到湖南张家界、凤凰古城等参观考察博物馆建设工作。
7月31日—8月5日	到青海西宁参加中国精神卫生学会特殊教育分会年会，拜访特教专家。

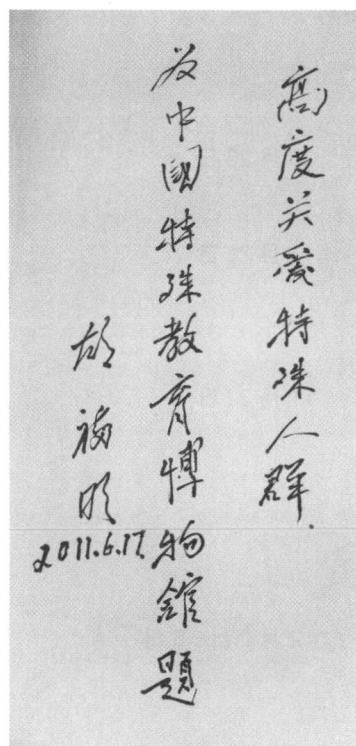

高度关爱特殊人群.

发中国特殊教育博物馆题

胡福明

2011.6.17

考察特教学校，拜访青海省作家协会领导海桀。

8 月 22 日—26 日	到重庆、成都参加干部培训，约见重庆特校汪毅等，参观考察重庆大足佛教石窟文化遗存。参观考察成都市特殊教育学校，参观杜甫草堂博物馆。联系寻访成都教育专家罗蜀芳相关信息。
9 月 3 日—6 日	到北京参加中国以色列家庭教育研讨会，主持专家报告会。拜访以色列驻华文化参赞，拜访犹太塔木德研究专家贺雄飞等。
10 月 21 日—24 日	到深圳、东莞讲课，约访深圳特校曹艳副校长。在东莞长安国际大酒店拜见国学大师、香港大学饶宗颐教授，饶坐轮椅，围大红围巾，含笑而少言。时饶教授应国务院副总理刘延东邀请赴广州公务，由香港出关入住东莞，次日去广州会晤刘延东。参观考察鸦片战争博物馆，座谈博物馆展陈事宜。南京市文物局杨新华等同行。
10 月 26 日	接中国第二历史档案馆郭必强来校，交流馆校合作研究事宜。
11 月 21 日	历时半年多筹建的校史陈列馆完成从场地撤除清理、场馆土木施工直到图文实物布展所有工程，上午举办开馆仪式。
11 月 22 日	在学校主持国家重大出版项目"特殊儿童教育与康复文库"编写研讨会，中国台湾地区台湾师范大学林宝贵、高雄师范大学陈晓娟及方武等，以及南京师范大学副校长蔡林慧参加。会议期间汇报博物馆筹建方案，专请林宝贵为博物馆题词"一花一世界"。
12 月 2 日—5 日	到苏州、吴江参加江西教育期刊社《教师博览》苏州笔会，会议期间约见原苏州工业园区斜塘小学校长范里，与其交流在苏州工业园区筹建第一所特殊教育学校等相关事宜。
12 月 16 日	接待南京大学文学院教授许结来校参观校史陈列馆，观看他撰写的特教赋制作展陈效果。

12 月 17 日	接待著名作家、京剧《穆桂英挂帅》作者宋词来学校讲学，求教交流戏剧与盲人说唱艺术等事宜，蓝薇薇同行。
12 月 23 日—24 日	去苏州再约见斜塘实验小学校长范里，沟通特教学校筹建事宜。
12 月 26 日	到校接待中国作协副主席、江苏省作协主席、南京特师校友毕飞宇，带领其参观校史馆。

图一　与台湾师范大学教授林宝贵（右）合影
图二　校史陈列馆特教赋展陈
图三　与宋词（中）、蓝薇薇（左）合影
图四　毕飞宇（右三）等参观校史馆

1	2
3	4

1月9日	洛阳企业家陈志平来学校,设置陈志平奖学金,并向学校捐款18万元。与其交流博物馆筹建进展工作。
2月23日	苏州工业园区斜塘小学校长范里来南京,学校主要领导约见。下午陪同范里去鼓楼特校、下关特师二附小考察交流。
3月17日	中国第二历史档案馆副馆长马振犊来学校,与其交流博物馆筹建及特教史料收集工作。
4月13日—15日	到安徽合肥参观中国科技大学校园,到寿县参观寿县博物馆,到安庆考察陈独秀故居及墓园,到桐城参观桐城博物馆、桐城中学,交流博物馆建设工作。
4月24日—25日	到昆山市实验小学讲校园文化建设,该市中小学校长参加。另考察该校科技馆。
5月21日—23日	到广东肇庆,考察肇庆特校,与广东中山特校培训班学员交流。参观肇庆市博物馆、中国端砚博物馆、七星岩摩崖石刻等。
5月11日—15日	去常州,陪同从天津来常州的盲人尚振一去常州市图书馆,约见古籍部朱隽,查阅《清武进阳湖合志》中有关乾隆年间盲人吕师试制盲用触摸符号史料。参观考察常州家谱馆、常州方志馆,拜访谱牒研究专家朱炳国。
6月19日	去南京晓庄学院,交流研讨该校校史馆布展方案。
6月27日	去南京市高淳区特殊教育学校参观考察。拜访高淳散文作家潘国本,考察高淳老街历史文化景区。
7月19日到24日	到福建福州、厦门、漳州、泉州,参加江西教育期刊社《教师博览》笔

会。拜访福建省教育厅基础教育处副处长沈国才。考察泉州南安国光中学，会商交流国光中学校庆 70 周年暨纪念校主李光前诞辰 120 周年筹备事宜，承诺写一篇纪念李光前的文章。北京吴法源、江西薛农基、厦门陈新雷同行。

8 月中旬

到河南省洛阳市参观考察会议交流。在洛阳，参加中国精神卫生学会特殊教育分会年会，拜访北京联合大学特殊教育学院刘全礼教授。参观洛阳师范学院校史馆，参观考察洛宁县国家地质公园地质博物馆。

8 月 17 日

在南京接待来校交流博物馆筹建情况的洛阳企业家陈志平。

9 月 5 日—10 日

到辽宁沈阳、北京。在沈阳，参加沈阳师范大学詹洪阁收藏教育文物特藏展。在北京，参加北京师范大学 110 年校庆大会，拜访顾明远教授，约请其题词一幅。拜访朴永馨、顾定倩、滕伟民、高旭、尚振一等，拜访周有光。

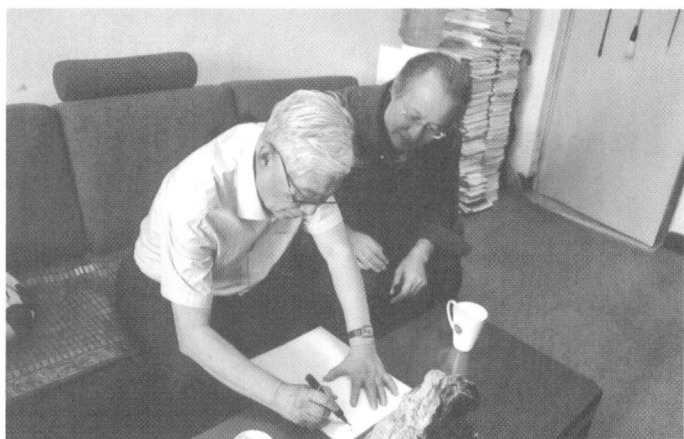

图一　参观考察安徽文博场馆
图二　参观考察陈独秀墓园
图三　与陈志平（中）合影
图四　顾明远先生为博物馆题词

9 月至 12 月	博物馆一期工程进入施工布展调试阶段。
9 月 24 日	重庆师范大学特教专家张文京教授来校参观布展中的特教博物馆。
11 月 2 日	中国盲协常务副主席滕伟民参观考察特教博物馆,对博物馆相关盲教育史物品展陈提出重要建议与意见,并捐赠 1890 年前后英国出版的穆恩体盲文印刷品。
11 月 3 日	中国残联副理事长程凯参观考察正在布展中的博物馆,江苏省残联理事长高晓平等陪同。
11 月 4 日	参加全国残联系统南京工作会议的代表(主要是全国各省级残联主要负责同志)40 余人参观考察博物馆。
11 月 13 日	国家督学、江苏省教育厅原副厅长祭彦加参观考察博物馆。
11 月 24 日	国家语委副主任姚喜双参观考察博物馆。
11 月 28 日	中国台湾地区培智教育协会会长林美瑗教授参观特教博物馆。
12 月 5 日	美国驻上海总领事馆文化参赞一行参观特教博物馆。
12 月 12 日	博物馆一期正式开馆,正式接待首批嘉宾——全国高等学校设置评议委员会专家组一行 20 余人,组长为广东省教育厅原厅长张泰岭,江苏省教育厅厅长沈健、副厅长丁晓昌等陪同。
12 月 12 日	南京市马台街小学师生代表参观博物馆,举行马台街小学校外德育基地挂牌仪式。
12 月 13 日	拜访著名作家叶兆言。他说,作家眼中没有健残之分。他说,他左眼自幼失明,别人也可以称他为残疾人。

图一　与张文京教授（右）合影
图二　陪同滕伟民（左）参观建设中的博物馆
图三　向中国残联副理事长程凯（中）汇报博物馆展陈计划
图四　美国驻上海总领事馆文化参赞一行参观特教博物馆
图五　接待张泰岭（右）等参观考察博物馆
图六　与叶兆言（左）合影

1 月 10 日	到校接待山东东营教育局副局长陈召华一行参观特教博物馆。
1 月 12 日	到校接待南京市物价局葛继彬一行 10 余人参观特教博物馆。
1 月 15 日	到校接待苏州市教育局郭世芹一行参观特教博物馆。
1 月 22 日	到金陵饭店接江苏省政协常委、澳门商会会长岑展平一行来学校参观特教博物馆，岑会长现场捐赠现金人民币五万元。
2 月 19 日	接待南京市第二十九中学校长孙汉洲、江苏第二师范学院教授江锡铨、《钟山》杂志社主编贾梦玮、江苏教育出版社主编诸荣会等到学校参观特教博物馆。
3 月 4 日	到校接待美国哈佛大学崔凤鸣博士一行参观特教博物馆。
3 月 5 日	到校接待江苏经贸职业技术学院党委副书记、副院长薛茂云一行参观特教博物馆。
3 月 7 日	到校接待南京大学许结、江苏教育出版社徐宗文、诸荣会、余立新等参观特教博物馆。
3 月 11 日	到校接待石家庄学院院长王俊华一行参观特教博物馆。
3 月 13 日	接江苏省社科院副院长刘旺洪到学校参观博物馆。接待全国记协王大龙参观特教博物馆。
3 月 25 日	到校接待吉林省四平市教育局局长牛立坚一行参观特教博物馆。
3 月 26 日—29 日	到镇江、扬州陪同吉林省四平市教育局局长牛立坚一行考察镇江博物馆、扬州博物馆等。

3月29日	收到广西师范大学出版社寄来个人新著《民国先生》样书。
4月2日	韩国又松大学副校长卢基学一行参观考察博物馆。
4月10日	到学校接待《新华日报》记者贾梦雨、南京图书馆于茜、苏州教育局苏州教育博物馆筹建组高丽菊一行等参观特教博物馆。
4月26日	到校接待泰国教育考察团参观特教博物馆。接待中国矿业大学文学院邓必强博士一行参观特教博物馆。
5月4日	到校接待中国第二历史档案馆副馆长马振犊参观特教博物馆。
5月14日	到校接待国务院参事闪淳昌参观博物馆。
5月17日	到校接待南京市小行小学师生50余人参观特教博物馆。
5月18日	到校接待福建省书法家协会林公武参观特教博物馆，约其为博物馆题写馆训"融合致和 存古开新"。
5月21日—22日	到常州，考察常州市聋人学校（今常州市中吴实验学校），拜访常州市聋人学校原校长、著名书画家谢伯子（聋人），常州教育学院（今常州工学院师范学院）原副院长钱璐之，《常州日报》社主编钱月航等。

图　与谢伯子（中）及其家人合影

5 月 23 日	上午到学校，面试新进博物馆工作人员季瑾。季瑾，南京师范大学中国教育史博士，她入职的这一小步，是博物馆建设的一大步。此后博物馆告别"独角戏"而进入"二人转"时代。
5 月 28 日	到校接待江苏省残联副理事长肖敏一行参观特教博物馆。
5 月 28 日—31 日	到苏州考察苏州工业园区仁爱学校（正在筹建）、苏州市盲聋学校。
6 月 8 日	到学校接待教育部原常务副部长张保庆一行参观特教博物馆，省教育厅厅长沈健等陪同。
6 月 19 日	到校接待韩国青少年代表团参观特教博物馆。
6 月 29 日	到南京市浦口区行知小学拜访杨瑞清校长，交流博物馆与校园文化建设事宜。考察江浦求雨山文化名人纪念馆，杨瑞清同行。
7 月 2 日	到校接待教育部副部长、国家语委主任李卫红参观特教博物馆，教育厅厅长沈健、副厅长胡金波、江苏师范大学校长任平等陪同。
7 月 6 日—7 日	到扬州参观个园、何园，参观扬州园林博物馆，交流博物馆展陈设计理念。
7 月 14 日	到校接待共青团江苏省委书记万闻华、南京市委常委、宣传部部长徐宁等参观博物馆。
7 月 19 日—25 日	到贵州安顺、贵阳等参观考察特教学校，拜访杭州聋人学校二十世纪30 年代校友、贵州省聋教育创始人余淑芬等特教名人，拜访余淑芬之子林相曾、林建曾，商谈征集特殊教育文物事宜，1934 年著名作家郁达夫曾为余淑芬题词"哑者能言，聋者能听，中国无废人矣"。参加安顺全国特教年会，向大会做《外国传教士与中国特殊教育》报告。与武汉盲校李新民、武汉市教育局文洁等交流武汉特教史研究事宜。

到北京、唐山、天津、保定等参观考察拜访交流。先后参加第四届全国盲人歌唱大赛决赛暨颁奖大会、中国盲协成立60周年座谈会，拜访张海迪、程凯、李志军、李洪伟、方明、周有光、徐白仑、赵保清、尚振一、滕伟民、孙多恩、青木阳子、许重芳、许迎祥、沈家英、张伟、孙增耀、王结、杨永谦、李胜勇等，征集到一批珍贵特教实物。

图一　考察苏州工业园区仁爱学校
图二　教育部李卫红副部长（中）参观特教博物馆
图三　拜访特教前辈余淑芬（左）
图四　与播音艺术家方明（右）合影
图五　拜访国家友谊奖获得者、日籍盲人教育家青木阳子（左）

9月3日	到校接待来访的泰州靖江残联理事长侯兴华一行，交流会商靖江市残疾人社会服务中心文化设施建设工作。
9月9日	到校接待中国盲文出版社于歌一行参观特教博物馆。
9月11日—12日	到苏州、无锡参观考察苏州工业园区斜塘学校、仁爱学校（正在筹建）、苏州高级中学校史馆、无锡市崇安区辅读学校。
9月18日	到校接待南京市栖霞区政协领导参观特教博物馆。
9月22日	到校接待南京盲人学校原校长吴长生一行10余人参观特教博物馆。
9月26日—27日	到常州参加"谢伯子九秩画展"开幕式，拜访谢伯子、钱习之、谢建红、钱月航、朱炳国等。参观常州家谱馆。
10月8日	到校参加校内世界残疾名人文化园（后改名为世界残障名人文化园）雕塑作品设计制作招投标会议，会上给参加招投标的省内外雕塑设计师及雕塑公司代表作世界残疾名人文化园整体构思报告。
10月9日	到校接待全国政协副秘书长、民进中央专职副主席朱永新参观博物馆，江苏省委统战部副部长、江苏省社会主义学院党组书记周和平陪同。朱题词"特教光荣"予以鼓励。
10月13日—15日	到北京拜访徐白仑，征集到徐白仑长篇小说手稿、随班就读台账等珍贵实物。拜访滕伟民，了解中国残联成立前后重要史实。
10月15日	到校接待辽宁师范大学特教系教授张宁生参观博物馆。
10月16日—24日	到福建晋江、泉州、南安、龙岩、三明、福州，考察泉州市特殊教育学校，参加南安国光中学七十年校庆。拜访国光中学校友、中国社科院原文学研究所所长刘再复。参观龙岩古田会议旧址，拜访古田会议纪念馆馆长傅柒生。参观考察三明市特殊教育学校，拜访校长黄金莲。

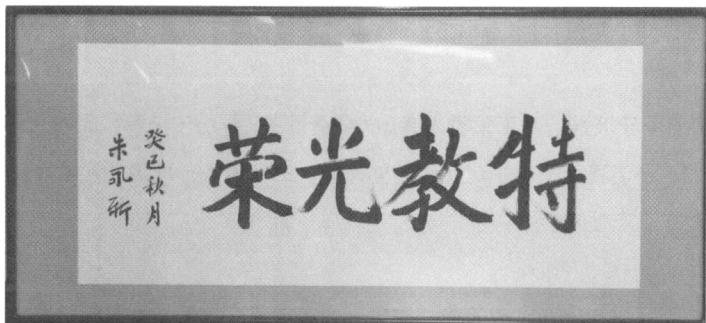

图一　与全国政协副秘书长朱永新（右）合影

图二　朱永新为博物馆题词

图三　在福建南安拜访刘再复（右）

图四　陪同学校时任党委书记丁勇（中）考察南安教育

图五　参观考察三明市特校与校长黄金莲（右六）等合影

2007 年，她与我同时获得第二届中国青少年社会教育银杏奖特别贡献奖。拜访福建省教育厅基础教育处副处长沈国才。考察福建博物院。

10 月 26 日—28	到上海拜访中国残联原副主席、中国聋协原主席戴目，参观考察上海市聋哑青年技术学校。
10 月 30 日	到校接待参加国际残联大会（上海）的中国、韩国、日本政府代表考察博物馆。
11 月 3 日—7 日	到上海，再次拜访戴目先生。到昆山，参加昆山市实验小学校本教材《昆山乡贤》首发式，我应邀撰写了该书序言。
11 月 16 日	到南京市第一幼儿园，给学校老师讲中国特殊教育发展史。南京市浦口区行知小学校长杨瑞清、溧水区副区长马丽等参加。
11 月 26 日—12 月 3 日	到杭州、宁波拜访龚宝荣家人龚忠寿、龚莲莲，拜访宁波特校袁东、马恂如，拜访龚宝荣学生沈元炎、郭光华、白秋景等，拜访浙江《家庭教育》杂志社朱李平。
12 月 10 日—12 日	到杭州拜访龚忠寿、龚莲莲，沟通会商龚宝荣及其母翁惠芬相关遗物捐赠事宜。
12 月 13 日—22 日	到深圳、香港、澳门、珠海、广州开会、考察、交流。其间参加深圳大学承办的中国教育学会教育史分会年会，考察香港、澳门文化教育机构，拜访周洪宇、张斌贤等。参观深圳大学、澳门历史博物馆、中山大学校史馆、陈寅恪故居等。
12 月 29 日	到校接待全国人大常委会委员、湖北省人大常委会副主任周洪宇一行参观特教博物馆，南京晓庄学院刘大伟等陪同。

1月8日	到校参加南京一德集团拟捐资助建特教博物馆签字仪式。
1月9日	到校接待南通如东特校严海峰校长、贾敬才主任等参观特教博物馆。
1月11日	接送常州来南京的谢建红到校商谈谢伯子书画捐赠事宜。
1月14日—23日	到湖北武汉及咸宁、河北石家庄、北京,相继拜访周洪宇、李城外、胡真臻、黄嘉红、陈水木、唐晓敏、黄加尼等,参观考察中国科学院武汉水生生物博物馆、"五七"干校旧址、河北赵州桥景区古桥展览馆、故宫博物院等,征集到一批特教文物。

图一　参观中山大学陈寅恪故居留影
图二　在湖北拜访周洪宇教授（右）
图三　参观湖北咸宁向阳湖"五七"干校旧址

1 月 16 日	中国残疾人联合会理事长、党组书记鲁勇与副理事长程凯等到校参观博物馆。本人因在外出差,未及参与接待。与其在事先、事后沟通相关博物馆建设情况。
1 月 26 日	到常州博物馆参加"迟燕高华——谢稚柳陈佩秋市画联展"开幕式,去常州市一院探望住院的谢伯子先生。
1 月 27 日	到扬州参加南京一德集团成立 20 周年庆典。
2 月 10 日—13 日	到北京拜访北京大学郭卫东教授、北京师范大学朴永馨教授、新华出版社徐光编审、中德视障教育项目专家黄冬博士等,参观国家博物馆、北京大学校史馆,宁波特校袁东陪同。
2 月 22 日—27 日	到常州、苏州、上海,拜访聋教育专家谢伯子、文史作家毛定海、常州市聋校吴娟凤校长、原中央大学教育系盲人大学生罗福鑫同学蔡敦德、张元济嫡孙张人凤等。参观考察上海陆汉斌打字机博物馆,与陆商谈全球征集盲文打字机事宜。参观上海土山湾博物馆,该馆在原土山湾孤儿院、土山湾画室等原址基础上建成。徐悲鸿说:"土山湾盖中国西洋画之摇篮"。土山湾孤儿院当年招收盲聋哑孤儿,并教授他们音乐、美术技能,曾经培养了一批聋哑书画人才。
3 月 5 日—6 日	去山东曲阜,参观考察孔庙、孔林、孔府、中国状元文化博物馆、曲阜师范大学旧址、尼山夫子洞、少昊陵等。
3 月 21 日—23 日	飞抵沈阳,拜访沈阳教育文物收藏家詹洪阁,查看会商相关文物购买事宜。考察东北育才学校,获知该校王茂华与成都特教专家罗蜀芳的师承关系及相关著述情况。
3 月 28 日	到校接待原南京军区政委方祖岐上将、江苏省委原副书记顾浩等来校参观特教博物馆。方题词"大爱无疆",顾题词"博爱塑魂"。
4 月 11 日—17 日	到辽宁沈阳、吉林四平和长春拜访特教专家、征集特教实物,南京盲

人按摩师、康熙盲字研究专家李林峰同行。相继拜访沈阳教育文物收藏家詹洪阁、康熙盲字研究专家李杰珍（盲人）、沈阳盲校早期校友邵素贤（盲人）、蔡元培先生哲嗣蔡英多、南京盲校早期校友宋振贤（盲人）、沈阳盲校副校长刘勇、四平教育局原任局长牛立坚、现任局长赵青山、四平市政府副市长吕锋、全国自强模范籍雅琴（盲人）、四平盲人刘俊夫、长春盲人王守国、东北师范大学教授赵刚等，接受当地媒体多次采访。考察辽宁省博物馆、沈阳"九·一八"历史博物馆、东北师范大学东北民族民俗博物馆等。

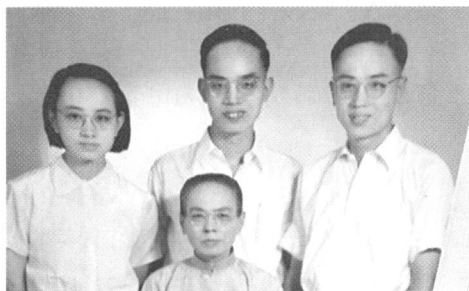

图一　与郭卫东教授（右）合影
图二　参观东北师大民族民俗博物馆留影
图三　与盲人李杰珍（中）、李林峰（右）合影
图四　拜访蔡元培哲嗣蔡英多（左）
图五　蔡英多（后中）与母亲周峻（前）、兄蔡怀新（后右）、姐蔡睟盎（后左）合影

4月20日	到南京市第二十九中学（四中校区）参加儒学馆开馆仪式，送参加开幕式的全国政协副秘书长朱永新去机场，沿途汇报博物馆及特教史研究的相关工作。
4月21日—23日	到常州参加谢伯子先生追悼会，到常熟参加张大千弟子叶名佩古琴演奏会。拜访罗履明、殷仲灏、陈迟等书画家，嘱其为特教博物馆题词、绘画各一幅。参观瓶庐等历史文化景区。
4月27日	到校接待中城联盟一批企业家参观特教博物馆。
4月29日	到无锡江阴拜访无锡特殊教育学校原副校长宋鹏程哲嗣宋大文，沟通去无锡拜访宋鹏程先生事宜，访谈聋教育相关史实。
5月4日	到南京银龙花园拜访盲人殷锁富，征集盲用"报君知"（旧时盲人手里所敲打的竹板、铁片等一类的东西）一件、纸符一幅。盲人李林峰同行。
5月9日	到校接待挪威亚略巴古基金会、南京市基督教青年会一行参观博物馆。
5月12日	到校接待南京师范大学出版社总编徐蕾、美术编辑室主任朱赢椿参观特教博物馆，交流《特殊儿童教育与康复文库》封面装帧设计事宜。
5月13日—23日	到浙江杭州、台州、宁波、舟山参观考察，参加杭州聋人学校庆祝全国助残日活动，西泠印社资深社员林乾良捐赠六幅龚宝荣早期画作。拜访该校校长蒋春英，拜访龚宝荣长子龚翔麟、三子龚忠寿，拜访宁波聋教育专家章春坡长女章玲儿、二女儿章盛益，拜访章春坡学生、聋人书画家马恂如，宴请原吴山聋校校友白秋景夫妇、郭光华夫妇及饶晨光、黄象岳等。考察天台特教学校、奉化武岭中学（该校二十世纪三十年代创办有特殊儿童教育班）、舟山特教学校。舟山市原副市长王孝林同行。
6月11日	到杭州，考察杭州佛学院、灵隐寺、法云安缦酒店，参观中国美术学院校史馆，交流相关场馆布置装饰事宜。

6月23日—29日

飞抵四川成都，去成都市特殊教育学校参观考察，多次拜访并宴请李观泰、曹照琪、李志福、胡朝乐、刘任学等罗蜀芳的弟子、同事，拜访文史作家冉云飞。拜访龚宝荣次子龚义寿。查看罗蜀芳相关档案资料，征集罗蜀芳遗物一桌两椅。

图一　与王孝林（右二）考察舟山特校
图二　参观考察奉化武岭中学
图三　在成都特校罗蜀芳骨灰安放处合影

$\dfrac{1}{\begin{array}{c}2\\3\end{array}}$

7月1日	到校接待台湾彰化师范大学一行八人参观特教博物馆，南京大学桑志芹陪同。
7月5日—7日	到杭州，拜访龚宝荣三子龚忠寿和龚宝荣学生沈鹏飞。拜访龚宝荣学生章春坡哲嗣章福荣。
7月14日	邀请南京中国近代史遗址博物馆刘刚、中国第二历史档案馆钱进、国家图书馆于茜等到校商谈博物馆二期建设展陈事宜。
7月21日—25日	到吉林长春，拜访东北师范大学赵刚和长春大学特教学院院长张洪杰，以及吉林艺术学院教授甘柏林和《甘柏林传》作者田永源，征集盲用打字机等相关特教实物。
8月11日—12日	到泰州靖江考察靖江市残疾人社会服务中心场馆，会商交流指导相关文化设施装修方案等。
8月18日—26日	到湖北武汉拜访湖北省委党校黄嘉红、胡真臻，拜访武汉市特殊教育研究会会长于尚斌，拜访湖北省武汉盲校李新民校长、武汉二聋原副校长雷湘明。到湖南长沙拜访长沙市特殊教育学校校长韦正强、原副校长杨春秀。拜访长沙盲人周锡麟。拜访在长沙开办专门招收聋人就业的面包店德籍老板李恩诚（中文名）、杜雪慧（中文名）夫妇。到江西南昌拜访江西教育报刊社薛农基、向晴，拜访江西省教育科学研究所特殊教育研究员武杰。拜访江西聋教育创始人汤俊萍（聋人），接受其捐赠特教实物。拜谒德安共青城胡耀邦陵园。
9月9日	到校接待省政府副省长许津荣一行参观博物馆，省民政厅、省教育厅、省人社厅、省残联等负责人陪同。
9月12日	去南京中央饭店拜访来南京讲学的福建省龙岩市古田会议纪念馆馆长傅柒生。
9月13日—16日	接待四川来南京的成都市特殊教育学校李观泰夫妇与从洛阳来南京的

企业家陈志平一行，参观考察博物馆，会商博物馆二期建设及特殊教育实物征集与特教人物研究等事宜。

```
 1
 2 | 3
   | 5
 4
```

图一　与长沙市特校校长韦正强（左）合影
图二　与汤俊萍（右）合影
图三　与李思诚（左）合影
图四　查阅长沙特教历史档案
图五　接待省政府副省长许津荣（左）参观博物馆

9月17日—18日	到常州拜访常州图书馆馆长侯涤、常州日报社秦志毅。拜访创建常州聋校的聋人杜家瑞家人。到上海拜访原上海光震聋校校友、工艺美术设计师肖牧，拜访原上海市聋哑青年技术学校教师、聋人画家沈祖诒、陈达夫妇。谢伯子哲嗣谢建红陪同。
9月19日—20日	到连云港市图书馆做《以色列家庭教育概况》发言，南京图书馆社教部主任刘建忠等陪同。
9月23日	到校接受新华社记者采访，介绍博物馆筹建情况及馆藏特色。
9月28日	到中国近代史遗址博物馆拜访博物馆展陈研究专家刘刚，参观考察中国近代史遗址博物馆、南京六朝博物馆。
10月11日	到校接待教育部教师工作司领导参观特教博物馆。
10月14日—17日	到淮安，参加海峡两岸家庭教育研讨会，拜访全国政协副秘书长、中国教育学会副会长朱永新。拜访东北师范大学赵刚、新华出版社徐光、新华通讯社鹿永建、中国少年儿童新闻出版总社首席教育专家卢勤等，拜见台湾嘉义大学家庭教育研究所所长黄财尉等各位专家。参观考察淮安苏皖边区政府旧址、周恩来少年读书处等。
10月21日	到南京饭店拜访来宁开会的全国人大常委会委员、中国教育学会副会长、湖北省人大常委副主任、华中师范大学教授周洪宇，约请其为新作《中国特殊教育史话》一书撰写序言。
10月22日—11月2日	到湖北武汉拜访武汉盲校校长李新民、武汉教育局特教教研员文洁、武汉二聋原校长余敦清,考察武汉盲校聋校胭脂山旧址。到河北石家庄市拜访特殊教育学校原校长陆坤英。拜访企业家陈志平。到山西太原参观考察太原市杏花岭特殊教育学校，征集世界特奥会金牌一枚。到大西大同拜访大同书法家杨禹生，嘱其为特教博物馆题词。考察民国时期阎锡山创办慈幼院等旧址。到北京拜访北京大学郭卫东教授、中国盲文出版社黄加尼、陈水木，拜访中国教育科学研究院沈家英，拜

访武汉盲校民国时期老校友万美秀。拜访北京启喑学校原校长王克南。拜访北京启喑学校现任校长谢爱明、办公室主任王秋阳，参观该校校史馆。陆续征集到一批特教文物。

图一　拜访沈祖诒夫妇
图二　拜访肖牧夫妇
图三　拜访黄加尼（右）

11 月 8 日	陪同中国文联副主席仲呈祥、中国文联出版社社长朱庆拜访中国艺术学学科主要创始人张道一教授，张道一教授是住我家对面的邻居。
11 月 9 日	拜访张道一先生，就他提出建国前后上海、苏州等地美术院校中有几位聋人大学生事，进行深入访谈。
11 月 11 日	上午陪同来宁公务的湖北省人大副主任周洪宇参观中国科举博物馆，中国少年儿童出版总社徐国静、南京晓庄学院教育科学学院刘大伟同行。下午接广州市教科院党委副书记梁东标一行参观特教博物馆。
11 月 12 日—13 日	到浙江杭州余杭考察博物馆专用展柜定制事宜，到浙江海盐张元济图书馆商谈张元济相关遗物捐赠事宜。考察良渚博物院，考察张元济图书馆。
11 月 14 日—15 日	到南京栖霞寺参加江苏省作协组织的栖霞笔会，拜访栖霞寺方丈隆相，约请为特教博物馆题词。
11 月 19 日	常州谢伯子哲嗣谢建红来校捐赠谢伯子书画作品四幅。
11 月 25 日	浙江省舟山市原副市长王孝林来学校捐赠全国政协副主席丁光训题词"编织生命的辉煌"。
11 月 28 日—30 日	到上海拜访上海无障碍电影研究专家、盲人蒋洪源，拜访上海盲校新中国成立前后校友俞筱贞、袁晓星、崔银雅、赵希敏、王虹等，南京盲人李林峰、上海盲人李棣辉陪同。
12 月 1 日	到校接待江苏省文化厅副厅长高云、江苏省美术家协会主席宋玉麟等一行到校参观特教博物馆。
12 月 19 日	特教博物馆二期展陈完成，接待全国高等学校设置评议委员会来博物馆考察，本次组长为浙江省教育厅原厅长侯靖方。江苏省教育厅厅长沈健、教育厅纪检监察组组长蒋吉生等陪同。

12月19日—26日	到浙江省金华市及温州市、福建省福州市开会、考察。参加中国教育学会教育史分会在金华浙江师范大学举办的年会，拜访周洪宇教授。参观温州市教育史馆，拜访温州教育史研究专家张永坝。考察瑞安玉海楼及孙诒让故居。拜访福州盲校盲人教师陈君恩。拜访福州盲校民国时期校友荣美英及其养子刘仲英。征集到一批特教文物。
12月28日	到南京图书馆举办讲座"中国百年特殊教育史回顾"。

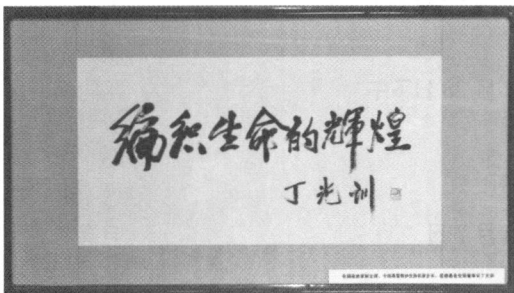

图一　拜访张道一先生（中）
图二　与张道一（右）合影
图三　拜访隆相法师（左）
图四　丁光训题词"编织生命的辉煌"

1 月 8 日—19 日	在镇江，参加特级教师刘友开课题结题会，参观镇江市特教中心，拜访全国劳动模范金燕等。在常州，到常州图书馆举办讲座"钱名山在常州文化历史上的地位与贡献"，拜访聋人教育专家杜家瑞的家属。在无锡，拜访盲人钢琴演奏家刁锦富、盲人二胡演奏家周荣祖。在上海，拜访上海盲校原校长李牧子、上海盲校退休教工俞筱贞（盲人）。在温州，考察瑞安博物馆、陈傅良纪念馆，拜访温州特校原校长林骅（聋人）哲嗣林正风。在福州，参观福建博物院、鼓岭万国公益社、福建农林大学植物园。在古田，拜访福建聋教育创始人雷静贞养子陈广北及陈泽琛、陈泽坚、陈泽任等，参观古田聋校旧址，拜访宁德特殊教育学校校长张敏炎，拜谒雷静贞故居及墓地。征集到一批特教文物。
2 月 13 日—15 日	到上海，参观考察上海科技馆、上海博物馆、上海世博园中华艺术宫，拜访聋人画家冒朝霖、聋人版画家冒怀苏遗孀左钟娴，受赠《冒怀苏书画集》。
2 月 15 日下午	接待南京一德集团董事长陈俊一行参观特教博物馆。
3 月 10 日—11 日	到苏州，拜访苏州收藏家谭金土，考察留园、石湖，征集特教实物，苏州工业园区仁爱学校范里同行。
3 月 19 日—20 日	到宿迁考察洋河集团，与南京大学教授许结同行，朱广生副总裁陪同参观百年地下酒窖，交流《酒都宝鼎赋》写作及企业文化建设等事宜。
3 月 28 日上午	接待全国人大常委会委员、中国残联副主席吕世明参观考察博物馆。
3 月 28 日下午	陪同南京盲人李林峰去雨花区拜访盲人音乐专家窦文斌，征集盲用手杖、二胡等。
4 月 7 日	与泰州靖江市残联理事长侯兴华一起到安徽广德查看文化石，议定购买一块价值二十万左右的文化石，用来装饰靖江市残疾人社会服务中

心，勒石刻写"靖江市残疾人社会服务中心建成记"，此前写好碑记内容并请书法家诸荣会用变体隶书书写。

4月8日　　接南京大学教授许结到校参观特教博物馆，《钟山》主编贾梦玮、江苏教育出版社诸荣会同行。

4月9日—21日　　到江西南昌、抚州，广东广州，广西桂林，云南昆明等参观考察交流。在南昌参观云居寺虚云纪念馆，拜访江西教育期刊社薛农基。在抚州南城，给全县中小学校长做"校园文化建设策略、路径与方法"讲座。在广州，参观广州市盲人学校，拜访校长罗观怀，拜访广州市聋人学校特级教师简栋梁。在桂林，考察鉴山寺查看鉴真和尚遗迹。在昆明，拜访昆明市特殊教育学校校长杨志成，参观考察云南师范大学西南联合大学遗址博物馆、云南大学人类学博物馆等。

$\frac{1}{2}$

图一　全国人大常委会委员、中国残联副主席吕世明参观考察博物馆
图二　与许结（中）、孙家文（左）合影

4月22日	到学校接待教育部原副部长、江苏省原副省长王湛参观特教博物馆。
4月25日	收到新华出版社寄来个人专著《中国特殊教育史话》,该书由全国人大常委会委员、中国教育学会副会长、湖北省人大常委会副主任周洪宇与北京大学历史学系教授郭卫东写序。
5月8日	到校上午接待山东东营职业学院党委书记孙波一行参观特教博物馆。下午接待福建泉州师范学院曾雅茹教授一行参观特教博物馆。
5月13日—17日	接待北京大学历史学系教授郭卫东到校进行学术指导,陪同参观特教博物馆,参观南京中国科举博物馆、中国近代史遗址博物馆,在苏州参观苏州工业园区仁爱学校、苏州博物馆、苏州紫金庵雕塑研究院等。
5月19日—20日	接待杭州龚忠寿夫妇到学校参观特教博物馆。
5月22日	到校接待来学校参加南京特殊教育师范学院升本挂牌仪式的中国残联副理事长程凯、江苏师范大学校长华桂宏、江苏省残联理事长高晓平、南京师范大学侯晶晶教授、江苏经贸职业技术学院党委书记蒋云尔等参观特教博物馆。
5月24日	到校接待中央电视台新闻主播李修平、长啸及中国盲文出版社社长张伟等参观特教博物馆。
5月29日	到校接待南京大学副校长薛海林一行参观特教博物馆。
5月31日	上午到校接待北京大学周晓林、南京大学桑志芹等一行参观特教博物馆。下午到康怡花园拜访盲人音乐专家罗竹龄亲属,盲人李林峰陪同,征集盲教育实物。
6月3日—22日	到陕西西安、宝鸡,宁夏银川,甘肃兰州、张掖、武威、敦煌等参观考察交流。在西安拜访聋人画家陈少毅,参观西安市第二聋哑学校、

西安市盲哑学校，拜访南京聋校校友贾世洪遗孀钱秋珍、西安聋教育主要创始人肖金良哲嗣肖满意，拜访西安聋校原校长胡易承哲嗣。考察原关中书院旧址、原西安师范学校旧址、现西安文理学院学前教育学院校区。在宝鸡，拜访原北京二聋杜文昌学生关志忠，约见宝鸡聋协杨新晴。拜访宝鸡陈仓区青少年活动中心主任张妮。参观考察陕西省自强中等专业学校。在银川，参观银川市特殊教育中心，拜访宁夏特殊教育学校校长尹耀金及南京特师校友崔永强等，拜访宁夏盲协主席王结，看望荣获国际钢琴比赛大奖的盲童王贺。在兰州，参观甘肃省博物馆，参观兰州市盲校，拜访盲人按摩师周海珊、兰州聋教育专家赵峥的女儿赵宁，拜访聋人画家吴明哲，南京特师校友杜学锋陪同。在敦煌，拜访全国特教园丁奖获得者、敦煌特教中心（挂靠在敦煌市幼儿园）教师裴菊兰，南京特师校友王方陪同。征集到一批特教珍贵实物。

图一　与郭卫东（中）、范里（左）合影于苏州博物馆

图二　拜访钱秋珍（右二）、张俊英（右三）合影

图三　在张掖拜访聋人郭烽（右）

图四　在宝鸡拜访聋人关志忠（左）

6 月 23 日	到校接待学校新任党委书记朱传耿参观考察特教博物馆。
6 月 26 日	上午接待中国盲协滕伟民、王结参观特教博物馆。下午接待新华出版社徐光一行参观特教博物馆。
7 月 3 日	接待《江海学刊》主编韩璞庚参观特教博物馆。
7 月 8 日—9 日	到南通如皋，拜访如皋特校聋人画家冒朝霖，拜访如皋特校校长缪继光。参观考察如皋师范学校旧址（挂牌中国师范教育博物馆）。到泰州靖江，拜访靖江残联侯兴华理事长，实地查看靖江市残疾人社会服务中心碑记石。
7 月 31 日—8 月 7 日	到宁波、舟山参观考察。在宁波，拜访宁波教育博物馆馆长孙国华并参观博物馆。参观河姆渡遗址博物馆。在舟山拜访舟山原副市长王孝林。参观佛教文化博物馆。
8 月 20 日	到校接待华东师范大学出版社北京分社李永梅、林茶居、郭雪丽一行参观特教博物馆。
9 月 9 日	到校接待省政协副主席罗一民率领全国政协教育考察团一行参观特教博物馆。同行省政协常委、著名书法家刘灿铭留字一幅"博爱塑魂"。
9 月 18 日	到校接待江苏省残联副理事长杜晓镇等一行参观特教博物馆。
9 月 19 日—25 日	到常州、无锡、苏州。在常州，陪同从上海来常州图书馆讲学的张人凤夫妇参观常州家谱馆、藤花旧馆（苏东坡纪念馆）、常州方志馆。在无锡，拜访无锡市史志办郁有满，考察无锡南禅寺、崇安寺（中心广场）、基督教教堂（中心广场）、清真寺（中心广场），拜访盲人钢琴演奏家刁锦富，拜访聋人教育专家宋鹏程（其子宋大文从江阴赶来一陪）。在苏州，参观苏州大学校史博物馆，参观宫巷基督教堂、苏大西门博习路约翰堂，一智障义工陪同。拜访原中央大学盲人大学生罗福鑫的同班同舍同学蔡敦德。

9月29日	到徐州，参观徐州市规划馆，到邳州市明德实验学校讲课。
10月9日—20日	到河南开封、郑州、安阳，河北正定，天津蓟县（今蓟州区）、北京等参观考察交流。在开封，参加中国教育学会教育史分会年会，参观河南大学博物馆（河南留欧留美预备学堂旧址、开封文庙、开封贡院旧址），参观开封博物馆，参观开封犹太人聚居地。参观开封山陕甘会馆。在郑州，参观嵩阳书院。在安阳，参观中国文字博物馆、殷墟旧址、袁林、红旗渠纪念馆。在正定，参观正定文庙。在蓟县（今蓟州区），考察独乐寺、蓟州县师范学校旧址。在北京，拜访中国盲文出版社退休专家陈水木，拜访国家图书馆于茜，拜访北京盲校盲人教师赵保清，北京二聋原校长叶立言。
10月23日—24日	陪同浙江省舟山市原副市长王孝林到苏州工业园区仁爱学校参观。
10月28日	到校接待山东滨州医学院党委副书记李文喜一行参观特教博物馆。
11月1日	到校接待教育部原师范教育司赵建军一行参观特教博物馆，省残联副巡视员、原学院党委书记丁勇陪同。
11月4日—7日	到杭州，拜访中国残疾人集邮联谊会会长、残疾人集邮家李少华，商议馆会合作事宜。拜访聋人教育专家章春坡哲嗣章福荣，拜访龚宝荣哲嗣龚忠寿。
11月9日	到南京南站接中国残疾人集邮联谊会会长李少华到校参观特教博物馆。
11月11日—13日	开车送李少华到高邮参加高邮邮文化艺术节，观看高邮邮文化艺术节开幕式及文艺晚会，参加中国邮政《诗词歌赋》邮票首发式，拜访中华全国集邮联合会会长杨利民、副会长刘佳维等。
11月13日	下午从高邮回到学校，接待参加中国高等教育学会特殊教育分会南京特师年会的朴永馨、方俊明、邓猛、雷江华、刘慧丽等全体代表参观

特教博物馆。

11 月 14 日	在家接受江苏教育报刊总社记者李旭采访（采访在 11 月 29 日以《马建强：愿以一颗赤子之心追寻教育之梦》为题在《江苏教育报》整版刊发）。
11 月 17 日—18 日	到如东县教育局讲学，如东县人大常委会副主任唐国均陪同，约见如东县特殊教育学校校长严海峰。
11 月 19 日	无锡市特殊教育学校校长季玲莉到校交流特教学校校园文化建设、校史馆建设等事宜。
11 月 21 日	到校接待华东师范大学特殊教育专业一年级 80 名新生参观特教博物馆。
11 月 30 日	到校接待常州谢建红参观特教博物馆。
12 月 4 日	上午接北京启喑实验学校党支部书记于文红到校参观特教博物馆。下午接待南京市盲人学校全体中层干部参观特教博物馆。
12 月 8 日—10 日	到盐城给全市残联系统干部讲中国特殊教育史，盐城市残联理事长杨刚、副理事长陈汝进等参加。参观中国海盐博物馆。到泰州兴化周庄高级中学，给学校全体教师开设民国教育人物研究与校园文化建设两个专题讲座。参观兴化市博物馆、兴化县衙旧址。
12 月 13 日	到校接待辽宁省特教师资培训班 120 名学员参观特教博物馆。
12 月 16 日	到浙江省杭州市拜访中国残疾人集邮联谊会会长李少华，会商承办全国残疾人邮展事宜。去浙江大学紫金港校区，观摩该校张放教授《邮票与个性》集邮选修课。拜访杭州市政协原副主席熊恩生、浙江省残联原理事长林清和、浙江省法制报记者陈金荣。到浙江省宁海县，考察宁海县知青纪念馆，李少华同行。到浙江省宁波市，拜访宁波市特

殊教育中心学校袁东，考察屠呦呦故居、孙传哲故居。

12 月 24 日	到校接待江宁教育文物收藏家陈西民、金陵科技学院教授顾金亮参观特教博物馆。
12 月 30 日	到校接到江苏省委教育工委原副书记葛高林一行参观特教博物馆。

图一 与赤峰学院刘慧丽教授及特教系学生合影
图二 华东师范大学特殊教育专业一年级 80 名新生参观特教博物馆
图三 与熊恩生（中）、林清和（右二）、李少华（左二）、陈金荣（左一）合影于杭州西湖

1
—
2 | 3

1 月 7 日—8 日	到宿迁洋河集团考察企业文化，南京大学教授许结、江苏省社科院文学所王思豪、安徽师范大学文学院潘务本同行。
1 月 19 日—22 日	在无锡到无锡市特殊教育学校做中国特殊教育史讲座，交流研讨该校校史馆建设方案。在上海，参观松江程十发纪念馆，拜访张元济先生嫡孙张人凤，征集张元济 1910 年访欧购买积木玩具一套。
1 月 26 日—27 日	到上海，拜访无障碍电影研究制作专家蒋鸿源，征集一批无障碍电影光盘。
2 月 4 日	到校接待中国教育学会组织的韩国青年大学生考察团 100 余人参观特教博物馆。
2 月 22 日	到校接待上海王志雄夫妇到校参观特教博物馆。王志雄，中华辛亥文化基金会主席，孙中山之嫡曾外孙，蓝薇薇（辛亥革命元勋蓝天蔚之嫡曾外孙女）陪同。
3 月 3 日—10 日	到上海，拜访特教前辈银春铭，进行了先后两次访谈。参观上海交通大学董浩云航运博物馆、钱学森图书馆。到浙江绍兴，拜访聋人教育专家、龚宝荣学生王振道遗孀及子女王家馨、王丽娅等。到浙江杭州，拜访中国残疾人集邮联谊会会长李少华。
3 月 15 日	到校接待中国残疾人集邮联谊会会长李少华、江苏省集邮协会副会长葛建亚、江苏省集邮协会顾问马佑璋一行，会商承办全国残疾人邮展事宜。
4 月 6 日	到校接待江西教育期刊社周律成一行参观特教博物馆。
4 月 10 日	收到江苏人民出版社出版新书《江苏历史名人家训选编》，此书由江苏省委宣传部组织编写，时任省委书记罗志军作序，本人与南京师范大

	学副校长缪建东、南京市第二十九中校长孙汉洲共同出任主编。
4月12日—27日	在安徽，拜访三祖寺方丈宽容法师（南京大学文学院博士）、韩国僧人慧兴。在江西，参观九江同文中学（儒励女学、南伟烈大学旧址），拜访井冈山大学党委书记彭涉晗。考察赣州白鹭村、赣州民国时期所建中华儿童新村、保育院等旧址。在广东韶关参观考察惠能纪念馆、虚云纪念堂。在湖南衡山考察邺侯书院。在湖北武汉，拜访武汉盲校校长李新民、武汉教育科学研究院王茨安，拜访武汉二聋原校长余敦清等。征集一批特教文物。
4月29日	去南京栖霞寺接韩国僧人慧兴到扬州高旻寺，南京大学教授许结同行，参观扬州佛教文化博物馆。慧兴曾在韩国教育界与商界工作过，问询交流韩国特殊教育和残疾人事业历史与现状。

$\frac{1}{2}$

图一　接待王志雄（中）一行
图二　与慧兴（中）、许结（右）合影

5月1日	接待湖北省咸宁省委党校常务副校长李城外一行到校参观特教博物馆,江苏省中华诗词学会会长江锡铨、苏州收藏家谭金土、南京《开卷》主编董宁文等同行。
5月4日—5日	到无锡市特殊教育学校,交流研讨该校校史馆建设方案,考察王昆仑故居、唐文治无锡国学专修学校茹经堂旧址。
5月8日—9日	到杭州拜访中国残疾人集邮联谊会会长李少华、创会会长林清池,会商残疾人邮展筹备事宜。拜访龚宝荣哲嗣龚忠寿。
5月10日	去南京晓庄学院,交流研讨南京晓庄学院行知园改建扩建方案。
5月11日	到校接待全国陶行知纪念馆系统(上海、南京、淮安、安徽、重庆)相关专家参观特教博物馆。
5月16日—6月3日	到北京、河北、内蒙古、天津等地参观考察。在北京,参观考察北京市残疾人文化体育指导中心、中国邮政邮票博物馆,拜访邮票设计师吴建坤、李印清,拜访中国《集邮》杂志社副主编李梅、中华全国集邮联合会副会长刘佳维等,拜访北京市残疾人集邮联谊会张跃武、王在宁等,中国残疾人集邮联谊会会长李少华同行。参观考察北京市二聋(原华北私立聋哑学校)旧址,拜访北京师范大学特殊教育系教授朴永馨。拜访黄兴嫡孙、黄乃哲嗣黄一群。拜访北京四聋原校长、中国教育学会特殊教育分会创会会长李楜。考察中国法院博物馆。拜访中国盲协原常务副主席滕伟民,参观先农坛·北京古代建筑博物馆。 到河北张家口,拜访全国自强模范、盲人按摩专家孙正耀,参观张家口特殊教育学校。到内蒙古呼和浩特拜访中国犹太教研究专家贺雄飞,参观内蒙古博物院。到内蒙古赤峰,拜访赤峰学院中国台湾地区的特教博士刘慧丽,参观赤峰市民族特殊教育学校,考察赤峰爱无声聋人餐厅,参观赤峰市红山文化博物院。到河北阜新,拜访上海盲校早期校友叶秀芝。到天津,拜访盲文改革专家尚振一,拜访盲人作家郑荣臣。征集到一批特教文物。

6月17日	到校接待南京市聋人学校退休聋人教师张慈道参观特教博物馆，张曾求学于烟台聋校、北京二聋。
7月8日—16日	到中国台湾地区参加海峡两岸特殊教育高层论坛。在台湾地区，做《从文物到人物——中国百年特教史概述》大会主题报告。拜访台湾地区特教专家张训诰、韩继绥、杞昭安、罗文吟等。考察台北启明学校、台北启聪学校。参观台湾大学博物馆群、台湾师范大学校史馆与图书馆，参观台湾"故宫博物院"、台湾"历史博物馆"、殷海光故居，查询相关盲女院、盲校史料图片。

图一　与李城外（左中）、江锡铨（左前）、谭金土（右一）合影
图二　与杞昭安（右）合影
图三　与罗文吟（左）合影
图四　盲女院远景
图五　盲女院院童

1	
2	3
4	5

7月18日—22日	到河北秦皇岛，参观奥林匹克体育公园，考察山海关古城历史陈列馆。
7月30日	到校接待南京特师861班校友回校参观特教博物馆、校史馆。
8月24日	到校接待广州市铁路小学教师史惠洁一行参观特教博物馆。
9月5日	到校接待中国残疾人集邮联谊会会长李少华、江苏省集邮协会副会长葛建亚、顾问马佑璋、秘书长费甦、高邮政协原主席倪文才等，会商落实全国残疾人邮展相关事宜。
9月6日—7日	到宜兴拜访残疾人、紫砂壶工艺大师范小龙，中国残疾人集邮联谊会会长李少华同行。
9月8日	到校接待参加全国特教园丁奖颁奖仪式的中国残联副理事长程凯、交通银行监事长宋曙光、教育部基础教育司副司长马嘉宾等参观特教博物馆，中国残联教育就业部李冬梅转呈张海迪主席赠送的纪念邮票一套。
9月9日	到校接待学校退休领导杨运青、张其龙、袁大煌等参观特教博物馆。
9月19日—20日	到常州，拜访谢伯子哲嗣谢建红，会商开展谢伯子特教思想研究相关事宜。
9月22日—30日	在山西太原，参加中国教育学会教育史分会年会，参观考察太原文庙、山西省民俗博物馆、山西省博物院、彭真纪念馆、山西大学堂旧址、山西省立国民师范学校旧址。在宁夏银川，拜访宁夏盲协主席王结，考察平罗"五七"干校博物馆，考察周有光旧居，考察中卫高庙。
10月9日	到校接待全国人大常委会委员、中国残联副主席吕世明一行参观博物馆，中国肢体残疾人联合会副会长侯晶晶等陪同。
10月12日—17日	到浙江、湖南、湖北参观考察。在浙江杭州，拜访中国残疾人集邮联谊

会会长李少华，考察龚自珍纪念馆。在湖南娄底，参加中华医学集邮联谊会年会，观摩医学集邮邮展，考察曾国藩故居。在湖北武汉，考察昙华林历史文化街区。拜访武汉盲校校长张德志。

10 月 18 日	到校接待全国政协考察团参观特教博物馆，主要成员有北京航空航天大学原党委书记胡凌云、工信部原副部长奚国华等。
10 月 21 日	到校接待国务院参事闪淳昌一行参观特教博物馆。
10 月 30 日—11 月 3 日	第六届全国残疾人集邮邮展在学校举行，累计参观人数 5000 余人，全国各地参加邮展的残疾人集邮者 500 人左右。邮展期间，举办"集邮与校园文化建设"高层论坛。中国残联、中华全国集邮联合会、国家邮政局邮票印制局、中国残疾人集邮联谊会及江苏省集邮协会等领导专家参加论坛。著名邮票设计家吴建坤、李印清等在邮展期间给全校师生开设集邮讲座。

图一　张海迪主席委托身边工作人员李东梅（左）向博物馆捐赠实物
图二　参加第六届全国残疾人集邮展开幕式代表合影
图三　香港集邮家洪建筑（右三）、宜兴制壶大师范小龙（右四）等参观博物馆
图四　邮展颁奖典礼捐赠仪式暨文艺演出

1	2
3	4

11 月 2 日	到校接待教育部教师工作司副司长黄伟等一行参观特教博物馆。
11 月 15 日—21 日	到江苏苏州、上海、江西参观考察。在苏州，参观考察苏州工业园区仁爱学校新校区建设。在上海，两次拜访特教专家银春铭。在江西，到武宁教育局给全县中小学校长做校园文化建设讲座，参观武宁县博物馆，到修水参观陈寅恪故居、黄庭坚纪念馆，在南昌参观汪山土库、西汉海昏侯墓考古现场。
11 月 29 日—12 月 6 日	到浙江、广西参观考察。在浙江杭州，拜访中国残疾人集邮联谊会会长李少华，考察龚宝荣创办吴山聋校旧址，参观中国财税博物馆、杭州博物馆。在广西南宁，拜访中华全国集邮联合会会长杨利民，汇报筹建中国残疾人集邮馆情况；参观亚洲邮展；参观广西壮族自治区博物馆；考察扬美古镇文化街区；参观南宁人民路小学特殊教育办学点，拜访南京特师校友李祥军；参观邓颖超纪念馆。在东兴，参观陈济棠故居。在崇左，参观世界文化遗产花山岩画。
12 月 16 日	到校接待江苏省政府政策研究室主任郑焱参观特教博物馆。
12 月 20 日	到校接待全国残联系统托养机构康复培训班学员近百人参观特教博物馆。
12 月 22 日	到校接待苏州工业园区仁爱学校范里校长一行参观特教博物馆。
12 月 23 日—24 日	到浙江，在杭州市聋人学校做《中国特殊教育历史概述》讲座，考察杭州市聋人学校新校址，参观中国茶叶博物馆。

2017 年

1 月 4 日	上午到南京汉府酒店接中华全国集邮联合会会长杨利民一行到学校参观考察，播放专门制作的中国残疾人集邮馆馆区建设方案视频，汇报中国残疾人集邮馆筹建计划，带领其参观特教博物馆。杨利民题写了"中国残疾人集邮馆"馆名及"集邮与特殊教育"书名。中国残疾人集

邮联谊会李少华、中华全国集邮联合会办公室主任宋永军、江苏省集邮协会秘书长费甦等陪同。

1	2
3	4
5	6

图一　接待江苏省政府政策研究室主任郑焱（左二）参观博物馆
图二　全国残联系统托养机构康复培训班学员参观博物馆后合影
图三至图六　中华全国集邮联合会会长杨利民一行到学校参观考察留影

1月5日	到校接待内蒙古呼和浩特市特殊教育学校校长一行参观特教博物馆。
1月18日	到校接待浙江省宁波市特殊教育中心学校全校教师60多人参观特教博物馆。
1月20日	到校接待凤凰出版集团《七彩语文》编辑部5位编辑参观特教博物馆。
1月21日	到校接待杭州市聋人学校校长严丽萍、党支部书记饶晨光、原校长蒋春英等参观特教博物馆。
2月22日	到校接待南京师范大学发展规划处处长宋喆一行参观特教博物馆。
2月24日	到校接待江苏省教育考试院李拥军一行参观特教博物馆。
3月7日	到校接待全省各市教育局特教专干近20人参观特教博物馆。
3月9日—11日	到浙江杭州,考察杭州市聋人学校新校区校址,交流会商校园文化建设事宜。参观杭州博物馆。
3月20日	到校接待全国人大常委会委员、中国农工民主党副主席、南京邮电大学校长杨震一行参观特教博物馆。
3月24日	到校接待天津市随班就读师资培训班学员参观特教博物馆。
3月27日	到校接待湖北省武汉市教育科学研究院王茨安参观特教博物馆,交流武汉盲教育史研究事宜。
3月29日—30日	到浙江杭州,参加杭州市聋人学校校园文化建设招标会。
4月6日	上午到校接待全国学前融合教育研讨会代表参观特教博物馆,下午接待华东师范大学特殊教育系教授张福娟参观特教博物馆。张教授曾主编有《特殊教育史》一书,尽管多为资料汇集,体例、范畴、史料、结

构、内容等方面值得商榷之处很多，但首创之功功不可没。张教授参观完博物馆后表示，当年编写特殊教育史，只是急于填补特教师资培养的课程空白、教材空白，相关史料的准备非常仓促，当年对近现代中国特殊教育发展史的关注不深，遗憾众多。她希望博物馆在这方面能够珍惜现有史料，有所作为。

4月18日

到浙江杭州，在杭州市聋人学校与中标校园文化建设公司沟通具体建设指标要素等。拜访龚宝荣哲嗣龚忠寿。拜访杭州市吴山景区管委会陈哲，介绍吴山聋校历史发展情况，沟通在景区设置龚宝荣及吴山聋校标识事宜。参加浙江省集邮协会、杭州市集邮协会纪念任宇邮票设计研讨会，拜访杭州市政协原副主席熊恩生、中华全国集邮联合会副会长王新中等。到湖州，参观湖州市教育康复学校，交流筹建中国聋人教育史馆相关事宜。

图　接待张福娟教授（右二）参观博物馆

4 月 27 日—5 月 7 日	到香港特区、广东省深圳市和广州市参会议、参观、考察。在香港，参加香港心光盲人院暨学校创办 120 周年，做 20 分钟题为《心光盲校与内地盲校之历史关联》的学术报告，两次接受香港媒体电视采访。参观香港大学美术博物馆、香港文化博物馆、香港美术博物馆、香港医学博物馆，拜访香港集邮家洪建筑、现居香港的福建泉州集邮家林清池。拜访亚洲防盲协会行政总裁陈梁悦明，拜访香港大学荣誉博士、香港真铎学校原校长鲍瑞美，拜访香港理工大学陈明强博士。在深圳，拜访国泰安公司副总裁黄惠青，交流学校校园文化建设合作。在广州，拜访广州聋校原校长何静贤、原教务主任简栋梁等，参观广东省博物馆、南越王博物馆、黄花岗烈士陵园、二十九军抗日烈士陵园、康有为万木草堂等。
5 月 9 日	到校接待江苏省财政厅副厅长赵光一行参观特教博物馆。
5 月 11 日—13 日	到常州博物馆参加《风雅与归——毗陵钱谢书画展》，主要展出钱名山、谢稚柳、陈佩秋、谢伯子等书画展。开幕式前，我做了题为《钱名山：常州历史文化的晚清民国高峰》的讲座。拜访钱名山嫡孙女钱习之、谢稚柳哲嗣谢定琦、常州市政府副市长方国强、著名书画传记作家郑重等。钱习之赠送一套《钱名山诗稿》(民国年间木刻版)。
5 月 13 日	到校接待浙江省杭州市残联与中国狮子联会浙江代表处联合组织的杭州市重度残疾人考察团参观特教博物馆，狮子会义工团队一对一帮扶。接受浙江广电集团记者采访。

图一　参加香港心光盲人院暨学校校庆活动

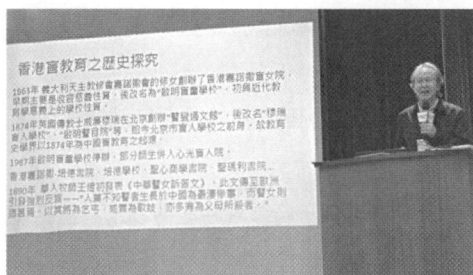

图一　在香港心光盲人院暨学校校庆上讲述该院院史

图二　参观香港心光盲人院暨学校合影

图三　香港集邮家洪建筑（右五）举办家宴，全家三代人悉数到场

图四　钱习之（右一）、马建强（右四）、方国强（右五）、郑重（右六）、谢定琦（前）等参加开幕式

图五　笔者接受浙江广电集团记者采访

图六　浙江省杭州市残联与中国狮子联会浙江代表处联合组织的杭州市重度残疾人考察团参观特教博物馆

5 月 22 日	到校接待北京师范大学特殊教育系肖非教授一行参观特教博物馆。
5 月 23 日	到校接待广东省东莞市随班就读师资培训班 180 人参观特教博物馆。
5 月 25 日	到校接待香港心光盲人院暨盲校黄君保一行参观特教博物馆。接待南通大学党委书记成长春一行参观特教博物馆。
6 月 2 日	到校接待中国残联康复部秦晓明一行参观特教博物馆。
6 月 5 日	到校接待江苏省人民医院眼科全体医护人员参观特教博物馆。
6 月 6 日	到校接待南京市栖霞区副区长黄建平一行参观特教博物馆。
6 月 7 日	中国作家协会副主席、江苏省作协主席毕飞宇参观考察博物馆,将《推拿》等书赠给博物馆。
6 月 15 日—22 日	到云南参观考察。在昆明,拜访昆明市特殊教育学校校长杨志成,联系访谈原校长马琼璇。参观云南师范大学西南联大博物馆,拜访馆长李红英。考察摩梭人博物馆。观摩祁剧《目连救母》。参观聂耳纪念馆。
6 月 27 日—28 日	到杭州,拜访龚宝荣哲嗣龚忠寿,参加杭州市聋人学校校园文化建设推进会。
6 月 30 日	到校接待云南玉溪、甘肃兰州特教师资培训班学员参观特教博物馆。
7 月 2 日	到校接待泰州学院院长潘温亚参观特教博物馆。
7 月 7 日—9 日	接待参加海峡两岸特殊教育研讨会的台湾、香港、澳门代表,参观特教博物馆。台湾代表是张训诰、韩继绥、杞昭安、罗文吟等,香港代表是陈梁悦明、孟峻岭,澳门代表是澳门特殊教育促进会的一位博士生。

图一　接待肖非教授（左二）参观特教博物馆

图二　接待香港心光盲人院暨盲校黄君保校长（前右四）一行参观博物馆

图三　江苏省人民医院眼科全体医护人员参观特教博物馆

图四　参观考察西南联合大学博物馆

图五　参加海峡两岸特殊教育研讨会的台湾、香港、澳门代表参观特教博物馆

图六　与参会代表合影

7月10日—15日	到陕西西安参加干部暑期培训，参观延安革命纪念馆、抗大纪念馆、王家坪纪念馆、延安新区、延安新闻纪念馆、梁家河知青纪念馆、南泥湾大生产展览馆、延安大学校史馆、路遥文学馆，考察延安市特殊教育学校。
7月17日	到校接待南京特师853班校友回校参观特教博物馆、校史馆。
7月18日—20日	到山东泰安，参观考察泰安市特殊教育中心新校区、老校区，与校长高理敬等交流新校区校园文化建设事宜。拜访《泰安石刻（十卷本）》主编袁明英。观摩实景剧《泰山封禅大典》。
7月21日	上午到校接待内蒙古阿拉善旗、河南三门峡两地特殊教育学校教师参观特教博物馆。
7月21日—24日	到浙江湖州，在浙江省湖州市教育康复学校考察，与校方、施工方交流研讨中国聋教育史馆建设方案、展陈文稿。
8月7日	到校接待浙江省湖州市教育康复学校校长顾海琴一行参观特教博物馆。
8月19日—20日	接待来南京参加江苏省特殊教育学校校长培训班授课的台湾师范大学教授胡心慈、香港理工大学教授冼权锋、香港理工大学博士包涵参观特教博物馆。
8月20日—25日	到北京参观考察、交流研讨。拜访北京大学历史学系教授郭卫东，商议国家社科基金重大项目《中国特殊教育通史》申报事宜，考察北京孔庙和国子监博物馆，拜访该馆馆长吴志友，中国教育科学研究院访问学者、南京师范大学教育科学学院刘齐博士同行。考察北京二聋北海校区旧址，北京启喑实验学校办公室主任王秋阳陪同。参考首都博物馆、北京石刻艺术博物馆。
9月3日	到浙江湖州，会商交流中国聋教育史馆推进工作。

9月10日—11日	上午接待到宁举行"爱满金陵慈善募捐助教"活动的中国邮政总公司纪委书记魏国平、中国残疾人集邮联谊会会长李少华、中国《集邮》杂志社副主编李梅、宜兴紫砂壶工艺大师范晓龙等参观特教博物馆。"爱满金陵慈善募捐助教"活动共得善款53300元，入款学校财务专账。
9月15日	到校接待江苏第二师范学院档案馆馆长赵玉冬一行参观特教博物馆。
9月20日—25日	到吉林、辽宁参观考察。在吉林长春，参加长春大学特教学院办学三十周年庆祝活动，拜访与会的程凯、朴永馨、甘柏林、方俊明、李庆忠、王结、顾定倩、邓猛、陈少毅、冒朝霖、陈君恩等，参观长春大学特教成果展示馆。在吉林集安，参观集安博物馆、高句丽文化展示中心、好大王碑等。在辽宁沈阳，拜访教育文物收藏家詹洪阁，参观东北讲武堂旧址、老龙口酒文化博物馆。

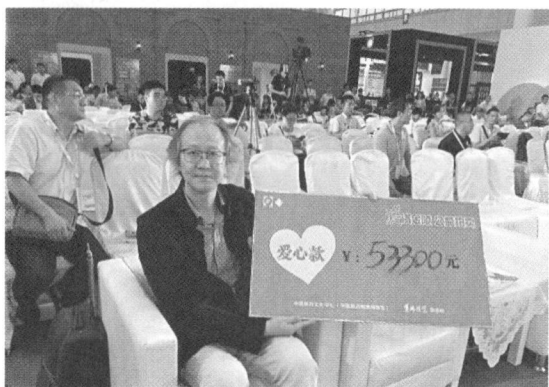

$\dfrac{1}{2}$

图一　参加爱满金陵慈善募捐助教活动
图二　募得善款53300元用于资助学校贫困生

9月26日	到南京市聋人学校，交流会商南京市聋人学校九十年校庆校史研究工作。
10月9日—13日	到陕西西安考察参观。拜访西安二聋陈少毅、西安聋人协会程长明等。拜访陕西省康复医院院长朱一平，沟通落实香港亚洲防盲协会、北京中国残联、陕西省残联关于同意捐赠"复明一号"大型手术车供中国特殊教育博物馆收藏展陈事宜。办理长途托运"复明一号"手术车事宜。参观八路军西安办事处纪念馆。
10月14日	到校接待全国人大常委会委员、湖北省人大常委会副主任周洪宇一行参观特教博物馆。
10月21日—29日	到福建厦门、上海、浙江海盐、江苏常州参观考察。在厦门，参观厦门市心欣幼儿园，拜访特教专家陈军，作"民国文化名人与厦门""以色列家庭教育的经验及其启示""中国特殊教育史概述"三个讲座。在浙江海盐，参加"张元济诞辰150周年纪念大会"，作《张元济与中国特殊教育》专题发言。拜访中国社会科学院荣誉学部委员、历史学家杨天石，拜访张元济研究专家叶新。拜访张元济嫡孙张人凤、嫡孙女张珑。参观海盐县博物馆、绮园。在上海，参观上海博物馆、多伦路文化名人街，拜访上海社会科学研究院周武研究员，拜访《张元济年谱》主要编写者柳和城。在常州拜访常州工学院陆克寒教授。
11月2日	到校接待广东省广州市教育科学研究院蒋亚辉副研究员一行参观特教博物馆。
11月4日	到校主持南京特殊教育师范学院校庆35周年纪录片拍摄论证研讨会，南京大学李晓愚、中国近代史遗址博物馆刘刚、南京邮电大学张雪蓉、南京日报社刘根生、南京十朝历史文化展览馆向阳明、江苏卫视周云龙等参加。
11月11日	带队"南京特师办学35周年校庆"摄制组拜访南京特师首任校长杨运青。

```
1 2
3 4
5
```

图一　西安聋人捐赠自制聋人闹钟

图二　西安聋人捐赠当年求学留影

图三　拜访中国社科院荣誉学部委员杨天石（右）

图四　与参加纪录片拍摄论证研讨会的专家合影留念

图五　访谈学校首任校长杨运青（右）

11 月 12 日—19 日	到北京、陕西参观考察。在北京，拜访教育部原常务副部长张保庆，拜访北京师范大学特殊教育学教授朴永馨，拜访北京市东城区特殊教育学校校长、党的十九大代表周晔，拜访北京启喑实验学校校长谢爱明。在西安，参加陕西师范大学博物馆（教育博物馆）主办的全国教育文物研究学术年会第四届年会，做名为《从文物看文化、先知道后人道——中国特殊教育百年历史漫谈》的学术报告。参观考察蓝田水陆庵、西安美术学院旧址。拜访全国教育文物研究会会长石鸥教授，参观考察陕西师范大学博物馆（教育博物馆）。
11 月 20 日	到校接到中国残联原副主席、中国盲协原主席甘柏林一行参观特教博物馆。
11 月 21 日	到校接待山东滨州医学院特殊教育学院马慧莹一行参观特教博物馆。
11 月 30 日	到校上午接待江苏省瑞华慈善基金会秘书长张颂杰一行参观特教博物馆；下午接待南京市总工会副主席焦勇一行参观特教博物馆。
12 月 1 日	到校接待福建省福州市盲校校长吴淑英一行参观特教博物馆，交流福州盲教育历史研究近况。
12 月 6 日	到校接待江苏省教育厅副厅长潘漫一行参观特教博物馆。
12 月 8 日—9 日	到浙江杭州，拜访中国残疾人集邮联谊会会长李少华，会商中国残疾人集邮馆筹建工作。参观浙江省美术馆"民族翰骨——潘天寿诞辰 120 周年纪念大展"。参观中国美术学院，听故宫博物院余辉做《从"清明上河图"看北宋历史演变》的报告。
12 月 26 日	到浙江湖州，在湖州市特殊教育康复学校，会商推进中国聋教育史馆展陈事宜。
12 月 31 日	到先锋书店参加跨年诗会，访谈脑瘫诗人余秀华，听舒婷、多多、欧阳江河、李敬泽等朗诵自己的诗作。

```
1 2
3 4
  5
```

图一　与北京市东城区特殊教育学校校长周晔合影

图二　拜访张保庆（左）合影

图三　参加全国教育文物研究学术年会留影

图四　接待甘柏林（右）参观考察博物馆

图五　与初中同学、先锋书店总经理钱小华合影

1 月 3 日—10 日	到山东泰安、烟台、青岛，以及北京参观考察讲学。在山东泰安，参观泰安市特殊教育中心新校区，拜访二十世纪八十年代留学美国进修特殊教育的李慧君，给泰安特教中心全体教师做《中国特殊教育史概述》讲座。在烟台，给滨州医学院特教学院全体学生讲《中国百年特教史》，与特教学院、康复学院教师座谈交流校园文化建设，参观滨州医学院校史馆。参观烟台市特殊教育学校，拜访烟台特校校长徐东升，查阅烟台市特殊教育学校校史文献资料。拜访滨州医学院党委副书记李文喜、宣传部部长张玉龙、特教学院院长曹同涛等。在青岛，拜访青岛盲校原校长曹正礼，参观考察崂山那罗延窟，参观明哲老和尚纪念堂、倓虚法师纪念堂。在北京，参加北京师范大学肖非教授中国特殊教育通史开题会。拜访北京师范大学顾定倩教授。参观国家博物馆。
1 月 27 日—28 日	到常州，在常州图书馆做"瞿秋白与谢玉岑：常州文化的双子星"专题讲座。参观天宁寺文物书画展。
2 月 6 日—8 日	到浙江杭州参观考察交流。在杭州市聋人学校参加校名改名及办学定位研讨会，参观杭州博物馆、杭州植物园。拜访吴山风景区管委会陈哲，交流开展有关龚宝荣及吴山聋校宣传工作推进事宜。
3 月 6 日	到校接待交通银行江苏省分行行长徐斌一行参观特教博物馆。
3 月 20 日—24 日	到浙江杭州、湖州。在杭州市吴山风景区管委会做《吴山：中国聋教育的圣地》讲座，浙江省残联原理事长林清和、浙江特殊教育职业学院党委书记陈平、龚宝荣女儿龚莲莲等参加，另有龚宝荣当年学生白凤翔（从郑州赶来）、沈鹏飞（97 岁）、白秋景（从医院赶来）、郭光华（从余杭赶来）等参加。浙江省与杭州市相关媒体对本次讲座进行了报道。拜访中国残疾人集邮联谊会会长李少华，交流集邮馆筹建进展情况。参观司徒雷登故居。在湖州，推进湖州市教育康复学校中国聋教育史馆布展工作，参观中国湖笔博物馆、赵孟頫故居旧址纪念馆。

3月26日	到校接待南京大学出版社社长金鑫荣一行参观特教博物馆。
3月28日	到校分别接待南京市残联理事长朱京芝一行、无锡市特殊教育学校一行、南京邮政公司一行、南京博物院义工团队一行、浙江特殊教育职业学院陈平书记一行参观特教博物馆。
4月3日	到校接待香港心光盲人院暨学校董事长、香港太平绅士郁德芬一行27人参观特教博物馆。

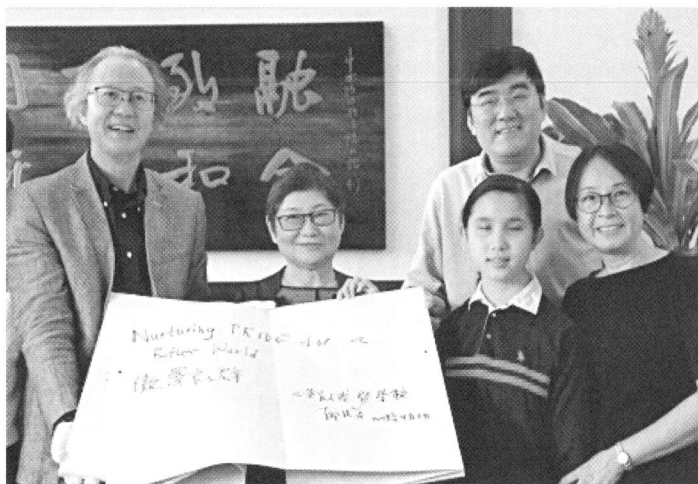

$\frac{1}{2}$

图一 对湖州市教育康复学校老师讲聋教育史馆的总体设计构想

图二 与香港"太平绅士"郁德芬（左二）等合影

4月9日	到校接待广东佛山残联一行参观特教博物馆。
4月17日—19日	到浙江杭州，拜访杭州市聋人学校严丽萍校长交流相关新校区文化设施建设事宜。拜访中国残疾人集邮联谊会会长李少华，商谈集邮馆相关藏品捐赠事宜。参观考察杭州市钱学森故居、郁达夫故居。
4月21日	到校接待北京师范大学特殊教育学顾定倩教授特殊教育史研究团队一行，做关于杭州吴山聋校创办发展之个案研究报告。
5月9日—10日	到浙江杭州，拜访园艺室内设计师李方，交流集邮馆设计布展理念。考察杭州玉泉、杭州孔庙。接中国残疾人集邮联谊会会长李少华到南京，主持集邮馆布展工作。
5月14日	到校接待参加常州全国邮展之集邮家代表参观指导集邮馆布展工作，拜访中华全国集邮联合会副会长刘佳维、英籍华人集邮家张华东。张华东向残疾人集邮馆捐赠1840年世界第一种邮票黑便士实寄封原件及黑便士设计者罗兰·希尔亲笔签名原件，此两件实物现为国内孤品。
5月14日	接待中国聋人协会副主席邱丽君、江苏省聋人协会吴汉华、广东省集邮协会会长李升平等参观集邮馆。
5月19日	到校接待中华全国集邮联合会副会长王新中、中国《集邮》杂志社副主编李梅、《中国集邮报》记者王宏伟一行指导集邮馆布展。
5月20日	国家邮政局《全国助残日》邮票首发式暨中国残疾人集邮馆开馆仪式在特教博物馆举行，中华全国集邮联合会会长杨利民及中国邮政总公司、江苏省邮政分公司、南京市邮政分公司等领导参加，《全国助残日》邮票设计师沈嘉宏参加，来自全国各地残疾人集邮爱好者近500人参加。
5月21日	中央电视台纪录片频道来集邮馆取景拍摄纪录片《集邮在中国》。
5月22日	到校接待广西特教师资培训班120人参观特教博物馆、集邮馆。

6月2日	接待来南京开会的全国人大常委会委员、湖北省人大常委会副主任周洪宇一行，陪同参观南京博物院。
6月3日—4日	接待来南京参观考察的山东滨州医学院党委副书记李文喜一行8人，参观特教博物馆、残疾人集邮馆，交流中国康复博物馆筹建论证事宜。
6月7日	到校接待教育部基础教育司副司长姜瑾、特殊教育处处长陈东升一行参观特教博物馆。
6月7日—13日	到湖北宜昌、荆州、武汉参观考察，拜访武汉二聋原校长余敦清、武汉市教育科学研究院王茨安、武汉盲校民国时期校友胡持，到武汉盲校与张德志校长等交流学校百年校庆筹建、校内文化设施建设工作。参观汉口八七会议旧址、旧租界武汉盲教育办学点遗迹、昙华林历史文化街区、聋教育办学点遗迹等。
6月13日	下午到校接待南京市栖霞区残联系统干部培训班参观特教博物馆。
6月19日	到校接待留学美国加劳德特大学的三位中国籍聋人大学生参观特教博物馆。接待江苏省瑞华慈善基金会副理事长张奥星一行参观特教博物馆。
6月20日	到校接待山东师范大学张茂聪教授一行参观特教博物馆。

图一　在《全国助残日》邮票首发式上接受捐赠

6月22日—29日	到山东济南、烟台、潍坊，以及北京参观、考察、参会、交流。在济南，考察千佛山摩崖石刻。在烟台，参加"新时代中国残疾人高等教育再出发"高峰论坛，接受"中国之声"电视采访。拜访烟台市副市长金志海，与全国政协委员、中国盲协主席李庆忠、滨州医学院院长王滨等一起参加烟台市政府特教工作专家论证会。出席滨州医学院客座教授聘任仪式，接受滨州医学院院长王滨授予客座教授聘书。拜访浙江西湖大学特聘教授郑厚峰博士。在潍坊，参观考察青州古城旅游区、青州博物馆。在北京，到昌平拜访武汉盲校民国时期校友万美秀。参观故宫博物院、中国国家博物馆。拜访国家盲文出版社盲人编辑陈水木，参观国家典籍博物馆。
6月30日	到校接待浙江省杭州市聋人学校教师参观特教博物馆。
7月3日	到校接待中国台湾地区新北市政府秘书长许育宁一行参观特教博物馆，江苏省人民政府台湾事务办公室负责人陪同。许育宁向博物馆赠送了台湾瓷器摆件纪念品。
7月6日—8日	到福建厦门参观、考察、参会。在厦门，到厦门市心欣幼儿园做《暑期教师游学史备考》讲座。考察鼓浪屿历史文化街区晚清民国传教士教育遗址。
7月11日—16日	到上海、浙江杭州和湖州参观、考察、参会。在上海，拜访聋人书画家俞海燕，拜访著名聋人教育家、留学硕士祖振纲家属，查阅留学美国加劳德特大学的特教人士的相关历史资料。参观上海博物馆。在杭州，参观西湖博物馆、浙江美术馆、浙江省博物馆、浙江西湖美术馆、梅家坞周总理纪念堂。拜访中国残疾人集邮联谊会会长李少华，审阅《中国残疾人集邮》终校样。到湖州，推进湖州中国聋教育史馆布展工作。
8月11日—12日	到江苏扬州参观考察。在扬州参观扬州博物馆（扬州中国雕版印刷博物馆），考察扬州商专旧址、基督教神在堂、南宋伊斯兰教遗迹普哈丁墓园等。

8月19日—20日	到江苏镇江参观考察。在镇江，参观考察张云鹏故居、五柳堂古建筑遗存、焦山碑刻博物馆。
8月20日	晚上到河海大学隽恒宾馆拜访全国政协副秘书长、民进中央副主席朱永新教授，南京师范大学班华、吴康宁、朱赢椿，江苏省教育厅杨树兵，江苏省教育学会叶水涛等同在。
8月21日	到校接待中国残疾人集邮联谊会会长李少华一行三人参观特教博物馆、残疾人集邮馆。
8月23日	到浙江湖州，推进湖州市特殊教育康复学校中国聋教育史馆布展，参观陈英士故居、沈家本纪念馆、衣裳街历史文化街区。
8月24日—29日	到江西井冈山、新余，浙江湖州培训、考察、参观、交流。在江西井冈山，参加干部培训，参观井冈山革命博物馆、黄洋界革命遗址等。在江西新余，参观傅抱石纪念馆。在浙江湖州，查看中国聋教育史馆布展进度，调整修改完善展陈文稿。
9月15日	到浙江湖州，在湖州市特殊教育康复学校交流商定中国聋教育史馆布展文稿。

1 | 2

9月19日	到校接待湖北江汉大学校领导一行参观特教博物馆。
9月22日	到校主持南京市庆祝国际聋人节活动,南京市残联理事长朱京芝、江苏省残联组联处处长苏娟参加,南京市各区500余名聋人代表参加。组织参观特教博物馆、残疾人集邮馆。
10月10日	到浙江湖州,指导完成中国聋教育史馆布展工作。
10月11日—13日	到江苏常州拜访并参观考察。在常州拜访江苏省盲协原主席汪志芳,拜访原中国盲人福利会盲人干训班学员谢桂生,参观张太雷故居、张太雷纪念馆,参观常州博物馆、常州市武进区博物馆。
10月16日—21日	到江苏徐州及河南商丘、周口、郑州参观学习、考察交流。在徐州,拜访徐州市特殊教育学校原校长赵锡安。参观徐州博物馆。在河南商丘,考察应天书院旧址。在河南周口,参观鹿邑县博物馆,考察老子故里风景区纪念设施遗址。在郑州,参观考察河南博物院、黄河博物馆、巩义博物馆、杜甫故居等。
10月24日—25日	接待浙江大学原党委副书记郑造桓、浙江省文化厅原厅长杨建新、浙江省残联原理事长林清和、浙江省残疾人福利基金会会长陈玉国、中国残疾人集邮联谊会会长李少华、江苏省徐州市特殊教育学校原校长赵锡安等到校参加"集邮与特殊教育"教材编写研讨会,参观特教博物馆、残疾人集邮馆等。
10月25日下午	接待江苏省委组织部副部长周为号一行参观特教博物馆、残疾人集邮馆。
10月29日	到南京市金陵刻经处参观考察,拜访雕版技艺非遗传承人邓清之,与其交流合作开展文化建设事宜。
10月31日—11月4日	到北京、河北遵化参观学习、考察交流。在北京,参加联合国教科文组织举办的"残障者全面性教育挑战与实践策略研讨会",拜访盲人文

化研究专家蔡聪等。参观故宫博物院、中国国家博物馆、清华大学艺术博物馆、首都博物馆、中国美术馆。拜访北京启喑实验学校办公室主任王秋阳，征集《中华人民共和国国歌》（手语版）正版、错版。在河北遵化，参观东陵历史文化展。

11月2日　　台湾师范大学特殊教育学系教授吴武典来学校参观考察特教博物馆，因本人出差在外，特别委托博物馆工作人员接待。

11月5日　　到校接待沈阳师范大学教育科学学院王雷教授参观特教博物馆。

11月9日　　下午到南京石头城参观江苏教育博物馆，教育文物收藏家陈西民陪同。

11月21日　　到校上午接待江苏经贸职业技术学院原党委书记蒋云尔参观特教博物馆，下午接待共青团江苏省委副书记林小异参观特教博物馆。

图一　接待朱京芝（右二）等参观特教博物馆
图二　与徐州特教研究会理事长赵锡安（左）合影
图三　右起赵锡安、郑造桓、杨建新、李少华、林清和、陈玉国、马建强合影
图四　江苏省委组织部副部长周为号（中）等参观博物馆

1 | 2
3 | 4

11 月 23 日—28 日	到福建福州、宁德及浙江杭州参观、考察、学习、参会。在福州，参加全国博物馆博览会，拜访相关博物馆展陈设施设备供应商。参观福建博物院，拜访福建省文物局局长傅柒生。拜访福建省教育厅基础教育处副处长沈国才等。在宁德，联系宁德市特殊教育学校张敏炎，考察萨镇冰纪念设施。在杭州，到杭州市第一人民医院看望住院治疗的中国残疾人集邮联谊会会长李少华，参观浙江美术馆、杭州博物馆、章太炎故居、余杭四无粮仓陈列馆。
11 月 30 日	到校接待甘肃集邮家、西北师范大学赖景耀教授参观特教博物馆，江苏省集邮协会副会长葛建亚陪同。
12 月 8 日	到校接待国家统计局总统计师曾玉平、江苏省统计局王汉春、国家统计局原副局长许宪春、南京师范大学副校长缪建东、中国残联副主席侯晶晶等参观特教博物馆。
12 月 12 日	到校接待全国政协委员、中国盲人协会主席李庆忠率全国盲校盲人教师考察团参观特教博物馆。
12 月 14 日—19 日	到山西太原、河南三门峡参会、参观、考察、交流。在太原，参加中国教育学史年会暨《共和国教育学 70 年》丛书编写研讨会，拜访北京大学陈洪捷、清华大学石中英、浙江大学肖朗、东北师大柳海民、南京师大冯建军、人民教育出版社刘立德、山西大学侯怀银等，求教特殊教育学学科史编写方法、思路。参观山西省立国民师范学校旧址、山西博物院、山西地质博物馆。参观考察新绛绛守居园池、芮城永乐宫、李家大院。在河南三门峡，参观考察虢国博物馆及虢国墓考古遗址。

2019 年

1 月 3 日	到南京师范大学仙林校区参观图书馆"范旭东与抗战文物"专题展、校史馆，以及"金陵大学建校 130 周年纪念展"。

1 月 4 日	到校接待南京市档案馆张军、侵华日军南京大屠杀遇难同胞纪念馆凌曦、民国电影博物馆季友观、中国近代史遗址博物馆刘刚等参观特教博物馆。
1 月 8 日	到校接待无锡市特殊教育学校一行 7 人参观特教博物馆。
1 月 11 日	到校接待南京艺术学院书法家李彤、荀海、王霖等参观特教博物馆，嘱其留字多幅。

$\frac{1}{2}$

图一　李庆忠主席（前右四）率全国盲校盲人教师参观博物馆
图二　在山西大学参加"共和国教育学 70 年"丛书编写论证研讨会合影

1 月 15 日—19 日	到浙江杭州参会、交流、参观、考察。在杭州,交流研讨李少华《生命的华章》书稿编写出版事宜。参观浙江博物馆,参观郁达夫故居、运河谷仓博物馆、吴昌硕纪念馆、潘天寿纪念馆。
1 月 22 日	去禄口机场接台湾特教专家罗文吟考察栖霞古寺。
1 月 25 日—29 日	到北京拜访交流。在北京参观中国国家博物馆、故宫博物院、中国国家图书馆、中国美术馆、首都博物馆,观摩北京人艺话剧《全家福》,参观北京人艺戏剧博物馆,拜访中国盲文出版社盲文编辑陈水木,拜访北京联合大学刘全礼教授,求教特殊教育学科史书稿体例与历史分期等。拜访红楼梦研究专家周汝昌长子周喜临等一批北京一聋、北京二聋校友。
2 月 5 日	到江苏常州金坛区,参观华罗庚纪念馆、金坛博物馆。
2 月 12 日	到南京青年国际酒店,拜访山东聊城特校盲人教师袁守波,袁捐赠一套盲用国际象棋。
2 月 15 日—17 日	到上海拜访、参观、考察。在上海,拜访特教前辈银春铭,求教特殊教育学学科史编写事宜。参观上海总工会《时代先锋——上海劳模展》。参观上海博物馆。参观上海图书馆"瞿秋白在上海"专题文献展、巴金故居、刘海粟美术馆。
2 月 22 日	到校接待中国教育学会会长、北京师范大学原校长钟秉林教授参观特教博物馆。
3 月 4 日—8 日	到北京拜访、参观、考察。在北京,拜访北京师范大学顾秉林、朴永馨、顾定倩等,求教中国特殊教育学科史分期、体例、目录等事宜。拜访教育部特殊教育处原处长龙庆祖。拜访北京源创图书出版公司吴法源。参观国家图书馆甲骨文专题展、名家手稿展。
3 月 13 日下午	到校主持《共和国教育学 70 年:特殊教育学卷》编委会会议,党委副

书记王立新参加。"共和国教育学 70 年"丛书（共计 12 册）是国家社会科学基金"十三五"规划 2018 年度教育学重点课题"中华人民共和国教育学史"（AOA180016）的目标成果。这一丛书的研究编写旨在对中华人民共和国成立以来教育学及其各自分支学科的发展进行全方位的研究。其中《共和国教育学 70 年：特殊教育学卷》由本人及何侃、王培峰等承担主要编写任务。

3 月 27 日　接北京师范大学特殊教育学系顾定倩教授来博物馆讲特殊教育学科发展历史，为编写《共和国教育学 70 年：特殊教育学卷》体例事宜咨询顾定倩教授。

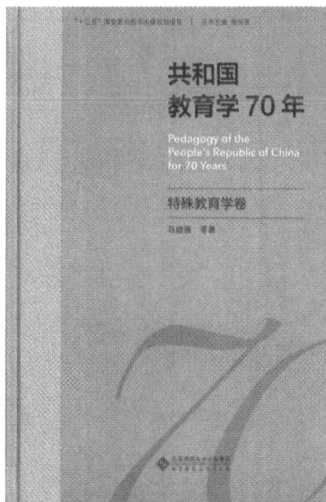

图一　与钟秉林教授（左）合影
图二　《共和国教育学 70 年：特殊教育学卷》编委会会议
图三　《共和国教育学 70 年：特殊教育学卷》书影

3月29日—31日	到江苏泰州、盐城参观考察、交流学习。在泰州，参观考察光孝寺佛教教育史料文物展。在盐城，参观考察盐城市残疾人教育康复中心，交流研讨相关文化设施建设的实施推进方案。参观大丰刘庄净土院，考察高鹤年故居。
4月2日	到校接待中央电视台《集邮在中国》纪录片摄制组采访拍摄。
4月8日—10日	到浙江杭州参观考察、拜访交流。在杭州，参观浙江西湖美术馆、浙江省博物馆。拜访中国残疾人集邮联谊会会长李少华、浙江省残联原理事长林清和、浙江省残疾人福利基金会会长陈玉国等，沟通会商参加武汉世界邮展等事宜。拜访浙江大学社会学教授奚从清。
4月25日—26日	到浙江杭州淳安考察交流"天下为公"景区设计理念及实景。
5月12日	接待福建省文物局局长傅柒生，陪同参观考察先锋书店，交流"让文物活起来"的理念、路径及方法。
5月31日—6月3日	到北京参观考察、交流、学习。在北京，参观中国传媒大学传媒博物馆。参观北京潘家园旧货市场，交流购买1951年政务院公报事宜。观摩音乐剧《屈原》。
6月10日—16日	到湖北武汉参加世界邮展。在武汉，拜访中国残联副理事长程凯、中华全国集邮联合会会长杨利民、湖北省武汉市残联理事长李红敬。参观武汉大学图书馆、博物馆、校史馆、艺术馆。参观华中师范大学。参观张之洞与武汉博物馆。参加武汉市江汉区残联举办的"残疾人集邮可持续发展论坛"。参观江汉关博物馆，交流有关传教士与特教实物研究事宜。
6月27日	到校接待南京艺术学院院长刘伟冬一行参观特教博物馆。
7月5日	到校接待南京医科大学党委书记王长青参观特教博物馆。

7月8日

到校接待中国台湾地区台北教育大学特殊教育系交流生，并向其讲解中国特殊教育史两小时。

7月12日—16日

到中国台湾地区参会、参观、考察。在台北，参加海峡两岸特殊教育研讨会，做《视障概念演化史》学术报告。拜访台湾师范大学特教系教授吴武典及韩继绥、张弘昌、王圣维、罗文吟等。拜访台湾师范大学特教系教授林宝贵，求教特殊教育学科史写作事宜，林赠送一套新著。参观考察台北"中央研究院"及"中研院"历史文物陈列馆、民族学研究所博物馆、胡适纪念馆、胡适墓园、李济纪念馆，发现了一批珍贵特教史料。参观台北"故宫博物院"、张大千故居。参观考察板桥林家花园。拜访台湾特教学校机构，与台湾特教界交流沟通特教文物征集事宜。

图一　与程凯（右一）、李少华（中）一起参观邮展
图二　邮展期间拜访中华全国集邮联合会会长杨利民（右）
图三　与台湾特教前辈吴武典教授（左）合影
图四　与台湾盲人朋友相聚于台中启明学校

7 月 27 日	到校接待南京特师 8501 班校友参观特教博物馆。
8 月 18 日	到南京江浦参观考察四方当代美术馆。
8 月 21 日	到校接待杭州市聋人学校饶晨光、李琼等参观特教博物馆，交流杭州市聋人学校校史馆校史展陈要素等事宜。
8 月 22 日—27 日	到北京参会、参观、考察、拜访。在北京，参加山东教育出版社组织的《中国教育活动史研究系列》编写会议，全国人大常委会委员、湖北省人大常委会副主任、华中师范大学周洪宇教授主持，接受《中国特殊教育活动史》编写任务。拜访北京师范大学特殊教育学教授顾定倩、新疆乌鲁木齐特校教师高宇翔、陕西西安第二聋人学校教师陈少毅。约见山东教育出版社周红心、苏文静等交流书稿编写事宜。参观考察北京市委党校校内明朝利玛窦、汤若望、南怀仁等传教士墓园。参观清华大学艺术博物馆。参观清华大学、北京大学校园，参观北京大学赛克勒考古与艺术博物馆。参观中国国家博物馆、故宫博物院。到北京师范大学出版社拜访鲍红玉编辑，交流会商《中国特殊教育学科史》书稿的编写审定等事宜。拜访盲文手语研究专家沈家英长子包宗业，参观北京鲁迅博物馆、首都博物馆。到中国盲文出版社拜访中国盲人协会原常务副主席滕伟民。
8 月 30 日—31 日	到上海、浙江嘉兴参加培训并参观考察。在上海，参观中共一大纪念馆。在嘉兴，参观烟雨楼、南湖革命纪念馆。参观沈曾植故居、沈钧儒故居。
9 月 6 日	到南京博物院参观"金色阿富汗"特展。
9 月 19 日—22 日	到上海、浙江杭州参观考察。在上海,陪同中国残疾人集邮联谊会会长李少华去上海假肢厂维修并安装假肢。参观上海博物馆"莱溪华宝——翁氏家族旧藏绘画展"、上海世博会博物馆"启初·天才相对论——爱因斯坦的异想世界特展"。拜访上海残疾人集邮爱好者王小黑、俞海燕、葛斌等。陪同李少华去普陀区残联讲授残疾人集邮讲座。在杭州，护送李少

华从上海回杭州，参观浙江省博物馆、沙孟海故居、西湖博览会博物馆。

9月29日　到校接待南京医科大学、北京科技大学、南京市聋人学校等专家参观特教博物馆。

10月6日　到南京市博物馆（朝天宫）参观"源·流——九十九件文物里的南京"特展。

10月12日　到校为第十七期国培校长班做《中国特殊教育史概述》发言。

10月23日到29日　到浙江杭州、嘉兴参会、参观、考察。在杭州，到杭州市聋人学校参观改造后的校园，指导校史馆布展。参观章太炎故居、浙江美术馆。参观阮公祠，查看增设龚宝荣与吴山聋校铜质展示牌。参观杭州市博物馆、杭州京杭大运河博物馆。陪同中国残疾人集邮联谊会会长李少华前往嘉兴。在嘉兴，参加全国残疾人职业技能大赛开幕式，在残疾人文化建设展区，与李少华一起为国务委员王勇、浙江省政府省长袁家军、中国残联理事长周长奎、中国残联副理事长程凯、中国盲协主席李庆忠等介绍中国残疾人集邮馆，讲解残疾人观演化简史等。参观嘉兴博物馆、文生修道院、朱生豪故居、月河历史文化街区。参观丰子恺故居。

图一　与周洪宇（左二）等合影
图二　参加山东教育出版社北京编写会
图三　向王勇国务委员（左）介绍中国残疾人观演变历史
图四　与王勇（中左）、李少华（前中）、浙江省委记袁家军（右二）合影

11 月 4 日	到校接待四川省成都市特殊教育学校先照勇一行 6 人参观特教博物馆，交流成都特教百年庆典纪录片拍摄事宜。
11 月 7 日—11 日	到北京参会、参观、考察。在北京，参观中国传媒大学传媒博物馆。参观清华大学艺术博物馆、中国国家博物馆、国家典籍博物馆。参观潘家园旧货市场，征集特教文物。
11 月 17 日	到校接待由吴武典教授率领的中国台湾地区开设特殊教育专业的 16 所师范院校特教专家代表团参观特教博物馆。
11 月 19 日	到校接待福建晋江地区特殊教育师资培训班学员参观特教博物馆。
11 月 21 日	到校接待江苏省委组织部副部长洪浩参观特教博物馆。
11 月 26 日	到南京大学仙林校区社会学院做《文字里的中国残疾人观演变史》专题讲座，贺晓星教授主持。除南京大学师生外，另有听众来自中国人民大学、南京师范大学、南京特殊教育师范学院、南京市残联等。讲课两小时，交流一小时。
11 月 29 日—12 月 1 日	特教博物馆承办"第五届全国教育文物研究会年会"，我做《文字里的中国残疾人观演变史》主题报告。首都师范大学、陕西师范大学、包头师范大学、南京师范大学、湖南师范大学、海南师范大学、湖南第一师范学院、沈阳师范大学等国内多所大学及博物馆、收藏家代表与会。接待代表参观特教博物馆、中国近代史遗址博物馆（总统府）、南京博物院、中国科举博物馆等。
12 月 2 日	到校接待南方航空公司南京办事处一行参观特教博物馆。
12 月 5 日—9 日	到湖南长沙与湖北武汉、襄樊参会、参观、考察。在长沙，与相关人员交流长沙市特殊教育学校校史研究工作。参观长沙博物馆。在武汉，参加武汉市盲童学校校庆 100 周年纪念系列活动，给该校退休教职工做《武汉市盲教育史》讲座，拜访武汉盲校原校长刘惠芳亲属。拜访武

汉第二聋校校长刘辛。拜访中国台湾地区代表韩继绥、杞昭安、罗文吟等。拜访中国教育学会副会长李天顺等。拜访武汉市教育科学研究院王茨安，参观辛亥革命博物馆。在襄樊，参观考察米芾纪念馆、孟浩然墓园、襄阳历史文化街区。

12月23日　到校接待中国残联原副主席、中国聋人协会原主席刘再军率中国聋校手语研究专家团队参观特教博物馆，拜访到会的辽宁聋协邱丽君、甘肃聋协吴明哲、江苏聋协李鲁江、上海代表李洪莲等。

图一　与吴武典教授（左）合影
图二　博物馆主办"第五届全国教育文物研究会年会"全体代表合影
图三　与刘再军主席（左）合影
图四　与中国聋协刘再军主席、北京师范大学顾定倩教授等合影

12 月 26 日	到校接待江苏省教育厅厅长葛道凯参观特教博物馆。
12 月 27 日	到校接待江苏省委组织部高校高质量发展考核组成员参观特教博物馆。
12 月 29 日	到校接待瑞士特教专家菲利普暨福州智力障碍教育专家组吴淑英一行参观特教博物馆。接待东北财经大学原校长、中央财经大学原党委书记邱东一行参观特教博物馆。

2020 年

1 月 7 日—10 日	到江苏常州、无锡、苏州参观、考察、交流。在常州，拜访谢伯子哲嗣谢建红，会商谢伯子遗物整理事宜。看望住院的江苏省盲人协会原主席汪志芳。参观考察青果巷周有光故居、周有光纪念馆；接受常州电视台采访，专谈周有光在特殊教育方面的历史贡献。在无锡，参观无锡市特殊教育学校，与校长张成玉、副校长汪阳等交流会商该校九十年校庆筹备相关工作，参观无锡博物院。在苏州，参观工业园区仁爱学校，给学校教师做《中国残疾人观演变史》专题讲座。拜访教育文物收藏家谭金土，征集特教文物。参观考察残粒园。
1 月 14 日—20 日	到北京参观考察、学习交流。在北京，拜访中国教育科学研究院原盲文手语研究专家沈家英哲嗣包宗业，征集周有光与沈家英二十世纪七十年代就盲文手语改革往来书信原件 17 份。联系朴永馨、顾定倩、刘全礼，问询相关特教史信息。参观中国国家博物馆、故宫博物院，考察报国寺旧物市场，寻访特教文物。拜访北京市聋人集邮爱好者张跃武。
2 月 18 日	惊悉上海银春铭先生去世，16 日中午还与他及丁勇等在微信群里交流特教史信息。电话联系银春铭夫人薛菊棣致以哀悼。知因新冠疫情，其丧事相关仪式一切从简。
4 月 29 日	到校接待南京卓美亚酒店马来西亚籍总经理瞿述铨（Erickee）一行参观特教博物馆。

5月10日	收到北京师范大学出版社寄来《共和国教育学70年》丛书共12卷,这是"十三五"国家重点图书出版规划项目成果、国家社会科学基金"十三五"规划2018年度教育学重点课题"中华人民共和国教育学史"(课题批准号AOA180016)研究成果,其中《特殊教育学卷》由本人牵头组织并编写完成,共41万字。其他主要作者有何侃、王培峰等。该书由全国人大常委会委员、湖北省人大常委会副主任、华中师范大学教授周洪宇与中国高等教育学会特殊教育分会名誉理事长、北京师范大学教授朴永馨作序。
5月12日	到中国科举博物馆参观考察,约见馆长冯家红,交流沟通有关无障碍设施建设与无障碍信息服务事宜,推荐本校手语研究专家赵晓驰博士兼任该馆手语指导老师。

1 | 2

图一 接待葛道凯厅长(左)参观博物馆
图二 与菲利普教授(右)合影

5 月 19 日	拜访原中国盲人福利会盲人干训班学员、南京盲人按摩师江学森遗孀，征集其相关特教实物，李林峰夫妇陪同。
5 月 24 日	到南京博物院参观"融 · 合：从春秋到秦汉——中国传统文化中的多元与包容"特展。
6 月 9 日	拜访南京特师首任教务主任尤世良，征集建校早期实物。
6 月 20 日	到南京市博物馆参观"又绿江南——南京都市圈八城文物联展"。
6 月 26 日	参观南京六朝博物馆、江苏省美术馆旧馆。
7 月 3 日	到校接待江苏省社会主义学院副院长魏晓蕾一行 5 人参观特教博物馆。
7 月 10 日—12 日	到江苏无锡参观、考察、交流。在无锡，参观无锡市艺术学校、无锡汽车工程高等职业技术学校、无锡市特殊教育学校，拜访张连玉、季玲莉、荣耀三位校长。在无锡市特殊教育学校，做《中国特殊教育史概述》发言。参观秦邦宪故居、无锡博物院。拜访盲人音乐家刁锦富遗孀张晓芳。参观考察荡口古镇历史文化街区，参观钱穆钱伟长故居、私立鸿模小学旧址。
7 月 19 日	到校接待无锡市特殊教育学校党支部书记谢韵一行参观特教博物馆。
7 月 25 日—26 日	到江苏宜兴，参观考察宜兴市博物馆、徐悲鸿纪念馆。
8 月 5 日—8 日	到安徽安庆、合肥参观、考察、交流、拜访。在安庆，参观赵朴初故居、劝业场旧址。征集特教实物。在合肥，拜访文物文史研究专家檀力。参观杨振宁故居、安徽博物院旧馆与新馆、渡江战役纪念馆、赖少其艺术馆，拜访新华社安徽分社领导、安徽省聋协领导。
9 月 10 日	去南京卓美亚酒店，参加酒店两周年庆典，应邀作为唯一嘉宾代表致庆典贺词。

9月12日	在南京接待山西大学教授、教育部特聘长江学者侯怀银来访，参观特教博物馆，南京师范大学德育研究所所长、教育部特聘长江学者冯建军陪同。
9月19日	全国人大常委会委员、湖北省人大常委会副主任、华中师范大学教授周洪宇来宁开会，陪同参观南京市博物馆，馆长吴阗讲解。

图一 拜访江学森遗孀（左）合影
图二 与刀锦富遗孀张晓芳（中）合影
图三 檀力捐赠历史照片等特教实物
图四 与卓美亚酒店总经理合影
图五 与侯怀银（右）、冯建军（中）合影

9月20日—30日	到四川、重庆、湖北参观、考察、参会、交流。在四川成都，参加成都市特殊教育研究会成立大会，做《中国百年特教史回顾》发言，与成都市特殊教育学校百年校庆筹备组交流，讲校史馆设计理念与布展策略。参加《成都特教·百年表达》纪录片开拍仪式。拜访成都市教育局副局长马海军、成都市教育学会会长王志坚等。拜访成都特校创始人罗蜀芳生前友好李观泰、曹照琪等。参观四川博物院、成都博物馆。在重庆，拜访重庆师范大学特教系主要创办人张文京，参观卢作孚纪念馆。参观重庆市中国三峡博物馆、中国民主党派历史陈列馆等。在湖北宜昌，参观宜昌博物馆，寻访穆秉谦创办宜昌盲教育遗址，征集盲教育史料。
10月12日	到校给全国特教十八期国培班讲中国特殊教育史概述。
10月13日	到校给贵州省特教校长培训班讲中国特殊教育史概述。
10月22日	到校先后接待山东省特殊教育职业技术学院、南京市栖霞区人大代表参观特教博物馆。
10月26日—11月3日	到江苏无锡、上海、浙江杭州与湖州参观、考察、参会、拜访。在无锡，参观无锡市特殊教育学校新建校史馆，观摩指导国内首部听障人士主演的舞剧《大爱唁铎》排练。拜访盲人音乐家刁锦富遗孀张晓芳。到上海，拜访上海师范大学历史系残疾人史研究专家李生平，交流中国特殊教育活动史古代部分残疾人生活与教育篇章写作事宜。参观上海博物馆。拜访特教名家银春铭先生遗孀薛菊棣。拜访张元济先生嫡孙张人凤。在杭州，参观浙江博物馆，拜访中国残疾人集邮联谊会会长李少华。陪同李少华到湖州市善琏镇参加全国首届农民邮展，参观考察善琏镇湖笔博物馆、嘉业堂藏书楼、张石铭故居、茅盾故居、立志书院旧址、木心故居纪念馆暨木心美术馆、湖州市博物馆。拜访湖州市教育康复学校顾海琴校长、王银环主任等。
11月9日	到校给全国特教国培第十九期校长培训班讲《中国百年特殊教育史》。

11 月 11 日	到校接待南京市栖霞区委常委、统战部部长郭昌标一行参观特教博物馆。
11 月 13 日	到江苏省美术馆参观"写山——李一摩崖书法展",观摩交流书画展陈知识。
11 月 16 日	到校接待南京师范大学党委副书记尚洪波一行参观特教博物馆。
11 月 23 日—25 日	博物馆主办"特殊教育史研究与学科建设高层论坛",特邀北京师范大学教授、中国教育学会教育史分会理事长、长江学者张斌贤、南京师范大学教授、长江学者冯建军、《中国教育报》主编杨桂青等参加。本次论坛为我国改革开放以来首次举办的特殊教育史研究专题研讨学术活动。

图一　参加《成都特教·百年表达》纪录片开机仪式
图二　与李生平博士（右）交流特教史研究情况
图三　拜访张人凤先生（左）
图四　参加"学科建设与特教史研究"高层论坛专家学者合影
图五　向张斌贤等教授颁发博物馆特聘研究员聘书

11月26日—28日	到江苏省镇江市、常州市参观考察、拜访、交流。在镇江，拜访中国人民大学教授韩陈其，参观镇江博物馆。在常州，拜访江苏省盲人协会原主席汪志芳女儿谢玉霞，征集汪志芳参加中国盲人聋哑人代表大会、中国残疾人联合会成立大会合影等特教文物；拜访谢伯子哲嗣谢建红。
12月2日	到校接待北京师范大学特殊教育学教授顾定倩，交流会商中国特殊教育史资料选编工作。
12月3日	到校接待中国残联副主席程凯，江苏省委常委、副省长赵世勇，交通银行副行长郭莽，江苏省残联理事长万力，教育部特教处处长黄伟等参观特教博物馆。接待国家语委原副主任姚喜双一行参观特教博物馆。
12月8日	到校接待江苏省委高校巡视组组长荆和平一行6人参观特教博物馆。
12月11日	到东南大学参观校史馆，参观纪念童寯、李剑晨诞辰120周年特展。
12月27日	到南京江宁，参观江宁博物馆，考察佘村古村落、南朝石刻遗址等。
2021年	
1月4日	到校约南京师范大学刘齐博士等交流特殊教育史资料选编事宜。
1月15日	到校约南京信息工程大学鲍金华博士等交流残疾人概念演变史研究事宜。
1月22日	到校主持博物馆主办的"张謇与特殊教育"研讨会，南京师范大学刘齐博士暨本校科研处、特教学院、管理学院、学报编辑部等相关人员参加。
1月30日	参观考察江宁方山祖龙顶。

3月14日—19日	到四川省成都市，重庆市参观考察拜访交流。在成都市，拜访成都市教育局副局长马海军等，会商由中国特殊教育博物馆、成都市教育局、成都市残联联合主办"百年特教名校校长高层论坛"。约见成都市特殊教育学校、成都市特殊教育资源中心等领导启动推进相关论坛筹备工作。交流成都市特殊教育学校百年校庆筹备工作。拜访龚宝荣先生次子龚义寿。参观四川省博物院"丝绸之路上的文化交流"特展。参观四川省广元市特殊教育学校、阆中市特殊教育学校，参观古蜀道交通历史博物馆。在重庆，吊唁重庆师范大学特教系主要创始人张文京教授。
3月26日	到校接待教育部基础教育司副司长朱东斌、特教处处长黄伟一行参观特教博物馆。
3月31日	到校接待江苏第二师范学院江锡铨教授、《现代特殊教育》编辑部主编顾明珠等会商交流"百年党史中的特教瞬间"专栏开设事宜。

图一　与江苏省委常委、组织部部长赵世勇合影
图二　与赵世勇（左）合影
图三　与程凯副主席（左）合影

3月31日—4月3日	到江苏常州、江阴、扬州参观考察交流、拜访。在常州，拜访谢伯子哲嗣谢建红；拜访常州市教育文史研究专家毛定海；参观常州市家谱馆，拜访谱牒研究专家朱炳国。在江阴，拜访原无锡市聋哑学校副校长宋鹏程哲嗣宋大文，征集宋鹏程特教遗物；参观巨赞法师纪念馆。在扬州，拜访扬州市特殊教育学校原校长朱操，交流特教史研究事宜。
4月7日	到校接待南京二十九中副校长张会齐、正尚传统文化传媒公司总经理钱进等一行参观特教博物馆。
4月8日—12日	到福建福州、莆田参观考察、拜访、交流。在福州市，参观福州市盲童学校，与校长兰廷义交流盲校校园改造及校园文化建设方案。拜访南京特师福州校友卢太阳、刘稚雅等。拜访福州市盲人协会主席陈君恩、福州市人大代表温世林，交流探讨福州盲教师史研究工作。在莆田，参观莆田市博物馆，寻访外国传教士在莆田传教办学遗迹。
4月16日	到校接待中华全国集邮联合会常务副会长赵晓光一行参观特教博物馆、考察中国残疾人集邮馆，江苏省集邮协会副会长葛建亚、中国残疾人集邮联谊会会长李少华等陪同。座谈残疾人集邮事业推进深化工作。著名邮票设计师孙传哲哲嗣孙诗卫、浙江省集邮协会常务副秘书长朱奕航、宁波市集邮协会秘书长李茜到会，会商宁波孙传哲故居纪念馆筹建开放事宜。
4月26日	到南京市聋人学校参加"南京市最美特教老师"评选工作。
4月27日	到校给江苏省融合教育师资培训班学员讲《中国特殊教育史概述》。
4月28日	到校接待中国艺术研究院王巨川博士参观特教博物馆，交流新中国特教名人研究事宜。
4月30日	到校接待南京体育学院党委书记朱传耿、徐州睢宁县人大常委会主任朱韶伟一行参观特教博物馆。

5月11日—16日	到四川省成都市、眉山市会议参观考察交流、拜访。在成都，特教博物馆与成都市教育局、成都市残联联合主办百年特教名校校长高层论坛，从事特教工作的上世纪50年代代表朴永馨、任治平等，60年代代表叶立言等，70年代代表顾定倩、滕伟民等，80年代代表许家成、庄树范等，90年代代表黄汝倩等，本世纪00年代代表丁勇等，10年代代表谢爱明等，20年代代表王小垂等，台湾地区代表杞昭安等参加会议，北京盲校、烟台聋校、长沙盲校、武汉盲校、南通特校、昆明特校等一批百年名校校长参加会议。中国残联程凯、教育部特殊教育处黄伟等对会议召开表示祝贺，中国残联教育就业部、精神残疾人及亲友协会、四川省残联、成都市人大、南京特殊教育师范学院等领导到会致辞。本人作《中国百年特教史概述》主旨报告，接受成都地方媒体采访。
5月13日	到四川成都郫都区参加四川省暨成都市庆祝全国助残日活动，做《中国残疾人观演化历史回顾》报告。参观四川省成都市残疾人职业技能展示活动。参观四川荣军博物馆、四川省革命伤残军人休养院、参观郫都区天府农耕文化博物馆、郫都区豆瓣博物馆。

图一　与福州盲童学校校长兰廷义（右二）、陈君恩（左三）、温世林（左二）、卢太阳（左一）等合影
图二　接待赵晓光（左二）参观博物馆
图三　在成都会议上做主旨报告
图四　参加全国助残日庆祝活动做主旨报告

5月16日	到四川眉山，参观考察三苏祠，拜访全国政协原副主席陈宗兴，汇报中国特殊教育史研究开展及进展情况。
5月18日	到校给江苏省融合教育师资培训班学员做《中国特殊教育史概述》讲座。
6月2日	到校上午接待江苏第二师范学院中文系教授、九十二岁高龄的丰家骅先生做治学路径学术报告。下午接待省政府副省长马欣参观特教博物馆，省委组织部副部长洪浩、省教育厅副厅长潘漫等陪同。
6月7日	到校主持中国特殊教育史史料编选工作研讨会，北京师范大学顾定倩、江南大学冯闻文、南京信息工程大学鲍金华、南京师范大学刘齐、江苏人民出版社于辉等及博物馆全体成员参加。
6月8日—13日	到江苏无锡、浙江杭州和丽水参会、参观、考察、拜访。在无锡，参观无锡博物院，考察无锡云蔼楼，拜访盲人音乐家刁锦富遗孀张晓芳。在杭州，拜访中国残疾人集邮联谊会会长李少华。在丽水龙泉，参加中国邮政《龙泉瓷》邮票首发式，参观浙江省残疾人邮展，拜访浙江省集邮协会常务副秘书长朱奕航、聋人集邮家代表王昆明等。参观考察丽水市博物馆、龙泉瓷博物馆，征集特教文物。
6月16日	上午到校接待四川成都残联系统干部培训班全体成员参观特教博物馆。
6月23日	特教博物馆主办朱操书画捐赠仪式暨南京特师91级大专班部分校友回校活动，接受扬州市特殊教育学校原校长朱操捐赠家藏书画《雪中送炭》一幅，校长黄军伟、党委副书记王立新等参加捐赠仪式。
6月30日	到校接待上海师范大学残疾人史研究者李生平，交流研讨中国古代特殊教育活动史写作事宜。
7月7日	到南京大学博物馆参观"金陵石语"特展，拜访南京大学博物馆馆长史梅。

图一　与全国政协原副主席陈宗兴（左）合影

图二　与丰家骅教授（左）合影

图三　与马欣副省长（右）合影

图四　中国特殊教育史史料编选工作研讨会

图五　与全国残疾人集邮爱好者、杭州市残疾人集邮协会邮友等在浙江省邮展开幕式上合影

图六　中国特殊教育博物馆 2021 届学生志愿者欢送会

图七　黄军伟（右）给朱操（中）颁发捐赠证书

<table>
<tr><td>1</td><td>2</td></tr>
<tr><td>3</td><td>4</td></tr>
<tr><td>5</td><td></td></tr>
<tr><td>6</td><td>7</td></tr>
</table>

7 月 9 日—18 日	到北京、河北参会、参观、考察、交流、拜访。在北京，参加北京师范大学特殊教育学院成立暨特殊教育专业创办 35 周年大会，代表特教博物馆赠送"特教学科肇于兹"特制匾额一块。拜访朴永馨、顾定倩、王雁、邓猛、张茂聪等。拜访北京师范大学聋人教授郑璇博士、中国残疾人艺术团总监邰丽华。拜访北京师范大学张斌贤教授。拜访中国教育学会原会长顾明远教授，专报无锡市特殊教育学校校牌制作安装事宜，此校旧校名为"无锡市聋哑学校"，校牌由著名作家、书法家郭沫若题写。学校现校名"无锡市特殊教育学校"，我推荐恭请顾明远教授题写。到八宝山革命公墓给黄乃、洪雪立、吴燕生三位杰出的中国盲聋哑事业开拓者扫墓，顾定倩教授亲自开车接送。拜访北京源创图书出版公司吴法源。拜访中国盲人协会原常务副主席滕伟民。参观考察北京启喑实验学校，拜访校长谢爱明、办公室主任王秋阳。参观考察中国园林博物馆、国家图书馆。在保定，拜访上海盲校民国时期校友许重芳、徐迎祥夫妇。参观考察保定市博物馆，寻访 1908 年公办保定盲哑学校办学遗迹及历史资料。参观考察定州博物馆、正定博物馆。在石家庄，受中国残联副主席程凯委托，联系石家庄特教学校校长李灿、正定特教学校校长常丽旭等。参观考察河北博物院、毗卢寺佛教博物院。在石家庄、邯郸、邢台，拜访宋史博士牛晓旭、教育管理学博士张伟达、古代史博士郭志伟。
7 月 19 日—20 日	到安徽合肥巢湖区，给安徽省特殊教育师资暑期培训班学员做《中国特殊教育史概述》讲座。
7 月 21 日	到校接待浙江省宁波市特殊教育中心学校袁东，座谈交流中国特殊教育史合作研究事宜。
9 月 5 日	到江浦西埂莲乡，拜访中国驻朝鲜大使馆大使秘书康建邺，问询交流朝鲜特殊教育特别是盲童教育发展情况，他提供了几段朝鲜盲童表演节目的视频。
9 月 17 日—18 日	接待浙江外国语学院特聘教授、中国教育政策研究专家孙绵涛，求教中国特殊教育通史研究问题。陪同参观特教博物馆，孙教授题词"中

图一　北京师范大学特殊教育学院成立暨特殊教育专业创办 35 周年大会代表合影

图二　与顾明远教授（左）合影

图三　在保定拜访许重芳夫妇

图四　在北京启喑学校参观考察留影

图五　与顾定倩（右三）、邬丽华（右二）、郑璇（右一）、陈源清（右四）合影

图六　与张斌贤教授（左）合影

图七　代表中国特殊教育博物馆祝贺北京师范大学特殊教育学院成立赠送牌匾

1	2
3	4
5	6
7	

国特殊教育的荣耀"给予鼓励。

9月24日—28日	到浙江宁波、杭州参会、参观、考察、拜访。在宁波，参加中国邮票设计大师孙传哲故居纪念馆建成开馆仪式，参观《孙传哲邮票设计人生》特展。拜访中华全国集邮联合会常务副会长赵晓光。拜访宁波市特教学校袁东，考察宁波外国传教士办学传教历史遗迹。拜访中国残疾人集邮联谊会会长李少华、残疾人集邮家王昆明等。拜访浙江省集邮协会常务副秘书长朱奕航、宁波市集邮协会秘书长李岚。在杭州，参观考察南宋书房，会商交流文创设计制作量产等事宜。参观浙江省博物馆、文渊阁纪念馆。拜访浙江大学历史系李生平博士，交流会商中国特殊教育史古代部分研究工作。
10月8日	到南京市聋人学校，考察交流学校美术教育基地场馆建设情况。
10月12日—17日	到北京、天津参观、考察、交流、拜访。在北京，参加中国教育学会特殊教育分会年会，拜访北京师范大学特殊教育系顾定倩教授。参观北京艺术博物馆、中国国家博物馆、故宫博物院、清华大学艺术博物馆。拜访北京大学历史学系郭卫东教授，会商交流中国特殊教育通史研究团队组建工作。约见在京参会的杭州聋人学校校长严丽萍、成都市特殊教育学校校长杨剑梅、无锡市特殊教育学校校长荣耀、山东省泰安市特殊教育中心校长高理敬、湖北省武汉市盲童学校校长张德志、上海市盲童学校校长徐洪妹等，交流特校校史研究与校园文化建设工作。在天津，拜访天津师范大学教授、中国电影金鸡奖评委杨爱君，会商交流中国残障题材电影合作研究事宜。参观天津博物馆、梁启超纪念馆、李叔同故居纪念馆，拜访天津著名盲人作家郑荣臣。
10月18日	到校邀请《现代特殊教育》(高等教育版)主编李泽慧给特殊教育通史研究团队做《认识儿童多样性》演讲。
10月19日	到校接待全国政协副秘书长、民进中央副主席朱永新一行参观特教博物馆，汇报交流中国特殊教育通史研究进展情况。陪同人员有南京晓庄学院张济洲教授、江苏翔宇教育集团总校长卢志文等。

10 月 20 日—21 日	到校接待无锡盲人钢琴家刁锦富遗孀张晓芳一家参观考察特教博物馆，交流刁锦富遗物捐赠事宜。
10 月 27 日	到校上午接待江苏省发展改革委员会社会处处长郝琳等一行参观特教博物馆。下午接待四川省成都市特殊教育学校校长考察团参观特教博物馆。与成都市特殊教育学校杨剑梅校长、先照勇主任等会商百年校庆相关筹备工作。
11 月 3 日	到校接待浙江卫视、南京电视台电视采访，访谈浙江省杭州市聋人学校创始人龚宝荣特教生平及历史贡献。

图一　与中国驻朝鲜大使秘书康建邺（左）合影
图二　与孙绵涛教授（左）合影
图三　与赵晓光（中）、朱奕航（左）在孙传哲故居合影
图四　与朱永新教授（右）合影
图五　接受浙江卫视采访时合影

11 月 5 日	到南京市栖霞特教学校会商校园文化建设事宜。到华东饭店拜访中国教育报常务副总编张圣华。
11 月 8 日	接江苏第二师范学院教授王铁军到校讲中国特殊教育通史研究路径及方法，陪同参观特教博物馆。
11 月 12 日—14 日	到江苏泰州、盐城参加干部培训，参观泰州中国人民解放军海军诞生地纪念馆、盐城新四军重建军部旧址及新四军纪念馆。参观考察盐城师范学院校史馆。
11 月 21 日	到江苏省美术馆旧馆参观"杨廷宝先生诞辰 120 周年特展"。
11 月 24 日	到校接待江苏省作家协会副主席、《钟山》杂志主编贾梦玮给特教史研究团队讲中国残障题材文学作品研究。
11 月 28 日	到南京雨花台参观考察方孝孺文化纪念场所。
11 月 29 日	特教博物馆举办"国家社科基金教育学一般项目《新中国特殊教育思想史》"开题会，邀请江苏省特殊教育研究会理事长丁勇、南京师范大学教育科学学院任晓燕、南京市聋人学校校长陈源清、江苏省教育规划办张为民等参加，本校黄军伟校长、王立新副书记等参加。
12 月 8 日	上午邀请南京航空航天大学朱进东教授、刘世红副教授到校做"德国哲学与人学兼及残疾人观"学术讲座，陪同参观特教博物馆。下午到南京大学博物馆参观"南雍华珍"古籍善本特展。
12 月 17 日	邀请《传媒观察》杂志社副主编贾梦雨博士给特教通史研究团队做《传媒视野下的残疾人现象及思考》讲座。
12 月 18 日	到南京博物院参观《宋韵——士大夫的精神世界》特展。
12 月 22 日	到校接待南京市博物馆副馆长邱晓勇一行参观考察博物馆。

12月29日	到南京市聋人学校给美术教育基地聋人美术班学生做"用志不分乃凝于神　心雄万夫手绘千秋——中国聋人书画家群体探析"讲座。接受江苏卫视、南京电视台等电视采访。
12月30日	国家新闻出版署发布《出版业"十四五"时期发展规划》,《中国特殊教育通史》成功入选《"十四五"时期国家重点图书、音像、电子出版物出版专项规划》。该项目的成功获批,得到了山东教育出版社的全面合作,得到了北京大学郭卫东教授、北京师范大学顾定倩教授的全力支持,也展现了我校中国特殊教育博物馆在全国特殊教育史研究领域的学术优势与中心地位。《中国特殊教育通史》丛书出版计划分为5部著作。这套丛书的入选,同时也进一步支持了我校中国特殊教育博物馆承担的国家社科基金重大招标项目《中国特殊教育通史》(批准号:21&ZD221)的研究工作,为项目的顺利完成提供了出版支持。此前,《中国特殊教育通史》已获批国家社科基金重大项目。
12月31日	到江苏省社会主义学院(江苏中华文化学院)参加《雅集》创刊十周年座谈会,拜访江苏省人大常委会原副主任赵龙、著名书画家萧平、宋玉麟、中国第二历史档案馆副馆长王俊明等。

1	2
3	

图一　与王铁军教授(左)合影

图二　接受江苏卫视采访

图三　江苏省人大常委会原副主任赵龙(中)、爱德基金会理事长丘仲辉(左)参观考察博物馆

编后

记得 2010 年刚到南京特师工作时，我对博物馆及博物馆建设一窍不通，对特殊教育及特殊教育史研究不通一窍。非常感谢南京博物院院长龚良先生，那时他说："你先去看一百个博物馆，看多了自然就有思路方法了。"非常感谢周有光先生，百岁人瑞的他通透旷达睿智明亮，他说，特殊教育很重要，特殊教育博物馆更重要。一般历史博物馆，呈现的都是社会历程中的血与火，是愚昧与文明进行斗争的历史，而特殊教育博物馆，应该全是爱的世界，是慈善的世界，是公平正义文明进步的世界。他让我抓紧去找黄加尼（盲人，盲文研究专家）、沈家英（盲文、手语研究专家）他们。

十多年来，感谢学校提供的良好工作条件，感谢全国特教界诸多前辈的关心帮助指导厚爱，我差不多是马不停蹄且乐此不疲。唐代诗人羊士谔诗曰："莫问华簪发已斑，归心满目是青山。"宋代词人辛弃疾有词曰："我见青山多妩媚，料青山见我应如是。"明代文学家杨慎有词曰："青山依旧在，几度夕阳红。"清代画家石涛名言："搜尽奇峰打腹稿。"当代政治家毛泽东说："踏遍青山人未老，风景这边独好。"依据日记，我粗粗存录了每年进行特教寻踪、田野调查、实物征集、人物访谈的流水账，真是"落叶满空山，何处寻行迹""步步寻往迹，有处特依依"。

编外

特教铎语篇

导语

"不患寡而患不均"，而平等并不是平均。而平均，无论是理论上还是实践中，都不可能量化式存在。不要说绝对平均，就是相对平均也只是一种动态平均。人不应有分别心的，但人一定是有差别的，一定会有男女、健残、愚智、强弱、老幼、高矮、胖瘦等之别。特殊教育，就是要面对差别，面对特殊，面对障碍，面对困难，甚至面对不平均、不平等。人生而有差别，人生而求平等。从差别到区别到特别到平等，在特殊教育方面，博爱之心、博爱之行是基础，是关键，是核心。特殊教育，就是先爱而有教、后教之有方。多年来我因为从事特教，得到了许多人的博爱、厚爱、友爱。他们对我的爱，主要还是源于对特教的爱。爱是世上最美的语言，爱是面对差别、放下区别、追求平等的神兵利器。本编所选文章，就是爱的象征、爱的彰显、爱的结晶。他们的话，如铎之声；他们的爱，如旱之霖。这不是简单的肯定、认同、褒奖，她更是鼓舞，是激励，是鞭策，是期望。如果我们错把别人的爱当成对自己的赏识、庇护与纵容，那就等同于溺爱了。之所以选编这些文章，一是希望自己不要忘记曾经的爱，二是希望自己不要溺于爱，更不能因为自己溺于爱而把别人的博爱活活演变成为别人的错爱。

一、周洪宇：序《中国特殊教育史话》

——一个特别的人写的特别的书

南京马建强，身颀长，发微卷，一袭薄巾，翩翩风度，谈吐儒雅，吴侬软语，典型江南俊男。这是他给我初识时的印象。彼时是 2013 年 12 月深圳全国教育史年会。我们以文会友，初次见面。

初识建强先生，我就觉得他很特别。这种特别不仅仅在于他艺术家的打扮，更在于他丰富的人生经历。从中学教师、大学教师到《莫愁》副总编和作家，再到当下的中国特殊教育博物馆馆长、教授，多彩的生活阅历造就了这个特别的人。

同年 12 月底，我应邀来到他的中国特殊教育博物馆，再一次近距离感受到了他的特别之处。可以说，这些年他一直痴迷于一件特别的事，即挖掘、梳理、重现中国特殊教育的活历史。这件特别的事他又分两个部分来做，一是完善丰富中国特殊教育博物馆，这是从图像史学、形象史学、影视史学的角度为后世留下更多的史料，二是整理撰写中国特殊教育历史，这是对教育历史活动的归纳总结和提升。现如今，这件特别的事又向前推进了一步，继其《追寻近代教育大师》和《民国先生》等著作之后，新作《中国特殊教育史话》又即将由新华出版社付梓发行。

这是一本特别的书。说它特别，是在三个方面：

一是视角特别。

中国教育史的研究多关注普通教育的相关事宜，很少有人会去关注特殊教育特别是聋哑教育的发展，这也是中国教育史研究的一个薄弱环节。

究其原因在于特殊教育史料的搜集颇为不易，再加上特殊教育史的研究还须具备一些特殊的本领，如能识别一些盲文、懂得一些手语等等，这些条件的制约使得我们教育史研究者少有涉及这一领域。而在这方面，建强先生就占有得天独厚的优势，依托于南京特殊教育职业技术学院的学术平台，他顺利地解决了其他教育史研究人员不能解决的专业难题，完成了这部角度特别的著作。

二是材料特别。

正如上述，特殊教育活动的史料搜集极为不易，但建强先生不辞辛苦，东奔西走，经常一个人远赴北京、青岛、武汉、成都等中国较早开展特殊教育的城市，寻访这些城市中特殊教育历史发展的蛛丝马迹。他著作中除了常用的《中国特殊教育史资料选》以外，还有诸多如《烟台启喑》《聋人世界寻旧踪》《暗铎》等不易搜寻的史料。正是有了这些特别的史料，才让"史话"更加的充实饱满。

三是写法特别。

《中国特殊教育史话》这本书以人物为珠，以时间为线，将中国特殊教育历史上的知名人物串联在历史发展的主线之中。翻阅这本书可以发现，它与一般的教育史著作颇为不同，轻松生动，旁征博引，信手拈来，极具可读性。历史研究本就是一个叙事的过程，而建强先生用他作家的生花妙笔，将一个个的故事讲的活灵活现，融教育于生活之中，读来通俗易懂，体现出了大众教育的功能。

诚然，《中国特殊教育史话》的出版仅仅是第一步，在满足大众阅读的同时我建议建强先生能够再出一部专业性学术著作——《中国特殊教育活动史》，加入我主编的《中国教育活动史研究系列》，从而在大众阅读和学术研究两个方面充实他的那件特别的事。

特别的人，特别的事，特别的书。

是为序。

2014 年 11 月 1 日

（周洪宇，全国人大常委会委员、湖北省人大常委会副主任、国务院学位委员会教育学科评议组成员、中国教育学会副会长、长江教育研究院院长、华中师范大学教授。此文为《中国特殊教育史话》序言）

图一　与周洪宇（左）合影
图二　《中国特殊教育史话》书影

二、郭卫东：序《中国特殊教育史话》

马建强先生的新著出版在即，嘱我作序，愧不敢当。只因先前曾涉猎中国近代特殊教育的研究领域，深感此领域为待垦的学术处女地，中国现有数千万残疾人，其研究却多呈"失语"状态，建强先生尽力为此弱势人群著史传书，实为难得。职是之故，鄙人乐意为序。

建强出生农村，却受过良好教育，生长南地，为人儒雅；其经历丰富，曾任大中学校的教师和知名刊物《莫愁》杂志社的总编；又秉持对残障人群的爱心爱意，投身特殊教育事业，出任南京特殊教育师范学院中国特殊教育博物馆馆长和编审。其孜孜汲汲，大作迭出，有《追寻近代教育大师》《民国先生》《谢伯子研究》等作品问世。建强对中国的特殊教育事业特别是中国特殊教育博物馆事业有许多目光阔大的设计考量和长远愿景，自谓"才不大，志已疏，学未成，气尚足"，乃学有素养、潜质厚重的学人自勉谦辞也。

建强的大作略分四章，第一章叙说外国传教士开启中国特教山林的事迹，第二章讨论中国特教事业的本土开拓者，第三章铺叙残疾人造福同病自办特教的功德林，第四章述说从事中国近代特殊教育事业的名家风范。这一谋篇布局编织了一幅中国近代特殊教育薪火相承数代相继的先驱谱，正好体现了中国近代特殊教育的历史转承和真实行状。中国特殊教育曾出现几次历史性的转变：其间，有古代残障教育向近代特殊教育的转型；有外国来华教会主办向国人主办的转型；有私立学校向公立学校的转型。此乃教育发展、民族觉醒和时代进步主题中的应有之义。

建强殚心竭力，截取各时段的重要人物，从物到人，以人论史，由事及人，以人论教，目光自具，既不乏发覆之见，戛戛独造，又文笔优秀，琳琅美文，满溢引人入胜的故事，颇具可读性。该著广泛搜罗资料，采访相关人员，对国内的特殊教育名家（包括他们的学生、朋友、家人）都拜访了一个遍，不但是读万卷书的成果，也是行万里路访百家坛的佳酿，是文本史料和口述史料结合的佳作。是著的推出，在建强，是个人的长年营造和心血所得，意在彰往知来，抚今追昔，留存史迹，布道今人；在社会，也当具影响力，因为特殊教育是弥补人类某一群体自身缺陷的伟大活动，它的产生，既有科学技术的进步、教育观念的拓展，又有人权意识的高涨、平等理念的振兴。它使残疾人残而不废。向包罗无遗的人类所有群体打开受教育的通途，使教育机会人人平等共享，正是近代教育与古代教育的根本不同点。恰如建强先生所言："特殊教育事关社会文明进步，事关人间公平正义，事关国家民主富强。"在人类自身进化的历程中，特殊教育产生的重大社会价值是怎样地估量也不过分的。这也正是本著的学术价值和社会关怀所在。特此为序。

2014 年初冬于北京大学

（郭卫东，北京大学历史学系教授，博士生导师。
此文为《中国特殊教育史话》序言）

图　与郭卫东（右）合影

三、周洪宇：序《共和国教育学 70 年：特殊教育学卷》

得知马建强先生主编的《共和国教育学 70 年：特殊教育学卷》出版在即，我既欣慰又感慨。欣慰的是，共和国特殊教育学的七十年发展历程梳理终于有了一份代表作品，这是我作为教育史研究者特别想看到的一种学术传承；感慨的是，建强这些年来一直在攻坚克难，由一个教育史的门外汉成为特殊教育史的专家。

我与建强六年前于深圳全国教育史年会相识后，常有往来互动。每次我赴南京开会，建强得知后一定会开车带我在南京走走看看，南京的每一块城砖瓦片他都能娓娓说出它们的故事来；而对于特殊教育的历史脉络，他更是了如指掌，这些都在他筹建的南京特殊教育师范学院中国特殊教育博物馆中得以体现。他从中学教师、作家、记者编辑变成今天特殊教育史的专家，这过程中凝结了他很多的心血。为了研究特殊教育史，他常年独自奔走在全国各地，搜集特殊教育的史料和实物，寻访特殊教育的专家和前辈，除了建成国内第一家教育博物馆，馆藏丰盛，展陈新颖，还出版了《中国特殊教育史话》一书。该书以人物为珠，以时间为线，将中国特殊教育历史上的中外知名人物串联在特殊教育历史发展的主线之中。翻阅这本书可以发现，它与一本的教育史著作颇为不同，轻松生动，娓娓道来，旁征博引，信手拈来，极具可读性。特殊教育事关社会文明进步，事关人间公平正义，事关国家民主富强。让全社会了解残疾人了解特殊教育，让特殊教育多为世人所知道、促进世人多人道、推动世人所多助，建强和他的中国特殊教育博物馆、他的《中国特殊教育史话》一起，在这个经济社会全面进步、残疾人事业加快发展的新时代，贡献是具体可感的、有目共睹的。我曾经几次专门去博物馆参观，每次都很有收获与启发。

6 月中旬建强来武汉参加 2019 年世界集邮展览，顺便给我捎来这部《共和国教育学 70 年：特殊教育学卷》书稿，请我提些意见。我大致浏览了一遍，感到建强的研究很不容易。特殊教育在国内教育学界不是当下研究重点和热点，研究者人数不多，学科建设基础薄弱。在建强研究之前，几乎没有什么人对新中国成立以来特殊教育学科发展的资料做过整理与分析。他的特殊教育史研究、特殊教育学科史研究，完全是坐冷板凳的研究，是摸着石头过河的研究。在国内尚缺乏系统的特殊教育学科发展研究的情况下，他得道多助组团队，上下求索找史料，在较短的时间内主编完成了这部《共和国教育学 70 年：特殊教育学卷》，分上、中、下三篇全方位展现了 70 年来共和国特殊教育学科酝酿、孕育、探索、建设、发展、形成的宏伟篇章，是特殊教育学者向共和国 70 年献上的最好礼物。对于本书的内容我不想做多余的评述，每一位读者在认真阅读之后肯定会做出自己的判断。

建强向我索序，我欣然答应，既是基于我与建强的私人交往，更是因为我作为全国人大代表，理应为特殊教育发展改革鼓与呼。早在2005年我就向全国人大提交了制定《中华人民共和国特殊教育法》的议案，今年"两会"我又提交了《关于全面实施残疾学生15年免费教育的建议》，这些议案建议在社会上引发了普遍关注，并在一定范围内起到了推动作用。我认为，让残障人士享受公平高质量的教育是现代国际社会的普遍共识，也是教育公平均衡发展的重要一环，更是推进教育现代化、实现教育强国的重要目标之一。所以，为特殊教育鼓与呼，是我应尽之责，也是我应有担当。我更期待特殊教育界的专家学者同行们，在包括特殊教育学学科史研究在内的特殊教育理论研究与实践探索方面，齐心协力，久久为功，共同推动中国特色特殊教育事业取得更大成就，共同推动中国残疾人事业取得更大发展。"合抱之木，生于毫末；九层之台，起于累土。"

建强凭借着他对中国特殊教育事业的热爱，依靠着顽强的毅力和耐性，从每一条史料、每一个物件入手，汇聚成为今天的"合抱之木""九层之台"。当然，我更希望建强能够再接再厉，率领团队完成我们承担的"'十三五'国家重点图书出版规划项目"《中国教育活动史研究系列》之一《中国特殊教育活动史》，为特殊教育的"九层之台"继续添砖加瓦。

是为序。

2019年8月1日
于武昌东湖远望斋

（周洪宇，全国人大常委会委员、湖北省人大常委会副主任、国务院学位委员会教育学科评议组成员、中国教育学会副会长、长江教育研究院院长、华中师范大学教授。此文为《共和国教育学70年：特殊教育学卷》序言）

图　与周洪宇（左）合影

四、朴永馨：序《共和国教育学70年：特殊教育学卷》

昭昭前世，惕惕后人。历史是最好的教科书。知史鉴今，知今望远。任何事情都有其发生、发展过程。了解一个事物，不只要知其现状，还要知其过去和看到未来。对每一门社会科学的科学态度亦应如此。特殊教育是教育学科下的二级学科，但其与心理学、社会学、医学、生理学、康复学、技术学等诸多自然和社会科学有着密切的联系，又是一门交叉和边缘学科。

今天我们理解的特殊教育是指有特殊教育需要的人的教育，当前主要是指有各种类别、各种程度的障碍（残疾）青少年儿童的教育。特殊教育学是指研究特殊教育内部、外部现象及其规律的科学。现代特殊教育产生于十八世纪欧洲，有200多年的历史；而特殊教育学产生于其后。中国的现代特殊教育产生于根据不平等条约外国传教士进入中国传教的十九世纪后期。其后外国传教士、本国仁人志士与教育专家均投身其中，扶弱助残，仁者爱人，筚路蓝缕，久经艰难，历晚清，经民国，直到中华人民共和国成立前，虽已有42所盲、聋哑学校，有了特殊教育事业，但是还没有特殊教育学科。特殊教育与特殊教育学科有密切联系，但不是一个概念，其对象与内涵不同。特殊教育学科在特殊教育实践基础上产生，要应用于这个实践，指导这个实践，是对特殊教育实践规律的揭示与总结。新中国成立后，特殊教育事业随着整个国家的发展有了巨大的发展，不只是性质、地位发生了根本变化，而且逐渐融入了整个国家教育事业和体系，逐步做到同步发展。特殊教育学作为教育学科分支既有与普通教育学共性的一面，又有其独立、特殊的一面。同时，我国特殊教育学又有与世界特殊教育学科共性的一面，也有在马克思主义指导下与其他国家特殊教育学不同的特点。在我国特殊教育事业快速发展的同时，特殊教育学科也有发展，但相对缓慢，对其历史的研究就更薄弱。

我五十年代中期公派出国留学特殊教育，六十年代初期回国参加特殊教育工作，六十多年来，亲自参与和经历了新中国特殊教育事业发展的差不多全过程。作为一名老特殊教育工作者，我十分感谢南京特殊教育师范学院马建强等一批朋友勇敢地承担了修共和国70年特殊教育学史的重担。他们在时间紧、人手少的情况下，多方奔走拜师求友，搜集材料日夜整理，相互讨论切磋研究，在较短的时间内整理出近30万字的《共和国教育学70年：特殊教育学卷》。这是一件了不起的工作和创举。这是前人未做过的工作，无可参考。他们把特殊教育学学科史进行了比较恰当的分期，认真整理了特殊教育学科及特殊教育事业发展的历史史实，论述了特殊教育学科的发展特征与基本成就，还认真编写了史料性很强的大事记，可喜可贺。

当然，作为开创性的工作和研究总有其局限性与不足。我认为，不论其有多大的缺陷和不足，也会给后来人铺路，至少留下给后人批判、射击的靶子，避免后人从头再来，或许那时很多材料已无从收集。

我希望，本书编著者以及热心特殊教育学史的朋友们今后能进一步全面搜集、补充和订正我国特殊教育发展的历史事实，能进一步去粗取精、去伪存真、由表及里的深入分析我国特殊教育学术发展、学术争鸣、学术矛盾，与普通教育学和国外特殊教育学进行比较分析，深入探究我国特殊教育学发展的规律、特点和中国特色，为中国特色的特殊教育事业发展和世界特殊教育学科发展做出这一代中国人应有的贡献！

再次谢谢本书编写者的辛勤劳动！应编写者要求写了一些感想，权作为序。

朴永馨

2019 年 7 月

（朴永馨，北京师范大学特殊教育系教授、中国高等教育学会特殊教育研究分会名誉理事长。此文为《共和国教育学 70 年：特殊教育学卷》序言）

图　与朴永馨（右）合影

五、贾梦玮：序《民国先生》

——我与建强的公谊与私情

至少是在江苏，马建强是几"界"著名人物。比如在教育界，他曾任常州市金坛区社头中学教师、江苏教育学院（现名江苏第二师范学院）大学教师多年，现又在南京特殊教育师范学院任职，是教育专家；在编辑行当，他曾任江苏教育出版社编辑，又曾任江苏《莫愁》杂志社总编辑，《莫愁·家教与成才》更是在他手上创办而声名远扬获得良好社会效益经济效益的；在文学界，熟悉马建强的人很多，他不仅是位散文作家，也是个文学的热心人，关心作家，关心文学的生存和发展。

建强从事的这些行当，细察之下，都与教育相关，教育是贯穿的红线。他平时说话，声音或高或低，话题往往不离教育；提笔为文，选择叙写的对象，无论是蔡元培、胡适，还是朱自清、叶圣陶……也基本是与文教相关的人物。不仅是与文教相关，也不仅仅是为文教做出了重大贡献，这些人物的为人、为教、为文都足当楷模，故而让建强为之深深折服。也许在建强看来，只有在民国，才可能出现这样一些人。他是从心里喜欢他们、感佩他们、景仰他们，于是通过各种途径，尽一切可能搜寻与他们相关的资料。这种搜寻费时费力费神，可是建强乐此不疲；由于"爱"，爱得深沉而又热烈，因此寻找多年，居然还能有许多新的发现，真不可不谓是奇迹。建强的"意外之喜"，连旁人也要为他感到高兴。

建强从来不是个吃"独食"的人，有好的东西一定要和大家分享；我的理解，这种"分享"，更多是建强自己的需要。也是因为"爱"，说起他喜爱的人物，建强的嗓门也就没法小下来，雄健洪亮，声震屋宇。他是要把自己喜爱的人介绍给大

家，又怕别人开小差。他是个爱憎分明的人，他的爱憎分明也有其特色，主要体现在"爱"上：不留余地，尽情抒发，喜爱之情溢于言表。因为所说不少是大家自以为熟悉的人物，听众们开始还有点心不在焉，但不知不觉便会被他所感染，于是屏声敛气，侧耳倾听。人到中年，建强依然非常阳光，在他的阳光之下，好坏、红黑、忠奸立判；在现实生活中，他倒不攻击、斥责别人，对于自己所厌恶的对象，他也不多加评论，好像懒得去提。所以建强又是个只"立"不"破"的人。但因其"爱"之分明，"立"之不遗余力，"憎"和"破"也就不言而喻、不攻自"破"了。

说之唱之，舞之蹈之，人到中年，犹嫌不够，只能落笔成文，让其所爱在叙写中"神气活现"——这是建强的功德和公德。收在这本书里的文章，大部分曾在《钟山》发表，间接地，我也受感染不少，学习到很多。

以上是"公"，再说点"私"。

我与建强同龄，相识已近二十年，没有利益往来，

居然能不离不弃，君子之谊倒大有"老而弥坚"之势，在这样一个时代，实属不易。这种纯粹的友谊，曾经广受推崇，如今却似乎已有点不合时宜了。所谓"利益不长久，'友谊'三五日"。然而，只要人与人之间还有精神相通，还能惺惺相惜，互相欣赏与砥砺，友情便不会消亡。

我与建强如此，原因何在？我想大概是因为"宽容"吧。世界是复杂的，并非所有的事物都可以拿来做非黑即白的判断，在黑和白之间还有一个广阔的灰色地带，对"人"来说就更其如此，不论它是某个个体，还是一个群体。只有视角足够的"宽"，你才能看到朋友的全部；只有心灵足够的强大，你才能"容"下对方的所有。我本想说点"私"，居然又说到"公"上去了。我想"私"倘能与"公"同构，大概就可能有真正的友谊了吧。

写于 2012 年 11 月

（贾梦玮，江苏省作家协会第九届委员会副主席、党组成员、书记处书记，《钟山》杂志主编，一级作家。此文为《民国先生》序言）

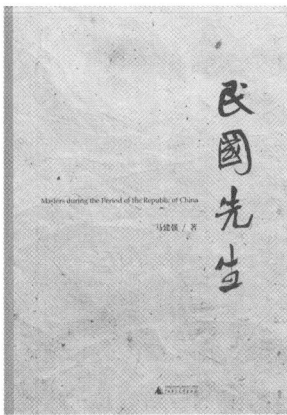

图一　与贾梦玮（左三）合影
图二　《民国先生》书影

六、陈少毅：追寻即将湮没的历史 传播大爱无疆的精神

——读《中国特殊教育史话》

历史人物有如照亮黑暗的火把，又如茫茫夜空中的璀璨明星。当阅读《假如给我三天光明》时，我们会被海伦·凯勒这跨越百年的美丽圣洁光环引领着激励着；当阅读《贝多芬传》时，那英雄交响曲会余音不绝地缭绕在你的耳旁激荡在你的心间；托马斯·霍普金斯·加劳德特偶遇一位9岁的聋哑女孩爱丽丝，由此他发愿创办了美国第一所聋童学校……可是，如果人们问：在中国特殊教育界是否也有这样震撼人心的巨星或名人？你得到的恐怕是一脸茫然。其实，在中国特殊教育的历史上，也是从来不乏这样的人士的。只不过由于长期被遮盖被掩藏那段历史已经依稀湮没，我们已经长时间没有注意和发掘这样的人物而已。

今天，我们终于看到了一部这样的著作，这就是中国特殊教育博物馆馆长马建强教授的《中国特殊教育史话》（新华出版社2015年版）。这部著作以27万字的篇幅，描述了中国近代特殊教育从1874年起源到1949年新中国成立这一期间的十几个重要特教人物可歌可泣的特教生涯。他们中有不远万里来到中国传播爱心的外国传教士，有本土叱咤风云开启民智的历史文化名人，有"造福同病艰难办学"的聋人特教家，有开辟草莱矢志奉献的职业特教名家。马教授从那些或被封尘或被掩埋或被遗忘的史料中挖掘起底寻觅遴选整理成文，读此书有如拨开云雾擦去封尘，这些特教前辈在星汉灿烂的夜空中重见光辉。

残疾人是社会的弱势群体，面对残疾人的特殊教育是教育的弱势典型。其体现在各类教育发展中它总是处在最后的位置，甚至可有可无的位置。特殊教育方式也总是充满争议布满艰辛，乃至于特殊教育历史和人物更容易被人轻视而难以保留，因此特殊教育历史研究一直缺位。早在1915年，清末民初著名实业家张謇说过：中国失教，宁独盲哑。100年后的2015年，中国教育历史研究和著述，也可以说独失特殊教育。我们能看到的中国特殊教育历史和人物只有零散的碎片和模糊的背影。

越是弱势群体的事业，社会重视和关注就越少，做起来就越加艰难。然而，越是难做的事业越能显出人性的光辉和人格的伟大。其实，我们的特殊教育前辈中从来不缺"我不入地狱谁入地狱"的先贤。《中国特殊教育史话》中的人物，几乎个个都有殉道士的献身精神甚至执着的对残疾人的热爱，他们为特殊教育事业或筚路蓝缕，或倾尽一生，或尽力所能，或倾心扶持……

威廉·穆瑞，他创办了中国历史上第一所盲校，创建了中国第一套盲文，给千千万万的中国盲人在无光世界里点燃了一盏明灯。创办我国第一所聋人学校的米尔斯夫人，在丈夫去世、女儿病故、资金中断的困境中，她一生坚守中国聋教育，

"献了青春献终生，献了终生献亲人，献了亲人献子孙"。她编写的中国第一部聋校教材《启哑初阶》，使聋教育如蒲公英种子一样遍布全中国，影响东南亚。

1888年在汉口创办"汉口训盲书院"的大卫·希尔，取汉名（李修善），穿汉服，说汉语，书汉文，终身未娶，用父亲的遗产买地建医院、办两所盲人学校。他因避雨受寒诱病在汉口去世，下葬日汉口长江江面所有轮船为之降半旗。

1931年先天失聪的龚宝荣，抱着"为同病造福"的愿望，在母亲的支持下，卖掉家里田地，典当所有家产，在杭州创办起私立吴山聋哑学校，开启了中国聋人创办聋校的先河。他首创了40个注音符号手切图，编写了《手切课本》。1937年日本发动全面侵华战争后，学校师生辗转流亡余杭、临安、兰溪、永昌、龙游、淳安，但始终继续办学，一直坚持到抗战胜利，成为抗战期间唯一一所没有停办过一天学的聋校。

1915年，晚清状元张謇创办盲哑师范科，次年创办狼山私立盲哑学校并亲任校长。

1912年，傅兰雅、傅步兰父子创办上海盲童学堂，从该校毕业的部分盲生相继获得美国硕士学位、博士学位。

1919年，齐鲁大学高才生杜文昌，放弃个人美好前程，情系聋哑人，创办私立北京聋哑学校，为聋教育奉献一生。

1938年，罗蜀芳创办成都私立明声聋哑学校，她的事迹感动了海伦·凯勒。为此，海伦·凯勒她三次慷慨给罗蜀芳捐款。

…………

2010年，南京特殊教育师范学院果毅决定筹建中国特殊教育博物馆，这是一项对特殊教育也是对整个社会功在千秋、造福万代的事业。马教授临危受命，不负众望，几年间踏破铁鞋，行程数万里，走街访巷，寻根觅迹。仅仅从此书中就可以粗略地统计到他寻访了二百多特教人士。他们有：现已110岁高龄的"中国汉语拼音之父"周有光先生，民国教育的奠基人蔡元培先生之子蔡英多先生，商务印书馆张元济之孙张人凤先生，中国聋人办聋校第一人龚宝荣之子龚忠寿，聋人办聋教的开拓者戴目，还有宋鹏程、余淑芬、谢伯子……走访遗迹百余处，北至内蒙古赤峰，东北至沈阳长春，东至浙江舟山，东南至我国香港特区、澳门特区、台湾地区，西南至云贵川桂，西至甘肃敦煌，可以说踏遍全国东西南北中。

但是，历史研究仅仅行万里路挖掘搜集资料，只能说是采集到一堆宝贵的矿石。后面更多需要的是对这些材料的捡炼、考证、拼贴、穿串，这是一项更加艰难的工作。宁波市特殊教育中心学校袁东老师曾在交流群里说，马建强写作此书"是十个博士研究生的工作量"。笔者参观中国特殊教育博物馆时，去过马教授的办公室做客，只见室中四壁和案上书籍堆积如山。大量的实地考察，大批的名人访谈，加上海量的文献资料阅读考证，如此才有他此著笔下如数家珍般的从容和自如、周全与严密。我们不难想象，这不仅是一项读书破万卷的苦差，而且是一项拼贴历史碎片的细活。读此书，看到关联的史料和引述，我眼前甚至似乎呈现出马教授焚膏继晷窗前灯下的身影。如果不是这样的话，面对这样浩瀚而又散碎的材料，是无法写出这样的著作的。马教授的新著给 1949 年前的中国特殊教育历史和人物画出了一个清晰的轮廓。我们也为马教授做出的这项工作感动，也体会到马教授此项工作的重大意义和贡献——使我们能够有此机会温习特殊教育先贤们的业绩和事迹。

笔者今年 6 月有幸陪同马教授考察西安和宝鸡特教。马教授半夜零时三十分从南京上火车，早晨八点一到西安就马不停蹄地拜访了一批特教老人及其家人、同事、学生，我见证了马教授孜孜不倦的勤奋和勇于担当的坚韧。金子便是金子，哪怕被尘土深埋。这些金子般的人物一旦被人们挖出，有如高悬在历史的星空上的晨星，辉映着生生不息的芸芸人寰。作为一个特教人，连月间我将此书放至背囊有空即取出阅读，甚至公交车上也手不释卷。读后总是内肠中热、眼眶湿润。我觉得此书讲述了中国特殊教育历史朗朗上口感人肺腑的故事，可如鲁迅先生珍藏的藤野先生的照片那样，将此书放置在案头或床头。每当自己或者困惑、倦怠、艰难的时候，打开此书翻阅，让自己与这些特教先贤对话，静思个人、社会、事业、工作乃至人生。

（陈少毅，聋人，陕西省西安市第二聋哑学校高级教师。此文原载于《中国教育报》2015 年 11 月 25 日）

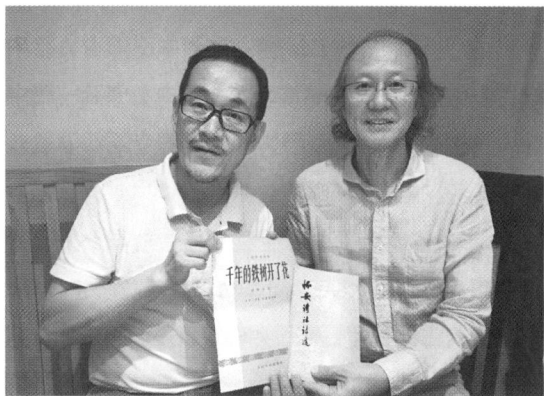

图　与陈少毅（左）合影

七、季瑾：知人识物领略特教史　建馆著书服务残疾人

一

南京特师马建强老师，儒雅博学，亲切平易，并且诙谐风趣。他实为我于 2013 年 9 月进入南京特殊教育师范学院工作后的同事——中国特殊教育博物馆馆长。但我总不习惯称呼其为"马馆长"，而是更乐于称其为"马老师"。因为，这更能表达我内心对其深厚文化底蕴和广博学识的尊敬与欣赏。

马老师近年来倾尽心血，致力于我国特殊教育历史发展的探索与研究工作。他担任过中学教师、大学教师、杂志社总编。他既是教师，又是作家，亦是编审。这些丰富、广泛、多元的工作经历，促使其逐步形成了对特殊教育历史展开寻觅和探究，并加以表达与呈现的意识与能力。筹建中国特殊教育博物馆，搜集各类特殊教育相关历史实物，从事中国特殊教育史的研究，这一系列复杂、艰难却又意义深远的践行探微，在马老师近年的社会实践与学术活动中，被他一气呵成地勾勒为一幅宏大图景——《中国特殊教育史话》。这部新作正是他对中国特殊教育之发生与发展的历史进程的揭示，更是他对特殊教育事业的真挚情谊的表达。

可以说，在这个物欲横行、书斋寂寥的年代，中国教育史这一学科的发展是步履维艰的，但也是日趋多元的。而教育史学界对特殊教育的关注，则始终是缺失的。这既受限于将研究目光投射于普通教育领域的学术惯性，也有特殊教育相关史料实物较难搜集的客观条件的限制。那么，如果要超越特殊教育史的研究现状，就需要特别浓厚的研究兴趣、坚定的学术意志、全面的史料搜集能力，以及对特殊教育建立起足够全面、系统的认知，以作为研究展开的基础。事实上，史学研究本就枯燥、漫长，寻觅史料的过程通常曲折而艰难，特殊教育史则由于研究对象的特殊性显得更为困难重重。马老师不辞劳苦，从中国特殊教育博物馆筹建初期，就开始马不停蹄地奔波在全国各地。北至东北三省，南到两广云贵，西达陕甘宁青，近及华中，远至港台，而华东江浙沪一线则更是处处有其足迹。正是在寻找各种与特殊教育历史发展相关的线索、拜访特教名家、征集特教实物的漫漫征途中，马老师的这部作品应运而生。

《中国特殊教育史话》一书共分为四部分，将中国特殊教育产生、转折、发展的过程科学、真实、入微地进行了划分与展现。全书从研究路径上来看，作者首先寻找全国各个地区特殊教育的创始人或与其密切相关的人士的信息，继而前往各处拜访诸多特教名家，搜集其相关思想著作、日记、传记等，以及所创特殊教育机构的报刊、年志、杂志、照片、实物等一手史料。从史料类

型上来看，该著幸得多位仍然健在且精神矍铄、思维清晰的特教名家的莫大支持与帮助，使得此著的史料更加的多元与饱满，即在文本资料丰富、充实的同时，更有着生动、具体、可信的口述史料的有力支撑。从表达方式上来看，马老师主要采取的是知人、识物、记事、论史的串联模式，且因其文学出身、底蕴博雅，他对中国特殊教育发展历史上的诸位人、各个物、每件事的描述和展陈都能在旁征博引的同时做到有的放矢，并且整部文字如行云流水般挥洒自如。这确实异于一般的教育史著作，阅读起来非常有趣、轻松，也让人迫不及待地想知道接下来作者会让读者又认识到哪些人和物。

二

该著的第一部分呈示了西方传教士对中国特殊教育所做出的开创性贡献：中国第一所盲校是在 1874 年由英国传教士威廉 · 穆瑞于北京东城甘雨胡同创办的瞽叟通文馆；中国第一所聋校是在 1887 年由美国传教士米尔斯夫妇于山东登州（今山东蓬莱）创办的启喑学馆。此外，还介绍了湖北汉口训盲书院创始人李修善（大卫 · 希尔，David Hill，英国传教士）、台湾地区台南训瞽堂创始人甘为霖（威廉 · 坎贝尔，William Campbell，英国传教士）、上海盲童学校创始人傅兰雅（John Brown Fryer，英国传教士）与傅步兰父子等西方传教士在中华大地上为特殊人群及其教育事业所做出的无私忘我、筚路蓝缕式的光辉成就。

该著的第二部分叙说了晚清至民国时期社会仁人、教育志士对特殊教育的关注、关怀与践行。

晚清状元、著名实业家张謇于 1916 年在家乡江苏通州的土地上创立了中国人自己开办的第一所特殊教育学校——通州狼山私立盲哑学校。这一事件实现了中国特殊教育从由外国来华教会主办向国人自办的转型，亦实现了其从慈善救济性质向正规教育性质的更迭。通过访谈居于上海的张元济之嫡孙张人凤先生，作者得以掌握了著名学者、出版家张元济先生与特殊教育的密切联系：如考察英国、德国、意大利等国家的特殊教育，多年坚持向上海盲童学校捐款，多年录用启喑学馆的聋哑毕业生前来商务印书馆工作，等等。而通过对居于沈阳的蔡元培之子蔡英多先生的访谈，民国教育大家蔡元培对当时特殊教育所做出的贡献也跃然纸上：如在 1904 年的《新年梦》一文中，他论及到了盲聋哑教育；在担任民国政府教育总长后，他在《小学校令》这一官方法律文件中，首次明确提出了盲聋哑教育是国民教育的一部分；在 1922 年发表的《教育独立议》一文中，他又明确指出各大学区内设立一大学，盲哑教育也需由其办理；在中华聋哑协会于 1939 年 1 月 1 日举办的全国聋哑艺术展览会的赞助人名册里，蔡元培的签名与印章亦在其列。而作为著名幼儿教育家的陈鹤琴，也对特殊教育有着理论关注与实践探索：他在《儿童心理之研究》《关于发展儿童教育的四个建议》《关于特殊儿童教育》等著述中，对特殊儿童及其矫正、教育的问题进行了研究与论述；在他于 1927 年任南京特别市教育局学校教育科科长后，大力推动了我国第一所公办特殊教育学校——南京市立盲哑学校的创建，实现了特殊教育从私立自办向政府公办的转型。另一位现已一百一十岁高龄的著名经济学家、语言文字学家周有光老先生，也对特殊教育的本土化发展做出了杰出贡献：研制了《汉语手指字母方案》《汉语手指音节指式图》，为千万聋哑人实现语言交流带来了福音。在建设中国特殊教育博物馆的过程中，周老先生还专门应邀题词"博爱塑魂，融合大同"，表达了对特殊教育事业更快、更好发展的愿景与追求。

办特殊教育，造福残障人群，是悲天悯人、功在千秋的事业。而残疾人自己办残疾人教育以造福同病，则更是要克服重重困难、实现大同诉求的伟大工程。《中国特殊教育史话》的第三部分就向读者呈示了特教发展史上残疾人自办特殊教育的经典个案，来自各种传记、日志、照片，甚至是生活用具等原件实物的史料也在此篇章得到更加生动的展现。杭州吴山聋哑学校的创始人龚宝荣先生是聋人，他创办了特教历史上第一所聋人自办的聋校，自己也为此放弃了成名成家、经济富裕的生活，以造福家乡同病。他首创《手切教材》，办《吴山聋哑学校简报》，不仅办起聋教育，还研究聋教育。因病失聪的余淑芬即为吴山聋哑学校的毕业生，她曾得到郁达夫先生的题词"哑者能言，聋者能听，中国无废人矣"，并在此激励下创办杭州市启智聋哑学校，她是中华聋哑协会会刊《喑铎》的活跃作者，并在迁徙到贵阳后继续在家庭私办聋哑教育，一生践行聋哑教育。而先天失聪的谢伯子先生，既是一名书画家，又是一名聋人教育家，更是江苏常州地区特殊教育事业的开拓者，为常州聋哑学校的发展做出了重大而持久的贡献。他不仅毕生致力于常州聋校的管理与建设，还钻研聋教育，著作过《聋哑儿童心理学》，可谓理论与实践并行。作者亦通过访谈著名聋教育家宋鹏程先生之子宋大文，

掌握到了宋鹏程先生从事特殊教育工作的丰富经历，如创办上海哑青聋哑学校、出版《自习》刊物、出任中华聋哑学校校长、任教于无锡聋哑学校、参与编写全国聋哑学校教材、推动江苏省特殊教育研究会的成立以及创办《聋教通讯》等等。这些残疾名人自强不息，不仅将自我陶冶得德艺双馨，更为同病们创造了接受教育、学习知识、锻炼技能、塑造健全人格的平台！

中国特殊教育的发展离不开众多仁人志士的努力推进，离不开他们默默耕耘在这片要与无光、无声、无言的人群实现无障碍交流的艰难阵地上的执着与无私。该著的第四部分即主要介绍了中国近代以来潜心从事特殊教育事业的名家事迹与风范。北京聋教育的创始人是杜文昌先生，他毕业于中国第一所聋校烟台启喑学馆师范班，立志为聋哑儿童建造幸福乐园，创建私立北平聋哑学校。并且，在北京聋校，杜文昌建立起了较为完善的现代学校管理制度，推动了本土特教事业走向正规化、科学化的发展道路。吴燕生，北平市立聋哑学校（后北京市第一聋哑学校）创始人，撰写了《聋教育常识》一书，这是国人自著的第一本聋哑儿童教育专著。为了研习聋哑教育，他还于1932年到1934年远赴日本学习聋哑教育与儿童心理学。继而回国后开始筹募资金、培训师资、置办设施与教具，将聋哑教育切实地办了起来。同为健全人的罗蜀芳女士，则在中国西南地区服务于特殊教育，她采用班级分类教学法教导盲哑儿童，并全心开办了成都私立明声聋哑学校，致力于让当地的聋哑儿童通过接受正规教育以获得读书、说话的能力。而高砚耘与上海群学会附设聋哑学校、雷静贞与福建古田聋哑学

校、陈光熙与南京市立盲哑学校，则更是特教人默默无闻、无私奉献毕生精力投以残障人群的写照。

三

特殊教育是弥补残障人群缺陷、践行公平教育的伟大工程，也是改变残障人群人生道路的根本途径。这一事业既传承了我国有教无类、因材施教的传统教育理念，也彰显了现代教育对平等、正义、自由、人本的终极诉求。目前，学界对于特殊教育的研究仍然处于失语、边缘的状态。挖掘、记录、重现特殊教育的历史，更需要对史学研究有着不懈的学术意志以及对特殊人群满满的尊重与关爱。马老师也正是将致力于揭示特殊教育历史、传播对特殊人群之大爱精神的愿景寄托在全心全意筹建中国特殊教育博物馆、撰写特殊教育历史的事业之中。

一方面，马老师努力不懈地建设中国特殊教育博物馆这一我国除港澳台外第一所以特殊教育的历史发展为主题的博物馆。该馆由中国特殊教育师资培养的摇篮——南京特殊教育师范学院在中国残联、教育部，江苏省委、省政府及有关部门的大力支持下自筹自建。该馆始建于2011年1月，于2012年11月完成一期工程并对外开放，于2014年12月完成二期工程建设；以"融合致和，存古开新"为馆训，以谱写中国特殊教育历史为使命。通过马老师的仔细寻觅与深入走访，馆内藏品实物日益丰富。目前，该馆展品的时间纵跨中国特教百年历史，从晚清到民国再到新中国，都有各类史料文物加以呈现；展品的类别包含了视障教育、听障教育、智障教育、肢残教育、融合教育等；展品的内容涵括了特殊教育的家庭教育、幼儿教育、义务教育、高中教育、职业技术教育、高等教育（高职、高师）、终身教育等；展品的地域范围则以我国内地（大陆）地区为主，兼及港澳台地区，涉及国际特教文化交流。可以说，中国特殊教育博物馆通过大量来自全国甚至世界各地的特殊教育相关历史照片、教学教具、生活用具、文献资料，具体、形象地呈现中国特殊教育发生与发展的艰难历程，记录了国内外特教人士对我国特殊教育理论与实践发展所做出的无畏探索与无私付出，展示了我国特殊教育与残疾人事业的辉煌成就，彰显了社会大众对特殊人群无私关爱、无尽支持的大爱精神。

另一方面，马老师在开展特教历史田野调查并加以史实陈列的基础上，善用自身的优秀文笔，将历史不断记录，使之跃然纸上。整部《中国特殊教育史话》通过撷取特教史上的英才名家，将真实的历史情境与事件加以再现，反映了我国特殊教育从发生到转折到发展的艰难历程，蕴藏着浓厚的社会关怀与人文精神。从个人而言，这部书籍是作者对近几年来奔走于特教人物地图之路途中所经历的点点滴滴的日志记载，也是作者对于特殊教育事业浩瀚发展历程的莫大尊敬与痴迷之情的真挚表达，更是作者对传统史学论著古朴、严肃之描述风格的一种大胆的尝试性转变。从整个社会而言，此书亦具有相当的影响。正如马老师自己所言："特殊教育事关社会文明进步，事关人间公平正义，事关国家民主富强。"特殊教育的发展程度是社会文明进步水平的有力考察标准之一，这一观点已经为现代社会认同与接纳。特殊教育能够帮助特殊人群实现残而不废、残而自强的人生目标，能够帮助他们获得自食其力、参与社会的能力。特殊教育在人类文明的演进历程中，有着重大的社会公共价值。马老师这部著作的出版，亦正是对此有力的文化普及与学术支撑。

（季瑾，教育学博士，副教授。此文原载江西教育期刊社《教师博览》2015 年第 10 期）

八、杨克瑞：中国特殊教育学的探索之路

近日读到中国特殊教育博物馆馆长马建强等人撰写的《共和国教育学 70 年：特殊教育学卷》一书，倍感欣喜。这种喜悦之情，正如中国特殊教育学泰斗朴永馨先生在该书的序言中所说："这是一个了不起的工作和创举。这是前人未做过的工作，无可参考。"细读此书，令人感到亲切与温馨，新中国成立 70 年来，中国特殊教育界的人与事，扑面而来，中国特殊教育学正是在他们的手中点点滴滴培护，最终形成了这棵具有中国特色而又鼎力于世界特殊教育之林的参天大树。仅就学科史的考察而言，本书可称得上是学术严谨、资料翔实、学科独创、特色鲜明。

《共和国教育学 70 年：特殊教育学卷》是一部严肃的特殊教育学科史专著。对于任何历史类学术著作而言，准确的历史阶段划分，是确立其学术地位的重要标志。鉴于新中国成立 70 年来的特殊历史发展，不同的学术研究可以有不同的划分标准。本书根据中国特殊教育学的学科发展实际，提出了学科的"探索期"（1949—1978）、"初创期"（1978—2005）和"发展期"（2005—现在）三大阶段。特别是对于改革开放以来中国特殊教育学科的发展，本书以 2005 年中国高等教育学会特殊教育研究分会的创立为重要标志性事件，这对学科史的研究来说是具有说服力的。

此外，本书对每个学科发展的阶段表述也比较考究。新中国成立后，中国的特殊教育很快出现了新气象，在吸收苏联特殊教育理论成果的同时，出现了一批具有中国特色的特教学校教科书。但是，新中国成立后的很长时间，中国的官方文件很少出现"特殊教育"这个概念，相关表述都是

特定性的，如盲教育、聋哑教育乃至培智教育等。直到 1980 年，朴永馨教授所编著的《特殊教育概论》成为中国除港澳台地区第一本冠以"特殊教育"的著作。因此，将新中国成立初期中国特殊教育学的学科发展称为"探索期"等，其在学术上应当是严谨的。系统的学科著作是一门学科走向成熟的重要标志，但学科著作与学科发展又不是简单的等同关系。事实上，学科的成熟，更在于学科各要素的充分发展，其通常包括专业的研究人员、专门的学术组织、公认的学术期刊与著作，以及高校的专业设置与人才培养等。本书正是以这些基本的学科要素为切入点，将新中国成立以来特殊教育学的学科要素抽丝剥茧、钩沉索隐、条分缕析、娓娓道来。从新中国成立初期的盲文改革、聋哑教育的"口手之争"，到改革开放后一批学校教材、学术著作、学术期刊乃至专业学会的建立等，黄乃、洪雪立、朴永馨、银春明、徐白仑以及方俊明等一个个鲜活的名字跃然纸上。正是在这一代代特殊教育学人坚持不懈的努力下，在各类特殊教育教学法的基础上，

建立了特殊教育基础理论、特殊教育的课程与教学、特殊学校管理、特殊教育史以及教育康复学等根深叶茂的特殊教育学科大家庭。

学科的实质,仍在于学术。正如教育专家肖非教授指出的:"衡量一门学科发展成熟与否的标准,除了上述确保学科活动顺利开展的外在制度外,还需要有规范的学科理论体系,它确立了诸如研究对象、学科性质、基本假设和原理、范式方法等学科发展的核心问题。"坚守学科的科学精神,这也是本书质量保证的重要原则。从新中国成立初期特殊教育制度的初建,以及《教育部关于办好盲童学校、聋哑学校的几点指示》开始,中国的特殊教育由点及面逐渐拓展,特殊教育学的研究对象也逐渐扩大到智障、脑瘫、自闭症等,

特殊教育模式也从分类办学走向融合教育,特殊教育价值从缺陷补偿走向潜能开发,如此等等。翻开本书的每一页,似乎都能够感受到中国特殊教育理论的进步,都在推动中国特色特殊教育学科的发展与成熟。新中国成立 70 年来,中国的特殊教育学已经成长为一棵参天大树。相信每一位对本学科感兴趣的学者,无论你会如释重负,抑或闭目沉思,它都在真切地告诉你,新中国成立 70 年来,中国的特殊教育学,有一批不辞辛劳的耕耘者。为他们立下历史丰碑的,正是这部《共和国教育学 70 年:特殊教育学卷》。

(杨克瑞,教育学博士,教授。此文原载于《中国教育报》2020 年 11 月 18 日)

九、叶立言：《中国特殊教育史话》读后感

马建强馆长：

您好！我是叶立言，感谢您赠予我的《中国特殊教育史话》，我满怀深情地读完这本书后，心中树起了中国特殊教育先驱者们的英雄群像。通过读您的书，我了解了一百多年来为中国特殊教育事业献身的许多伟大而平凡的人物，敬佩之心油然而生，也深感作为一名特教工作者的自豪。我的感触很多，集中想和您表达两点：

第一，这些特教先驱者们跨越国籍、种族、地理、宗教，无怨无悔、全身心地为中国的残疾孩子造福，他们的精神支撑是什么？他们的行为动力是什么？尊重时代背景，用历史唯物主义的观点看，我认为可能有的是秉承基督"神爱世人"的宗旨（因为他们之中有几位是虔诚的基督徒），有的是崇尚"仁爱之心"的儒学理念。可贵的是他们心无旁骛，忠实笃信，言行一致，坚忍不拔。当今的中国已经发生了翻天覆地的变化，发展特殊教育的条件与旧中国相比不知要好了多少，我们怎样才能接好前辈的班，实现基本全面小康社会的中国特教梦？这是我最关心的。但是从我几十年从教的经验看，我也有忧虑。"全心全意为人民服务""忠诚党的教育事业"的口号很好，但是我们在践行中只重视"教育"不重视"教化"，而在我们的"教育"内部还潜伏着两个作乱的魔鬼，一个是"功利"，一个是"浮躁"。正是基于这种考虑，我建议应该在我们在职的特教工作者中，推荐《中国特殊教育史话》。认真读读这本书，可以净化心灵、鼓舞斗志。我已经网购了您的书送给同仁朋友。

第二，建设好中国特殊教育博物馆是每个中国特殊教育工作者的责任。众人拾柴火焰高，散在于各地的有关特教史料是我国特殊教育发展的痕迹，遴选出有价值的史料才能拼接出我国特殊教育发展的轨迹。我是1960年走上特教岗位的，至今还在协助北京特教中心进行全市中学的融合教育教研工作。几十年来积累起来的一些特教资料大体可分三类，一类是与学校直接相关的，我将来整理后捐给我的单位（北京启喑实验学校）；一类是多年参与北京市特教工作形成的史料，我将整理后捐给北京特教中心；一类是多年来与国家特殊教育发展相关的史料，现粗略回忆主要有如下几类。①教材资料类：二十世纪六十年代前后教育部编写的聋校教材（我教书时用的几本，不成套），最早发行的聋人手指语小册子，早期全国特教研究会编辑的辅导资料、通讯录，二十世纪九十年代参与人教社编写全国聋校语文、体育教材的图片资料等。②特教国际交流类：1982年和1986年赴日本参加亚太特教专题研讨会资料，1981年我和余敦清（武汉）、陈慧珠（上海）、张守恒（佳木斯）、周薇薇（常州）、王助理（天津）、李慧君（泰安）7人在上海外

国语学院出国留学生预备部进修及以后赴美进修的资料，1988 年北京国际特殊教育研讨会资料等。③随班就读类：1994 至 2002 年我被教育部聘为中国－联合国儿童基金会特教项目专家，参与国家贫困地区残疾儿童少年随班就读指导评估工作的资料。④获奖荣誉类：1986 年我获得特级教师证书（据说在全国特教界是最早的），1996 年获国务院政府津贴证书，2001 获年首届江民园丁奖证书等。这些东西我如果要找，得翻箱倒柜花费时间。原来我与孩子商量准备全都捐给学校，但欣喜有了中国特殊教育博物馆，我觉得还是应该恰当处置为好。如果您觉得我提供的上述资料哪些可以用、哪些不需要用请拨冗告之。我们虽然未见过面，但从您书的《后记》中我已经读出了您的人品，不用客气，不必考虑我的面子，从工作需要出发，该怎么做就怎么做。我因为不了解您的博物馆的情况，谈得肯定主观。

最后说说《中国特殊教育史话》再版时，建议有些植错的字要做修订。我粗略地提几处文字缺陷：19、135 页 "渡过" 应为 "度过"，54 页 "一本以上" 应为 "一半以上"，同页多植入了一个 "教育学"，69 页最后一行 "不能画面" 应为 "不能画画"，105 页 "坐在……方桌上" 应为 "坐在……方桌前"，217 页倒数第四行多了一个 "举行"，291 页倒数第八行 "反对学术权威" 应为 "反动学术权威"。

老伴离世后我心情一直不好，如今做起事来也不如当年了。但我看到您为了发掘整理中国特殊教育史料无私奉献的一桩桩事迹，深受感动，我要好好向您学习！几个月前您建议我们通微信，我一直未回应，主要是我很少读微信，怕与朋友建立多了微信自己精力达不到。但微信确实联系方便快捷，我今天开通咱俩的微信，这样联系省事多了。

顺致暑安！

叶立言

2015 年 8 月 5 日

（叶立言，原北京市第二聋人学校校长，特殊教育特级教师）

十、晨曦：愿以赤子之心追寻教育之梦

马建强，江苏金坛人。编审，南京特殊教育师范学院教授，中国特殊教育博物馆馆长，作家，教育史学者。出版有《追寻近代教育大师》《民国先生》《中国特殊教育史话》等，主编有《父母必读的 50 本书》《谢伯子研究》等。曾荣获中宣部、教育部等联合主办评选的第二届中国青少年社会教育银杏奖"特别贡献奖"、《中国教育报》主办评选的全国第四届"中国推动读书十大人物"。

在马建强的书房里，社科文史类书籍把两面墙的书架填得满满当当，桌案四周的资料和书籍也堆积如小山。在并不宽裕的空间里，一书案，一盏灯，一捧书，一世界，马建强沉浸于浩繁卷帙中，潜心于特殊教育史学研究。高挂窗台两侧的一副对联"物不求余随处足，事如能省即心清"，或多或少彰显出书房主人淡然自适的人生态度。"室虽小而可纳天地"，正是在这间看似普通的书房里，他十年耕耘，写就了《追寻近代教育大师》《民国先生》《中国特殊教育史话》等一部部专著。

难以割舍的教育情结

马建强是一个"特殊"的教育人，这种特殊不仅仅在于他目前从事着特殊教育领域的工作，还在于他丰富的教育工作经历。从中学教师、大学教师到《莫愁》杂志总编辑、教育学者，再到当下的中国特殊教育博物馆馆长、南京特殊教育师范学院教授，马建强的教育视角经历了多次转换，也造就了他特殊的教育人生。他说，自己一直有着化解不开的教育情结。他特别喜欢学校，原因之一，或许是多年来"没有母校"的缺憾。"在

历史的洪流中，我就读过的学校都已一一消逝。而最初将教育作为人生追求，则是与陈达三老师有关。"

马建强出生在金坛山蓬村，父亲是当地的第一代居民。在父亲的同辈人中，有位叫陈达三的老师，是新中国成立初期金坛城里的中师毕业生，毕业后分到乡下工作，创办了山蓬村最早的学校。

"其实，当时所谓的'学校'，就是在竹林、田地、池塘、坟堆之间的一排土墙瓦屋。学校没有围墙，上课时教室里常会钻进来几只鸡、几只鸭，下课后水牛会和我们一起靠墙而立，它是蹭痒，我们是发呆……"回忆起当时条件简陋、却简单美好的乡村学校生活，马建强历历在目。

或许就像普罗米修斯盗来了火种，开化了那片土地上的人——陈达三老师和"山蓬小学"的出现，对马建强以及当地一批孩子的人生产生了积极的影响。"因为有了知识，内心明亮了也充实了。通过学校和教育，我们的目光连上了'遥远'的外部世界。这让我们对教育事业产生了敬意，甚至

是热爱。"而也正是从那时起,年少的马建强就萌发了对教育生活神圣而朴素的向往,这种情愫悄然生长并蔓延开来,让他在之后数十年的职业生涯中,与教育结下了难以割舍的不解之缘。

"如今陈达三老师已经去世一年了,但他那颗教育的'火种'依然生生不息,影响着一个地区的文化生态。"马建强告诉记者,据他的不完全统计,此后从这个村子里累计走出了30多位教师。

当年的"山蓬小学"不仅有五年制的小学教育,也承担着六年级、七年级(即现在的初一、初二)的教学。上完七年级后,马建强到乡里上了一年初三,然后转至另一个较大的镇,读了三年高中。高考填报志愿时,他毫不犹豫地选择了常州教育学院中文师范专业。

2001年,原常州教育学院、江苏省武进师范学校、江苏省常州师范学校合并组建常州师范专科学校。2003年,常州师专又成建制并入常州工学院。此时马建强突然发现,不仅仅是大学,随着乡镇农村中小学校的撤并,自己就读过的小学、初中、高中也都已经"消失",而那些陪伴自己度过求学生涯的校园也另作他用——小学变成了村委会,初中变成了木材加工厂,高中变成了一所初中,常州教育学院变成了人民公园对面的停车场……

"人们常说,只有失去了的东西,才知道它的珍贵。原先上学时就想着早点离开学校。但现在这些学校没了,便更加想念校园生活、想念校园。"说到这里,马建强感慨万千。

办刊物就是办学校

1987年从常州教育学院毕业后,马建强先是教了两年初中,再教两年高中,之后进入江苏教育学院脱产进修两年,此后留校任教。1998年至2000年,他又辗转至江苏教育出版社工作。

在此之后,马建强经历了自己职业生涯的一次重要转型——他将目光从学校教育投向了家庭教育和社会教育。自2000年起,他在《莫愁》杂志先后担任编辑部主任、副总编辑、总编辑,这家杂志主办的《莫愁·家教与成才》,主要受众群体就是年轻父母。"办刊物就是办学校,就是办教育。"在《莫愁》杂志工作期间,马建强一直尝试着既办有字的刊物,又办无字的刊物,即既让刊物为人所爱"看"和"读",更让刊物通过讲座、培训、活动等形式,为人所爱"听"和"参与"。他是让广大家长免费接受培训的"莫愁新父母学校"的发起人,在全国建立了几十所相同的分校,除专家讲座、咨询会、亲子活动之外,还引领父母参加"亲子读书会"、开展"亲子阅读"等。

几年中,马建强坚持通过演讲等形式向家长推广阅读活动。几乎每个星期,他都会去上课,听众从几十人到几千人,从面对面讲话到广播讲话、电视讲话、网络视频讲话,从普通教室到现代化的报告厅、影剧院、露天广场,从大学、中学、小学到幼儿园。

为了帮助家长提高对家教类图书的辨别能力,马建强还联合中国教育学会家庭教育专业委员会,在全国发起了由50名家庭教育界、新闻出版界、文化艺术界的著名专家、资深学者组成的专家委员会，对改革开放近 30 年来全国正式出版的家庭教育类图书开展了一次评选，最终选出了"感动父母的 50 本家教类图书"，并约请朱永新、赵忠心、李镇西等 50 位专家对入选的 50 本图书进行了一一导读，结集成册，以《父母必读的 50 本书》之名正式出版。

为推动读书，他先后在河南、浙江、江西以及省内多个城市与乡村开展读书讲座 50 多场。"这些讲座的现场其实就是一种文化现场，讲课人与听课人教学相长，互为师生，共同成长。学而不思、思而不学、教而不学、学而不教、知而不行、行而不知，那结果是一样的。读书、行路应该是一件事，只读书或只行路都只是半件事。"

在马建强眼中，对阅读的倡导没有家庭、学校、社会之界，也没有城市与乡村之分。"通过亲子阅读，孩子快乐地长大、自在地成长；通过性别阅读，男性女性智性地成熟；通过生涯阅读，人们积极创业、幸福就业；通过终生阅读，大家能够益智、增能、健心、怡情，努力地工作、愉悦地生活、优雅地变老。"这就是他心中阅读社会的"理想之境"。

2007 年对马建强而言具有特殊的意义。在这一年里，他先后获得两项荣誉：一个是由中宣部、中央文明办、团中央、教育部等 10 部委联合评选的第二届中国青少年社会教育银杏奖"特别贡献奖"，他作为全国妇联界和全国出版界的唯一代表成为 60 名获奖者之一；另一个是由《中国教育报》评选的第四届"中国推动读书十大人物"。荣誉的接踵而至，让马建强感到有些"出乎意料"，但这没有成为他前进的羁绊，在随后的教育人生中，他再度选择了跨领域"穿行"。

建馆著书服务特殊教育

2010 年的春天，适逢南京特殊教育职业技术学院（现南京特殊教育师范学院）启动中国特殊教育博物馆的筹建工作，怀着对学校生活的向往，马建强重新回到校园，出任博物馆馆务办公室副主任，并同时开始了对中国特殊教育史的研修。

相对于其他教育专门史，特殊教育史可谓"冷僻"。不仅研究起步较晚，相关编著、专著、论文等文献资料较少，专业研究人员更是几乎没有。"对于人文社科类学者而言，所谓研究，首先就是要不停地看书。"为了尽快掌握现有的文献资料，马建强加大了读书的深度和速度，在高校相对宽松的工作环境中，原先一年可以"认真读"近 200本书的他，现在每年可以"仔细读" 200 多本书。

与特殊教育史研究同步进行的，是中国特殊教育博物馆的筹建工作。博物馆建设以物为主，由物及人，由物到事，然后再由人、由事构成史。文献资料和实物搜集的过程，也是对一批特殊教育人物，以及他们的学生、后人的寻访过程。

征集特殊教育实物，首先要请了解特殊教育的专业人士"指点迷津"。马建强拜访的第一站，是对中国盲文、中国手语贡献颇丰的著名语言学家周有光先生。2010 年，时年 105 岁的周有光先生听说要筹建中国特殊教育博物馆，连声说道"非常好、非常好"，并当即捐赠了一篇发表在国外的关于聋人手指语研究的论文原稿。他还热情介绍马建强去拜访盲人教育家黄加尼、赵保清和盲哑教育专家沈家英。这让马建强大受鼓舞，此后他每年都要专程拜访这位学界泰斗，请教特殊教育的一些情况。

从周有光开始，这几年，马建强几乎把国内能够找到的特殊教育名家都访问了一遍，100 岁以上的、90 岁以上的、80 岁以上的、70 岁以上的……这几乎是一项"与时间赛跑"的挑战，因为就在他奔走于全国各地时，几乎每个月都有高龄老人过世，还有一些患上了老年痴呆症。

对一大批特殊教育专家的拜访，帮助马建强打通了实物研究与文献研究的藩篱。一手看资料，一手看实物，他的眼前不断浮现出中国特教史上一个个鲜活的人物和感人的故事。于是，他记录并整理了大量的实地考察和人物访谈所得的素材及文献资料，尝试勾勒出近代中国特殊教育发展的图景，最终写成了 27 万字的《中国特殊教育史话》。书中记述了中国近代十几位特教人物的教育生涯：他们中有不远万里来到中国传播爱心的外国传教士，有本土叱咤风云、开启民智的历史文化名人，有"造福同病、艰难办学"的聋人特教家，有开辟草莱、矢志奉献的职业特教名家……

"做特殊教育史和特殊教育博物馆是对人生的升华，在这段时间，它充满了我生活的全部。"在短短的数年间，马建强不断走进盲聋、智障等各种残障人士的内心深处，这个群体的纯真与善良也让他深受感动。

一次，他到苏州的一间基督教教堂参观。接待他的是一个 30 多岁的年轻人。交谈中，他发现这个年轻人是智障人士，但态度虔诚、热心、执着、认真。当马建强打听另一所教堂的位置时，这个年轻人执意带他穿街过巷，一路疾行，直到目的地。临走时，马建强好意拿出一些钱，但年轻人坚决不接受……当晚，马建强在日记中写道："从一定意义上说，有时候智商对生活的意义并不如我们想象的那么大。在这个智障年轻人的身上，我看到了当下许多聪明人反而非常缺乏的真善美的光芒。"

中国特殊教育博物馆已于 2011 年 1 月 7 日正式揭牌。开馆以来，它迎来了世界各地和社会各界一批又一批的参观者。马建强说，特殊教育是他职业生涯的崭新一站。"我们的下一项目标是筹建中国残疾人事业博物馆，记录中国残疾人事业发展的历史进程，展示中国残疾人事业发展的辉煌成就，包括残疾人教育、康复、维权、文化艺术、培训、社会参与、科技体育、娱乐休闲、国际合作、残疾名人、残疾设施设备、医学进步……"

从中学教育、大学教育到家庭教育、社会教育，再到如今的特殊教育，马建强像一个游客，穿行在教育的不同领域；又像一座桥梁，沟通着教育的历史与当下。"这些经历给了我一种自信，可以去系统化思考这个时代的教育。当我相对完整地经历了社会的各种教育业态后，仍愿以一颗赤子之心去追寻我的教育之梦。"

（晨曦，本名李旭，原《江苏教育报》记者，现任职于江苏省卫生健康委员会新闻中心。此文原载《江苏教育报》2015 年 11 月 29 日）

十一、李城外：中华书局《向阳轩诗稿：特教功臣马建强》

如果不是前年马建强专程前来咸宁考察向阳湖文化，我便没有回访南京之缘，更不可能对这位中国特殊教育博物馆馆长钦佩有加，视其为可以深交的朋友。

说实在话，自 2013 年向阳湖文化名人旧址获批全国重点文物保护单位后，海内外慕名前来的参观者络绎不绝，上至中央和省领导，下至中小学生，更多的是专家学者。我作为向阳湖的守望者，经常充当临时导游。可往往人一走，茶就凉，过后仍保持联系的并不多。之所以对中国特殊教育博物馆刮目相看，原因有二，一在于它的特殊，一在于它的首创，与我所创办的城外中国"五七"干校资料收藏馆异曲同工。天赐良机，我终于有机会走进这方特殊的天地，走进它的主人的内心世界。

此次抵南京是在晚上，建强不仅为我订好宾馆，还亲自开车接站，真正让人感到宾至如归。他戴着眼镜，长发略卷，有些飘逸，颇显仙风道骨，可我分明能感觉得到他为人有股子江湖义气。

第二天上午，建强来接我去南京特殊教育师范学院考察，并参观校园文化广场上世界残疾名人文化园。在这里，我第一次将古今中外一些伟大人物的名字与残疾人联系起来，如荷马、鉴真、布莱尔、罗斯福、肖邦、海伦、爱迪生、阿炳、黄乃等等，原来残疾人也是如此群星灿烂。

随后，在建强的引领下，我饶有兴致地走进了博物馆，不仅大开眼界，更觉思路大开。建强几乎以一人之力筹建此馆，不仅奔走各地搜集资料及文物，还亲自设计馆徽，撰写馆铭，更不用说艰难地筹措资金了。好在他不以为苦，而是乐在其中，终于换来大功告成，引来群贤毕至，少长咸集。置身其中，不少知名人士的题词随处可见，而我最关注的是，我曾采访过的著名史学家金冲及五年前也曾光顾于此，并题写了"以史为鉴，以史为荣"。

座谈时，我向建强介绍说，人民美术出版社的聋哑人漫画家顾朴也接受过我的采访，那篇特殊的专访文章发表在《中国老年报》上，我可寄来作为资料以供参考。建强听罢，马上找出自己的专著《中国特殊教育史话》题签相赠，我注意到，此书由湖北省人大常委会副主任、著名学者周洪宇作序，题目便颇吸人眼球——《一个特别的人写的一本特别的书》。可见，建强在这个领域乃主要人物，这是毋庸置疑的。

作为朋友，坦诚的我还道出了一点疑惑，为何校园文化广场上文化园采用的是一位南京书法家的题字，而周有光老先生题写的"世界残疾名人文化园"却躺在展览室里？建强有难言之隐，也许是领导定的，不便多说。我倒建议并坚信迟早会换过来，因为周老的分量毕竟是世界性的，理应"抓大放小"。

最后，我感慨地说，没有马建强，便没有中国特殊教育博物馆，这不是恭维，而是实至名归。有感而发，我在留言簿上题诗一首："特殊博物馆，大爱大弘扬。残障福星在，功高马建强。"他谦虚幽默地说我这是"坑"他，恐引起他人误解。我只好暗自叹息，但我还是能理解他，便将最后一句改为"善哉马建强"，如此便避免给他留下"后遗症"啦！

总而言之，一所学校总要有一个叫得响的特色品牌，方能真正走向全国，走向世界。南京特殊

教育师范学院做到了，而马建强功莫大焉。窃以为，他的善举和义举，并不亚于"感动中国"的人物。

2016 年 5 月

（李城外，中国作家协会会员，诗人，我国"五七"干校研究第一人。历任中共湖北省咸宁市委办公室副主任、市政协副秘书长兼文史委员会主任、市新闻出版局党组书记兼局长、市委宣传部副部长、市委党校常务副校长、市委党史研究室主任、市档案馆馆长等。文中五律《参观中国特殊教育博物馆》，收入中华书局 2020 年 10 月出版的《向阳轩诗稿》。此文另见《通山文学》总第 374 期 2020 年 8 月）

十二、南京大学社会学院"聋人：文化与教育"
选修课同学调研报告选摘

2018 年 5 月 30 日，南京大学社会学院贺晓星教授带着他的"聋人：文化与教育"选修课 10 余名同学来学校参观考察博物馆。作为专业选修课，贺教授布置了撰写调研报告任务。这些同学都很认真撰写了调研报告，下面选摘几则以记其事。文中难免有些溢美之词与褒奖之话，权且当作鼓励与鞭策吧！

叶蕴仪（南京大学外国语学院）：

中国特殊教育博物馆的设立是费了一大番功夫的，马馆长顶着各种压力，依靠自己的定力与努力，在特殊教育界多人的赞助和帮扶下，慢慢把博物馆做大、做好、做成，成为业界美谈。馆徽以缩写 CSEM 为主体，融合了谚语"上帝为你关上了一扇门，就会为你打开一扇窗"和场馆内的两部电梯及走廊形象，别具匠心。馆长着重讲述了社会对特殊群体的称呼之演变，其中一大里程碑便是随着 1983 年中国残疾人福利基金会成立，倡导把"残废"改为了"残疾"。"社会进步就是一个不断发现和认识的过程。我们发现了妇女、发现了儿童，我们还需要发现残疾人。"

博物馆虽不大，但从设计布局来看却很用心。有门楼，有飞檐，有廊桥，有屏风，有悬障，有浮雕，有美术专家手绘制作的壁画与实景，甚至木窗的花镂都是特意定制的"爱心"二字。馆长是位认真做事的人，讲究理念落实到细节上。博物馆分为通史馆、器械馆、新中国馆、影视馆、体验馆、文献馆等，一排排玻璃展柜里陈列了各类特殊教育教具、辅具、学具等，盲人书写使用的点字笔、隔板、打字机，不同时代的助听器和蛋状的听力测试仪，从古朴简陋到发达先进。还有特殊教育教材和手语国歌图解教程。我们可以由此管窥特殊教育的发展历程和进步足迹。

博物馆最引以为傲的当属中国残疾人集邮馆了，历届残疾人邮展的举办盛况和优秀作品都可以在墙上找到。馆藏全世界特殊教育与残疾人题材的邮票原件近万种。馆长不无兴奋地告诉我们：2019 年世界邮展将首次同时展出健全人集邮展品和残疾人集邮展品，届时我们博物馆将联合中国残疾人集邮馆一起参展。这也反映了社会的进步。

日本盲人盲文图像触摸连环画《小狗在哪里》是我最喜欢的一件展品。这本趣味横生的立体书用丰富的材质带领盲童认识不同的动物和生活用具。即使作为健全人，也会被巧妙的"开门"设计吸引。

我最为震撼的一件藏品是一位盲人作家的著作原稿，白天在工厂做工，晚上就拿着厂里包装产品的废弃硬纸板，一针一针地用盲文写作——那砖头似的厚本巨著盲文原稿，凝注了多少心血，字里行间是对文学怎样的执着，又浸润了多少深夜的灯光，于我是难以想象的。这份执着的拼搏精神使他伟大。

馆长最后指出的博物馆不足之处。浮雕长城的透视原理是服务于视力健全的人的，但应该考虑到靠触觉感受的盲人，不能误导他们烽火台远近大小不一。因为盲人触摸是很难用手来感受我们明眼人视力所能感受到的方位的。这个细节让我印象深刻，在我看来比起他在标牌前进行的奋战史演讲还要动人许多，设身处地站在特殊人士的角度为他们着想，是特殊教育博物馆最本质的要求。这个博物馆的开办是具有重大意义的，虽然并非国家设立，但能够给特殊群体一个见证体认历史、给健全人一个进行专项教育的地方，对于提高特殊群体社会地位、扩大影响力是不容忽视的一大步。

王雨晴（南京大学文学院）：

在马馆长的介绍下参观中国特殊教育博物馆，是一种知识理念与美学体验的双重享受，当然还有味觉享受，茶特别好喝。我非常喜欢马馆长在博物馆牌匾前的讲话，他的理念和思想深深地震撼了我，让我感受到我之前对特殊群体理解的片面性。

"没有残疾人，只有残疾的科技；没有残疾人，只有残疾的社会。"眼镜，作为一个外部工具，能够让人没有伤害的克服视力障碍且对人无任何伤害。如果有一天人工耳蜗和助听器能和像眼镜一样对人体没有损害而能让人克服听力障碍的

话，现在的那么多关于人工耳蜗的争执就不会存在了。"残缺有两种，身的残缺和心的残缺。身和心的残缺，残疾人是有的，非残疾人是没有的。因为身的障碍者是有的，排斥障碍者的排斥者是有的，排斥者的心是残缺的，排斥者是心的残缺者。"每个人都是残缺者，我们都有身的残缺或者是心的残缺，世上没有十全十美者。而"为什么我们会排斥残疾人？因为我们害怕自己变成那个样子。"排斥残缺是因为害怕残缺，害怕残缺是因为我们的懦弱和恐惧，是因为我们心有残缺。"对残疾人的称呼经历了很多过程，从残废，到残缺，到残疾，再到残障。"这是一个特殊群体自我意识觉醒的过程，他们不是"残废"，他们能够创造社会价值；他们是"残缺"，但是每个人都是残缺者；他们不是"残疾"，因为有的所谓的身体"异常"不是疾病，就像聋不是一种病一样。现在的残障概念依旧是需要经过时代检验的，因为随着人类社会日趋进步，残疾人融入整个社会生活的障碍会越来越小。

"外国人在中国办的第一所盲校是1835年的盲校，1874年，北京建立了第一所聋校。外国人首先关注的是中国最苦的人群，首先是儿童，然后是女童、女盲童、女聋童。"现在男女平等概念逐渐成形，而我们现在依旧需要反思特殊群体的发展状况，盲人、聋人在社会上的生存状况。但这种关注不能是高高在上的，施舍式的同情，而要是基于平等地位的关心与帮助。帮助特殊群体，也不能只是经济援助，更要有社会支持，支持他们为自己群体发声，支持他们追求自己的权益，和他们一起向社会呼吁关注，与他们沟通、给他们支持、和他们一起"发声"。

"文化是比教育更大的概念，不了解残疾人文化就没有办法谈残疾人教育，更别说是残疾人救助和维权了。"我们怎么克服困难？怎么推广聋人文化？首先我们要了解聋人文化，了解它的表现形式，知道它的核心内涵，然后我们才能对它进行改造，让更多的健全人了解到聋人文化的魅力，爱上聋人文化。最后，我们的目标是改变现有的主流体制，让聋听文化共同发展，绽放不同的绚烂光彩。

承雨嫣（南京大学外国语学院）：

五月的最后一天，我们前往南京特殊教育师范学院进行调研，通过实地考察和座谈沟通等形式，我们更好地深入聋人群体，了解聋人文化。我们重点参观了中国特殊教育博物馆，馆长非常儒雅而学识渊博。一个下午的调研行程让我对整个聋人文化和教育有了更深刻的思考。然而写这篇调研心得的时候距离调研的那天已经过去了整整一个月，我只能从我的记忆中努力寻找一些感受并且记录下来。

馆长老师留有一束极长的银白色胡子。他说的一段话让我记忆非常深刻，他的大概意思是我们要救人、救女性、救孩子、救残疾人、救其他少数群体，再来是救动物。那一刻我是真的有种醍醐灌顶的感觉。我们更多时候总是非常的居高临下、理所当然地说着我们要去保护他们、平等对待他们。然而实际上我们已经在割裂不同群体之间的关系了，只有真正明白我们完完全全属于一个种族，才能达到真正的平等。在救助一些少数群体的同时，我们更要放下人类中心主义的思想，去保护动物。

馆徽设计得非常有精妙，"上帝为你关上了一扇门，就一定会为你打开窗"的巧思被巧妙地融入在馆徽的设计中。通过馆长先生一开始的介绍可以知道，其实这个中国特殊教育博物馆的建立还是比较坎坷的，就好像中国聋人的发展一样，尽管一开始会遇到非常多的挫折，但是随着时间发展总是可以达到胜利——聋人的完全平等。我还特别喜欢窗棂的设计，中间的"特"字代表特殊教育，下面还有一个心形的图案，整体古色古香，馆长先生也告诉我们整个场馆的排布设计几乎是他一个人完成的。

中国特殊教育博物馆是我国除港澳台外第一所以特殊教育的历史发展为主题的博物馆。该馆旨在通过历史照片、实物、文献资料等史料具体、形象地呈现中国特殊教育史发生与发展的艰难历程，集中展现我国特殊教育与残疾人事业的辉煌成就，增强特殊教育工作者的职业认同感与自豪感，提升整个社会对特殊人群及其教育的认识与尊重水平，以达到"存古开新，修史育人"的终极诉求。

中国特殊教育博物馆整个馆区采用江南古典园林式的建筑风格，配有江南小青砖和镂空花窗的装饰，为参观者们创设寻古之幽情，使其体味特教历史之浓厚底蕴。馆区内各个廊道两边都悬挂有国内各界社会名流的书画作品，文化意味深重。馆长先生领着我们挨个小展区地走过去。

通史馆为馆区主体，馆区内依据特殊教育在我国的发展史实划分为晚清时期、民国时期、新中国时期三个阶段。馆区内整体实景的布置主要采用壁画形式真实再现历史情境。整个馆区以历史实景为线，以各类历史实物为珠，串联得真实而自然，历史文化底蕴颇为深厚。

接着是技术馆。技术馆主要展陈与现代科技发展同步的，视障、听障、智障等残障类别的教育所需的教具、学具、辅具及残疾人工作、生活、学习、休闲用品，诸如来自世界各地的不同历史时期的盲文写字板、盲文打字机、各类助听器、各类轮椅等，力争全面展示科学技术对于特殊教育与残疾人事业发展历程的推动作用。

文献馆目前馆藏图书千余册，其中有晚清民国纸本，也有现当代论著，还有若干各地区各级各类特殊学校的年鉴、校志等。

体验区目前分为视障体验、听障体验、培智体验等区域。视障体验区设有盲文触摸板、盲人乒乓球桌、视障体验暗室等；听障体验区展陈有手语版国歌以及各种听障生活用品；培智体验区则陈列了各种培智学校用品，有手工漫画、布艺教具等实物。我们都一致认为那些布艺拼贴画中来自日本的作品非常有趣。

成果馆主要展示各类残障人士的成果作品及健全人创作的有关残障人群的相关作品。在那里，我印象最为深刻的就是那个大的装置艺术：平等两个字由小到大的排布，看得出对于聋人，或者说不只是聋人，而是所有的少数群体，大家之间义务相等、权力相等是一种理想。

影视厅设有 3D 立体声高清投影，可容纳 67 人同时观影，也可作为小型学术报告厅。该影视厅目前藏有近百部以残障人士为主题的电影、电视等声像制品，作为符合建设标准规范的盲人电影院，可以播放无障碍电影。我们几个都说觉得这边的影视厅比学校的张心瑜剧场要好。

参观完之后，馆长先生还介绍说我们学校毕飞宇教授以前在南京特殊教育师范学院做过老师，怪不得他能够写出《推拿》这样的作品。馆长先生也给我们提出了一些新的思路。他向我们说其实很少有人关注聋人的性的问题，大家会自然而然把他们的生理需求给忽略掉。我之前读过一本书叫《天黑得很慢》，讲的是老年人逐渐衰老的过程。《天黑得很慢》里还有一个残酷的章节，就讲述了老年人在性生活方面的困境：欲望仍在，但能力已经丧失。萧成杉老来孤独，希望与一位姓姬的女士做个伴儿，同居一室，几次尝试都失败了，女士还没有做好完全没有性生活的准备，最终这段关系遗憾地画上了句点。这对萧成杉打击很大，成为他后来求医问药、落入诈骗陷阱的起因。出版社的编辑一开始对这部分内容有顾虑，但作者周大新坚持保留。在他看来老年生活中的性也是生命中重要的东西。而对于聋人来说，两性问题也是一个很真实的困境。我们也必须要尊重生命的正常表现。

总而言之，这一次的实地考察让我发现了许多探索的新思路，我也开始重新反思和审视自己的平时所习以为常的事物。

图一　与南京大学贺晓星教授（中）、杨银（南京师大侯晶晶教授博士生，左二）、
　　　　闵洁（南京大学文学院博士，右一）等合影

$\dfrac{1}{2}$

图二　与南京大学师生一起探讨

编后

本编所选的文字，是周洪宇、朴永馨、郭卫东、贾梦玮四位先生所写的序言，陈少毅、杨克瑞、季瑾等所写的书评，以及叶立言、李城外、晨曦等鞭策鼓励我的文章，另有南京大学贺晓星教授几位学生到博物馆调研所写文章的摘录。之所以选用这些文字，主要是想留下周洪宇等先生对我给予关心指导与鼓励厚望的痕迹，也想留下对自己今后务必既不妄自菲薄更不自满懈怠的长鸣警钟与劝善嘉言。总有人鼓励夸奖我，说我筹建了一座特教博物馆，为特殊教育做了一件大好事等等。别人说多了这样的话，我难免有些当真，甚至自得。其实，不是我为特教做了什么事，而是百余年来筚路蓝缕、感天动地的特教事业给我们留下了还可以做的一些事，我幸运地遇到了这些还可以做的事。特别要说的是，筹建特教博物馆、做特教史基础性研究，从来都不是一个人在战斗。比如本编所选文章的作者周洪宇、朴永馨、郭卫东、叶立言等，他们为特殊教育所做的，是特殊教育的本事，而我做的充其量只是特殊教育的末事与余事，更何况还只是在做，还远远没有做好。

总之，我在博物馆方面、特教史研究方面，做的没有说的好，做的更没有想的好，特别是还有许多事，还没有想或没有想好，更没有去做。勉之，慎之。

代跋

把瀚海里揉碎的月光捧在手上

莫学铙

历史就是已经发生过的故事。当我们翻开史书，寥寥数语就可以评说一个人物的功过是非。在往日的故事里，主人公当年的惊涛海浪，当年的心绪万千，当年的风卷残云，当年的青涩稚拙，在后人看来恰似几缕月光在瀚海里揉碎。这是多么温柔，多么零散。如果有人在黑夜里奔赴瀚海，把瀚海里揉碎的月光捧在手上，那么他必定追寻光也注定成为光。

中国特殊教育博物馆馆长马建强成为特殊教育的光，他所著的《中国特殊教育知行录》正是他在特殊教育里追寻并守护的光。承蒙仁爱学校范里校长厚爱，让我得以在此书正式出版前先睹为快。马馆长在这本书里记录了 12 位特教人物，52 件特教文物，18 篇写思，12 年鸿泥，12 篇铎语，另配有大量珍贵图片。此书在时间上由晚清到当代，在空间上由中国大陆到台湾地区，由香港到内地，在深度上将个人耳闻目睹、寻思知行与特殊教育事业紧密相连，使个人情怀与人类灵魂真诚对话。马馆长此书一出，必定能成中国特殊教育史的一"家"之言。在中国特殊教育的瀚海里，我看见马馆长把几缕月光捧在了手上。

第一缕月光：满是特教伟大人物人性的美与高贵的灵魂。

为人物立传，首要客观公正，也要彰显个性。客观公正是因为求真务本，彰显个性是因为要让读者喜闻乐见。翻开特教人物篇，我看到了这些特教名家刚开启特教事业时的不知所措与举步维艰。他们是中国特殊教育事业刀耕火种的拓荒者与筚路蓝缕的先行者。正如《愚公移山》里所唱："无路难呀开路更难，所以后来人为你感叹。"

在 12 位伟大的前辈里，我看到了中国大陆培智教育开创者银春铭与中国台湾创办特教系第一人张训诰"长风破浪会有时，直挂云帆济沧海"的自信与勇气。在 12 位伟大的前辈里，我看到了历任公办温州聋哑学校校长、民营福利工厂厂长、民办聋哑学校校长共 30 多年的林骅，因肺结核错失清华北大而投身特教 57 年的叶立言，因工作分配投身特教 40 多年的余敦清"牢骚太盛防肠断，风物长宜放眼量"的从容与拼搏。在

12 位前辈里，我看到了为香港视障事业奉献近 50 年的陈梁悦明、为广东听障事业奉献近 60 年的何静贤"欲穷千里目，更上一层楼"的精益求精与锲而不舍。在 12 位前辈里，我看到了连续 3 次当选全国盲人聋哑人代表大会代表的宋鹏程与"中国汉语拼音之父"周有光"事了拂衣去，深藏功与名"的谦逊与博学。在 12 位前辈里，我看到了在美术职业教育有突出贡献的梅芙生、出任真铎启暗学校校长 32 年而把学校办成了亚洲乃至世界著名聋校的鲍瑞美、荣获"全国优秀特殊教育工作者"的盲教育专家曹正礼"会当凌绝顶，一览众山小"的矢志不移与脚踏实地。

马馆长深知这 12 位特教伟大人物曾在苦难与黑暗中不断徘徊，但马馆长的笔尖始终流露出人性的光辉与灵魂的高贵。当年明月在《明朝那些事儿》中说："真正的史笔不是史官手中的毛笔，而是人心。"

12 位前辈是勇敢的。他们刚开始职业生涯时并不都是自愿服务特教的，他们由于自身的原因、家庭的原因甚至国家的原因，权衡之下选择了特教。所有的伟大都来自平凡，所有的甘于平凡往往来自接受生命的馈赠与命运的眷顾。真正的勇敢不是惺惺作态，不是虚张声势，而是看透了生活的本质仍然热爱它。我想，12 位前辈刚刚走进特教的大门时，眼睛里也会迷茫因为看不到远方，心里也会害怕因为不知道结果。他们在幽暗中没有领路人，于是就努力让自己变成指路的火把。

银春铭先生作为最早的留苏特教的二人之一，在

"文革"期间被打上"苏修分子"的称号，被下放农场两年。叶立言先生作为清华北大苗子，因为患上肺结核而错过高考，阴差阳错地成为北京市第四聋人学校的老师。余敦清先生申请去聋哑儿童学校教书的时候遭到了家庭的极力反对。何静贤先生刚开始被分配到广州市聋哑学校工作，因无法实现桃李满天下的愿望而极不情愿。

勇敢不是言语上的，而是行动上的。当命运之手把我们推上人生的舞台，我们只能抗住压力勇敢地去表演。其实，我们绝大多数人这一生能掌握的剧本特别少，至少 95% 的剧本都不是我们能掌握的。我们掌握不了自己的出生、自己的幸运和噩运以及自己未来的际遇。剧本不是我们自己写的，每一出戏都是现场直播，偶然和意外往往是主角。勇敢能让我们直面惨淡的人生，揭开生活冰冷的面纱却仍然热爱它；勇敢能让我们在没有把握的事情上减少不切实际的幻想和不着边际的价值，在有把握的事情上减少犹豫并保持谦逊。

第二缕月光：满是特教珍贵文物的垂青。

"江畔何人初见月，江月何年初照人。"人去物在，文物传承的不仅是它本身的物理形状，更有自带的历史气息。这大大小小的 52 件文物有铁皮箱、奖状、教具、明信片、徽墨、打字机等，是清末到民国到新中国乃至当下的特教事业的见证。文物的主人有许多已经作古，但当我们去博物馆观看文物时，必定能"睹物思人""触景生情"。

面对这些文物，我能想到的只有尊重、只有敬畏、只有感恩。我不是历史的参与者，但我成了历史的见证者。特教前辈们拥有或使用这些文物时，不知道要遭受多少委屈，不知道几多欢乐几多愁。历史像水一样静静流淌，作为后人我们无法让时光倒流，因为历史不可逆。

我们要用历史最核心的要素之一"客观"去看待文物。其实，我们大多数人都难免有偏见与盲区。《杀死一只知更鸟》里有这样一句话："你永远不可能真正了解一个人，除非你穿上他的鞋子走来走去，站在他的角度思考问题。可真当你走过他的路时，你连路过都觉得难过。有时候，你看到的，并非事情真相，你了解的不过是浮在水面上的冰山一角。"我们用"客观"去看待事物，更多的是透过表面深度挖掘它的背后，不仅要看到文物，更要看到文物包裹下的那颗心。

第三缕月光：让我们回到历史的本元去思考问题，什么是历史？为什么读历史？怎样读历史？

如果能系统地回答这三个问题，那么我们就能在大量的史实中形成自己的历史观。马馆长是有崇高历史观的，因为他凭借此写出了18篇写思和12年鸿泥。国学大师资中筠说过，中国传统文人的标准是文史哲兼修。在我看来，文是文法，史是视野，哲是独立思考；文史哲三门学科有所区别但联系紧密，三者的共通点是都会研究人，既会看到人性的不足，也会看到人性的辉煌。马馆长10多年来阅读不断笔耕不辍，所以他是文史哲通透的大家。也是因为如此，他在接受《江苏教育报》采访时说每年仔细看200多本书；在

《在世界残疾名人雕塑文化园设计研讨会上的讲话》一文中表示文化园的总体设计风格应是"聚焦这些残疾名人身上所体现的昂扬、自信、成功、阳光、淡定、坚毅、进取的精神，不要苦大仇深，不要孤苦伶仃，不要阴暗低调"。

历史的本原会铭记专一。马馆长在采访周有光先生时记录了一则小趣事。1947年，周有光在美国与爱因斯坦聊天。爱因斯坦对他说，一个人如果到了60岁，那么他会工作大概13年，业余时间大概有17年。成功的关键主要看他的业余时间干什么。想要成功的答案很显然是专一。做一件事做10年它必定会给你圆满的结果。从2010年到2021年，这12年来马馆长为了特殊教育走遍了大江南北、长城内外，走了很远的路，见了不少的人，吃了很多的苦。所以他能与特教名家一见如故所谈甚欢，对各地特教情况了然于心通透明亮。

我想，马馆长在这12年的旅途中必定遇到了许多朴素平凡的特教人。法国哲学家加缪说："文学作品不应该仅仅记录那些创造历史的人，更应该去记录那些承受历史的人。"历史不应该功利，它应该在岁月中被热爱同一片蓝天与土地的普通人时常谈起。我们无法从历史中获得多大的经济与政治利益，但我们能直面苦难，能知道我们是谁，来自哪里。

历史的本原需要我们直面苦难。历史是很残酷的。只有大人物才能名见经传，绝大多数普通人只是名不见经传。孟子讲："故天将降大任于是人也，必先苦其心志，劳其筋骨，饿其体肤，空

乏其身，行拂乱其所为，所以动心忍性，曾益其所不能。"但我想说，成功和受苦没有必然的逻辑关系。当巨大的苦难来临，人的身心备受煎熬，在历史中不知道有多少人饿死冻死，有多少人精神失常，有多少人从此一蹶不振。那些在苦难中幸存下来的又恰巧成功了的人才会对应上孟子的说辞。这就叫"幸存者偏差"。反过来说，幸福的环境会让人更容易成功。做个比较，中国特殊教育由于时代的原因起步晚，没有足够的基本条件与专业人才，所以银春铭先生留学归国后难以施展才华。同时期的美国国力飞速发展，对教育的投入巨大，很多特教专家得以施展才华。苦难就是苦难，没有过大的价值可言，遭受了苦难只能去尝试解决，解决不了便负重前行，这才是绝大多数人的现状和生活的本质。

历史的本原是给人借鉴。作为一名受过高等教育的公民，面对苦难应该参透出悲悯之心。我们吃过了一些难以忍受的苦，我们便不再希望别人去吃苦。我们走过一条曲折泥泞的道路，我们便不再希望别人去行走。我们见过一些无比丑恶的嘴脸，我们便不再希望别人去遇见。我们将这些历史记录在案，我们将这些历史口耳相传就是为了警惕后人。中国特殊教育的前辈们必定经受了很多挫折，所以我们在字里行间能读到他们的悲悯。他们对特殊孩子的爱必定是真的。

读历史就是在瀚海里遨游，读到好的历史就是有高人把瀚海里揉碎的月光捧在手上给你看。今日浅谈一些历史感悟，感谢范校长厚爱推荐，感谢马馆长倾心大作。

补记

2022 年的春天、夏天，我所在的学校对外教育部本科办学合格评估是大事，对内四十年校庆是大事。我本人再大的事也是小事，整理编写这本《中国特殊教育知行录》就算是一件小事。非常感谢程凯副主席、张斌贤教授与黄军伟校长，他们三位的序言，让我有扑面而来的油然而生的感受，那就是中国特殊教育事业更加美好的未来正在到来，这个可是大事。

程凯副主席，多年如一日，关心特殊教育事业，关心南京特殊教育师范学院。客观历史、严谨科学地说，如果不是程副主席，南京特殊教育师范学院，现在应该还叫"南京特殊教育职业技术学院"呢！正是程副主席在中国残联亲自分管教育与就业的这十多年时间里，中国唯一一所单独设置、以特教师资培养为主、兼及残疾人事业专门人才培养与残疾人高等职业教育的普通高等本科院校"南京特殊教育师范学院"才应运而生、适时而生、迎难而生。关于"南京特殊教育师范学院"的诞生，关于程凯副主席对南京特师的关心，那真是说来话长，只能"此处省略十万字"，不过"此处应该有长时间的掌声"。

张斌贤教授，我知道他二十多年历史，那时他在他的书里，我在他的书外。我认识他十多年历史，那时他在主席台与报告席上，我在会场里人群中。感谢他克服重重困难在 2020 年 11 月来到南京参观考察我们的博物馆，感谢他在 2021 年 7 月北京的烈日与暴雨中接受我的拜访求教，感谢他在 2022 年 6 月的大学毕业季百忙中挤出宝贵时间赐序以鼓励鞭策、褒奖期望。居高声自远，

位重语更慎。我当然知道自己的冒昧与鲁莽，但我更知道他是"有容乃大""有教无类"的。他对特殊教育史的关注，就是对特殊教育学科发展、特殊教育师资培养、特殊教育理论与实践的关心。我的理解，这个序并不完全是写给我这本小书的，而是写给他关心的特殊教育的。

黄军伟校长，2021 年 6 月从江苏师范大学调任我校校长，省政府副省长马欣在省委组织部、省教育厅、省政府办公厅等一群人陪同下，亲自送黄校长上任。那一天，黄校长腰缠绑带，勉力挺直高近一米九的腰板，陪同马副省长视察博物馆，原定二十分钟的参观时间，虽然省长秘书多次提醒说下面还有一个会议，但后来还是延至一个多小时。我一边滔滔不绝讲解，一边能清晰准确地感受到马副省长对南京特师校史、中国特教历史的关心，他多次问询校史特教史中的具体数据，并不时与黄校长交流。我的理解，他延长参观时间并现场办公一样问询交流，是专门来学校给当时腰不好的黄校长撑腰鼓劲的，来给办学正经历爬坡迈坎的南京特师助力加油的。果然，黄上任不到一周时间，中国残联副主席程凯就与他建立

了面对面的工作联系；不到一个月时间，江苏省发改委就根据马副省长的指示要求来学校进行改善办学条件现场会商。不到一年时间，作为主持党委工作的副书记和校长，黄军伟同志在拓展办学空间、深化学校改革、促进对外合作、强化师资队伍建设、提升科研保障水平等方面，已经取得了突出而明显的成效。而在黄校长新任校长一周年之际，省委正式升任其为党委书记。今年是学校办学四十年，黄书记要求好好总结办学经验，凝练办学传统，提振高质量办学信心，汇聚立德树人、博爱塑魂、办人民满意的南特大学的磅礴力量。黄书记胸怀"国之大者"，力行"校之大者"，本来这本书写序的事情，不应该再给他忙中添乱。但转念一想，黄校长是学校主要领导，定路线、管干部、抓典型、盯细节，从小见大、显微知著，是他的本来事，也是他的本事。所以我跟他说了恭请他指教的意思，果然他很快就忙中偷闲翻完了书稿，一气呵成地写来了他的大块文章。文中多有褒奖与鼓励，我想我自然应该当真也必须当真，所谓有则勉之无则补之。

本书初稿编好后，我传给苏州仁爱学校的范里校长，请他指教。范校长是老朋友了，他在微信里给我送了许多小红花，我心花怒放。根据与出版社的合同，我七月底要"齐、清、定"后交稿。就在我准备写后记交稿之际，范里校长突然发来了他们学校莫学铙老师的读后感。捧读之余，首先感到惊喜，其次表达欣赏，再次感到惭愧。我与范校长说，此文能否作为本书代跋？他很快回复说你定。那我就决定用作代跋吧！

此书稿在编校过程中，凤凰出版社美术编辑陈贵子与本馆新同事陈卓雅发挥了绵密而深厚的作用，她们补我之短扬己之长，不动声色地让本书有声有色。山东教育出版社周红心、齐爽编辑为本书出版付出了勇气与智慧。他们四位不专门致谢一下是说不过去的，特此存记。

因为这个是代跋的补记，篇幅不宜过长，否则本末倒置，本来应该要说说也必须要说说此书编写过程中要感谢的相关领导、专家、嘉宾、朋友、同事、学生，包括家里人、身边人。现在只能是尽在不言中了，当然不言不等于无言，即使无言也不会妄言。此时，我要在原先拟列的感谢名单中增加一位，那就是通读我的书稿并自告奋勇写出这么好的读后感的、我还没有谋面的特教新老师莫学铙。谢谢你，莫老师。

最后，还要谢谢各位阅读此书的读者朋友。

2022 年 7 月 15 日 酷暑中补记于南京龙凤花园隽凤园

作者简介

马建强,江苏金坛人。南京特殊教育师范学院中国特殊教育博物馆馆长、中国残疾人史研究中心执行主任,编审,教授。主要研究方向:中国特殊教育史、民国教育人物。曾在《钟山》《中国教育报》《生活教育》《现代特殊教育》《教师博览》等开设个人专栏。担任 2021 年度国家社科基金重大项目"中国特殊教育通史"古代部分负责人(在研)、国家社科基金教育学重点课题"中华人民共和国教育学史"子课题"特殊教育学"负责人(结题)等。曾获中共中央宣传部、教育部、文化部等联合评选表彰的第二届中国青少年社会教育银杏奖"特别贡献奖"等荣誉。

学习经历

1974 年至 1981 年	就读于江苏省金坛县罗村乡山蓬学校(小学五年,初中两年);
1981 年至 1982 年	就读于江苏省金坛县罗村初级中学(初中三年级);
1982 年至 1985 年	就读于江苏省金坛县社头中学高中部(高中三年);
1985 年至 1987 年	就读于常州教育学院中文系(专科两年);
1991 年至 1993 年	就读于江苏教育学院中文系(脱产进修,本科两年)。

工作经历

1987 年至 1989 年	工作于江苏省金坛县社头中学初中部,任职初中语文教师,二级教师;
1989 年至 1991 年	工作于江苏省金坛县社头中学高中部,任职高中语文教师,一级教师;
1993 年至 1995 年	工作于江苏教育学院团委办公室,任职团委专职干事,讲师;
1995 年至 1998 年	工作于江苏教育学院党委办公室、院长办公室,任职办公室秘书;
1998 年至 2000 年	工作于江苏教育出版社期刊部,任职责任编辑,记者;
2000 年至 2010 年	工作于江苏《莫愁》杂志社,副编审,任职编辑部副主任、主任、副总编、总编;
2010 年至今	工作于南京特殊教育职业技术学院、南京特殊教育师范学院,任职党委宣传部副部长(不分工)、科研处副处长(不分工)、博物馆馆长,编审,教授。

"尽形寿抱残守缺"章，上海听障朋友葛斌篆刻

主要出版专著

《追寻近代教育大师》	教育科学出版社 2007 年
《民国先生》	广西师范大学出版社 2012 年
《中国特殊教育史话》	新华出版社 2015 年
《共和国教育学 70 年：特殊教育学卷》	北京师范大学出版社 2020 年